Mirko Frýba

Anleitung zum Glücklichsein

Mirko Frýba

Anleitung zum Glücklichsein

Die Psychologie des Abhidhamma

Verlag Hermann Bauer
Freiburg im Breisgau

CIP-Kurztitelaufnahme der Deutschen Bibliothek

Frýba, Mirko:
Anleitung zum Glücklichsein : d. Psychologie d.
Abhidhamma / Mirko Frýba. –
Freiburg im Breisgau : Bauer, 1987.
  ISBN 3-7626-0312-X

Mit 24 Zeichnungen von Martin Tiefenthaler

1987 .
ISBN 3-7626-0312-X
© 1987 by Verlag Hermann Bauer KG, Freiburg im Breisgau.
Alle Rechte vorbehalten.
Satz: IBV Satz- und Datentechnik, Berlin.
Druck und Bindung: May + Co, Darmstadt.
Printed in Germany.

Inhalt

Vorwort

Dr. Frýba hat mich, als wir uns das letzte Mal vor etwa zwei Jahren sahen, daran erinnert, daß auf einem Treffen der *Ersten Konferenz der Europäischen Gesellschaft für Humanistische Psychologie* in Genf Dr. Arnold Keyserling und ich zwei kontrastierende Auffassungen der transpersonalen Psychologie dargeboten haben. Dr. Keyserling, der damalige Präsident der Gesellschaft, hat in seiner Eröffnungsansprache die transpersonale Psychologie als den Gipfel einer evolutionären »Pyramide« dargestellt. In meiner darauffolgenden Ansprache habe ich gezeigt, daß die anspruchsvollen Erkenntnisse, die am angemessensten als transpersonale Psychologie zusammengefügt werden, schon vor dem Entstehen westlicher Psychologie seit langem in orientalischen Traditionen vorhanden waren, während die heutige transpersonale Psychologie eher einen Ausdruck des Interesses und Vorhabens darstellt, denn ein ursprüngliches Wissenssystem. Ich nannte sie einen »Schirm« für Beiträge, die vor allem aus dem asiatischen Erbe stammen, und empfahl, ihre potentielle Originalität in der erst entstehenden Synthese von spirituellen Einsichten und wissenschaftlichen Erkenntnissen zu sehen – eine Synthese, zu der viele aus ihrer jeweils individuellen Perspektive und auf Grund eigener erfahrungsmäßiger Erforschung der unermeßlichen Bereiche spiritueller Traditionen beitragen.

Als ich kürzlich Dr. Frýba wiedersah, freute ich mich zu hören, daß diese Auffassung der transpersonalen Psychologie – eher als eine Einladung zur Kreativität und nicht so sehr als neue Theorie und Methodologie – ihn während des Schreibens seines Buchs stimulierte. Dies rechtfertigt – zusätzlich zu der Wertschätzung seiner Person – mein Verfassen dieses Vorworts zum deutschen Manuskript, dessen Inhalt ich nur aus unseren Gesprächen kenne.

Der Abhidhamma ist einer der drei »Körbe« von Büchern, in die der Pali-Kanon der buddhistischen Schriften eingeteilt ist – die anderen zwei sind die Sutten oder Lehrreden und die monastischen Lebensregeln des Vinaya. Der Abhidhamma beinhaltet die in den Sutten implizierte Psychologie, welche während Jahrhunderten durch viele Kommentare erweitert wurde. Im Unterschied zu den soweit im Westen erhältlichen Büchern über Abhidhamma (Kompendien, tra-

11

ditionelles Verständnis wiedergebende Essays und Werke, die nur im Rahmen eigener Meditationserfahrung Bedeutung haben) enthält das vorhandene Buch eine Interpretation des Abhidhamma für die moderne Welt und repräsentiert eine Verkörperlichung jenes Prozesses der Ost-West-Synthese, welche nach Northrop die Hauptaufgabe unserer Zeit ist.

Dr. Frýba, der bei einem direkten Schüler von Freud in der Psychoanalyse ausgebildet wurde, der die psychedelische Therapie in Prag erforschte und das Psychodrama bei Moreno erlernte, ist meines Wissens der beste Kenner des Abhidhamma unter den westlichen Psychologen und Psychotherapeuten. Als Schüler des Ehrwürdigen Nyānaponika Thera, der als großer Wissender und Weiser des Buddhismus gilt, lebte auch er eine Zeitlang das Leben eines Mönchs; später allerdings verzichtete er auf den Weltverzicht, um das Leben eines Hausvaters und Berufstätigen zur Erfüllung zu bringen. Möge seine sensitive und humorvolle Analyse moderner Situationen aus der Sicht uralter Weisheit zur Anregung und Wertschätzung des Weges des Nichthaftens führen – in einer Welt, die nach Transformationen strebt und dennoch an den Folgen von Gier, Haß und spiritueller Obskurität leidet.

Claudio Naranjo

Einleitung

Die Lösungen unserer heutigen Probleme verlangen mehr als neue Weltbilder. Um glücklich in der Welt leben zu können, brauchen wir Fertigkeiten, die auf Verläßlichkeit der persönlichen Weltsicht gründen. Daher lehrt dieses Buch als erstes die Kunst des Sehens. Die Läuterung des Sehens ist ein methodisches Unternehmen, das nicht nur auf das Erkennen und Beseitigen von Ursachen des Unglücklichseins beschränkt ist. Vielmehr wird das Entdecken und Entfalten von glücksförderndem Vorgehen bezweckt, welches in zunehmender Vertrautheit mit den äußeren und inneren Wirklichkeiten kultiviert wird. Das klare Sehen, der Wirklichkeitsbezug und die glückserfüllte Lebensgestaltung bedingen sich gegenseitig. Das Glücklichsein kann erlernt werden. Die Psychologie des Abhidhamma gibt dazu die Anleitung. Die in diesem Buch getroffene Auswahl von Themen des Abhidhamma spiegelt die praktischen Erfordernisse des Alltags.

Unser Körper, der mit Sinnen, Fühlen und vielen schlummernden Fähigkeiten ausgestattet ist, gibt uns die zuverlässigste Wirklichkeitsverankerung. Im Körper erleben wir die unmittelbaren Begegnungen mit der Welt; im Körper wird das Glück der Freiheit erfahren, das wir durch die Emanzipation des Geistes erreichen.* Menschen, die frei von Furcht und frei von Leiden leben, verabscheuen jede Form äußerer wie innerer Unterdrückung und Unterwerfung. Im eigenen Körper zu Hause und im Geiste frei von jeder Fremdbestimmung, sieht man die Wirklichkeit, wie sie ist, und kann aus dieser Sicht das eigene Wohlergehen gestalten und das anderer gestatten. Kein Guru, kein Wissenschaftler, kein Führer, kein Computer, kein Weltbild kann Ihnen, liebe Leserin, lieber Leser, den in diesem Sinne emanzipiert einfachen und unmittelbaren Wirklichkeitsbezug, die Freiheit und das Glück schenken. Auch die in diesem Buch erläuterten Dhamma-Strategien** sind nur Mittel, Kunstgriffe und Hinweise, deren An-

---

* Diese Emanzipation bedeutet, daß wir uns unabhängig von fremden Einflüssen und Beschränkungen machen und dennoch die Verantwortung im Rahmen des Ganzen behalten. (Anmerkung des Lektorats)

** Dhamma heißt »Die Gute Lehre«, die emanzipatorisch glücksfördernde Lebenspraxis. Abhidhamma ist das systematische Wissen über den Dhamma.

wendung Ihre persönlichen Möglichkeiten erweitern. Glücklich leben kann jeder nur selber – und es wird nur dem gelingen, der es wirklich will.

Es ist einfach, glücklich zu leben, aber die Wege und Mittel dazu müssen entsprechend differenziert sein, damit sie auch von Menschen benützt werden können, bei denen die Ausgangslage kompliziert ist. Die Anleitungen zu den Dhamma-Strategien lassen jedem die Wahl, sie im Detail der persönlichen Situation anzupassen oder sie auch nur als Anregung zu benützen. Sie gehen von Situationen aus, denen der Autor bei seinen Freunden, Studenten, Patienten, Teilnehmern an öffentlichen Workshops und Weiterbildungsveranstaltungen für Manager, Berater, Erzieher und Therapeuten begegnete. Ausführliche Anleitungen werden nur für solche praktischen Übungen gegeben, die entweder in Gruppen oder in Einzelarbeit sehr gute Ergebnisse brachten; andere werden lediglich erwähnt.

Es ist einfach, glücklich zu sein, wenn man den Schlüssel zum Entziffern der Vielfalt des Lebens besitzt. Durch ein Experiment werden Sie gleich im ersten Kapitel dazu geführt, einen seit Jahrtausenden bewährten Schlüssel selbst zu erleben. Die folgenden drei Kapitel erklären die gesellschaftlichen, kulturellen, psychologischen und organisch-erlebbaren Voraussetzungen unserer menschlichen Existenz auf eine Weise, die den persönlichen Aufbruch in neue Erlebensräume ermöglicht. Die letzten vier Kapitel erläutern konkrete Strategien zur Steigerung des Glücks und der Glücksfähigkeit unter den neuen Umständen, die die Zukunft als Bedrohung oder Verheißung mit sich bringt.

Unser Glück wird vervielfacht, wenn wir es mit anderen teilen können, die ebenfalls eine gewisse Meisterschaft im einfachen Glücklichsein erreicht haben. So wird es möglich, gemeinsam ein glückhaftes Unternehmen zu vollbringen. Mit Freude und Dankbarkeit denke ich an dieser Stelle insbesondere an jene Menschen, die zum Entstehen dieses Buches beigetragen haben. Es sind zu viele, um sie hier alle zu nennen. Allen voran gilt jedoch mein Dank meiner Frau Beatrice, die mit Geduld und Kreativität die verschiedenen Entwürfe des Manuskripts didaktisch zu ordnen half und mir einige illustrative Beiträge aus ihrer Psychotherapiepraxis zur Anregung vermittelte. Mit Matthias Barth, meinem langjährigen Freund und Mitarbeiter in der Dhamma-Gruppe Bern, habe ich die Fragen zeitgemäßer popularisierender Vermittlung des Abhidhamma wiederholt diskutiert, und einige Formulierungen dieses Buchs sind aus solchen Diskussionen hervorgegangen. Dr. Harald Brixel, Kay Burkhardt, Harald Fritz, Ueli Kormann, János Morszinay, Claudio Raveane, Pavel Smrčka,

Amadeo Solé-Leris und Martina Streiff haben Teile des Manuskripts gelesen und mir wertvolle Hinweise gegeben. Dr. Juliane Molitor und Luise Kösling haben sehr feinfühlig das ganze Manuskript redigiert. Dr. Claudio Naranjo, einem der führenden zeitgenössischen Psychotherapeuten, danke ich herzlich für das Verfassen eines Vorworts.

Frau Professor Lily de Silva von der Peradeniya University hat mir über den Pali-Sprachunterricht ungewöhnliche Entdeckungen in den kanonischen Texten ermöglicht. Die Großmeister des Abhidhamma, Nyānaponika Mahā Thera, Piyadassi Mahā Thera, Mahasi Sayadaw und Rewatadhamma Sayadaw, haben mir mit Weisheit und Liebe während langer Jahre in konkreten Lebenssituationen die Bedeutung der Abhidhamma-Paradigmen nachvollziehbar gemacht. Zu dem Versuch, auch einige der höchsten Themen des Dhamma im letzten Kapitel auf einfache Weise zu vermitteln, gab mir der Ehrwürdige Nyānaponika seine freundliche Stellungnahme – ihm ganz besonderen Dank.

Falls Sie Sozialwissenschaftler sind...

Sie werden bei der Lektüre bald merken, daß der Text in keinem Widerspruch zu den Theorien von Theodor Adorno, Gregory Bateson, Erich Fromm, Eugene Gendlin, Carl Gustav Jung, Kurt Lewin, Jacob Levy Moreno und Carl Rogers steht, daß er aber auch nicht darauf Bezug nimmt. Das Buch versucht auch nicht, einen Beitrag zur Auffassung einer anderen neuen Theorie zu leisten und unterscheidet sich dadurch von jenen modernen wissenschaftlichen und populärwissenschaftlichen Büchern, die bloß Information und neue Weltbilder anbieten. *Das Buch ist geschrieben für intelligente Menschen, die zwar keine wissenschaftliche Ausbildung haben müssen, die aber ihre eigenen persönlichen Möglichkeiten praktisch entwickeln wollen.*

Ein beträchtlicher Teil des Textes ist den Anleitungen zu etwa dreißig praktischen Übungen gewidmet, die man selbständig im Alltag, in Trainingsgruppen und als Meditation anwenden kann. Theoretisches Wissen wird nur so weit vermittelt, als es für das Verstehen der Übungen nötig ist und der reflektierenden Auswertung der Ergebnisse dient. In diesem Sinne handelt es sich um ein Übungsbuch, das Anweisungen für konkrete methodische Schritte gibt, aber das übliche Schema der programmierten Lehrbücher zu vermeiden sucht.

Die *Anleitung zum Glücklichsein* bezieht sich nur am Rande auf die Probleme der Psychopathologie und Psychotherapie. Die Psychopathologie des Alltags, die durch die verinnerlichten Anleitungen zum Unglücklichsein perpetuiert wird, sichtet auf eine humorvolle Weise Paul Watzlawick in seinem Buch *Anleitung zum Unglücklichsein*. Obwohl die beiden Buchtitel sehr ähnlich klingen, stellen sie weder Gegensätze noch Gegenstücke dar. Es steht dennoch offen, hier nach weiteren Zusammenhängen zu suchen: Dr. Watzlawick als Schüler und Mitarbeiter von Gregory Bateson, dessen *Ökologie des Geistes* ausführlicher im vierten Kapitel besprochen wird, trägt durch seine wissenschaftlichen Arbeiten zur Öffnung der herkömmlichen Psychologie für das Gedankengut des Abhidhamma bei, was vor allem die moderne Psychotherapie bereichert.

Psychotherapeuten und Berater werden einige Ansätze der Dhamma-Strategien gut bei ihrer professionellen Tätigkeit anwenden können. Welcher Therapieschule Sie sich auch zuordnen mögen (die semantische Zugehörigkeit von Erklärungen und Handlungsmaximen spielt in der Praxis eine untergeordnete Rolle): *Versuchen Sie, die ethischen Kriterien zu respektieren, in deren Kontext die Vorgehensweisen entwickelt wurden.* Die Ethik der Dhamma-Strategien geht weit über den Kodex eines Behandlungs-Expertentums hinaus; sie wird ausführlich unter den Themen »autonome Regelung« *(Sīla)* und »prüfendes Vertrauen« *(Saddhā)* beleuchtet.

Ungewöhnliche Erlebnisse – ungewöhnliche Wörter

Die Vielfalt menschlichen Erlebens schließt auch Erfahrungen mit ein, die durch die Rationalität der Umgangssprache nicht zu fassen sind. Unsere Zivilisation hat außergewöhnlichen Erlebnissen gegenüber eine sehr intolerante Einstellung entwickelt: Was nicht einfach zu begreifen ist, wird den Bereichen Mystik, Magie und Geisteskrankheit zugeordnet. Einige außergewöhnliche Erlebnisse gelten zwar im Rahmen der großen etablierten Religionen des Christentums, des Judaismus, Islams, Buddhismus und Hinduismus als gesellschaftsfähig, andere aber werden bekämpft. Die moderne Psychologie scheint die einzige allgemein anerkannte Disziplin zu sein, der es weitgehend gelingt, außergewöhnliche Erlebnisse samt ihrer Inhalte vorurteilslos gelten zu lassen und die darauf verzichtet, sie gezielt zu bekämpfen.

Bei einer Begegnung mit Herrn Professor Erich Fromm im Jahr 1966 in Prag wurde ich auf die Existenz eines uralten Psychologiesystems, des Abhidhamma, aufmerksam, das frei von jedem Dogma außerordentliche Erlebnisse erfassen kann. Nach langem Suchen habe ich daher für meine persönliche Lebensgestaltung, für meine psychotherapeutisch-beratende Praxis und für meine Tätigkeit als Dozent ein einheitliches Vokabular gestalten können, das in der Sprache der modernen Psychologie die uralten Paradigmen des Abhidhamma*** mit einbezieht. – Soviel über den persönlichen Hintergrund und die Eigenart einiger ungewöhnlicher Worte und Sprachwendungen, die im Text gezielt eingesetzt werden, um die Aufmerksamkeit anzuregen.

Fremdwörter wie *Sīla* und *Saddhā* werden nur dann benutzt, wenn betont werden soll, daß die manchmal mehrere Worte umfassende deutsche Entsprechung *einen* technischen Terminus des Abhidhamma darstellt. So trägt zum Beispiel der Pali-Ausdruck *Sīla* die Bedeutung von Eigenart, Charakter, Selbstbestimmung, Selbstregelung, Moral, Ethik, Training, Rückhalt, Schutz und wird in unserem Buch meistens als die »zuverlässige subjektive Ausgangslage« wiedergegeben. Auch Fremdwörter, die heute allgemein geläufig sind, wie zum Beispiel *Samādhi* (Sammlung), *Karma* (geistige Verursachung), *Mettā* (Allgüte) und *Ahimsa* (Gewaltlosigkeit) kommen nur in Verbindung mit ihren deutschen Entsprechungen (in Klammern) vor. Hingegen werden häufig technische Pali-Ausdrücke in Klammern angeführt, die man bei der ersten Lektüre gar nicht beachten sollte. Diese technischen Fachbegriffe werden im Text nur für die Leser eingefügt, die sich mit der Psycho-Algebra des Abhidhamma weiter auseinandersetzen wollen, um selber Strategien zu entwickeln. Zu diesem Zweck befindet sich am Ende des Buches ein Register der technischen Terminologie, das eine schnelle Orientierung in diesem Handbuch bei der Meditation und im Alltag ermöglicht.

Gebrauchsanweisungen?

Wenn man eine Erkältung hat, dann nimmt man ein Aspirin. Wenn man einen Gerichtstermin hat, dann nimmt man einen Anwalt. Wenn man ein Gefühl hat, dann... ja, was dann?

Gefühle wirken auf viele Menschen verwirrend. Gefühle gelten in unserer Zivilisation immer noch als etwas nicht ganz Anständiges. Lange Zeit versuchte man, die Gefühle zu beherrschen und zu verstecken, um sich so vor Verletzungen durch verständnislose und

---

*** Eine kompakte theoretische Übersicht gibt M. Frýba in »Abhidhamma – eine uralte Grundlage transpersonaler Psychotherapie« in: *Integrative Therapie* (Zeitschrift für Verfahren humanistischer Psychologie und Pädagogik), 10. Jhg. (1984), Nr. 3, S. 263–272.

feindselige Handlungen anderer zu schützen. Der heutige Psychoboom macht sich diese Tatsache geschäftlich zunutze, und vielfältige Rezepte für den Umgang mit Gefühlen werden vermarktet. »Das Gefühl haben« ist zu einer modischen Redewendung geworden und wird leider oft auch von Menschen in Machtstellungen benützt, um ihren Wünschen emotionellen Nachdruck zu verleihen. Wer sagt: »Ich habe das Gefühl«, fährt oft fort: »daß du ...«, und äußert damit Mutmaßungen, die vielleicht mit Befürchtungen, Hoffnungen oder gar Unterstellungen besetzt sind. Worin besteht denn eigentlich dieses »Gefühl«?

Es gibt aber auch Menschen, die wirklich fühlen. Sie »haben« nicht Gefühle. Sie erleben vielmehr gefühlsmäßig eigene Befindlichkeiten und können auch die Lage anderer nachfühlen. Sie erleben gefühlsmäßig die ständigen Wandlungen der Welt und der eigenen Einstellung. Sie werten die Gefühle als Hinweis darauf, was wohltut. Wir Menschen sind allerdings mit mehr als nur dem Fühlen ausgestattet. Es ist das Anliegen dieses Buchs, in einem Dialog mit Ihnen, liebe Leserin, lieber Leser, die inneren Voraussetzungen für Wohlbefinden und Glück zu entdecken, zu entwickeln und zu genießen. Ihre persönlichen Erfahrungen und Ihr Erleben sind also bei der Lektüre aufs Höchste gefragt.

Erstes Kapitel

Es ist einfach, glücklich zu sein

Glücklich wollen wir ja alle sein. Je nach persönlicher Veranlagung und entsprechend unserer geistigen Entwicklung genießen wir mehr oder weniger die Spannungen, Probleme und Gefahren, die wir als Herausforderung und Ansporn brauchen, um unser Leben interessant zu finden. Nur wenige wären glücklich, wenn sie sich auf einmal vollkommen entspannt und ruhig im Frieden eines vermeintlichen Nirwana befänden.

Glücklich wollen wir alle sein, und deswegen suchen wir nach Mitteln und Wegen, um dieses Glück zu erreichen. Allem menschlichen Tun und Lassen liegt letzten Endes das Streben nach Glück zugrunde. Nicht nur all die Psychotechniken, meditativen Praktiken, Erlösungslehren, Religionen und Psychotherapien zielen auf die Steigerung von Wohl und Glück ab. Auch alle wirtschaftlichen, politischen, wissenschaftlichen und technischen Unternehmungen hegen Wohl und Glück als Zielvorstellung. Nur handeln leider die Führer solcher Unternehmungen in bezug auf die Wege zur Verwirklichung der Zielvorstellungen allzuoft ziemlich dumm und kurzsichtig: Manche leben in dem Wahnglauben, sie könnten glücklich werden, wenn sie rücksichtslos ihre Umwelt ausbeuten, den benachbarten Feind durch eine Atombombe vernichten, Druck und Terror auf eigene Freunde und Familienmitglieder ausüben, soweit diese sich ihren fixen Ideen von »Soll« und »Muß« nicht fügen wollen. Volkstümlich ausgedrückt: Sie sägen den Ast ab, auf dem sie sitzen; sie beschmutzen das eigene Nest – denn sie sehen nicht, daß auch sie in diese Umwelt eingebettet sind, in das gleiche Ökosystem wie ihr Gegner. Sie sind kurzsichtig, in ihrer Weitsicht und Voraussicht beschränkt, denn sie sehen nicht, daß sie sich ins eigene Fleisch schneiden und daß sie künftige Schnitte und Stiche gegen sich selbst einleiten, wenn sie Menschen plagen, mit denen sie durch Freundschaft oder Feindschaft verbunden sind. *Stopp!*

Was merke ich innerlich?
...sind es wirklich nur »sie«, die anderen? Gehöre ich (vielleicht nur sehr selten und nur sehr kurzfristig) nicht auch zu ihnen? Vielleicht. Es wäre jedoch nicht besonders klug, gerade bei den eigenen Unge-

schicklichkeiten anzufangen, die eigene Dummheit zum Ausgangspunkt zu wählen. Was würde passieren, wenn ich mich jetzt an der eigenen Nase fassen würde oder die Hand aufs Herz legte und mit Selbstkritik anfinge? Wenn ich nun die eigenen Fehler unter die Lupe nähme und mich wie süchtig darin vertiefen würde, was ich je alles falsch gemacht habe? Doch so etwas würde nur zusätzlich mein Selbstbewußtsein belasten, mein Gemüt trüben, mein künftiges Handeln erschweren, das ganze Dasein mit Unbehagen füllen.

Wie kann man denn etwas Klügeres tun?
Wie kann man es denn anders machen, damit es leichter geht? Es gibt eine Strategie, die sich mit Lösungsmöglichkeiten gerade dieses Problems befaßt. Ich habe allerdings nicht vor, mit Belehrungen aufzuwarten und, wie es allzuoft geschieht, den Leser zum bloß passiven Aufnehmen besseren Wissens zu nötigen. Anstatt dessen biete ich eine Herausforderung an, die, wie ich hoffe, vom Leser als Abenteuer empfunden wird. Wir werden uns also nicht mühselig zum Besseren, Leichteren und Interessanteren emporarbeiten, aber dennoch unsere psychischen Kapazitäten voll einsetzen... bis es dann immer leichter geht. Die Lektüre dieses Buchs soll die Kreativität des Lesers anregen, ungewöhnliche Einfälle wachrufen und persönliches Wachstum fördern.

Einladung zum Experiment

Ich lade Sie, liebe Leserin, lieber Leser, zu einem Experiment ein, bei dem gleich für einige Elemente unserer Strategien die Probe aufs Exempel gemacht wird. Also:

Start!
Was wissen wir schon darüber? Es wurde bereits die Kurzsichtigkeit und Dummheit jener Führer angesprochen, die unfähig sind, größere Zusammenhänge zu sehen. Obwohl sie eigentlich Wohl und Glück zum Ziel haben, handeln sie so, daß sie ihren Mitmenschen Leiden bringen und Reaktionen hervorrufen, unter denen dann auch sie selber zu leiden haben. Dann kam ein »Stopp!«, das einen Wechsel der Denkebene signalisierte. Etwas zeitgerechter ausgedrückt: Dieses »Stopp!« ermöglicht die Umschaltung von einem allgemein üblichen »Programm der Datenverarbeitung« auf ein anderes Programm. Dieses zweite Programm unseres Hirncomputers berücksichtigt auch das Ich des Lesers. Es fand also keinesfalls nur ein Wechsel des Themas

statt, sondern vielmehr ein Übergang zu einer anderen Sichtweise; es war eine Bewußtseinsveränderung.

Solche Wechsel, Übergänge, Umschaltungen und Bewußtseinsveränderungen erleben wir sehr oft im Alltagshandeln, aber auch beim Nachdenken und während der Lektüre eines Buches. Nur nehmen wir sie meist nicht richtig wahr und können daher nicht bewußt über sie verfügen und die ihnen innewohnende Macht nutzen. Für Übungszwecke sind wohl die Umschaltungen vom Denkbewußtsein auf das Gefühls- oder Körperbewußtsein am besten geeignet. Bei der Lektüre denken wir nachvollziehend das Niedergeschriebene, und dann plötzlich schalten wir um und reagieren gefühlsmäßig: »Das ist doch doof, was er da schreibt!« oder »Ja! Das stimmt, das hab' ich auch schon immer behauptet!« oder »Aha! So geht es leichter! Das leuchtet ein!«

Manchmal findet die Programmumschaltung statt, indem wir durch Körperempfindungen abgelenkt werden. So kann zum Beispiel die Körperstellung während der Lektüre ein unangenehmes Gefühl bewirken, worauf das Bewußtsein verändert wird, und daraufhin – vielleicht gedankenlos – strecken wir die Beine oder richten uns mit einem tiefen Aufatmen auf. Obwohl das zur Änderung der Körperstellung nötige Programm gedankenlos abgelaufen ist, sind wir uns doch bewußt, daß wir das taten, was der physischen Umgebung entspricht. Klingt dies fremd?

Stopp!... und *Start!*
Zurück zu unserem Thema: Die anderen, vor allem die Führer, sind kurzsichtig und inkompetent. Sie planen zwar das Gute (zumindest für sich selber), bewirken aber in der Tat Leiden für die Mitmenschen und später in der Folge auch eigenes Leiden. Unentrinnbar dem Banne eines Programms verhaftet, das sie nicht durch ein bewußt gesetztes »Stopp!« unterbrechen können, führen sie eine zum Scheitern verurteilte Unternehmung aus. Um so schlimmer, wenn sie Anführer einer ganzen Gruppe von Menschen sind, die ihnen im blinden Glauben folgen! Schlimm genug aber auch, wenn man sein eigener Anführer ist, ein Programm einsetzt und durchzieht, ohne es unterbrechen, überprüfen und eventuell wechseln zu können.

Auch du bist zeitweilig der Anführer einer Unternehmung, die dir möglicherweise im Moment unbedeutend vorkommt, später aber gewichtige Auswirkungen hat. Wie du, so setze auch ich meine Pläne in die Tat um, beeinflusse andere, meine Umwelt, unsere Zukunft, und du wie auch ich, wir alle werden die Früchte unseres Tuns ernten...

Stopp!
Programmumschaltung: *Was merkst du jetzt innerlich?*
Start!
Nur auf-merken bitte, und im Gedächtnis eine Notiz davon machen.
Später werden wir darauf zurückkommen. *Stopp!*

Zurück zum Thema: *Start!* Die Frage ist, ob ich mich daran orientiere, was ich wann falsch mache, oder ob ich meine Erkenntnisfähig-
keit und Energien darauf richte, was ich geschickt und mit Erfolg er-
ledige, was ich an Glückbringendem bewirke. Ebenso wie du, kann
auch ich wählen, ob ich mich zu einem Experten für die eigenen Un-
geschicklichkeiten und Dummheiten und für mein Versagen ent-
wickle, oder ob ich an dem arbeiten will, was für mich wohltuend und
glückbringend ist. Genau wie ich kannst auch du die Dynamik und
die Mechanismen deiner Programme, deiner *Geschicklichkeiten,*
Möglichkeiten und Fertigkeiten zum Forschungsgegenstand Nummer
eins machen. Das Ergebnis dieser Bestandsaufnahme wird uns befähigen, unsere Fähigkeiten zu bewußt verfügbaren Strategien auszubauen. Und nicht nur das: Schon allein die Tatsache, daß wir unser
Interesse auf diese Kompetenzen richten, bedeutet, daß die psychische Energie dorthin geführt und die Aufmerksamkeit zunehmend
leichter auf das Positive gelenkt wird. Die Kompetenzen, Programme und Strategien werden leichter verfügbar.

Die positiven und wohltuenden Auswirkungen der Dhamma-Strategien entspringen zwar dem kompetenten Handeln der reifen Person, ihre Basis ist jedoch eine umgreifendere transpersonale Wirklichkeit. Es genügt dabei, daß ich zunächst nur lerne, anderen kein
Leid zuzufügen und das Beste für mich selbst zu tun. Eine Aufopfe-
rung (die ja meist mit Missionieren und Aufzwingen von Sichtweisen
des sogenannt Barmherzigen einhergeht) ist gar nicht nötig. Ich tue
also, was für mich gut ist und richte keinen Schaden an, weil ich fähig
bin, ein größeres Ganzes zu sehen und meine Verbundenheit mit allen anderen Wesen direkt zu erleben. Ich zwinge auch niemanden zu
irgend etwas, weil ich weiß, daß auch das Gute, mit Zwang oder Gewalt durchgesetzt, eine ungute Reaktion bewirkt. Angenommen, ich
fühle mich von der New-Age-Bewegung auf mehreren Ebenen angesprochen, angezogen, angeregt. Anstatt zu belehren, zu bekehren
und zu argumentieren, lebe ich das dem New Age Gerechte vor und
gebe meinen Mitmenschen zu erkennen, daß für mich das Leben auf
diese Weise lohnender und leichter ist.

Wenn ich das, was für mich wohltuend und glückbringend ist, anderen gegenüber anwende, kann ich erwarten, daß die Menschen, die

reif genug sind, das New Age persönlich zu verwirklichen, auch begreifen, worum es geht. Bei allen, die nicht allzu stumpf oder verloren in der Wirrnis alter Programmierungen sind, klingt innerlich etwas an. Diese innere Resonanz fördert bei diesen offenen Menschen das weitere Interesse für das Wohltuende; sie verspüren eine ganz innige, im eigenen inneren Körpererleben verankerte Neigung mitzumachen, oder noch besser ausgedrückt:»mit-geschehen zu lassen«, indem sie innerlich sanft mitschwingen. Dieses Mitschwingen offenbart sich in einer Harmonisierung von Rhythmen auf verschiedenen Ebenen, von Biorhythmen über die Rhythmisierung des Tagesablaufs und der Arbeitsweise bis zu den zellulären und feinkörperlichen Rhythmen. Der Atemrhythmus, an dem übrigens auch die feinsten Stimmungs- und Bewußtseinsveränderungen abzulesen sind, wenn er nichteingreifend beobachtet wird, ist der beste Schlüssel zur Kenntnis der natürlichen, wohlbringenden Abläufe. Wenn sich mein Bewußtsein und mein persönliches Selbst-Verständnis auf meine Atmung bezieht, dann bin ich gut zentriert und integriert, und mein Erleben ist in der organischen Wirklichkeit verankert. Wenn ich auch die organische Wirklichkeit der anderen Wesen und die Atemrhythmen des ganzen Ökosystems wahrnehme, dann ergibt sich eine »Konspiration«[1], ein Miteinanderatmen. In einem Satz ausgedrückt: Das Vorleben des auf eigenes Wohlergehen orientierten Tuns und Lassens, das auf andere Lebewesen Rücksicht nimmt, ist der Kern der Strategien für das New Age.

Das klingt ganz einfach, nicht wahr? So einfach, daß dir, lieber Leser, sofort der Gedanke kommt:»Das alles kenne ich doch schon, das gehört zum New Age.«»Gut«, sage ich,»damit habe ich gerechnet, und es freut mich.«

Hat sich nun etwas abgerundet? Ist das Thema erledigt? Lassen wir das New Age einmal beiseite. Es könnte sich ebensogut um Yoga, Psychoanalyse, Kommunismus, Ökologie, Friedensbewegung oder Buddhismus handeln. Unser Experiment ist nämlich noch nicht abgeschlossen und ausgewertet. Denn im Bewußtsein meldet sich noch etwas, ein wichtiger Aspekt unseres Forschungsgegenstandes: unsere *Erlebensweise.* Wir sind ja kritisch wägende Menschen und melden berechtigte Zweifel an. Vielleicht folgen den Gedanken:»Es ist einfach« und »Das kenne ich schon« weitere Überlegungen, etwa:»Ja, aber... es ist mir zu theoretisch. Ich sehe nicht, wie man es in die Praxis umsetzen kann«, oder »Es ist zwar schön, aber im Alltag funktio-

---

1 Das lateinische Zeitwort *conspirare* wird als »zusammenwirken« übersetzt, bedeutet aber ursprünglich »mit-hauchen« oder »mit-atmen«.

niert es nie, dafür kann ich aus eigener Erfahrung viele Beispiele bringen.« *Stopp!*

Solche defätistische Programme gilt es zu unterbrechen, wenn sich nicht Depression, Verzagtheit und Kleinmut einnisten sollen. Wieso führt dieses »Ja, aber...« zu Defätismus und Miesmacherei? Tatsächlich muß es nicht immer dazu führen. Schließen wir also in unser Experiment eine Analyse jenes zweiten Gedankenganges ein, der dem »Ja, aber...« folgt.

Bekanntlich gibt es Menschen, die an einer »Ja-aber...«-Sucht leiden. Wir schließen diese Fälle hier aus, denn eine solche Sucht ist durch ein Buch nicht zu beheben, sondern erforderte eine Psychotherapie. Nehmen wir aber an, daß der Keim des Defätismus bei uns nicht so tief liegt. Das »Ja, aber...« ist dann vielmehr ein Ausdruck der ganzheitlichen Annäherung, die den am New Age interessierten Menschen eigen ist, weil sie sich darin üben, so oft wie möglich auch die Kehrseite von Feststellungen zu berücksichtigen. Dies kann erst dann gefährlich werden, wenn man in einen Absolutismus des »Entweder-Oder«, »Immer-Nie« und »Gänzlich-Überhaupt nicht« verfällt. Dieser Absolutismus gilt nur auf der Ebene der Worte, der rein verbalen Logik, nicht aber in der Wirklichkeit des Lebens. Soviel hierzu an dieser Stelle; später werden wir uns mit diesem Problem ausführlicher auseinandersetzen. Schon hier können wir uns aber merken, daß von den alten sprachlichen Programmierungen die Gefahr ausgeht, daß sie uns in absolut abgeschlossenen Gedankenwelten gefangenhalten.

Was klingt also in dem Zweitgedanken an? Schieben wir es in Klammern ein: »Es (das Ganze überhaupt) ist mir zu theoretisch (da gibt es nur das Entweder-Oder der Theorie und Praxis).« Dies genügt als Beispiel. Im gegenwärtigen Stadium unseres Erforschens und Erlernens von neuen Strategien ist es allerdings noch wichtiger, eine andere Gefahr des Zweifelns zu erkennen und schon im Keim zu beseitigen beziehungsweise zunächst einmal die aus solchen Keimen wuchernden Unglücksprogramme zu stoppen. Es handelt sich dabei um die schon eingangs des Kapitels erwähnte Gefahr, daß wir uns zu sehr auf das konzentrieren, was wir ungeschickt und falsch machen. Diese negative Selbstwertung hat sich in der Gegend unseres geographischen Längengrads ziemlich stark eingebürgert.

Mehr als Denken

Die Dhamma-Strategien bieten Mittel an, die dem Negativismus entgegenwirken. In dieser Hinsicht haben sie ihre Vorläufer in den Selbsthilfebüchern, die die Kraft des positiven Denkens loben und lehren. Sie gehen aber noch einen Schritt weiter, indem sie die Abspaltung der objektiven Gedankeninhalte überwinden und eine Auffassungsfähigkeit schulen, durch die die Kluft zwischen dem erlebenden und handelnden Subjekt einerseits und den Objekten anderseits überbrückt wird. Die Psychologie, die den Dhamma-Strategien zugrunde liegt, ist eine bisher in der akademischen Welt wenig bekannte, relativistische Erlebenspsychologie[2], die sich von den herkömmlichen psychologischen Theorien ähnlich abhebt wie die Einsteinsche Relativitätstheorie von den alten Theorien der Physik.

Die objektiven Begebenheiten des Alltags stehen nicht als Dinge an sich in der Welt, getrennt von dem subjektiven Erleben. Dem New-Age-Anhänger sind die lebendigen Beziehungen zwischen sich als Subjekt und den objektiven Realitäten direkt als lebendige Bedeutungen erlebbar. Dies ermöglicht ihm die kreative Entfaltung und ein direktes Umgestalten seiner Welt, ohne daß er sich durch seine Eingriffe diese Welt entfremdet, wie es bei Anwendung der herkömmlichen Technologien geschieht. Die schamanischen und magischen Techniken der Naturvölker und die geistigen Trainingsmethoden der nichteuropäischen Hochreligionen kennen seit jeher Grundprinzipien, denen das psychologische Wissen entspringt, das wir nun in unserem New Age wiederentdecken. Sie kennen auch die Kraft des positiven Denkens, welches jedoch treffender als das positive Wollen oder die Neigung des Geistes zum Wohlergehen aller Wesen zu bezeichnen ist.

Die Fähigkeit, eine Beziehung zwischen dem subjektiven Erleben und den subjektiven Objektbedeutungen herzustellen, muß durch Sachlichkeit und körperliche Wirklichkeitsverankerung im Gleichgewicht gehalten werden, wenn wir nicht als Träumer in psychotische Schein-Welten entschweben sollen. Dies ist ein außerordentlich

---

2 Die in Vergessenheit geratenen Ansätze der deutschen Erlebnis-Psychologie von W. Dilthey (Ende 19. Jahrhundert) werden von der modernen Psychotherapieforschung langsam wiederentdeckt. Der amerikanische (ursprünglich österreichische) Psychologe E. Gendlin hat durch die Neueinführung des Erlebens, als experimentell überprüfbare Variable »experiencing«, einen der wichtigsten Beiträge zur modernen Psychologie geleistet. Im Gespräch mit Eugene Gendlin waren wir uns darüber einig, daß seine Theorien eine nahe Verwandtschaft zu Abhidhamma aufweisen.

wichtiges Thema, zu dem wir immer wieder zurückkehren werden. Vorläufig halten wir nur fest, daß man durch die körperliche Wirklichkeitsverankerung Sachlichkeit erlangt.

Die Sachlichkeit gleicht das subjektive Erleben der Ereignisse und ihrer Beziehungsbedeutungen aus. Sie macht es uns auch möglich, Abstand von zu stark emotionell geladenen Ereignissen zu bewahren, die wir so mit Gleichmut analysieren können, ohne zu leugnen oder zu verdrängen, daß sie uns ganz persönlich angehen. Die Sachlichkeit zeichnet sich dadurch aus, daß wir in Beziehung zu äußeren physischen Realitäten bleiben, ohne uns damit zu identifizieren und ohne uns darin zu verlieren. Beziehung heißt im Bezug bleiben, nicht gleich werden, aber sich auch nicht trennen und entfremden. Obwohl die physischen Realitäten auch ohne unser Zutun existieren, sind sie für uns nicht als Dinge an sich erlebbar. Was wir erleben und direkt erkennen, sind unsere Beziehungen zu den Dingen und Ereignissen, indem wir an ihnen durch unsere Sinneswahrnehmung und durch unser körperliches Handeln teilnehmen. Dies ist mit dem Ausdruck »Wirklichkeitsverankerung« *(Yathā-Bhūta)* gemeint – die Dinge wirken auf unsere Sinne, und wir wirken auf sie in unserem Handeln. Beides ist wirk-lich im wahrsten Sinne. *Stopp!*

Habe ich jetzt nur gelesen oder auch im Denken nachvollzogen? Habe ich mich in der Abhandlung der Sachlichkeit nicht verloren? Ich kann ja diesen Absatz über die Sachlichkeit nochmals lesen, um zu überprüfen, wieviel Abstand ich gewinnen kann, ohne den Bezug zu verlieren. *Entschluß* und *Start!*

Es gibt auch andere Wirklichkeiten. Unsere Gefühlsreaktionen, gedankliche Konstruktionen, Phantasien und Visionen wirken ja auch und sind in diesem Sinne wirk-lich. Doch bevor man sich eingehender auf diese anderen Wirklichkeiten einläßt, ist es gut, ganz vertraut mit der körperlichen Wirklichkeit zu werden, an der auch unsere Mitmenschen und andere Lebewesen direkt teilnehmen. Unsere Gefühle, Überlegungen und Zweifel sind ja im interpersönlichen Sinne nicht wirklich, solange sie nicht zum Ausdruck gebracht und von anderen verstanden wurden. Das klingt alles so selbstverständlich. Wie oft wenden wir aber diese selbstverständlichen Weisheiten an, um unsere undeutlichen Gefühle und unklaren Zweifel zu äußern (oder auch nur für uns selbst niederzuschreiben), um sie dadurch wirklich zu machen, sie dann umzugestalten, und das Gute an ihnen zu schulen?

In unserem Experiment haben wir wichtige Schritte in dieser Richtung gemacht. Können Sie sich, lieber Leser, zurückbesinnen auf einiges, was Sie *innerlich gemerkt* haben, was in Ihnen durch das Experiment ausgelöst wurde? Haben Sie manchmal heftiger und manchmal weniger heftig reagiert? Waren Sie brüskiert, als ich Sie plötzlich mit »du« angeredet habe, Sie gar zu den dummen und inkompetenten Anführern gerechnet habe? Falls ja, und falls Sie Ihre Gefühlsreaktionen als solche gemerkt haben und sie vom gewöhnlichen Denkbewußtsein während der Lektüre unterscheiden konnten, dann ist Ihnen schon einiges in diesem Experiment gelungen, wovon Sie beim Kultivieren Ihrer eigenen New-Age-Strategien profitieren werden. Haben Sie während der Lektüre auch Umschaltungen auf das Körperbewußtsein gemerkt? Oder gar die Struktur eines Programms, welches Sie ohne zu denken benutzten, um Ihre Körperstellung zu ändern? In diesem Falle haben Sie eine ungewöhnliche Auffassungsgabe und eine bemerkenswert wache Achtsamkeit.

Sie ahnen wohl, welch verheißungsvolle Perspektiven sich Ihnen ganz persönlich eröffnen. Bevor wir unser Experiment besprechen und reflektierend auswerten, soll noch ein weiteres Prinzip erörtert werden, das uns die Wahl und Verwirklichung des Glücklichseins erleichtert und gegensätzliche Perspektiven in einen brauchbaren Zusammenhang bringt. Es ist das Prinzip psychischer Nahrung und Ausscheidung.

Wenn wir bei der Selbsterforschung (zum Beispiel in unserem Experiment) dem Versagen und den Zweifeln zuviel Aufmerksamkeit schenken, dann nähren wir unklugerweise diese Bereiche. So kommen unsere geistigen Kapazitäten und Energien den negativen Bereichen zugute und räumen ihnen eine immer wichtigere Stellung ein. Die schädliche Aufmerksamkeit und unkontrollierte Energiezufuhr läßt Versagen und Zweifel zu Defätismus und Zweifelsucht wachsen. Die derart anschwellenden Bereiche des Unbehagens unterdrücken und ersticken unsere positiven Bereiche der Zuversicht, des Selbstvertrauens, des Gefühls für die eigenen Kräfte und Möglichkeiten. Wenn wir das Negative nähren und so unvernünftig uns mit Fehlern beschäftigen, trainieren wir unsere Merkfähigkeit in einer unheilsamen Richtung und werden bald zu düsteren Meistern der Ungeschicklichkeit und Miesmacherei.

Den Gefahren des Negativismus entgeht man dadurch, daß man lernt, schon deren Keime und erste Ansätze zu erkennen. Ohne sich mit den Inhalten und Abläufen negativer Gedankenketten zu beschäftigen, merkt man sie einfach und benennt sie mit dem richtigen Namen. So geht man weder darin auf noch nimmt man sie in sich hin. Das Ungute, Ungeschickte und Unheilvolle geht nicht unbemerkt durch unseren Erlebensraum, wir sind ihm also nicht wehrlos ausgeliefert. Wenn unserer Urteilsfähigkeit eine Beeinträchtigung droht, indem beispielsweise Zweifeln in Zweifelsucht umschlägt, dann benennen wir bloß diese Gefahr als Zweifelsucht *(Vicikicchā)* und lassen uns da vorläufig nicht mehr ein. Was uns bleibt, ist die Information darüber, das Wissen, das uns gegen ähnliche künftige Gefahren feit. Das Wirkungspotential des Negativen wird ausgeschieden. Wenn wir das Fehlerhafte und Ungesunde ausscheiden, wird es zu einem Ding, das wir sachlich betrachten können – auch wenn wir wissen, daß es von uns stammt. Es spielt hierbei auch eine Rolle, wie gut unsere Verdauung ist, wieviel Energie und Erkenntnis wir bei der Verarbeitung des Unguten aufnehmen können, ohne uns zu vergiften. Aus der Beschreibung der Vorgänge wird klar, daß die Ausscheidung und Verdinglichung des Unguten kein Verdrängen ist. Im Gegenteil – gerade diese Vorgänge bereiten auch die schwierigsten und peinlichsten Tatsachen für die sachliche Datenverarbeitung in unserem Biocomputer auf.

Unser Biocomputer

Während des Experiments haben wir ansatzweise auf direktem Weg empirisch entdeckt, daß die Umschaltungen, Programme und anderen Elemente, aus denen die Strategien gebaut werden, von bestimmten psycho-physischen Strukturen (Sinnesorgane, Gedächtnis, innerer Erlebensraum, Gefühl, Denken usw.) getragen werden. Wenn wir die Metapher des Biocomputers zur Erfassung unseres Erlebens weiter benützen, können wir sagen, daß die inhaltliche Datenverarbeitung im System der Software (Programme, ihre Umschaltungen usw.) stattfindet, das seinerseits durch die Hardware unseres psycho-physischen Organismus getragen wird. Es sind keine wissenschaftlichen Theorien nötig, um zwischen Außen- und Innenwelt und zwischen Hardware und Software zu unterscheiden, da sie für uns direkt erkennbar sind.

Die zu verarbeitenden Daten kommen erstens aus dem Gedächtnis in das Bewußtsein, zweitens aus dem inneren Körpererleben und den damit verbundenen Gefühlen, drittens werden die Tatsachen der Außenwelt dem Bewußtsein durch die Sinnesorgane vermittelt. Sobald die Daten wahrnehmend gemerkt wurden, können sie im Gedächtnis gespeichert oder durch das Denken verarbeitet werden. Obwohl wir später sehen werden, daß dies nicht die einzig möglichen epistemologischen Prozesse sind, sind sie doch für unsere Orientierung in der Welt wesentlich; sie bestehen aus Vorgängen und Strukturen der

Software unseres Biocomputers, sind also Träger der Programme und Strategien, mit deren Hilfe wir unser Leben gestalten.[3]

Die folgenden Diagramme veranschaulichen diese Strukturen und Vorgänge.

Man kann sich anhand des *Diagramms 1* (siehe Seite 30) leicht vorstellen, wie sich das Bild ändert, wenn verzweigte Programme mit Wiederholungsschleifen und Umschaltungen eingesetzt werden und die Wahl der verschiedenen Programme und ihrer Umschaltungen durch Steuerprogramme erfolgt. Die Strategien des Erkennens und des Handelns beziehen ein, *was* und *wie* wahrnehmend erfaßt wird, *welche* Programme *wie* eingesetzt und *wann* gestoppt oder umgeschaltet werden.

Im *Diagramm 2* (siehe Seite 31) wird deutlich, was geschieht, wenn die Wirklichkeitsverankerung im inneren Körpererleben und bei den Gefühlen für die epistemologischen Prozesse ausschlaggebend ist. Es darf nicht vergessen werden, daß die für emanzipatorisches Streben notwendige Wirklichkeitsverankerung eben dadurch charakterisiert ist, daß man auch den eigenen Körper und die Gefühle als Quellen und Vermittler der Erkenntnis berücksichtigt.

Unser Biocomputer nimmt sogar bei der rein innenweltlichen Datenverarbeitung (zum Beispiel Meditation, Träume, Visionen usw.) nicht alle Körperprozesse und Gefühle auf. Einiges wird auch ohne bewußte Erfassung verarbeitet. Wie aus dem *Diagramm 2* ersichtlich ist, pendelt das Bewußtsein zwischen den Bereichen des Gedächtnisses, des Denkens, des Fühlens und des Körpererlebens. Die Achtsamkeit, die die Bewußtseinsveränderungen merkt, kann systematisch geschult werden und dann eventuell das Bewußtsein und die Verarbeitungsvorgänge lenken.[4]

Bei unserem Experiment haben wir vielleicht auch ohne Training bestimmte Veränderungen des Bewußtseins gemerkt, wovon einige

3 Epistemologie geht über den Bereich der Psychologie hinaus, indem sie auch das subjektive Erleben von Erkenntnisinhalten und die Prozesse ihres tatsächlichen Zustandekommens konkret untersucht; sie unterscheidet sich von der Erkenntnistheorie der Wissenschaften und Philosophien, die vor allem das logisch Formale ordnet. Epistemologie ist auch nicht auf eine Psychokybernetik reduzierbar – ungeachtet des sehr verfeinerten Verstehens von Erlebensprozessen dank der Anwendung der Metapher des »Biocomputers«, welche insbesondere von John Lilly (*Das Zentrum des Zyklons*, Frankfurt 1976) ausführlich entfaltet wurde. Für die moderne Epistemologie sind die Arbeiten von Gregory Bateson ausschlaggebend, auf die wir mehrmals Bezug nehmen werden (siehe Seite 42, 72, 110ff.).

4 Die Achtsamkeit *(Sati)* ist die wichtigste der psychischen Kräfte, weil sie deren Einsatz harmonisiert. Die in diesem Buch beschriebenen Techniken der Achtsamkeitsschulung nehmen als Grundlage das bisher unübertroffene Werk von Nyānaponika: *Geistestraining durch Achtsamkeit*, Verlag Christiani, Konstanz 1979.

30

Außenwelt – Worte, Symbole, Ansichten, Programme usw.
– Sinnenobjekte, Körper (von außen wahrgenommen)

Diagramm 1: Verarbeitung der Daten aus der Außenwelt

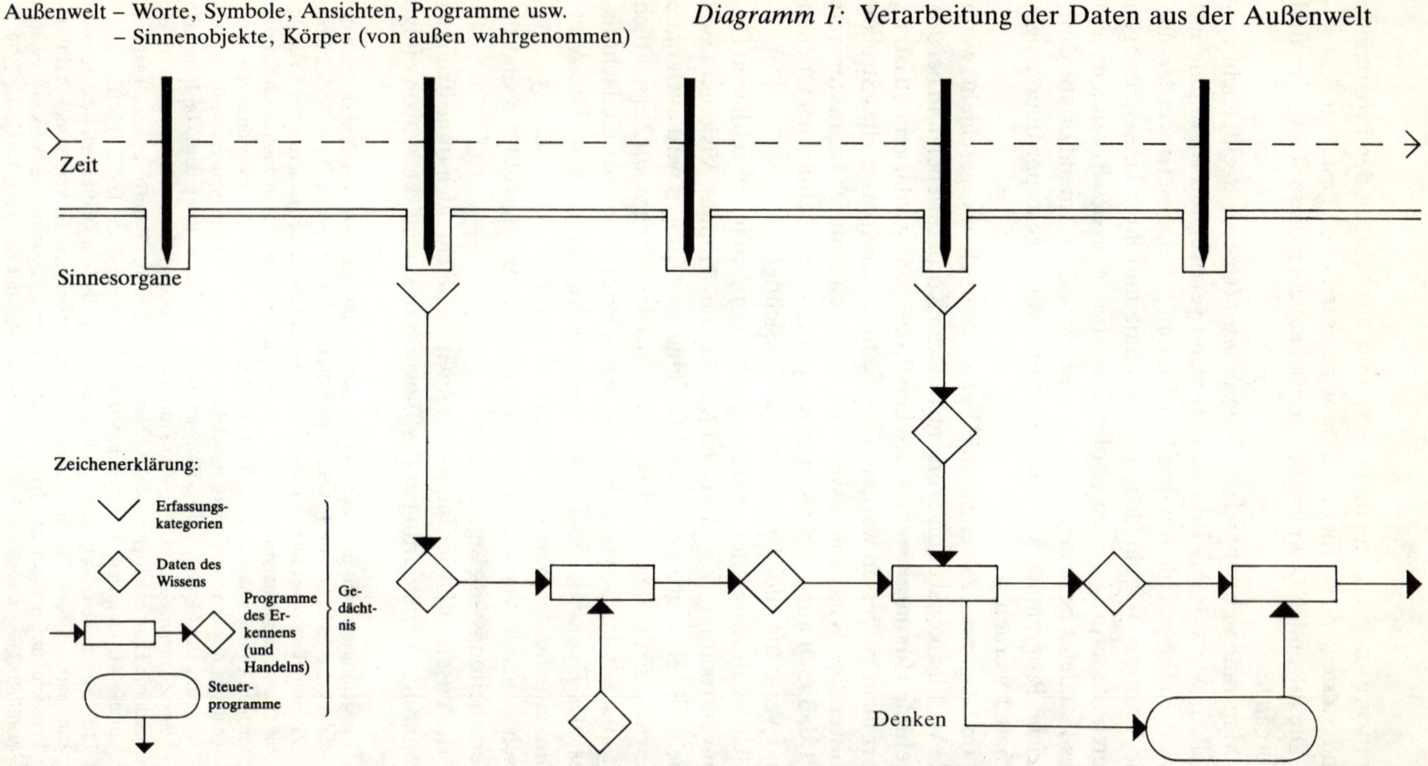

Zeit

Sinnesorgane

Denken

Zeichenerklärung:

Erfassungs-
kategorien

Daten des
Wissens

Programme des Er-
kennens (und Handelns)

Steuer-
programme

Ge-
dächt-
nis

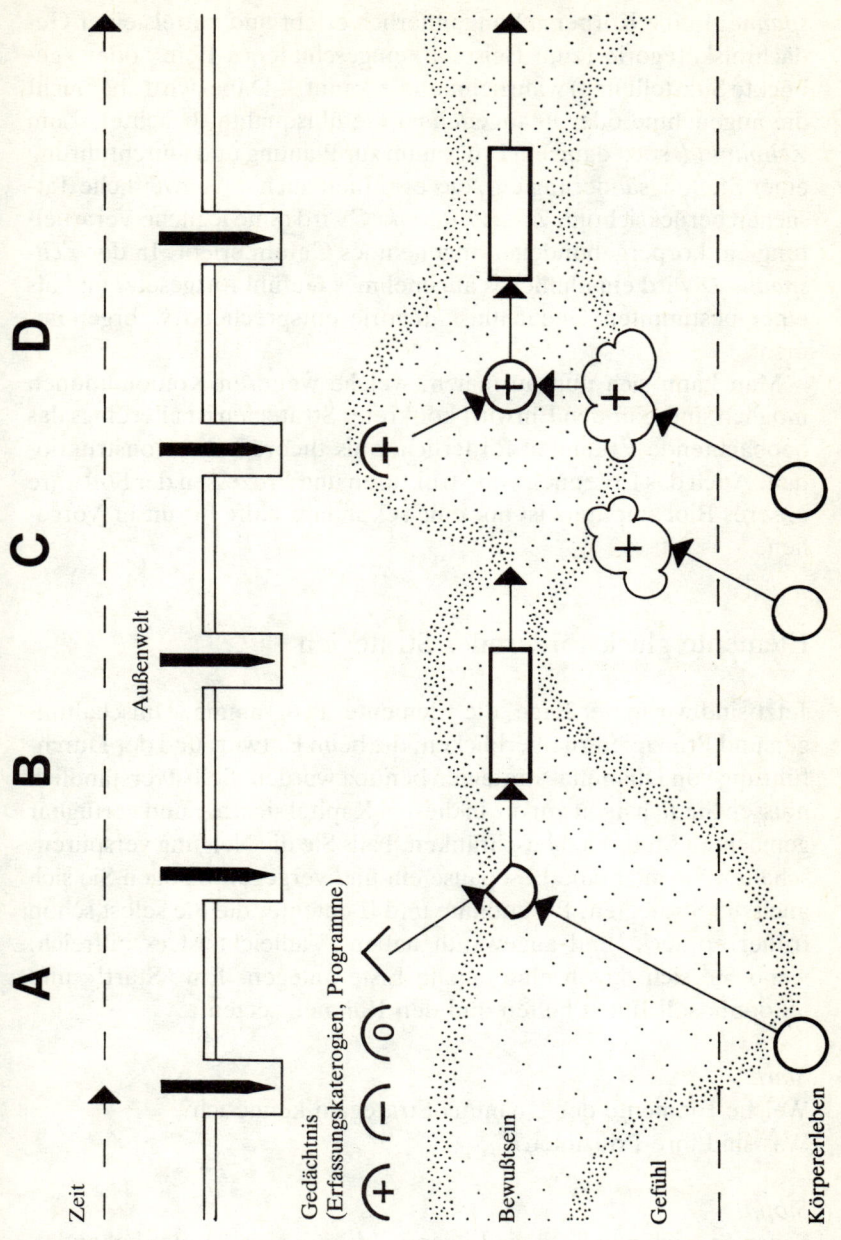

Diagramm 2: Innenweltlich wirklichkeitsverankertes Erkennen

31

im *Diagramm 2* veranschaulicht sind. So wird dort während der *Zeitspanne A* eine Körperstellung innerlich erlebt und mittels einer Gedächtniskategorie (zum Beispiel »eingeschlafenes Bein« oder »gebückte Sitzstellung«) wahrnehmend erkannt. – Dabei wird aber nicht die angenehme oder unangenehme Gefühlsqualität beachtet. Zum *Zeitpunkt B* setzt dann ein Programm zur Planung und Durchführung einer Stellungsänderung ein, das eventuell auch außenweltliche Tatsachen berücksichtigt. Zum *Zeitpunkt C* wird ohne jegliche Verarbeitung ein körpergebundenes angenehmes Gefühl erlebt. In der *Zeitspanne D* wird ein ähnliches angenehmes Gefühl fortgesetzt und als einer bestimmten Gedächtniskategorie entsprechend wahrgenommen.

Man kann sich nun ausmalen, welche weiteren Kombinationen möglich sind. Für den Entwurf konkreter Strategien ist allerdings das beobachtende Erkennen förderlicher als theoretische Konstruktionen. Auch das Erkennen von Strukturen und Prozessen der Software unseres Biocomputers ist nur eine sekundäre Hilfe für unser Vorgehen.

Elemente glücksfördernder Strategien

Jetzt sind wir in der Lage, die Elemente, Programme, Umschaltungen und Prinzipien zu überblicken, die beim Entwurf und der Durchführung von Dhamma-Strategien benutzt werden. Selbstverständlich müssen Sie sich nicht auf die in diesem Kapitel sichtbar und verfügbar gemachten Methoden beschränken. Falls Sie die Neigung verspüren, schalten Sie jetzt eine Lesepause ein und vergegenwärtigen Sie sich auch die Strategien, Programme und Elemente, die Sie selbst schon früher entdeckt und angewandt haben. Vielleicht ist es hilfreich, wenn Sie sich davon eine eigene Liste anlegen. Ein »Start!« und »Stopp!« soll Ihnen helfen und den Rahmen setzen:

Start!
Welche Elemente der Dhamma-Strategien kenne ich?
Was sind ihre Prinzipien?

Stopp!
Sehen Sie sich nun bitte die folgende Liste der bisher hier behandelten Hauptprinzipien persönlicher Dhamma-Strategien an:

1. Abbruch und Stopp komplizierter Programme, die uns von andern eingegeben wurden, die wir aber irrtümlich für eigene halten und unkritisch anwenden.
2. Innehalten und merken, welchen inneren Antworten durch den Stopp Platz gemacht wurde. Sind darunter persönliche Weisheiten, die im direkten Erleben eigener organischer Beziehungen zu uns selbst und zur Welt verankert sind?
3. Unterscheiden lernen zwischen den verschiedenen Programmen, indem man ihre Umschaltungen und die sie begleitenden Bewußtseinsveränderungen merkt (Denkbewußtsein, Gefühls- und Körpererleben).
4. Bewußter Entschluß (Willensbildung), Programme aufzugeben, die das Glücklichsein gefährden. Dies sind Programme, die auf Grund ihrer Kompliziertheit störungsanfällig sind, insbesondere aber auch Fremdprogrammierungen, die unsere geistigen Kapazitäten unsinnigerweise an die Beschäftigung mit Fehlern und Versagen fesseln und unsere Energien abziehen.
5. Wirklichkeitsverankerung des Erlebens. Körperliche Wirklichkeit ist die sicherste Erkenntnis- und Handlungsgrundlage. Für Personen, die eine Situation oder ein Ereignis gemeinsam erleben, stellt die körperliche Wirklichkeit die beste Basis zur Verständigung dar, weil sie für alle gleichermaßen eindeutig ist. Körperlich verwirklichte und ausgedrückte innere Wirklichkeiten ermöglichen eindeutige Bezugnahmen und Sachlichkeit.
6. Ausscheidung und Verdinglichung (beziehungsweise auch Personifizierung) dessen, was sich nicht organisch in die Entfaltung des Wohlergehens und Glücklichseins einfügt. Sachliche Bearbeitung des Ausgeschiedenen unter Anwendung geeigneter Programme.
7. Entwicklung von Strategien, die der äußeren Situation, der eigenen Gemütsverfassung, den bewußt beschlossenen Zielen entsprechen. Gebrauch von persönlichen Fertigkeiten bei der Anwendung der sechs übrigen Prinzipien.

Wie fällt nun der Vergleich der Listen aus? Wie viele der sieben Prinzipien der Dhamma-Strategien standen Ihnen eigentlich schon immer zur Verfügung?

Die Prinzipien und Elemente der Dhamma- oder New-Age-Strategien bestimmen darüber, wie man persönlich im Alltag zurechtkommt. Zunächst stellen sie die Beherrschung konkreter Techniken dar, die unmittelbar die Glücksmöglichkeiten steigern. Erst wenn die Techniken gewissermaßen eingeübt sind, führen sie zur Entfaltung komplexerer Handlungsweisen, die dann in einer neuen Lebensweise gipfeln. Dies geht Hand in Hand mit der Entfaltung und Integration der gesamten Persönlichkeit. Selbstverständlich ziehen die Dhamma-Strategien auch eine tiefgreifende Umgestaltung der Lebensumstände des New-Age-Anhängers nach sich und bewirken eine ganz neue Sinngebung. Es kommt auch zunehmend zur Veränderung von Inhalten des Denkens und Erlebens in Richtung des Einfachen und Schönen. Das alles sind Ergebnisse einer organischen Entfaltung, die ihre Zeit braucht.

Es ist wichtig, sich immer wieder zu vergegenwärtigen, daß man auch warten können muß, bis es leichter geht. Warten und Geduld zu üben bedeutet aber nicht Untätigkeit. Wenn man nicht gerade dabei ist, zu ruhen und die angenehmen Früchte des guten Tuns zu genießen, kommt es in erster Linie auf das Einüben neuer Fertigkeiten an. Man muß auch nicht darauf verzichten, selbst Entscheidungen zu treffen und gezielt die inneren Lebensbedingungen, also die Inhalte des Denkens und Erlebens zu verändern. Wir können wählen, wie wir erleben wollen und welche Inhalte unseres Denkens wir pflegen und fördern wollen.

Die Inhalte unserer Zweifel, des Nachdenkens, Phantasierens usw. sollen, auch wenn sie weniger wirklich sind, doch nicht ignoriert werden. Wir werden ihnen dann gerecht, wenn wir sie im bestimmten Rahmen halten und uns mit ihnen als das auseinandersetzen, was sie eigentlich sind: als nur Gedachtes oder Vorgestelltes. Als solches können sie uns dienen und helfen, wir sollen ihnen aber nicht ausgeliefert sein. Wir müssen Grenzen erkennen und auch setzen. Hier hilft uns die Methode des »Stopp« und Innehaltens, die wir ja schon ausprobiert haben.

Natürlich ist es förderlich, wenn wir auf weise Art darüber nachdenken, ob und in welchem Maße wir Fortschritte auf dem Weg ins New Age machen. Klare Anleitungen und verbale Vermittlung des strategischen Know-how sind unentbehrlich und gehören ebenfalls in den Bereich des Gedachten und Vorgestellten. Wir überprüfen ihre Wirkungskraft im Tun, in der experimentellen Anwendung. Auch Gedankenexperimente und zweifelndes Nachdenken sind hilfreich, solange sie die Grenzen zur Zweifelsucht und Miesmacherei nicht überschreiten. Gewiß klappt es nicht mit jeder Strategie immer und unter allen Umständen. Es ist eine besonders interessante und lohnende Aufgabe, während der Lektüre dieses Buchs herauszufinden, welche unserer persönlichen Strategien wann und wie erfolgreich angewendet werden können, welche dagegen wann und wie abgeändert werden müssen.

Aussichten

Sicher werden Ihnen bei der weiteren Lektüre viele Gedanken ganz vertraut vorkommen. Oft werden Sie innehalten und sich sagen, daß Sie auch so oder ähnlich gedacht haben und praktisch vorgehen wollten. Sicher werden Sie aber auch manches lesen, das Ihnen nicht sofort einleuchtet. Verweilen Sie dann bitte bei solchen Stellen und lesen Sie dasselbe noch ein zweites oder drittes Mal. Dann ist es nämlich nicht mehr dasselbe! Wiederholungen steigern die Freude am Eindringen.

Schon für viele, die die sieben Prinzipien der Dhamma-Strategien anzuwenden versuchten, bedeutete das Abenteuer, Herausforderung und Freude. Manchem wurden dabei viele Fragen und Probleme im Bereich der psychischen Energien, Rhythmen und Fähigkeiten erst deutlich. Wahrscheinlich haben sich auch bei Ihnen während der Lektüre und beim Innehalten einige wertvolle oder auch problematische Ideen angekündigt, die nach sachgerechter Auseinandersetzung verlangen. Einiges ist jetzt offener und vielleicht auch etwas unübersichtlicher geworden – dies gehört zur Spannung des geistigen Abenteuers.

Es ist das Ziel der folgenden Kapitel, weitere Anhaltspunkte anzubieten, die es Ihnen ermöglichen, sich allmählich eine neue, umfassendere und überlegenere Übersicht zu verschaffen. Wenn es gelingt, daß Sie diese neue Übersicht ganz organisch zu Ihrer eigenen machen, das heißt zu einer von Ihrem persönlichen Erleben her verstandenen – wenn Sie also diese neue Übersicht aus eigener Wirklichkeitsverankerung heraus entwickeln –, dann werden Sie auch zunehmend fähig, all die anderen persönlichen Ansichten kritisch zu überprüfen, zu denen sich die Autoren von New-Age-Büchern durchgerungen haben.

Es wäre schön, wenn Sie bei der weiteren Lektüre, wie auch sonst im Alltag, ab und zu die Übung ausprobierten, durch die Sie lernen, das Denkbewußtsein, das Körperbewußtsein und das durch Gefühl geprägte Bewußtsein zu unterscheiden und die Übergänge und Umschaltungen zu merken. Die Beherrschung dieser Fähigkeit wird unter anderem dazu führen, daß Sie sich besser in Ihrem inneren Leben zurechtfinden und sich immer mehr auf Ihr persönliches Urteil und Ihre Gefühlsreaktionen verlassen können. Die Vielfalt der Ansichten anderer wird weniger wichtig, Sie werden gelassener und sehen klarer. Sie werden selber bemerken, wie infolge der sich daraus ergebenden Vereinfachung Ihr ganzes Leben einfacher und glücklicher wird.

Zweites Kapitel

New-Age-Politik – persönlich erlebt?

Es ist einfach, glücklich zu sein. Glücklichsein und Freude kann nur gelebt werden, es kann nicht theoretisch erdacht und auch nicht technisch erzeugt werden. Je komplizierter die Lebenssituationen sind, die wir schaffen, je vielfältiger und verflochtener unsere Weltsicht wird, um so häufiger tauchen Hindernisse für unser Wohl und Glück auf. Wahres Glück braucht Klarheit. Klarheit gewinnt man nicht, indem man die Augen vor allem schließt, was dem Glück, der Zufriedenheit und dem Wohlergehen entgegenwirkt. Daher besteht eine wesentliche Strategie darin, mit den Tatsachen des Lebens, die der Behaglichkeit nicht zuträglich sind, sachgerecht und geschickt umzugehen.

Bevor wir die unheilvollen Tatsachen des Lebens konkret ins Auge fassen und Möglichkeiten des geschickten Umgangs mit ihnen suchen, wollen wir eine *zuverlässige subjektive Ausgangslage* schaffen und einige nützliche, grundlegende Unterscheidungen treffen. Am zuverlässigsten ist hier etwas, was nicht der Macht anderer ausgeliefert ist und uns mit keiner Gewalt weggenommen werden kann. Weder politische Ideologien noch Heilslehren und Dogmen sind als Ausgangslage für New-Age-Strategien geeignet. Kein Glaube, keine Unterwerfung gegenüber einer Autorität schafft Sicherheit. Am zuverlässigsten ist das, worüber wir mit Gewißheit unter allen Umständen verfügen: *unsere eigenen Kompetenzen,* also unsere eigenen Möglichkeiten und Fähigkeiten. Wir verfügen über Kompetenzen in verschiedenen Lebensbereichen, und nicht alle gehören zu dem Bereich, der für eine zuverlässige subjektive Ausgangslage für unsere emanzipatorischen Strategien sorgt und den wir mit dem technischen Ausdruck *Sila* bezeichnen werden. Soviel hier ohne vorzugreifen, denn dieses Kapitel zielt vor allem auf ein tieferes Verständnis einer solchen zuverlässigen subjektiven Ausgangslage im engeren Sinne.

Wer eine klare Übersicht gewinnen will, um das Wesentliche herauszuarbeiten und den unheilvollen Tatsachen des Lebens wirksam entgegentreten zu können, muß lernen, eindeutig zu unterscheiden. Wir trennen zu diesem Zweck objektiv erkennbare Hindernisse von solchen Hindernissen, die durch die Eigenart unserer Erlebensweise, also unserer subjektiven Einstellung zur Welt und zu uns selbst, bedingt sind. Die letzteren sind sehr schwer zu fassen und noch schwieriger zu verändern. Wir werden sie in den folgenden Kapiteln immer wieder von verschiedenen Seiten angehen. Die äußeren Gefahren und Hindernisse, aber auch einige der Innenwelt, sind objektiv erkennbar, nachdem sie subjektiv erlebt worden sind. Die Hindernisse auf dem Weg zu einer emanzipierten Einstellung zu uns selbst und zur Welt sind für alle subjektiv erlebbar, aber nur der kann sie auch objektiv erkennen, der mit Momenten ihrer Überwindung aus eigenem Erleben vertraut ist. Solche emanzipierten Erlebensmomente bieten uns eine subjektive Ausgangslage zur heilbringenden Unterscheidung und Wahl.

Einige nützliche Unterscheidungen, die zur Ausgangslage der Dhamma-Strategien gehören, sind uns bereits vertraut. Sie sind empirisch und frei von jeder Theorie, weil wir die Unterschiede deutlich und direkt erleben. Am wichtigsten ist die Unterscheidung nach dem vierfachen Schlüssel Körpererleben – Gefühlsreaktion – Bewußtseinszustand – Gedachtes, die wir praktisch im Experiment des ersten Kapitels kennenlernten. Diese vier Gegen-Stände der Achtsamkeit *(Satipatthāna)* werden in der innenweltlichen Beobachtung objektiv erkennbar, obwohl sie ursprünglich unsere subjektiven Antworten auf die äußeren Objekte darstellen. Unser Erleben besteht nicht bloß aus Reaktionen, es ist nur teilweise durch unsere Stellung in der Außenwelt bedingt. Das uns zutiefst Eigene bestimmt im zunehmenden Maße unsere Erlebensweise, wenn wir auf dem emanzipatorischen Pfade des Dhamma vorankommen. Das im direkten Erleben gesicherte eigene Wissen ermöglicht uns zu unterscheiden, zu wählen und unsere Verankerung im heilvoll Glückbringenden zu finden. Dies ist ein grundlegender Aspekt der zuverlässigen subjektiven Ausgangslage von *Sīla,* auf den wir immer wieder zurückgreifen werden.

Die zuverlässige subjektive Ausgangslage finden wir im Alltag, indem wir kurz innehalten und uns unsere Kompetenzen vergegenwärtigen: Durch Selbstbesinnung werden wir jeweils neu gewahr, daß wir die Fähigkeit zum »Stopp« besitzen, die uns auch die körperliche Wirklichkeitsverankerung ermöglicht. Auch angesichts all des realen Leidens in der Welt fliehen wir weder in die düsteren Vorahnungen eines pessimistischen Weltbilds noch in die optimistischen Träumereien der Wissenschaft und Religion. Durch unsere Wirklichkeitsverankerung und Unterscheidungsfähigkeit vergegenwärtigen wir uns die direkte Erkenntnis, daß sowohl Pessimismus als auch Optimismus gefährlich einseitige Ideologien sind, die unser Wahrnehmen entstellen würden.

Optimistische Selbstaufmunterung kann in Krisenzeiten hilfreich sein. Als ausschließliche Lebenseinstellung jedoch ist der Optimismus schädlich. Menschen, die in New-Age-Strategien nicht geschult sind und sich nur als Reaktion auf die bisher so verbreitete »No-Future«-Haltung für ein naives Vertrauen ins Glück entschließen, reduzieren unbedacht die New-Age-Bewegung auf billigen Optimismus. Ein Optimist, der das Ungute einfach ignoriert, entfremdet sich immer mehr der Realität, weil er nicht fähig ist, Probleme wahrzunehmen und mit ihnen richtig umzugehen. Er gleicht einem Menschen, der barfuß durch die Landschaft geht, sich nur am Schönen ergötzt und sich nicht um die Steinsplitter und Disteln unter seinen Füßen kümmert.

Leidvolle Fakten und Transzendenz

Widrigkeiten, Weh, Verdruß und Unbehagen kennen wir alle, nicht wahr? Und wer ehrlich und stark genug ist, es zuzulassen, kennt auch Gefühle tiefer Traurigkeit, vielleicht auch länger andauernde Phasen der Depression. Dies sind natürliche Reaktionen des psycho-physischen Organismus auf äußere und innere Konfliktsituationen. Es wäre nutzlos, sie als gut oder böse zu werten. *Böse und gut,* oder besser gesagt, ungeschickt unheilvoll und geschickt heilsam, *ist erst der Umgang* mit diesen Tatsachen des Lebens. Das nicht-wertende Wahr-nehmen dieser Tatsachen schließt aber nicht aus, daß wir uns darüber Rechenschaft abgeben, ob die leidvollen Tatsachen und der unheilvolle Umgang mit ihnen zu gewissen Zeiten abnimmt oder zunimmt. Und wie steht es damit in der Gegenwart? Wie nehmen Sie, liebe Leserin, lieber Leser, das Leiden wahr, in Ihrer unmittelbaren Umgebung und in der gesamten Weltsituation? Inwieweit erleben Sie es in persönlicher Betroffenheit direkt, subjektiv mit? (Hier ist vielleicht der geeignete Augenblick, wieder einmal zu stoppen, innezuhalten und das eigene Wissen zu befragen.)

Auch fanatische Optimisten, die es fertigbringen, lange Zeit alles Unbehagen aus dem eigenen Erleben zu verdrängen, können nicht die Tatsache leugnen, daß sich unser Zeitalter vor allem durch eine stete Zunahme von Aggression und Leiden auszeichnet. Jedermann kann sehen, daß hinter den Aggressionen, die unserer Welt so viel Leid bringen, zumeist eine ganz rücksichtslose Habgier der wenigen Mächtigen steht, die sie treibt, süchtig nach noch mehr Macht zu streben und in haßerfüllter Verblendung alles zu vernichten, was ihnen im Wege zu stehen scheint.

Schmerzen, Weh, Verdruß, Widrigkeiten, Frustration, Trauer,

Trübsal, Jammer, Verzweiflung sind keine leeren Worte. Jeder kennt die sprachlose Wirklichkeit des Leidens, die diese Worte bezeichnen. Also: Leiden, Verwicklungen, Habgier und Aggression in der Außenwelt; Leiden, Verwirrung, Verlangen und Haß in der Innenwelt; darüber hinaus noch das Leiden, welches der nichtemanzipierten Erlebensweise selbst innewohnt, das auch dann Unbehagen und Unzufriedenheit verursacht, wenn vorübergehend keine Probleme der Außenwelt bedrängen und in der Innenwelt vorübergehend alles stimmt. Immer wieder Leiden. Das erlebnismäßige Feststellen des Leidens nennt man in der Abhidhammaterminologie *Dukkha*. Was soll man denn damit tun?

Die leidvollen Begebenheiten der Außenwelt werden durch wirtschaftliche, juristische und politische Maßnahmen, die aus den wissenschaftlichen Erkenntnissen abgeleitet sind, nur beschwichtigt. Freilich wirken sich äußere Fakten in der Innenwelt aus, und umgekehrt. Auch die Innenwelt kann bis zu einem gewissen Grad objektiv wissenschaftlich untersucht werden, genau das tut ja die herkömmliche, an europäischen Universitäten immer noch am meisten verbreitete Psychologie. Wie wertvoll allerdings solche Untersuchungen sind, ist eine Frage für sich. Es gibt nur wenige akademisch-psychologische Ansätze zur Erkenntnis der Eigenart unterschiedlicher Erlebensweisen, die den verschiedenen Stufen der geistigen Entwicklung entsprechen. Im Schlepptau der inzwischen überholten Naturwissenschaften strebt auch die Psychologie immer noch das unmögliche Ideal einer wissenschaftlichen Wertfreiheit an, die allerdings in einer Wertlosigkeit resultiert.

Demgegenüber erheben einige neuere Forschungsansätze, die vor allem durch psychologisches Wissen der nicht-westlichen Kulturen angeregt wurden und sich als »Transpersonale Psychologie«[1] an den amerikanischen Universitäten durchsetzen, den Anspruch, die mit den höheren Stufen der geistigen Entwicklung zusammenhängenden Phänomene zu erforschen und wegweisend zu ihrer Verwirklichung beizutragen. Man spricht dort über Gipfelerlebnisse, Selbstverwirklichung, letztgültigen Sinn, kosmische Bewußtheit und spirituelle Bereiche. Semantisch bleibt man aber in der Nähe der Fachsprache der alten Psychologie, und das Außergewöhnliche der untersuchten Themen wird betont. Kann man auf eine Lösung durch die transpersonale Psychologie hoffen? Es wäre naiv zu erwarten, daß alle, die sich dem transpersonalen Wissenschaftsbetrieb anschließen, dadurch so-

---

1 Eine gute Übersicht gibt Charles Tart (Hg.): *Transpersonale Psychologie,* Walter Verlag, Olten 1978.

fort geistig hochentwickelt werden und ihre alten Befangenheiten und die durch herkömmliche Dressur eingebleuten Programmierungen ablegen. Andererseits vergißt man oft, daß einige Begründer der heute so konservativen, naturwissenschaftlich beschränkten, experimentellen Psychologie und des Behaviorismus sich ernsthaft mit spirituellen Fragen auseinandergesetzt haben. So widmete sich zum Beispiel Wilhelm Wundt, der Vater der experimentellen Psychologie, eingehend den transkulturellen Fragen des geistigen Lebens. Gustav Fechner, der Bahnbrecher der physiologischen Psychologie und Psychophysik, beschrieb ausführlich seine mystischen Erfahrungen und veröffentlichte schon 1836 *Das Büchlein vom Leben nach dem Tode.* Diese Tatsachen erfährt heute kein Psychologiestudent, obwohl in den Vorlesungen die beiden Wissenschaftler mit starker Betonung ihrer exakten Wissenschaftsmethodik gewürdigt werden.

Die Vorkämpfer der Psychoanalyse waren ebenso für das Transpersonale offen wie einige zeitgenössische Psychoanalytiker. Sigmund Freud selber hat immer wieder mit mystischen Phänomenen gerungen, und einigen persönlichen Schülern hat er seine eigene Meditationsmethode vermittelt, deren Prinzipien und Vorgehensweisen ich kürzlich in dem von Hilarion Petzold herausgegebenen Buch *Psychotherapie, Meditation, Gestalt*[2] veröffentlicht habe. Diesen Bereichen hat sich dann insbesondere Freuds Schüler Carl Gustav Jung gewidmet, der gegenwärtig in Amerika neu entdeckt und als einer der wichtigsten Bahnbrecher der transpersonalen Psychotherapie gefeiert wird.

Bemerkenswert ist, daß sowohl europäische Akademikerkreise wie auch die breitere Öffentlichkeit die Beiträge eigener Spitzenwissenschaftler in der Regel erst dann zu würdigen wissen, wenn diese in Amerika entdeckt werden. Dies gilt auch für die wirksamsten Psychotherapien und Methoden der Selbstverwirklichung, die den heutigen Menschen für das New Age öffnen. Der amerikanische Anthropologieprofessor Agehananda Bharati[3], ein Österreicher, der lange als Mönch in Indien lebte und als Experte für gesellschaftliche Fragen der modernen Spiritualität gilt, bezeichnet diese Erscheinung als »Pizza-Effekt«: Die Pizza war seit langem ein ganz gewöhnliches Essen der Bauern, von den besseren Kreisen in Italien ignoriert bis verachtet. Aber in Amerika als Symbol des nationalen Herkommens

2 M. Frýba: *Traum, Trip, Ekstase – in psychoanalytischer Sicht* in: H. Petzold (Hg.): *Psychotherapie, Meditation, Gestalt,* Junfermann Verlag, Paderborn 1983.
3 A. Bharati: *The Light at the Center – Context and Pretext of Modern Mysticism,* Ross-Erikson Publ., Santa Barbara (Calif.) 1976.

reichgewordener italienischer Auswanderer emporstilisiert, wurde sie für die ganze Welt entdeckt, dadurch aufgewertet und nach Italien zurückimportiert. Der Pizza-Effekt funktioniert freilich auch bei vielen anderen Kulturgütern. Wie oft unterliegen wir auf der persönlichen Ebene dem Pizza-Effekt? Wie oft muß ein anderer die guten Dinge entdecken und anwenden, die wir schon immer benutzt haben und die etwas Wesentliches für unsere Innenwelt sind, damit wir sie selbst als wertvoll und eigen bejahen können? *(Stopp...)*

Aus Amerika hörten wir die sensationsfreie und wenig laute Stimme des größten Psychoanalytikers der Gegenwart, Erich Fromm, der die vielleicht wertvollsten Beiträge für das New Age lieferte. Erich Fromm vermittelte nicht nur eine neue Sicht, er setzte sich auch ernsthaft mit den äußeren und inneren Schrecken unseres Zeitalters auseinander. Er analysierte die Funktionsweisen der sozialen und psychischen Pathologien in Anlehnung an die Errungenschaften der herkömmlichen Wissenschaften als *Anatomie der menschlichen Destruktivität* – so der Titel eines seiner für das New Age sehr wichtigen Bücher. Fromms größter Beitrag besteht darin, daß er nicht nur die Analyse des Bestehenden und die Grundlagen für eine neue Gesellschaft anbietet, sondern darüber hinaus vor allem Wege und Methoden zeigt, die anwendbar sind und zu einem besseren Leben führen können. Da die Bücher von Erich Fromm noch immer zu den Bestsellern gehören, erübrigen sich hier weitergehende Erörterungen. Für die persönliche Entfaltung von New-Age-Strategien interessiert uns die *Anatomie der menschlichen Destruktivität* nur in groben Umrissen, soweit sie beim Vorankommen auf unserem Weg der emanzipatorischen Geistesschulung berücksichtigt werden muß. Vielmehr will ich hier dem ernsthaften Leser Fromms wiederholte Hinweise auf Möglichkeiten der Leidüberwindung in Erinnerung rufen, die gut in unserer Kultur anwendbar sind. Fromm macht immer wieder aufmerksam auf das *Geistestraining durch Achtsamkeit* des deutschen, in Sri Lanka lebenden und in der englischsprechenden Welt berühmten Mahāthera Nyānaponika.[4]

4 ».. die Schriften von Nyānaponika Mahāthera sind ein ›Führer der Verirrten‹ im letzten Viertel dieses Jahrhunderts. Sie sind das exakte Gegenteil der populären Kulte. In seinem schon erwähnten Buch über buddhistische Meditation ist es ihm gelungen, die Methode echter Meditation in so klarer Weise aufzuzeigen, daß sie jedem zugänglich ist, dem es ernst ist und der die Anstrengung nicht scheut... Ich bin überzeugt davon, daß sein Werk die Aussicht hat, einer der wichtigsten Beiträge zur geistig-seelischen Erneuerung Europas zu werden, wenn es nur genügend Menschen bekannt wird und so den Lärm der falschen Gurus übertönen kann«, schreibt Erich Fromm in *Die Bedeutung des ehrwürdigen Nyānaponika Mahāthera für die westliche Welt* in: *Gesammelte Werke*, Bd. 6 (359–361), DVA, Stuttgart 1980.

Das praktisch Anwendbare wird uns nicht nur von Psychologen und Vermittlern orientalischer Methoden der Geistesschulung zugänglich gemacht. Für New-Age-Strategien sehr wertvoll sind ebenso die Erkenntnisse des Epistemologen Gregory Bateson, die er bei der Erforschung der sogenannten primitiven Kulturen, der Welt von Geisteskranken und der Prozesse wissenschaftlicher Arbeit gewonnen und dann zur Entwicklung praktischer Verfahren zusammen mit Mitarbeitern in der »Palo-Alto-Schule« angewendet hat. Die Entlarvung von *Double-bind*-Interaktionen, das Aufdecken der zustandsspezifischen Fertigkeiten und paradoxen Interventionen, die insbesondere in den Büchern des kalifornischen Österreichers Paul Watzlawick dargestellt werden, sind einige der Arbeitsergebnisse der »Palo-Alto-Schule«, die vor allem auch zur Entmystifizierung der schizophrenen Erkrankungen beigetragen haben.

Unter den Ethnologen ist es allen voran der so faszinierend schreibende Carlos Castaneda, dessen Werke das emanzipatorisch-psychologische Wissen der Indianer verwerten und die dank ihrer literarischen Schönheit weltweit wirken. Die Hauptprinzipien der von Castaneda vermittelten Lehre, wie er sie kürzlich meinem Freund Claudio Naranjo schilderte und wie sie am eindrücklichsten aus seinem letzten Buch *Das Feuer von innen* ersichtlich werden, decken sich mit den Prinzipien des Abhidhamma. Daß eine Verbindung zwischen den Befunden der Ethnologen und der modernen Psychologie auf eine praxisrelevante Weise möglich ist, zeigen Naranjo und Ornstein in *Psychologie der Meditation.*[5] Der ursprünglich durch die Sufi-Lehre inspirierte Psychoanalytiker und Gestalttherapeut Claudio Naranjo verweist sogar am Schluß seines Buchs über ärztliche Pharmakotherapie *Die Reise zum Selbst* auf die vier Grundlagen der Achtsamkeit, die im Mittelpunkt des Abhidhamma stehen.

Ein gemeinsamer Nenner: Abhidhamma

Auf die Paradigmen des Abhidhamma nimmt eine wachsende Zahl der transpersonalen Psychologen bezug, und auch die in diesem Buch vermittelten New-Age-Strategien sind prinzipiell vom Abhidhamma abgeleitet. Wörtlich heißt Abhidhamma »die Hohe Lehre«. Abhidhamma ist eine ethisch-psychologische Lehre, die den verschiede-

---

5 C. Naranjo und R. Ornstein: *Psychologie der Meditation,* Fischer Verlag, Frankfurt 1976. Dieses Buch vermittelt eine zuverlässige transkulturelle Sichtung von Geistesschulungsmethoden, die über Meditation im engeren Sinne hinausgehen.

nen Techniken buddhistischer Geistesschulung, Psychohygiene, Psychotherapie und Meditation zugrunde liegt. Die Paradigmen des Abhidhamma haben eine transkulturelle Gültigkeit und kommen daher auch in nicht-buddhistischen Systemen des Wissens vor. Die Abhidhamma-Auffassung der Pathologie als *Kilesa* oder *Kleça* wurde auch von C. G. Jung aufgenommen.[6] Und daß Fritz Perls, Karlfried Graf Dürckheim sowie alle, die ihren psychotherapeutischen Ansatz vom Zenbuddhismus ableiten, auf den Abhidhamma-Prinzipien aufbauen, ist selbstverständlich. Leider ist aber das umfangreiche Handbuch der chinesischen und japanischen Zenmeister *Gedatsu Do Ron,* das Abhidhamma vermittelt, bisher nur in der englischen Übersetzung zugänglich. Das noch ausführlichere Handbuch der südasiatischen Theras, das ziemlich genau dem *Gedatsu Do Ron* entspricht, liegt auch in deutscher Übersetzung unter dem Titel *Der Weg zur Reinheit* vor.[7]

Im Handbuch der Methoden moderner Psychotherapie[8], das im Jahre 1984 von Hilarion Petzold herausgegeben wurde, macht der Daseinsanalytiker Ales Wotruba darauf aufmerksam, daß zur Zeit der Niederschrift der Evangelien, Ende des ersten Jahrhunderts, die Abhidhammaschriften von Sri Lanka in Rom zugänglich waren und daß auch die vorchristlichen Germanen und Slawen, wie archäologische Funde beweisen, nicht nur Seide und Gewürze, sondern auch einiges von buddhistischem Wissen aus China und Indien zu nutzen wußten. Wotruba erwähnt auch die in China und Indien so populäre Einführung in das Studium des Abhidhamma, die in Form eines Dialogs zwischen dem griechischen König Menandros und einem Abhidhammika geschrieben und im Jahre 1985 in deutscher Übersetzung als *Die Fragen des Königs Milinda* im Ansata-Verlag erschienen ist.

Das amerikanische Psychologiehandbuch *Theories of Personality* von C. S. Hall und G. Lindzey[9] hält Abhidhamma für den Prototyp der asiatischen Psychologie überhaupt. Abhidhamma beeinflußte entscheidend die Lehre der islamischen Sufi-Meister, deren Überlie-

---

6 »Ich habe vorhin gesagt, daß sich bei uns nichts entwickelt, was sich dem Yoga vergleichen ließe. Das ist nicht ganz richtig. Es hat sich bei uns, wie es dem europäischen Präjudiz entspricht, eine ärztliche Psychologie entwickelt, die sich speziell mit den *Kleças* befaßt. Wir nennen dies die ›Psychologie des Unbewußten‹.«C. G. Jung in: *Gesammelte Werke,* Bd. XI, S. 618, Walter Verlag, Olten 1971.

7 Nyānatiloka: *Der Weg zur Reinheit,* Verlag Christiani, Konstanz 1975.

8 A. Wotruba und S. Wotruba: *Existenzialpsychologisch-Meditative Therapie* in: H. Petzold (Hg.): *Wege zum Menschen. Methoden und Persönlichkeiten moderner Psychotherapie. Ein Handbuch.* Junfermann Verlag, Paderborn 1984, Bd. I, S. 531 und 537.

9 C. S. Hall und G. Lindzey: *Theories of Personality,* Wiley, New York 1978.

ferungen viele der zweieinhalbtausend Jahre alten Anekdoten und Anweisungen der Abhidhammikas wörtlich wiedergeben. So ist zum Beispiel die Sufi-Lehrgeschichte über die Blinden, die ganz unterschiedliche Beschreibungen eines Elefanten abgeben, nachdem sie seine jeweils verschiedenen Teile abgetastet haben, eine ziemlich genaue Wiedergabe der von Abhidhammikas benützten Belehrung aus dem *Udāna* des buddhistischen Kanons. Diese Lehrgeschichte ist für die New-Age-Strategien besonders wichtig. Wir kommen im Unterkapitel »Pfad des Sehens und Pfad der Macht« ausführlich darauf zu sprechen.

Wenn man bedenkt, daß das Sufitum in eben den geographischen Gebieten entstanden ist, die vorher vom Buddhismus beherrscht waren, sind die Gemeinsamkeiten leicht verständlich. Es ist auch klar, wieso Abhidhamma in den Yogalehren enthalten ist, denn als Yoga gilt, was die islamische Eroberung Indiens im elften Jahrhundert überlebte. Alle nicht-islamischen, gleich ob brahmanische, buddhistische oder schamanische Lokalkulte, die hinter dem Indus-Fluß weiter ausgeübt wurden, bezeichnete man mit dem arabischen Wort »Hindu«. So ist der englische Ausdruck »Hinduismus« entstanden und von einigen Indern später übernommen worden. Nicht so leicht verständlich ist hingegen der fast sensationell anmutende Bericht des Ethnologen Frank Waters[10], der als bester Kenner der Kulturen amerikanischer Indianer und insbesondere der Hopis gilt. Er zeigt, daß einige Paradigmen des Hopi-Wissens, des chinesischen *I Ging* und des tibetischen Abhidharma identisch sind. Diese Fakten machen dann allerdings wiederum die Feststellung plausibel, daß auch Carlos Castaneda in seinen Werken Abhidhamma vermittelt.

Abhidhamma befaßt sich nur indirekt mit Inhalten des Denkens und mit kulturellem Gedankengut. Sein Gegenstand sind vielmehr Erlebensweisen und psychologische Gesetzmäßigkeiten. Daher kann man Abhidhamma ebensowenig für spezifisch asiatisch oder buddhistisch halten, wie man die Relativitätstheorie der Physik oder die Psychoanalyse für jüdisch halten kann, obwohl ihre Urheber Juden waren.

---

10 *The Hopi Prophecy and the Chinese Dream.* Ein Interview mit Frank Waters von Tom Tarbet in *East West Journal* (Dover, N.J.), May 1977, Vol. 7, No 5, S. 52–64.

Mythen, Geschichten, Wissenschaften

Es ist interessant, daß nicht nur die Gesetzmäßigkeiten von Gedanken*prozessen,* sondern auch gewisse Gedanken*inhalte* transkulturelle Gemeinsamkeiten aufweisen. Alle Kulturen, sowohl der primitiven Völker wie auch der hochdifferenzierten Zivilisationen, schaffen Mythen, die sich mit einzelnen Grundfragen des Menschseins beschäftigen. Solche mythisch erfaßten Grundthemen können auf gemeinsame Nenner gebracht werden, wie dies die Werke eines Mircea Eliade oder eines Joseph Campbell anstreben. In seinem Buch *Der Heros in tausend Gestalten* versucht Campbell, alle transkulturell relevanten mythischen Themen zu einem Ganzen zusammenzufassen, das für die geistige Entwicklung jedes Menschen gilt. Dieses evolutive Ganze nennt er »Monomythos«. Der Ablauf des Monomythos setzt sich aus Begegnungen mit verschiedenen Wesen unter sich wandelnden Umständen zusammen.

In allen Mythen werden die psychischen und kosmischen Kräfte und Wesen personifiziert, und so begegnen sie uns auch in Träumen, Visionen und inspirierten Kunstwerken. Diese Phänomene wurden von C. G. Jung psychologisch als Archetypen untersucht und dadurch in ihrer Existenz wissenschaftlich akzeptabel gemacht. Sensitive Menschen benützen diese personifizierten psychischen und kosmischen Kräfte als Quellen der Energie und Information. Soweit diese Personifikationen ein höheres Bewußtseinsniveau aufweisen, betrachtet man ihre Kommunikation als Offenbarung. Solche Offenbarungen spielen eine wichtige Rolle nicht nur im Christentum, bei den orientalischen Sehern und indianischen Schamanen, sondern auch in der Gegenwartsgeschichte des New Age. So gestalten zum Beispiel die Visionäre Sir George Trevelyan und David Spangler, um nur die bekanntesten zu nennen, ihre unermüdliche Arbeit an der gesellschaftlichen Verwirklichung des New Age nach solchen Offenbarungen. Andere Vertreter der New-Age-Vision sind etwas weniger deutlich in bezug auf die Quelle ihrer Inspiration. Das ist auch aus den kürzlich in Deutsch erschienenen Texten ersichtlich, deren repräsentative Auswahl Gert Geisler in einem esotera-Taschenbuch *New Age – Zeugnisse der Zeitwende* für den Bauer-Verlag (1984) herausgegeben hat.

Es würde von unserem Thema wegführen, diesen geschichtlichen und kulturellen Zusammenhängen weiter nachzugehen, obwohl wir uns dabei im Grunde auch mit den Tatsachen der Innenwelt befassen. Aber auch Tatsachen der Innenwelt gehören, sobald sie geäußert werden, strenggenommen zu den Fakten der Außenwelt. Sie interessieren uns dann nur noch, soweit sie als *Wirk*lichkeiten unseres kulturellen Umfeldes und als Inhalte des Denkens unsere Lebensweise beeinflussen. Für das persönliche Verwirklichen und Erleben des New Age sind in erster Linie die Techniken und Methoden wertvoll, weil sie für unsere Strategien hier und jetzt hilfreich sind. Von Geschichten und Mythen, insbesondere von ungewöhnlichen und exotischen, können wir nur beim Nachdenken profitieren, wenn sie uns auf bisher unbemerkte Zusammenhänge aufmerksam machen. Ein Übermaß an Wissen über andere Zeiten und andere Menschen lenkt uns jedoch von unserem eigenen Erleben und Leben ab und belastet unsere geistigen Kapazitäten mit Unwesentlichem. Ähnlich wie bei der Ernährung des Körpers nützt es manchmal unserem Geist, auch Ballaststoffe aufzunehmen, die zum Beispiel zur Historie und Ethnographie gehören. Dabei sind allerdings (je nach individueller Verdauungsfähigkeit) die Stoffe bekömmlicher, die aus nicht zu weiter Ferne stammen.

Gute Bücher, die die Geistesgeschichte unserer Kultur unter dem Gesichtspunkt des New Age betrachten, sind gegenwärtig in großer Anzahl auf dem Büchermarkt. Eine Übersicht der Entwicklung während der letzten Jahre bietet *Das unvollendete Tier,* ein Buch des amerikanischen Historikers ungarischen Ursprungs Theodore Roszak, der vielleicht als erster in den gesellschaftlichen Problemen Amerikas in den sechziger Jahren auch Potentiale für das New Age gesehen hat. Am wichtigsten in der populärwissenschaftlichen Literatur ist immer noch *Aufbruch ins dritte Jahrtausend,* ein Bestseller des französischen Journalisten Louis Pauwels und des hervorragenden Chemikers Jacques Bergier. Das Buch ist schon 1962 auch in Deutsch erschienen und setzte für ein breites Publikum einen sehr wichtigen Markstein auf dem Wege ins New Age. Da in den sechziger Jahren die Aufnahmebereitschaft für diese neuen Ideen in unserer Zivilisation eine entscheidende Schwelle überschritten hat, die bei der Veröffentlichung von *The Open Conspiracy* des englischen Historikers H. G. Wells noch nicht erreicht war, übt das Buch von Pauwels und Bergier noch immer einen großen Einfluß aus.

Der kommende »Aufbruch ins neue Bewußtsein bei vielen« ist das zentrale Thema der Amerikanerin Marilyn Ferguson, die im Buch *The Aquarian Conspiracy*[11] die neuesten Entwicklungen der New-Age-Bewegung beschreibt und auch durch zahlreiche Beispiele der gesellschaftlichen und persönlichen Transformationen ergänzt. Ferguson betont besonders die Bedeutung der körperlichen Prozesse

---

11 Auf deutsch: M. Ferguson: *Die sanfte Verschwörung,* Sphinx, Basel 1982.

und der zwischenmenschlichen Beziehungen und schafft dadurch eine günstigere Basis für die Übernahme konkreter New-Age-Strategien, die ja vor allem in diesen beiden Bereichen verankert sind. Schade nur, daß die körperlich bezogene Erfassung des Neuen, die Frau Ferguson im Amerikanischen als »Konspiration«, also als ein »Miteinanderatmen« bezeichnet, in der deutschen Übersetzung zu einer »Verschwörung« wird, die dem Körperlichen wieder entrückt und in der uns so gründlich eingepaukten Vorherrschaft des Begrifflich-Verbalen, hier des »Schwurs«, verlorengeht.

Viele der New-Age-Bücher bieten nur Denkstoff an – vor allem für Menschen, die bloß auf ein Spiel mit Worten erpicht sind und eigentlich keine Neigung verspüren, mehr Kompetenz im Handeln und in der eigenen Lebensweise zu gewinnen. Da Sie, lieber Leser, durch die Einsicht, daß Kompliziertes und Wirklichkeitsfremdes das Glück nicht fördert, gegen Verbalismus gefeit sind, suchen Sie nach konkreten Wegen ins New Age. Sie werden deshalb kaum an der »halbzeitlichen« Zusammentragung und Auswahl von Spekulationen über »Evolution zum kosmischen Bewußtsein« und ähnlichen Schlagwörtern eklektischer Schreibtischpsychologen Gefallen finden. Tatsächlich sind einige New-Age-Bücher nichts weiter als Museen von Gedankengut aus Ost und West, das lediglich in ein System begrifflicher Ähnlichkeiten gebracht wurde.

Der Wert wissenschaftlicher Übersichtsarbeiten ist sehr zweifelhaft, wenn sie nur die Untersuchung von Aussagen über Aussagen betreiben und die konkreten Vorgehensweisen außer acht lassen, auf die sich die primären Aussagen beziehen. Die sogenannten interdisziplinären Untersuchungen befassen sich zumeist überhaupt nicht mit der Wirklichkeit, sie stapeln statt dessen nur die Aussagen, zu denen sich die durch einzelne Disziplinen beschränkten Wissenschaftler subjektiv emporgearbeitet haben. Die Arroganz der alten Wissenschaft besteht vor allem darin, daß man die subjektiven Aussagen der Wissenschaftler über die objektiven Begebenheiten als »objektive Wahrheiten« verkauft. Die am Wissenschaftsbetrieb Beteiligten sind meistens weder fähig, diese Tatsachen wahrzunehmen, noch können sie sie ganz vergessen. Eine übliche Scheinlösung besteht darin, daß das Subjekt des Wissenschaftlers hinter verschiedenen Meßgeräten versteckt wird. Komplizierte methodologische und statistische Verfahren lenken dann die Aufmerksamkeit von der Wirklichkeit weg in den Bann pseudoexakter Aussagen einer »Magie« von wissenschaftlichen Quantifizierungen. Es gab schon immer Wissenschaftler, denen diese Situation bewußt war, und einige von ihnen entwarfen auch epistemologische Methoden, die das Subjekt des Wissenschaftlers nicht verschweigen. Albert Einstein und Werner Heisenberg taten dies zum Beispiel im Lager der Naturwissenschaft. In den Geistes- und Sozialwissenschaften ist dieses Problem etwas schwieriger, wie wir noch sehen werden.

Das Know-how der Psychotherapien und der spirituellen Methoden beginnt sich erst jetzt in den New-Age-Strategien auszuformen und wird damit der Öffentlichkeit zugänglich. Bisher ist es vor allem die Konvergenz von naturwissenschaftlichen und spirituellen Weltbildern, die den am New Age interessierten Menschen anspricht. Man vergißt oft dabei, daß die Lehren der genialsten Wissenschaftler wie auch die der einflußreichsten Religionsstifter sehr einfach und praktisch anzuwenden sind, wenn wir etwa an die Einsteinsche Relativitätsgleichung oder an die Vier Edlen Wahrheiten des Buddha denken. Hingegen versuchen einige Pseudopropheten religiöser oder wissenschaftlicher Herkunft, die Leichtgläubigkeit durch das Vermarkten geheimnisvoll komplizierter Doktrinen auszunützen. Die interdisziplinär angelegten Werke von Fritjof Capra und Rupert Sheldrake[12], die sich um das Ordnen der Gedanken für ein neues wissenschaftliches Weltbild bemühen, gehören zu den wenigen Ausnahmen, die die neue Weltsicht nicht unnötig komplizieren.

Obwohl wir uns nicht mit den Wissenschaften im New Age auseinandersetzen wollen, kann hier eine diesbezügliche Frage nicht beiseite gelassen werden: Welchen Stellenwert hat eigentlich wissenschaftliche Erkenntnis im New Age? Mit Capra und Sheldrake stellen wir fest, daß unser Weltbild und die Gedanken, die wir hegen, unsere Wahrnehmung und dadurch unser Handeln beeinflussen, und zwar nicht nur auf eine psychologisch erfaßbare Weise, sondern auch sozusagen parapsychologisch. C. G. Jung hat zusammen mit dem Physiker Wolfgang Pauli eine Theorie der Synchronizität, Rupert Sheldrake eine Theorie der morphogenetischen Felder entwickelt. Diese Theorien ermöglichen es uns, rational die Tatsache zu erfassen, daß Gedanken und Ereignisse, die weder in kausalem noch in räumlichem Zusammenhang stehen, sich gegenseitig beeinflussen und gleichzeitig an verschiedenen Orten manifestieren können.

---

12 F. Capra: *Wendezeit. Bausteine für ein neues Weltbild*, Scherz, Bern 1983. Das Wesentliche der Beiträge von Capra und Sheldrake, wie auch von anderen Sprechern der New-Age-Bewegung, findet man in G. Geisler (Hg.): *New Age – Zeugnisse der Zeitwende*, Bauer-Verlag, Freiburg i. Br. 1984. Vgl. Fußnote 14 auf Seite 55.

Eigen-Verwirklichung

Ein New-Age-Anhänger (»Konspirant«) verläßt sich aber keineswegs darauf, daß seine Erleuchtung oder Erhöhung des Bewußtseins automatisch eintritt, einfach weil diese Phänomene und Vorgänge im Universum vorhanden sind. *Der Erleuchtung ist es egal, wie du sie erlangst*[13] sagt der Titel eines interessanten Buchs von Thaddeus Golas, und obwohl diese Aussage in gewissem Sinne zutrifft, stimmt es auch, daß man etwas unternehmen muß, um die Erleuchtung zu erreichen, oder besser gesagt: um sie zustande kommen zu lassen. Vielleicht können auch solche Menschen erleuchtet werden, die nicht befähigt sind, sich in den auf emanzipatorische Bewußtseinserhöhung zielenden Dhamma-Strategien zu schulen. Es wird aber kaum einer erleuchtet, der seine geistigen Kapazitäten in bloßen Wortspielereien verzettelt, wie wissenschaftlich diese auch immer sein mögen. Die Investition psychischer Energie in Träumereien und Visionen und das Füllen des Geistes mit wahllos gesammeltem Wissen führt weder zur Erleuchtung noch zur Emanzipation.

Es ist ein weit verbreiteter Irrtum, daß New Age schon durch eine Veränderung des Denkens und durch ein phantasievolles Entwerfen neuer Weltbilder automatisch verwirklicht wird. Denkexperimente, Meditation, Träumereien, Wunschvorstellungen und Visionen führen weder zur besseren Verständigung zwischen den Menschen noch zur Harmonisierung der Verhältnisse in der Außenwelt. Dafür sind konkrete, durchführbare Strategien erforderlich. Phantasie ist notwendig für die Vorwegnahme der Ziele, und ohne rechte Meditation ist emanzipatorische Geistesschulung unmöglich – aber beides reicht nicht aus. Für ein glückliches Leben ist auch eine Kultivierung des konkreten Handelns und des Lebensstils notwendig. Ein Verfallensein den imaginären Welten der Wissenschaft, der Magie, des Okkultismus und das damit verbundene Wunschdenken und Anrufung höherer Intelligenzen bewirkt eine Wirklichkeitsentfremdung, eine Schwächung der Fähigkeit, zwischen verschiedenen Wirklichkeiten zu unterscheiden, und eine Lähmung der Entschlußkraft. Wir wissen, wie wichtig diese geistigen Kräfte für die Emanzipation sind. Wer sie vernachlässigt, nimmt nur scheinbar am New Age teil, er macht nur äußerlich mit, da er bloß von einer Modeerscheinung mitgetragen wird. »Salonblödsinn« – dieser quasidiagnostische Begriff der alten Psychiatrie paßt sehr gut als Bezeichnung für das Getue

---

13 T. Golas: *Der Erleuchtung ist es egal, wie du sie erlangst,* Sphinx, Basel 1978 – ein humorvoll erfrischendes Büchlein.

mancher Anhänger des New Age, die da und dort Aufgeschnapptes weitergeben.

Das folgende Gleichnis soll den oben geschilderten Sachverhalt veranschaulichen. Stellen Sie sich ein Kind vor, das in schwierigen äußeren Verhältnissen lebt, keine planvolle pädagogische Führung hat und seine »Bildung« aus den Fernsehprogrammen bezieht, deren wahlloser Konsum die einzige Freude seines traurigen Daseins darstellt. Das Kind schaltet willkürlich den Fernseher um und genießt insbesondere die ansprechend gestalteten Sendungen, aus deren Brocken es sich ein Weltbild zurechtbastelt. Das Weltbild muß der Mode entsprechen, damit es bei seinen Kameraden möglichst gut ankommt. Die Gestalter der Programme und die Sender stehen hier für die höheren Intelligenzen und Propheten des New Age, das Kind für einen aufgeschlossenen New-Age-Interessenten, der die tatsächliche Situation in der Welt spürt. Nur kann leider das Kind weder unterscheiden, von wem welche Bilder kommen, noch kann es das Ausgestrahlte langfristig zum eigenen Wohl anwenden. Wenn also der Empfang auf keine zuverlässige subjektive Ausgangslage (wie sie eingangs des Kapitels dargestellt ist) trifft oder wenn gar durcheinandergeschaltet wird, so ist das Ausgestrahlte zwar angekommen, löst aber einen psychotisch anmutenden Zustand aus. Auch die größte Gnade der Sender ändert nichts an der vorliegenden Situation. Man könnte das Gleichnis noch weiterführen. Wir begnügen uns aber mit dem *Aufzeigen einiger prinzipieller Irrtümer der New-Age-Bewegung,* die verhältnismäßig leicht zu beheben sind, wenn man nicht unwissend wie das Kind mit den eigenen geistigen Kapazitäten umgeht: Erstens genügt es nicht, daß neue Weltbilder gestaltet und ausgestrahlt werden, zweitens führt ein unterscheidungsloser Empfang nur zu scheinbarem Dabeisein, drittens sind Weltbilder noch keine Handlungsanweisungen, und viertens können Handlungsanweisungen und Vorbilder erst dann glückssteigernd und befreiend wirken, wenn sie entschlossen im Rahmen eigener, persönlich entworfener Strategien subjektiv zielbewußt in Handlung umgesetzt werden.

Wer mit seinem Geistesvermögen töricht umgeht und auf Gnade wartet, verfällt einem Fatalismus. Solcher Fatalismus ist, soweit es dabei überhaupt Denkfähigkeit gibt, mit einer deterministischen Weltsicht verbunden, die eben für die überholte Denkweise der herkömmlichen Wissenschaften charakteristisch ist. Die wissenschaftsgläubigen Fatalisten sind überzeugt, daß die Zukunft machbar sei, und vor allem, daß sie von anderen, von Computern und von übernatürlichen Wesen, gemacht wird. Sie leben in wissenschaftlichen oder religiösen Gedankengebäuden, in die sie vor der Wirklichkeit geflohen sind. Sie leben nicht in dem, was ist, sondern in Zukunftsvisionen, denen sie in sogenannt pragmatischen Auffassungen nacheifern, wobei sie die Wahrheit und Wirklichkeit ignorieren oder entstellen.

Wenn man eigenes und fremdes Leiden mindern will, dann ist es dringend nötig, sich die Grenzen zwischen den gedachten Zielvorstellungen (also den möglichen Inhalten der Innenwelt) einerseits und der gegenwärtigen zwischenpersönlich erlebbaren Wirklichkeit der Außenwelt andererseits stets zu vergegenwärtigen. Nur dann bleibt unser alltägliches Leben einer befriedigenden Gratwanderung ähnlich, und wir fallen nicht in die Abgründe des kurzsichtig materialistischen Pragmatismus oder der optimistisch fatalistischen Träumereien.

Falls Wissenschaft nicht gerade unser Hobby ist oder unserem Broterwerb dient, sind wissenschaftliche Erkenntnisse nur so weit persönlich brauchbar, als wir sie zu Lösungen konkreter Probleme unseres Lebens direkt anwenden können. Historisches Wissen und politisches Bewußtsein können Anlaß zum mitfühlenden Verstehen und zur toleranten Verständigung sein – sowohl den Opfern wie auch den Tätern gegenüber. Diese Einstellung befähigt uns, trotz aller Wahrnehmung des Leidens in der Welt weder in Abstumpfung noch in nutzlose Aufregung zu geraten. Nur so bleiben unsere Kompetenzen unversehrt und können optimal zur Lösung von persönlichen und gesellschaftlichen Problemen beitragen, wo immer es möglich ist. Das genaue Wahrnehmen der Ungerechtigkeiten, der sinnlosen Kurzschlußmaßnahmen und all des sich daraus ergebenden Leidens regt uns an, uns dort persönlich zu engagieren, wo unser Beitrag Aussicht auf Erfolg hat. Auch politisches und soziales Engagement kann uns ein Übungsfeld für die Anwendung der New-Age-Strategien bieten, wenn Achtsamkeit und Besinnung nicht in blindwütigem Aktionismus verlorengehen.

Die politischen, juristischen und wirtschaftlichen Maßnahmen beschwichtigen nur das Leiden in der Außenwelt, beseitigen jedoch nicht dessen Ursachen. Leidverursachende Unwissenheit, Haß und Gier können wir erst dann effektiv auch bei den Mitmenschen angehen, wenn wir uns mit der eigenen Unwissenheit *(Avijjā, Moha)*, dem eigenen Haß und der eigenen Gier auseinandergesetzt haben.

Kurz gesagt, die eigene Innenwelt in Ordnung zu bringen, ist eine Voraussetzung, um erfolgreich in der Außenwelt zu wirken. Unser Handeln gestaltet die Weltgeschichte mit, auch wenn der Beitrag einer Einzelperson relativ gering ist. Die globale Weltsituation gibt uns einen Rahmen, den wir nicht sprengen können. Wir können die Tatsachen der Weltgeschichte nicht leugnen. Der Aufbruch ins New Age ist jedoch keine anonyme weltgeschichtliche Gegebenheit, er ist persönlich zu vollziehen. Unser Glücklichsein ist von der eigenen persönlichen Geschichte abhängig, und ein Charakteristikum des wahren New Age ist, daß wir uns als einmalige Personen in der allgemeinen Geschichte nicht auflösen. Die allgemeine Geschichte gibt uns nur den äußeren Kontext.

Anomische Gefahren durch Sīla überwinden

Der emanzipatorische Weg in das New Age verlangt, daß jeder von uns erstens kompetent in der Außenwelt handelt, zweitens die eigene Innenwelt in den Griff bekommt, und sich drittens in emanzipierten Erlebensweisen übt. Leider wird in unserem Zeitalter ein sinnvolles Handeln in der Außenwelt immer schwieriger. Es fehlt an zuverlässigen Regeln fürs Handeln und für zwischenmenschliche Beziehungen, weil die traditionelle, auf Gehorsam ruhende Sittlichkeit sich auflöst und eine neue erst im Entstehen begriffen ist. Konsum, Geschäft und Industrieproduktion werden durch ein Wachstumstreben um jeden Preis und durch einen rücksichtslosen Wettkampf reguliert. Die Mehrheit unterwirft sich auch im Privatleben diesen Regulativen. Nur wenige spirituell interessierte Menschen schaffen es, mindestens zeitweise darüberzustehen. Wie viele solche Menschen kennen Sie selber, liebe Leserin, lieber Leser?

In Personen und Gruppen, die nicht fähig sind, das Handeln zu beherrschen und zwischen Motivationen bewußt zu wählen, wuchern die Wurzeln des Leidens. So ist dann eine Person, eine Gruppe oder gar eine ganze Zivilisation zufälligen Impulsen ausgeliefert und unterliegt den unheilvollen Auswirkungen des chaotischen Geschehens. Besorgte Sozialwissenschaftler erklären diesen Zustand als gesellschaftliche Depression auf Grund einer Anomie, das heißt, einer Lockerung und eines Fehlens sozialmoralischer Leitideen, Ethik und geistiger Werte. Man schiebt die ethische Verantwortung auf die anderen, insbesondere auf unpersönliche Institutionen der Regierung und des Gesetzes, und vergißt, daß alle Institutionen letzten Endes von einzelnen Menschen getragen werden. Die politisch und sozial engagierten Personen sind meist mit den Prinzipien der Dhamma-Strategien nicht vertraut, sie handeln daher ohne ganzheitlichen Bezug und verlieren sich so in Scheinlösungen. Solche Scheinlösungen entwickeln sich meist aus einseitigem Durchsetzen an sich gutgemeinter Vorgehensweisen, die den folgenden drei Typen zugeordnet werden können:

Erstens ist es die unversöhnlich strikte Brandmarkung und Bekämpfung äußerer Ursachen, des »Bösen«. Dahinter steht die unaufgeklärte Überzeugung, wäre nur alles äußerlich absolut geregelt, so wären alle Menschen innerlich glücklich. Schlimm wird es, wenn ein solches Vorgehen gewisse Erfolge zeitigt und seinen Urheber glauben läßt, er habe nun die einzig richtige Lösung gefunden. (So etwas passiert ja auch in großem Umfang unserer ganzen Zivilisation, die sich in Beherrschung und Ausbeutung der Natur durch die Technik bis zu katastrophalen Resultaten verrannt hat.) Auf der zwischenmenschlichen Ebene kann das Durchsetzen dieser Scheinlösung entweder in einem pseudorevolutionär kämpferischen Kleid erscheinen oder in autoritär konservativer Unnachgiebigkeit versteinern. Den Links- wie auch den Rechtsextremisten ist ein hoher Grad von Verblendung und haßerfüllter Intoleranz gemeinsam. Diese beiden politischen Ausrichtungen drücken auch die persönliche Bedürftigkeit ihrer Anhänger aus, die zur Offenheit und autonomen Selbstbestimmung nicht fähig sind.

Sie sind abhängig von Feindbildern, in deren Negation sie die eigene Identität definieren. Positiv sind sie dann von der Autorität eines Führers oder einer unantastbaren Ideologie abhängig. Solche Mechanismen funktionieren auch bei vielen »Normalbürgern«. Obwohl auf den ersten Blick vielleicht weniger drastisch und weniger offensichtlich, verursachen sie nicht weniger Leid. Man denke nur an die Einmütigkeit, mit der zum Beispiel Angehörige gesellschaftlicher Randgruppen stigmatisiert und mißhandelt werden. Leider findet man solche Entartungen nicht nur in der Öffentlichkeit, sondern auch in einigen sektiererischen Gruppierungen, die sich gern unter dem Etikett des New Age präsentieren.

Der zweite Typus von Scheinlösungen geht aus einer passiven Haltung von Personen in verantwortlichen Stellungen hervor. Mangel an Interesse und Minimalismus, Angst sich zu exponieren, vielleicht auch eine kurzsichtig pazifistische Einstellung hemmen die Ausführung von nötigen Aktionen. Die nachträgliche Verniedlichung dieser Gleichgültigkeit wird unterschiedlich gehandhabt: Einige schieben die Verantwortung auf Institutionen und unpersönliche Verordnungen, Erlasse und Gesetze, wodurch sie den persönlichen Spielraum emanzipatorischer Möglichkeiten bei sich selber und bei anderen zunehmend einschränken. Dies wird sogar als Loyalität gelobt. Andere, ob namhafte Politiker oder unbedeutende Bürger aus der schweigenden Mehrheit, lassen sich vom Gefühl der herrschenden Pseudofreiheitlichkeit beschwichtigen und zu einem Laissez-faire-

Gebaren verführen. Wenn sich dann die Umstände zunehmend verheddern, wird dies nur als Beweis für die Aussichtslosigkeit aller Interventionen in dieser zu kompliziert gewordenen Situation gedeutet. Man glaubt, daß sich alles mit der Zeit schon irgendwie legen wird oder daß es irgend jemand schon irgendwie lösen wird. Geht es ganz schlimm zu, hofft man auf das Kommen eines Erlösers – unpersönlich zum Beispiel in Form einer noch besseren Computertechnologie oder aber in der Person eines Messias oder eines starken politischen Führers, der dann Ordnung schaffen wird. Man kann auch fatalistisch auf die Pensionierung warten. Das Warten ist für diesen Typus von Scheinlösungen bezeichnend. Daß es auch im religiösen Bereich – und nicht nur in der öffentlichen Bürokratie – solche Lösungs- und Erlösungshoffnungen gibt, ist ja bekannt.

Für den dritten Typus von Scheinlösungen sind Personen und Gruppen, die sich für das New Age interessieren, am meisten anfällig: die Flucht ins Magische, Mystische, in eine paradiesische Idealwelt der Zukunft, weg von der leidvollen Wirklichkeit hier und jetzt. Die Prinzipien der Dhamma-Strategien, die auf Seite 33 zusammengefaßt sind und deren Anwendung in konkreten Lebenssituationen dieses ganze Buch gewidmet ist, schützen vor dem Abgleiten in solche Scheinlösungen. Diese Prinzipien sind insbesondere als Gegenpol für den dritten Typus von Scheinlösungen wichtig. Man kann sogar sagen, daß gerade ihre Vernachlässigung den dritten Typus von Scheinlösungen entstehen läßt. Der dritte Typus von Scheinlösungen ist am heimtückischsten, weil ihm auch Menschen verfallen können, die spirituell fortgeschritten sind und über Kräfte verfügen, die den Urhebern (und zugleich Opfern) der beiden übrigen Scheinlösungstypen in der Regel unbekannt sind. Den magisch-mystischen Welten verfallen vor allem solche Personen, die psychische Fertigkeiten und Kräfte eingeübt und entwickelt haben, ohne sich zuerst eine zuverlässige Ausgangslage zu schaffen.

Die zuverlässige subjektive Ausgangslage für weise Lebensgestaltung wurde am Anfang dieses Kapitels als eine Vertrautheit mit den eigenen Kompetenzen charakterisiert. Die Möglichkeit, sich jederzeit auf eigene Kompetenzen zu beziehen, ist ein wichtiges Prinzip persönlicher Integrität. Die in persönlicher Integrität und Kompetenz bestehende Ausgangslage für jedes den Menschen weiterführende (emanzipatorische) Geistestraining wird in der technischen Terminologie des Abhidhamma *Sīla* genannt. In der Sprache unserer herkömmlichen Psychologie wird *Sīla* als »Persönlichkeitsintegration mittels Harmonisierung der Beziehungen zur Gesellschaft und zur Umwelt unter Anwendung autochthoner Verhaltensregelungen« definiert. Das sechste Kapitel befaßt sich ausführlicher damit, wie eine zuverlässige Ausgangslage für die Entwicklung weiterer Emanzipationsstrategien hergestellt wird. Ist man ganz fest im Sattel, verläßlich getragen von gezähmten psychischen Energien, abgeschirmt gegen zufällige äußere Einflüsse und ungestört von Schuldgefühlen oder Gewissensbissen, kann man wie ein Krieger, wie ein echter Stratege, jedem unerwarteten Gegner gebührend begegnen – auch wenn der Gegner ein verunsicherndes, unfaßbares oder gar feindseliges magisches Ereignis ist, das unerwartet in den Erlebensraum eindringt. Auch hierfür ist die zuverlässige subjektive Ausgangsbasis wichtig.

Magische und mystische Fähigkeiten, die sich als Nebenprodukt der Schulung in Dhamma-Strategien von selbst ergeben können, sind an sich nicht schlecht oder gefährlich. Erst der unkluge Umgang mit ihnen bringt unheilvolle Ergebnisse und Leiden. Magisch ist eigentlich alles, was unbegreiflich wirkt, was in Erscheinungsform und Ablauf durch unsere gewohnte Rationalität nicht erklärt werden kann. Im Alltag kann zum Beispiel schon die Fähigkeit des Automechanikers vom Standpunkt eines Sachunkundigen als magisch erlebt werden, wenn der Fachmann etwa durch bloßes Anhören des Motors zu differenzierten Erkenntnissen über beschädigte Teile gelangt. Auch ein Uhrmacher muß kein Uri Geller sein, um eine Uhr durch ein kurzes »Anschauen« in Gang zu bringen. Als magisch bezeichnen wir also solche Geschehnisse, die wir in unser durch die herkömmlichen Wissenschaften beschränktes Weltbild nicht einordnen können. Bei Schamanen, Geistheilern und Yogis haben die magischen Phänomene einen ordentlichen Platz in ihrem Weltbild, und das Vorgehen zum Bewirken des Magischen ist ihnen vertraut, obwohl das Magische nicht im Sinne unserer Technologie machbar ist. Hingegen sind mystische Fähigkeiten und die ihnen zugrunde liegende Weltsicht auch der modernen Wissenschaft zugänglicher geworden. Interessanterweise sind es nicht die Geisteswissenschaftler, sondern vor allem die Naturwissenschaftler, insbesondere die Physiker, deren Verständnis des Universums sich der Sicht von Mystikern aller Kulturen und Zeiten nähert, wie Lawrence Le Shan in seinem Buch *The Medium, the Mystic, and the Physicist* ausführlich zeigt.[14]

14 L. Le Shan in *The Medium, the Mystic, and the Physicist,* Viking, New York 1974, beschränkt sich nicht auf Vergleiche von Weltbildern, sondern gibt Einsichten auch in die Ähnlichkeiten epistemologischer Vorgänge. Dieses interessante Buch war wohl bahnbrechend für einige spätere populärwissenschaftliche Publikationen über diese Themen.

Gefährlich ist die Öffnung fürs Magische und Mystische bei Personen mangelhafter Integrität, die sich keine zuverlässige subjektive Ausgangslage erarbeitet haben und nicht geschult sind, innerhalb der Innenwelt zu unterscheiden. Wer zwischen den verschiedenen Wirklichkeiten nicht unterscheiden kann und daher nicht den jeweils spezifischen Umgang damit wählt, wer den magischen Erkenntnissen nicht gerecht wird, dessen Leben und Erleben gerät aus den Fugen und mündet in die Verwirrung einer klinisch diagnostizierbaren Psychose. Psychotisch werden kann auch das Leben einer ganzen Gruppe, wie es bei einigen Sekten geschehen ist, oder einer ganzen Zivilisation, wie dies der Fall in den durch Rüstungswahn beherrschten Industrieländern zu werden droht. Bedenkt man, daß die Faszination des »magischen« Spiels mit Kriegsmaterial im Jahre 1984 über 800 Milliarden Dollar kostete und daß die winzigen Beträge für das Sozialwesen, für die Ernährung der Hungernden und für Projekte zwischenmenschlicher und internationaler Verständigung weltweit gekürzt wurden, dann ist es leicht, die Diagnose dieses Trends zu stellen. Daß unsere Zivilisation als Ganzes in mehreren Bereichen psychotische Verhaltensweisen an den Tag legt und wodurch dies bewirkt wird, zeigt die feine Analyse von Ronald D. Laing vor allem in seinem Buch *Phänomenologie der Erfahrung*.[15]

Auch wenn hier die Anatomie der menschlichen Destruktivität nicht eingehender untersucht wird, sind die sozialwissenschaftlichen Erkenntnisse als stichhaltig zu akzeptieren, daß die Schrecken der Außenwelt wie auch das innerlich erlebte Leiden *(Dukkha)* mit der schon erwähnten ethischen Anomie zusammenhängen.

Die in unserer Gesellschaft stetige Zunahme von Geisteskrankheiten, Aggression, Selbstmord (so wird zum Beispiel in der bevölkerungsmäßig kleinen Schweiz alle sechs Stunden ein Selbstmord begangen), Brutalität, sexueller Mißhandlung an Kindern, Frauenhandel, Herabwürdigung und Unterdrückung der »weiblichen« Sensitivität in Personen beider Geschlechter durch morbide Erziehungsmethoden, geistiger Tötung der künftigen Industriediener in Ausbildungsinstitutionen, Tierquälerei im Namen der Wissenschaft, Medikamentenmißbrauch, Drogensucht, Arbeitssucht, kollektiver Gesundheitsschädigung durch unnötige Chemikalien in der Nahrung, Vergiftung der Flora und Fauna durch Herbizide, Insektizide, Indu-

---

15 R. D. Laing: *Phänomenologie der Erfahrung*, Suhrkamp, Frankfurt 1969. Der englische Psychiater Laing hat unter anderem auch intensives Training in der auf Abhidhamma gründenden *Vipassanā*-Meditation in Sri Lanka genossen; er gilt als Pionier der gewaltfreien Behandlung psychotisch Kranker.

strieabfall und Abgas, Zerstörung der Ökosysteme durch Raubbau, unnötiger Ingenieurbauten, sinnloser Arbeitsbeschaffung bei gleichzeitiger Automatisierung der Betriebe, politischer Intrigen und wissenschaftlicher Vorbereitungen eines kollektiven Atomtodes (mehr als zwei Drittel aller Wissenschaftler arbeiten an militärischen Projekten!) – dies sind die hervorstechendsten Charakteristika des neuen Zeitalters, in dem sich unsere Zivilisation befindet. Das alles sind Symptome, die sich in der Außenwelt zeigen, deren Ursachen aber in Gier, Haß und Verblendung zu suchen sind, die in der Innenwelt des einzelnen wurzeln. Die von Sozialwissenschaftlern festgestellte Anomie zeigt sich auf der Ebene gesellschaftlicher Symptome, ist jedoch letztlich ein Ausdruck der Pathologie einzelner Menschen: Gier, Haß und Verblendung ergeben den kleinsten gemeinsamen Nenner dieser Pathologie.

Es ist illusorisch, auf eine Lösung durch Wissenschaft und Technologiefortschritt auf der materiellen Ebene zu hoffen und eine Besserung durch Interventionen in der Außenwelt erzwingen zu wollen. Es ist ebenfalls illusorisch, jeden einzelnen von Gier, Haß und Wahn befreien zu wollen. Dennoch ist es möglich und sinnvoll, die weniger Verblendeten unter uns zum Abbau der eigenen Gier und des eigenen Hasses anzuspornen. Es ist das Ziel der in diesem Buch vermittelten Strategien der Emanzipation, den Einsichtigen mögliche Wege zu zeigen, wie man sich vom Leiden *(Dukkha)* befreien kann, indem man all diese Formen von Gewalt in der eigenen Innenwelt stufenweise auflöst.

Emanzipation ist Läuterung des Geistes, Befreiung von allem, was unser Erleben trübt und unsere Wahrnehmung entstellt. Je weniger unsere Innenwelt verschmutzt ist, je emanzipierter wir uns erleben, um so kompetenter können wir auch in der Außenwelt handeln. Und dieses kompetente Handeln schließt auch die Entwicklung ethischer Regeln mit ein. Durch ethische Regeln gesteuertes kompetentes Handeln führt zur Verwirklichung höherer Werte, es erschließt Bereiche glücklicheren Lebens. Autonom entwickelte ethische Regeln und Werte haben einen hohen Grad von Wirksamkeit und sind maßgebend für Mitmenschen, die zwar selber nicht in der Lage sind, solche ethische Regeln zu entwerfen, die aber intelligent und offen genug für die selbständige Erkenntnis sind. Wenn wir vorleben, was emanzipiert ist, kein Leiden verursacht und zu eigenem und fremdem Wohl führt, dann bewirken wir in der Welt mehr, als wir durch Belehrungen, Bestrafungen und Tricks erreichen könnten. Das eigene Beispiel der Emanzipation und des Glücklichseins im konkreten Alltagsleben ist überzeugender als wissenschaftliche und philosophische Abhandlungen. Durch konkretes Handeln und durch emanzipierte Lebensweise vermitteln wir viel effektiver die geistigen Werte und ethischen Regeln, wodurch die gesellschaftliche Anomie überwunden wird.

Unser Zeitalter bringt einerseits eine Zunahme von Geisteskrankheiten, Aggressionen und gesellschaftlichen Schrecken, aber auf der anderen Seite wächst die Zahl der Menschen, die zu erhöhter Achtsamkeit und Bewußtheit der Gefahren aufgeweckt werden. Geschichtlich bedeutet das New Age überhaupt nichts, solange die weniger Abgestumpften unter uns nicht fähig sind, persönliche Strategien zu entwickeln, die auf die Überwindung von Gier, Haß und Verblendung zielen. Gerade darin besteht eine große Chance, daß die Zahl der Menschen zunimmt, die aufnahmefähig und interessiert sind, sich in emanzipatorischen Strategien für das New Age zu schulen. All dies gilt insbesonders für unser geographisches Gebiet, denn in der Dritten Welt, in totalitär regierten Staaten und in den durch Krieg zerrütteten Ländern (in denen übrigens die Mehrheit der Weltbevölkerung lebt) stehen für die Menschen andere Probleme an erster Stelle. Das New Age erfordert eine Solidarität, die nicht nur politisch und durch Mitleid *(Karunā)* gegenüber den weit entfernt Lebenden motiviert ist, sondern eine Solidarität der Mitfreude *(Muditā)* am Erfolg anderer, die nahe oder entfernt, gleichgültig unter welchen äußeren Umständen, in ihrer Emanzipation vorankommen. Frei von Parteilichkeit beschränkt sich die wahre Emanzipation *(Vimutti)* nicht nur auf Beseitigung des Leidens bestimmter sozialer Schichten, Geschlechts- und Altersgruppen, Rassen und Nationen. Es geht vielmehr darum, daß sich unbeachtet der äußeren Gruppenzugehörigkeit möglichst viele von dem unheilvollen Bedürfnis freimachen, aus Gier, Haß und Verblendung sich selber und anderen Leiden zuzufügen.

Die emanzipatorische Solidarität findet ihren konkreten Ausdruck darin, daß wir unsere Anerkennung, Bejahung und soweit möglich auch Unterstützung jedem Menschen geben, bei dem wir eine selbstlos (das heißt gierlos) großzügige, haßlos versöhnliche und unparteilich einsichtige Gesinnung erkennen. Jeder Mensch ist irgendeinmal in der Lage, aus einer solchen Gesinnung heraus leidmindernd zu handeln. Wird er darin systematisch bestärkt, kann das eventuell zu einer dauerhaften Änderung in seinem Lebensstil führen. Wir können uns mit dem guten Tun eines Menschen solidarisieren, auch wenn wir uns seiner schlechten Seiten bewußt sind. So behandeln wir unsere Mitmenschen wirklichkeitsgemäß, also entsprechend ihrem tatsächlichen Wirken, und nicht verblendet durch stigmatisierende

Begriffe, mit denen jeweils die ganze Person auf irgendeinen ihrer Fehler festgenagelt wird.

Es gibt keine guten und schlechten Menschen, sondern nur gute und schlechte Eigenschaften und Gesinnungen. Bei einigen tritt allerdings das Gute öfter hervor. Mit solchen Menschen, bei denen wir ständig Tendenzen zur Emanzipation sehen, mögen wir freundschaftliche Begegnungen pflegen, in denen wir auch Erfahrungen über die Entfaltung und Anwendung von New-Age-Strategien austauschen. Aus solchen freundschaftlichen Begegnungen zwischen Menschen, die am inneren Fortschritt orientiert sind, ergibt sich ein Netz von Beziehungen, eine New-Age-Konspiration, die in der Wirklichkeit verankert ist. Abhidhamma bezeichnet solche Beziehungen als »Edle Freundschaft« *(Kalyāna Mittattā)*. Es entsteht also nicht nur eine »Verschwörung«, die auf gleichen Überzeugungen gründet, auch nicht nur ein »Miteinanderatmen«, sondern das Gute wird gemeinsam gelebt. Auf diese Weise verlassen wir uns nicht nur auf den Glauben, daß eine New-Age-Konspiration in der Luft liegt, wir verwirklichen sie ganz konkret im Alltag.

Dies ist der tiefere Sinn, der in der Überschrift dieses Kapitels »New-Age-Politik – persönlich erlebt?« enthalten ist. Glücklichsein und Freude kann gelebt werden, es kann nicht theoretisch erdacht, wissenschaftlich erfaßt und auch nicht technisch erzeugt werden. Glücklich zu sein ist einfach. Je übersichtlicher wir unser Alltagsleben gestalten, um so harmonischer wird unsere Innenwelt, um so klarer und einfacher werden die ethischen Regelungen unseres Handelns. Die emanzipatorischen Regelungen sind ja keine Gebote, kein Ergebnis einer Fremdprogrammierung oder des Gehorsams. Sie wachsen vielmehr aus eigener Erfahrung, das heißt, sie sind autochthon, sie sind ein Teil der persönlich erlebten Weisheit. Solche autochthone ethische Regelungen des *Sīla* werden nicht so leicht durch äußere Einflüsse erschüttert. Daher schützen sie uns besser vor anomischen Depressionen, als dies die heterochthone, das heißt von außen aufgetragene Ethik und Moral der Verbote und Gebote zu tun vermögen.

Saddhā – das prüfende Vertrauen

Schön, wenn es Ihnen, lieber Leser, liebe Leserin, gelingt, das Leben immer einfacher aus sich selbst heraus zu gestalten und immer mehr Glück zu erleben. Es ist wohl am wichtigsten, auf sich selbst zu achten, damit die eigene Gesinnung möglichst rein bleibt. Es ist gut, arglos und einfach so zu handeln, daß kein Leid verursacht wird. Aus überschaubarer Einfachheit ergibt sich Zuversicht, eine Form des Vertrauens, die in Abhidhamma *Saddhā* genannt wird. Einfachheit bedeutet aber keineswegs Einfältigkeit oder Leichtgläubigkeit. Auch wenn Sie die Pflege Ihrer edlen Gesinnung und Ihres Fortschrittes in Achtsamkeit und Emanzipation zunehmend vor den Gefahren der Welt schützen wird, sind Sie gegen diese nie ganz gefeit. Wir werden alle hie und da Opfer von Handlungen anderer, die Leiden hervorrufen. Auch wenn Sie solche leidbringenden Handlungen anderer als karmisch[16] verursacht akzeptieren können, heißt es nicht, daß Sie sich ihnen unbedacht aussetzen sollten. Es ist wohl hilfreich, wenn wir uns auf Freunde verlassen können und anderen New-Age-Konspiranten vertrauen. Vertrauen ist aber kein blinder Glaube und schließt daher ein Prüfen mit ein. Das Vertrauen wächst in der erlebnismäßigen Überprüfung. Das prüfende Vertrauen muß sich nicht im Zweifeln oder Testen fortsetzen, es genügt, wenn wir die Übersicht darüber behalten, wie unsere Vertrauenspersonen handeln, vor allem, ob sie etwas verheimlichen oder offen sind. Das Vertrauen richtet sich nach der eigenen Erfahrung und der »inneren Stimme« der Intuition, die uns direkt »organismisch« spüren lassen, was gut und vertrauenswürdig ist. Ergänzend zu diesem direkten Erlebensbezug gelten für das Vertrauen auch bestimmte rationale Kriterien, nach denen die Lauterkeit von Personen und Institutionen geprüft werden kann. Die äußerliche Zugehörigkeit zur New-Age-Bewegung ist also noch keine Garantie. Daher will ich, bevor ich abschließend nochmals die Absicht dieses Kapitels zusammenfasse, noch eine Warnung aussprechen:

Das zwischenmenschliche Geschehen im Alltag besteht zum größten Teil aus Transaktionen, die durch Bedürfnisse nach einem »Mehr von irgend etwas« (also durch Gier) oder durch Abwehr vor etwas als Bedrohung Wahrgenommenem (also durch Haß) motiviert sind. Verhältnismäßig selten befinden wir uns in Situationen, die durch Wohlwollen geprägt sind. Um so mehr schätzen wir dann die schöne Atmosphäre der meisten New-Age-Veranstaltungen und Gruppen und Gesellschaften, die eine Vision kosmischer Harmonie zu verwirklichen versuchen. Eine scharfe Entweder-Oder-Trennung zwischen der »immer guten New-Age-Alternative« einerseits und »den gefährlichen Situationen mit Leuten im Alltag« andererseits gibt es

---

16 *Karma* ist die Lehre von der Verursachung des gegenwärtigen Leids und Glücks durch früheres Tun; sie wird im dritten Kapitel im Zusammenhang mit der Bedingten Entstehung erläutert.

jedoch nicht. Bei jedem Menschen finden wir zwei Arten des Verhaltens: die des Überlebenskampfes nach dem Muster »jeder gegen jeden«, und emanzipatorischer Verhaltensweisen des Altruismus als Ausdruck der Weltsicht »ich als Teil des Kosmos« und »je glücklicher alle Teil-nehmer des kosmischen Geschehens sind, um so größer sind auch meine Glücksaussichten«. Schwache, verunsicherte und leidende Menschen müssen sich vor allem mit Fragen des Überlebens beschäftigen, hingegen treten starke und emanzipierte Personen als Menschen auf, die aus freiem Willen durch die Tat zum Wohle der Gemeinschaft beitragen. Materielle und soziale Verhältnisse dieser Menschen sind hierbei nicht ausschlaggebend.

Die herkömmlichen Regelungen juristischen, geschäftlichen und politischen Verhandelns sind aufgrund der Überlebensmaxime entstanden. Sie wurden ursprünglich zum Schutz der Bedürftigen, Bedrohten und Schwächeren entwickelt. In der gesellschaftlichen Praxis werden die Regelungen jedoch tatsächlich meistens gegen die Schwachen eingesetzt, indem die Mächtigen, die das Wissen über diese Regelungen verwalten, vorgeben, bedroht zu sein. Obwohl solche Regelungen und die aus ihnen abgeleiteten Abmachungen so oft mißbraucht werden, behalten sie ihren Wert auch im New Age, wenn sie richtig angewendet werden. Denn auch die Organisatoren von New-Age-Veranstaltungen und die Verwalter alternativer Institutionen werden manchmal schwach und brauchen ein »Mehr«, solange sie nicht vollkommen geläutert sind.

Dann sind Abmachungen und klare Regelungen für alle Beteiligten nützlich. Es geht also nicht darum, die Überlebensmaximen der Bedürftigkeit aus der Welt zu schaffen, sondern vielmehr darum, ihnen den rechten Stellenwert zuzuweisen: anstatt Maximalisierung ist eine Optimalisierung anzustreben. Das heißt, sie nicht als die höchsten Werte anzusehen, sondern sie nur so weit zu benützen, als sie zur klaren Regelung konkreter Situationen beitragen. Und dies gilt in allen Beziehungen zu Institutionen, Gruppen und einzelnen – auch innerhalb von intimen Beziehungen der Freundschaft, der Ehe, der Partnerschaft zwischen Lehrer und Schüler.

Es kann sein, liebe Leserin, lieber Leser, daß Ihre Beziehungen sich ganz problemlos entfalten. Ihre Investitionen von Arbeit, Geld, geistiger Zuwendung und Verehrung sind gut überlegt, und Sie fühlen sich nirgendwo mißbraucht, geschweige denn ausgebeutet. Es ist eine wichtige Voraussetzung der emanzipatorischen Strategien, daß man sich insbesondere auch solche Situationen und Beziehungen vergegenwärtigt, die frei von Problemen sind. Man soll das Gute im eigenen psychosozialen Haushalt nicht ignorieren. Wie wäre es, wenn Sie gerade jetzt ein *Stopp* einschalten und vor dem Weiterlesen eine kurze Bilanz Ihrer materiellen und geistigen Investitionen ziehen würden?

Sie haben wohl schon überlegt, wofür und an welche Personen und Institutionen Sie Ihren Beitrag leisten wollen und was es Ihnen subjektiv zurückbringt. Schließlich ist nur Ihre persönliche Entscheidung dafür verantwortlich, wie Sie weiter vorgehen und ob Sie Ihre Investitionen neu verteilen wollen. Es gibt einige Kriterien, nach denen man die Vertrauenswürdigkeit der zu unterstützenden Personen und Gruppen überprüfen kann. Diese Kriterien können in folgenden Fragen formuliert werden:

1. Gibt die Person (die Institution) von sich aus klare Auskunft über ihre Ziele und Vorgehensweisen? Entspricht diese Auskunft meiner Wahrnehmung? Wie werden »ketzerische« Fragen beantwortet? Besteht die Auskunft nicht nur aus Versprechungen? Spricht man frei darüber, was ist – ohne Umdeutungen und Verheimlichungen?
2. Stimmen die Methoden mit den angestrebten Zielen überein? Ist das Vorgehen frei von Glaubenssätzen, die davon ausgehen, daß man »durch Gehorsam zur Freiheit kommt«, »sich zur Wahrheit durchlügt«, »zum Frieden durchkämpft«, »durch Glauben Erkenntnis gewinnt«?
3. Ist das Vorgehen ohne Geheimniskrämerei? Sind Abmachungen durchsichtig und klar verständlich formuliert? Werden Abmachungen eingehalten? Kann man in aller Öffentlichkeit dazu stehen, was getan wird?
4. Werden emanzipatorische Bestrebungen und Methoden anderer nicht belächelt oder sonstwie herabgemindert? Bleibt die eigene Wahl der Methode frei?
5. Sind Feindbilder unnötig? Wird nicht die Verteufelung von Personen und Gruppen betrieben? Bleibt die Möglichkeit offen, an jedem Lebewesen etwas Positives zu sehen?
6. Trägt jeder die Verantwortung für das eigene Tun selber? Erübrigt sich letztendlich die Autorität eines Gurus? Kann man das eigene Heil unabhängig von einem Vermittler erleben? Ist die Preisgabe eigener Vernunft unnötig?
7. Respektiert der Lehrer, Helfer oder Begleiter die Freiheit und die Bedürfnisse des Geführten? Gibt es Respekt für persönliche Autonomie und Würde? Berücksichtigt der Fortgeschrittene oder Bessergestellte die Beschränkungen und die Selbstbestimmung

der anderen? Sagt der Empfangende oder der Beschenkte von sich aus »Genug«, um eine Ausbeutung und Erschöpfung des Gebenden zu vermeiden?

Beziehungen, bei denen Sie, liebe Leserin, lieber Leser, alle obigen Fragen mit einem »Ja« beantworten können, sind für Ihre Weiterentwicklung denkbar förderlich. Denn es ist keinesfalls auf die Dauer hilfreich, in Erwartung einer späteren Belohnung eine Beziehung zu pflegen, die den obigen Kriterien nicht entspricht. Ein Zuversicht bietendes Vertrauen – in der Abhidhammapsychologie mit dem technischen Terminus *Saddhā*[17] bezeichnet – kann nicht bloß auf einem Glauben gründen; es soll sich vielmehr aus kritischer Überprüfung von Personen, Institutionen und ihren Methoden ergeben. Auf dem Psychomarkt und in den spirituellen Kreisen gibt es ja gegenwärtig genug Angebote, aus denen jeder das wählen kann, was sein persönliches Glück und seine Fortentwicklung unter Berücksichtigung der obigen sieben Kriterien fördert.

Fazit

Es war die Absicht des Kapitels »New-Age-Politik – persönlich erlebt?«, die ganze Vielfalt der mit dem New Age verbundenen Erscheinungen so zu ordnen, daß man alle Bereiche auf den entsprechenden Ebenen in einen sinnvollen Bezug zum eigenen Erleben bringen kann. Nur der subjektiv relevante Bezug zur eigenen Person ist von Bedeutung für eine glücklichere Lebensgestaltung, die zu mehr Freiheit, Erhabenheit, Erleuchtung und Emanzipation führt.

Die in diesem Kapitel angebotene Einteilung muß nicht in allen Einzelheiten dem entsprechen, wie Sie selbst, liebe Leserin, lieber Leser, die Viefalt ordnen würden. Sie haben aber nun dadurch genügend Übersicht gewonnen, die es Ihnen ermöglicht, Ihre persönliche Einteilung zu entwerfen. Zwei Schritte sind dazu notwendig: erstens zu allen Tatsachen eine persönliche Einstellung zu gewinnen, und zweitens alle Bereiche des Lebens so zu ordnen, daß nichts überbewertet und nichts vernachlässigt wird. Bei manchem genügt es ja, daß man davon überhaupt weiß, über einiges will man mehr erfahren, einiges will man selber aktiv pflegen und gelegentlich in Handlung um-

---

17 Als eine Veranlagung oder Fähigkeit ist das Vertrauen in allen Menschen vorhanden. Erst durch die Schulung in Dhamma-Strategien wird diese Fähigkeit zur psychischen Kraft der *Saddhā*, die sich als Zuversicht stabilisierend auch auf den Charakter auswirkt.

setzen. Auch das, was man meiden will, sollte in seiner Existenz nicht geleugnet werden. Es gibt keine zwingende Forderung, daß jeder seine geistigen Kapazitäten dem Gesellschaftsleben, der Politik, Wissenschaft, Kunst, Selbstanalyse, Meditation oder der Schulung zwischenmenschlicher Beziehungen in gleichem Maße widmen müßte. Jeder soll sich für die Gebiete entscheiden, die seiner persönlichen Eigenart entsprechen. In Lebensbereichen, in denen man mit den eigenen Mitteln etwas bewirken kann, finden wir am meisten Glück. Doch die Klarheit darüber, was es alles in der Welt gibt, oder besser gesagt, eine Offenheit für das Emanzipatorische und das persönlich Mögliche in allen Lebensgebieten wird das Leben bereichern, ohne daß man sich durch komplizierte Verwicklungen oder gar durch die ausschließliche Konzentration auf etwas Bestimmtes seiner geistigen Freiheit beraubt. Wenn man eine eigene ganzheitliche Übersicht hat, wird es einfacher, glücklich zu sein.

Drittes Kapitel

Dreierlei Wissen
und die Ökonomie des Geistes

Es ist keine leichte Aufgabe, sich in der unüberschaubaren Vielfalt des Lebens zurechtzufinden. Wer aber mit dieser Aufgabe nicht fertig wird, hat wenig Aussicht, angenehm zu leben. Und wenn jemand verhältnismäßig angenehm lebt, hat er damit noch nicht viel erreicht, denn eine Verschlimmerung kann jederzeit eintreten. Eine Sicherung oder gar Verbesserung des psychischen Lebensstandards verlangt mehr. Für die persönliche Entfaltung und Emanzipation muß man immer wieder Freiraum schaffen, um Neues ausprobieren zu können. Das erfordert Kompetenz im Umgang mit den eigenen psychischen Kräften. Solch kompetenter Umgang besteht vor allem im ökonomischen Einsatz dieser Kräfte für drei verschiedene Zwecke: zum ersten, sich zurechtzufinden, zum zweiten, geistigen Freiraum zu schaffen, und zum dritten, mit Ungewohntem zu experimentieren. Dem sind viele nicht gewachsen. Sie setzen daher all ihre Kräfte ein, um sich überhaupt über Wasser zu halten und sich in der Lebensvielfalt nicht ganz aufzulösen.

Die unüberschaubare Vielfalt des Lebens wird in der Abhidhamma-Terminologie *Papañca*[1] genannt. Wir sind alle einbezogen in das Netz von *Papañca,* und doch bedeutet es einen großen Unterschied, ob wir dieses Netz als unseren Lebenskontext klar definiert haben und in ihm vor allem die tragenden Beziehungen sehen oder ob wir hilflos darin verstrickt sind. Im ersten Kapitel haben wir damit begonnen, unsere Aufmerksamkeit und Achtsamkeit so zu schulen, daß wir folgende Bereiche im Erleben unterscheiden oder, anders ausgedrückt, die Vielfalt in den vier Grundlagen der Achtsamkeit *(Satipatthāna)* bändigen können:

– körperliche Wirklichkeit, die uns einen zuverlässigen, intersubjektiven Realitätsbezug gibt;
– Gefühlsreaktionen, nach denen sich unser Tun richtet;

---

1 *Papañca* heißt Ausbreitung, Wucherung, Ausstreuung, Verzettelung, Weitschweifigkeit, Anhängsel, Frönen, Gebammel, Dickicht, Vernetzung, Verästelung, Mannigfaltigkeit, Vielheit; es ist eine Bezeichnung für die Vielfalt der Wandelwelt, des *Samsāra,* in der sich zirkulär das Leiden fortsetzt.

- Bewußtseinsebenen, auf denen wir uns nach unterschiedlichen Kriterien orientieren;
- Programme des Denkens und Handelns zur Bewältigung der Lebenssituationen.

Im zweiten Kapitel sichteten wir eine Vielfalt von Fakten und Methoden, die unter dem Sammelbegriff »New Age« angeboten werden. Es wurde eine Auswahl aus diesem Wissen anderer getroffen und so geordnet, daß jede(r) Leser(in) die Möglichkeit hat, einen eigenen, persönlichen Bezug zu der Faktenvielfalt herzustellen. Wir wählten aus dieser Vielfalt nur jenes Wissen, das für die persönlichen Bewältigungsprogramme und emanzipatorischen Strategien Bedeutung haben kann. Der Leser wurde angeregt, das eigene subjektive Wissen über verschiedene Bereiche des Lebens für sich so zu ordnen, daß das Wesentliche für die eigene Alltagspraxis herausgearbeitet werden kann. Die Lektüre wurde dadurch zu einer Geistesübung mit dem Ziele, eine zuverlässige subjektive Ausgangslage zu finden.

Mit der subjektiven Ausgangslage haben wir uns nach Kriterien des Abhidhamma beschäftigt und sind auf das Emanzipationsprinzip *Sīla* gestoßen. *Sīla* haben wir als die persönliche Eigenregelung begriffen, die der Einsicht entspringt. *Sīla* bildet eine verläßliche Grundlage für die Auseinandersetzung mit der Welt.

Wir suchten also nach Prinzipien der New-Age-Politik, die das Leben nicht komplizieren, sondern einfacher und glücklicher machen. Nun gehen wir einen Schritt weiter und wollen eine Übersicht über die Lebensvielfalt unter dem Gesichtswinkel der geistigen Ökonomie gewinnen. Wir versuchen auch weiterhin, alle äußeren Tatsachen nur in ihren subjektiven Auswirkungen zu erfassen, das heißt, soweit sie als Wissen und Motive unsere Lebensgestaltung beeinflussen. Die Freude, die stärkste emanzipatorische Motivation, sparen wir uns dabei für das nächste Kapitel auf.

Psychische Kräfte

Die meisten Menschen verwenden alle ihre Kräfte, um den Status quo aufrechtzuerhalten, ganz gleich, wie unvorteilhaft auch immer ihre Situation sein mag. Dies ist sehr unökonomisch. Wem allerdings die Fähigkeit fehlt, eine Übersicht zu gewinnen, der bleibt lieber in seinem gewohnten Durcheinander, denn jeder neue Freiraum würde sich sofort mit zusätzlichem Wirrwarr füllen. Wenn man weder Übersicht noch die zuverlässige subjektive Ausgangslage des *Sīla* besitzt, ist alles Experimentieren nur gefährlich. Dann ist die Angst vor Überforderung berechtigt. Man kann auch Angst haben, verrückt zu werden. Für die meisten ist tatsächlich jede Erweiterung, Veränderung und Ver-rückung der Weltsicht gefährlich. Falls Sie, liebe Leserin, lieber Leser, in ihrem persönlichen Erleben die Möglichkeit, verrückt zu werden, als gefühlsmäßige Bedrohung gar nicht kennen, wird Sie alles, was mit Bewußtseinsveränderungen, Aufdecken verborgener Potentialitäten und Freisetzen psychischer Kräfte zusammenhängt, spielerisch leicht oder sogar vertraut und heimisch anmuten. Dadurch wird aber die Tatsache nicht in Frage gestellt, daß sowohl der Rückhalt von *Sīla* wie auch Freiräume erforderlich sind, um neue Kompetenzen kultivieren zu können. Und wir wissen ja schon, wie man Freiraum gewinnen kann: durch Stoppen gewohnter Programme, durch Innehalten, durch Meditation und strategische Aktion. Meditativ innehalten und achtsam handeln – beides ist nötig, um sich in der Vielfalt von *Papañca* nicht zu verlieren.

Um die unermeßlichen Möglichkeiten des menschlichen Daseins zu erfüllen, müssen wir sie im Verlauf eines glücklichen Lebens ganz konkret ausüben. Glücklich leben – das muß man selber zutiefst wollen. Niemand kann einem anderen ein glückliches Leben verordnen. Wenn wir etwas wirklich wollen, dann investieren wir mehr, als wenn wir etwas nur aus Pflicht tun oder wenn wir durch andere dazu gezwungen werden. Glückbringende geistige Investitionen sind freiwillige Kraftanwendungen, die größere Freiheit und Glücksfähigkeit bewirken und dadurch in der Ökonomie des Geistes einen Zuwachs ermöglichen. Wissen, Zuversicht, Willenskraft, Sammlung und Achtsamkeit sind die Kräfte, sozusagen die Devisen des Geistes, die wir investieren müssen.

Wissen in unserem spezifischen Sinne heißt in der Abhidhammapsychologie *Paññā;* es ist das Wissen über emanzipatorische Strategien und eine Einsicht in die Gesetzmäßigkeiten der Vernetzung der Lebensvielfalt *(Papañca)*. Dieses Wissen ist eine der fünf geistigen Kräfte, die auf dem Pfade der Emanzipation entfaltet werden müssen. In jedem Menschen sind die Kräfte des Wissens, der Zuversicht, der Willenskraft, der Sammlung und der Achtsamkeit als Potentialitäten oder Fähigkeiten vorhanden; aber erst dann, wenn sie gut entfaltet und bewußt verfügbar sind, gelten sie als psychische Kräfte *(Bala)*. Eine Vervollkommnung finden diese fünf Kräfte auf dem Pfade der Kraft *(Bala Magga,* siehe achtes Kapitel: Strategien der Macht). Sie gehören dann zusammen mit einer makellosen Verwirklichung des *Sīla* zur notwendigen Ausrüstung der magiegewaltigen Yogis. Solch hohe Geistesschulung braucht lange Übung, und die

New-Age-Strategien enthalten nur Grundprinzipien eines solchen Trainings. Die hohe Geistesschulung hat als Voraussetzungen eine genaue Selbsterkenntnis, tiefe Einsicht und Wahrnehmung der Wirklichkeit, wie sie ist. Schon ein Betreten des abhidhammischen Pfades des Sehens *(Dassana Magga)* bedeutet einen entscheidenden Fortschritt auf dem Wege zur Emanzipation.

An dieser Stelle geht es vor allem um die Einsicht, daß nicht nur das Wissen allein, sondern auch die vier übrigen psychischen Kräfte kultiviert werden müssen. Wie man für das Wachstum der emanzipatorischen Zuversicht *(Saddhā)* den Boden vorbereitet, wurde im vorherigen Kapitel besprochen. Praktische Anweisungen für das Training der Willenskraft, der Sammlung und der Achtsamkeit werden in späteren Kapiteln gegeben. Für einen harmonischen Fortschritt spielt insbesondere die Achtsamkeit *(Sati)* eine wichtige Rolle, indem sie nichts verdrängt und alles so registriert, wie es ist. Achtsamkeit merkt ohne einzugreifen. *Sati* besteht im kontinuierlichen *Merken,* im nicht-wählenden *Auffassen* der wirklichen Prozesse und im *Erinnern* des Geschehenen. Achtsamkeit ist mehr als Aufmerksamkeit und Wahrnehmung; sie ist ein ausgedehntes Beibehalten der Geistes-Gegen-Wart. Dies gilt für alle vier Erlebensbereiche, wie wir schon im Experiment des ersten Kapitels gesehen haben. Die Achtsamkeitsschulung geht immer Hand in Hand mit Entfaltung der Weisheit, die unterscheidet und die auch emanzipatorische Auswege kennt. Die Achtsamkeit merkt allenfalls, wenn unterschieden wird, ohne etwas zu ändern. Dadurch vermittelt sie ein unverstelltes Bild der geistigen Situation, auf Grund dessen eine effektive Regulierung möglich ist.

Die psychische Kraft *Paññā* hat in anderer Hinsicht eine zentrale Funktion: sie stellt das Wissen dar, aus dem die Metaprogramme bestehen, die den Einsatz einzelner Programme unseres Biocomputers bei der Entfaltung von Emanzipationsstrategien steuern. *Paññā* beleuchtet die Dinge und erkennt ihre Merkmale, Eigenschaften, Funktionen und Zusammenhänge. Sie ist wie ein Baum, dessen Wurzeln bis zu den einzelnen Grundvoraussetzungen der Wirklichkeit reichen, dessen Stamm die Wahrheitserkenntnis feststellt und dessen Verästelungen die Übergänge in verschiedene Bewußtseinszustände darstellen. Man könnte das Gleichnis noch weiter fortsetzen und zum Beispiel aufzeigen, wie auf jedem Ast andere Früchte wachsen, wie auch den verschiedenen Bewußtseinszuständen jeweils andere spezifische Sichtweisen und Fertigkeiten innewohnen. Dies alles weiß also *Paññā,* sie ordnet und trennt, aber weder bewegt noch bindet sie – dies sind Aufgaben anderer psychischer Kräfte.

Für das Wachsen und Kultivieren von *Paññā* in unserer inneren Landschaft gilt das gleiche ökologische Prinzip wie in der Landwirtschaft, welches besagt, daß keine Monokultur – also auch keine solche hohen Wissens – auf die Dauer gute Ergebnisse bringen kann. Mit einer Metapher aus der Heilkunde heißt das: Das hohe Wissen *Paññā* allein bedeutet für ein glückliches Leben etwa soviel, wie das Wissen über die Zusammensetzung eines Medikamentes für die Heilung, wenn wir aus Mangel an Vertrauen nicht den Willen aufbringen und darauf achten, daß wir das Medikament tatsächlich ohne Ablenkung und Unterbrechung (das heißt mit Sammlung) konsequent einnehmen.

Wir behalten die Erkenntnis im Gedächtnis, daß Wissen im Sinne von *Paññā* erst zusammen mit Zuversicht, Willenskraft, Sammlung und Achtsamkeit zur befreienden Kraft wird, und wenden uns nun näher diesem Wissen im weiteren Sinne zu.

Haushaltung im eigenen Wissensgebäude

Auch mit der größten Willensanstrengung und Geistessammlung würde es uns nicht gelingen, im psychischen Haushalt auf einmal Ordnung zu schaffen. Solange man nicht vollkommen erleuchtet ist, bleiben in den dunkleren Ecken der Psyche stets einige Flecken und Verschmutzungen.[2] Es gehört zur Kunst des Haushaltens, mit dem Schmutz, der sich ansammelt, unter ökonomisch verantwortbarem Aufwand immer wieder fertigzuwerden. In der psychischen Ökonomie (das Wort bedeutet ursprünglich »Haushalten«) gehören dazu die achtsame Bestandsaufnahme und der willentliche Einsatz der geistigen Kapazitäten, Fähigkeiten, Dispositionen, Kräfte und Fertigkeiten. Auch der Umgang mit geistigem Abfall und Schmutz, die Wiederverwertung des Ausgeschiedenen und die Wahl der geistigen Nahrung spielen in der psychischen Ökonomie eine wichtige Rolle. Nicht weniger wichtig ist das psycho-ökologische Wissen über die Ortung und Interaktion der innerweltlichen Inhalte. Diese innere Ökologie muß Hand in Hand mit der ökonomischen Zuordnung gehen, die sich zunächst auf das Taxieren der Inhalte als »unvorteilhaft beschmutzend« oder »emanzipatorisch förderlich« für die jeweilige Situation beschränkt.

Vielleicht nützen Sie, liebe Leserin, lieber Leser, diese Gelegen-

---

2 Diese Trübungen oder Befleckungen *(Kilesa)* des Geistes sind nicht notwendigerweise Pathologien im engeren psychiatrischen Sinne. Vgl. Fußnote 6 auf Seite 43.

heit zu einem *Stopp* und schalten von dem Programm »Informationsaufnahme durch Lesen« auf ein Programm um, das durch die Frage gestartet wird: »Welche Inhalte meiner Innenwelt sind in der gegenwärtigen Situation emanzipatorisch förderlich?« Vergegenwärtigen Sie sich achtsam, welche Themen Sie gerade heute innerlich beschäftigt haben und welche alltäglichen Situationen für Sie besonders wichtig oder belastend waren. Welche Bewältigungsprogramme haben Sie eingesetzt? Welche Strategien entfaltet? Machen Sie eine kurze Bestandsaufnahme des Tages.

Wenn Sie damit fertig sind, schalten Sie auf achtsames Merken Ihrer Gefühlsreaktion um. Bei welchen Inhalten und Zusammenhängen haben Sie kein gutes Gefühl? Verlassen Sie sich auf Ihre Gefühlsreaktion! Eine unangenehme gefühlsmäßige Bewertung zeigt unvorteilhafte Befleckungen an. Registrieren Sie diese Hindernisse[3] bloß, ohne sich weiter darauf einzulassen. Merken Sie dann achtsam vor allem das, was mit gutem Gefühl verbunden ist, womit Sie zufrieden sind, was Ihnen förderlich und emanzipatorisch erscheint. Auf diese Weise setzen Sie Ihr Gefühl als Kriterium für eine organische Auswertung ein. Sie können nun anhand Ihrer eigenen zuverlässigen Ausgangslage von *Sīla* überprüfen, inwieweit Sie unabhängig von äußeren und inneren Formen der Gier, des Hasses und der Verblendung gehandelt haben. Inwieweit haben Sie eigene autonome Regelungen und ethische Bewertungen als Maßstab und Ausgangslage genommen? Waren Sie fähig, vom sicheren Boden Ihres *Sīla* aus Abstand von Situationszwängen zu gewinnen, einen Freiraum zu schaffen und bewußt etwas Neues auszuprobieren? Lassen Sie sich genug Zeit zum Nachdenken, bevor Sie weiterlesen! Es geht jetzt um Ihren eigenen Erfahrungsschatz, um Ihre Weisheit!

Es gibt ein gutes Gefühl, wenn man merkt, daß einiges gelungen ist. Aus Erfolgserlebnissen entspringt Freude und wächst Selbstvertrauen, Vertrauen in eigene Kompetenzen, Vertrauen auch in die Methode, die sich bewährt hat. Vertrauen und Freude lassen ein freudiges Interesse am tieferen Eindringen in die Emanzipationslehre entstehen. *Saddhā* ist ein Vertrauen, das auf kritischer Überprüfung gründet, es ist kein leichtgläubiges Folgen, keine durch Erfolg betörte Selbstüberschätzung und auch kein blindes Glauben. *Saddhā* kann man sich nicht einreden, und es wäre sinnlos, sich das

---

3 Der meditative Umgang mit Hindernissen oder Hemmungen *(Nīvarana)* des geistigen Fortschritts wird im siebten Kapitel erklärt. Diese Hemmungen sind eine Ausformung von *Kilesa* (siehe vorherige Fußnote).

Ausmaß der eigenen Vertrauenskraft irgendwie vorzutäuschen. Nur das wahrheitsgemäße achtsame Merken dessen, was wirklich vorhanden ist, ergibt ein Wissen, das emanzipatorischen Nutzen hat. Worin besteht nun die Kraft des Wissens? Oder besser gefragt: Für welche Zwecke ist welches Wissen nützlich? Zur besseren Übersicht im inneren Haushalt unterscheiden wir zwischen den folgenden drei Arten von Wissen:

1. Informationen über *äußere Fakten*. Hier sind auch Mitteilungen anderer über deren innere Erfahrungen, Beobachtungen und Ansichten inbegriffen.
2. Direkte Erfahrungen aus dem eigenen Leben, die nicht in Form einer Anhäufung von Informationen, sondern als *Erlebensschatz unserer Innenwelt* vorhanden und verfügbar sind. Hierzu gehört das direkt erlebte Wissen um die Beschaffenheit unserer Innenwelt, unsere Dispositionen, Fähigkeiten, Kräfte, Fertigkeiten und Kompetenzen.
3. Weisheit oder *Paññā,* die es uns ermöglicht, die breiteren Zusammenhänge zu sehen, uns als Teil der kosmischen Harmonie zu erleben. Solche Weisheit ist *emanzipatorisch,* denn sie führt zur Aufhebung des durch Unterdrückung und Verdrängung verursachten Leidens; sie schließt das strategische Wissen über den Weg der emanzipatorischen Geistesschulung mit ein.

Alle drei Arten des Wissens bestimmen die Beschaffenheit unserer Geisteswelt, unsere geistige Ökologie, aus der heraus wir die Außenwelt entwerfen. Damit ist sowohl die von uns geschaffene Kultur als auch die durch uns veränderte Natur ein Ausdruck unserer geistigen Ökologie. Die Welt ist in diesem Sinne ein Produkt des Geistes, soweit sich eben das Rohmaterial der Außenwelt in unserem Schaffen verwerten ließ. Wer dies begreift und akzeptiert, macht konsequenterweise auch zwei weitere Schritte:

1. *Er erkennt sich selbst als den Schöpfer der eigenen Welt und*
2. *übernimmt die Verantwortung für das eigene Schaffen.*

In diesen Schritten wird das grundlegende Prinzip der emanzipatorischen Ethik deutlich, auf das sich die New-Age-Strategien durchgehend stützen. Die Verantwortung wird auf keinen Guru, keinen Gott und keinen Führer abgeschoben. Das bedeutet, daß man sich in keine süchtige Abhängigkeit von äußeren Autoritäten steigert. Das wiederum hat eine wichtige Konsequenz für unsere Entwicklung: Weder infantile Hoffnung auf die Gnade der Autorität noch Furcht vor deren Ungnade vernebeln die Wahrnehmung der Situation. Allerdings muß man die wohlwollende Hilfe eines mächtigen Wesens, sei es ein Lehrer oder ein Gott, nicht grundsätzlich ablehnen, wenn man sich auf das eigene emanzipatorische Streben verläßt und Zuflucht bei eigenen Kompetenzen sucht. Das eine schließt das andere nicht aus. Eine solche Hilfe bietet bessere Aussichten, im eigenen Machtbereich das mögliche zu bewirken.

Alle drei: *Sīla,* die zuverlässige subjektive Ausgangslage, *Saddhā,* die Zuversicht, wie auch das zur Verwirklichung des Glücks führende Vorgehen gemäß *Paññā* werden durch das grundlegende Prinzip der Eigenverantwortung gesichert. So wird man zum souveränen Meister im eigenen psychischen Haushalt.

Vorstehend habe ich in wenigen Sätzen das wichtigste einer Aussage zusammengefaßt, die nun einer ausführlicheren Erklärung bedarf. Eine erkenntnistheoretische und sozialpsychologische Analyse der Wechselwirkungen zwischen den Tatsachen der Innenwelt und der Außenwelt, worauf sich die Ökologie der psychischen Haushaltung stützt, habe ich in einem früheren Werk über *Psychische Interaktion, intrapsychische Struktur und individuelles Wertsystem* (Bern 1975) durchgeführt. Eine Bestätigung und Vertiefung des Verstehens von Prozessen, durch die wir unsere Welt gestalten, gewann ich in Gesprächen mit Gregory Bateson, auf dessen Bücher *Die Ökologie des Geistes* (Frankfurt 1981) und *Natur und Geist* (Frankfurt 1982) ich den mehr theoretisch interessierten Leser verweise. Mit der Absicht, Sie anzuregen, sich ein eigenes Bild zu schaffen, will ich nun im folgenden vor allem durch Gleichnisse und metaphorische Betrachtungen einige Entsprechungen zwischen den äußeren und inneren Systemen der Ökologie und Ökonomie aufzeigen. Ziehen Sie daraus selber die praktischen Schlüsse für Ihren Alltag, ähnlich wie Sie es bei der Überprüfung Ihrer materiellen und geistigen Investitionen am Schluß des zweiten Kapitels getan haben.

Jedes Kind verinnerlicht im Laufe der Menschwerdung die Kultur, in die es hineingeboren wurde. Die Kultur unterscheidet sich je nach Nation, sozialer Schicht usw. Überall gilt aber, daß sie die Innenwelt prägt, indem sie Rollen, Verhaltensweisen, Ansichten und Strukturen vermittelt, die im Lebensraum des Kindes, in seinem Zuhause, vorhanden sind. Wie harmonisch und gesund dieses primäre Ökosystem des Kindes ist, so harmonisch und gesund werden die grundlegenden Strukturen seines inneren Haushalts. Man merkt hier übrigens, wie nahe die Bedeutungen von »Zuhause«, »Haushalt« und »Ökosystem« einander stehen. Das in der Sprache gespeicherte Wissen enthält diese Bedeutungszusammenhänge: das griechische Wort *oikos* bezeichnete ursprünglich die Wohnstätte, das Haus, die Umwelt, in der man lebt. Die lateinische Weiterentwicklung brachte der *oeconomia* die Bedeutung der sparsamen Einteilung und Verwaltung, die schon im *oikonomos*, dem griechischen Wort für Hausverwalter, angelegt war.

Mit dem Erlernen der Sprache erwirbt jedes Kind auch das vielfältige, in der Sprache enthaltene Wissen: Dieses Wissen teilt die einheitliche Welt des Kleinkindes in die einzelnen Fakten des *Papañca* (Lebensvielfalt) auf. Die Weltzusammenhänge sind nur durch die Struktur der Sprache bestimmt. Wenn alles gutgeht, erlernt das Kind später auch den Umgang mit den einzelnen Dingen, es gewinnt also das Know-how. Ein Heranwachsender verinnerlicht dann auch die ökonomischen Fertigkeiten und das ökologische Wissen anderer Mitglieder des gemeinsamen Haushalts. Je nach Kulturzugehörigkeit, individueller Begabung und Entwicklungsstand sind jedem Menschen die verschiedenen Arten des Wissens in unterschiedlichem Ausmaß zugänglich, und daher wendet er sie – zumeist unreflektiert – wieder an, um sein äußeres und inneres Ökosystem entsprechend weiterzugestalten. Nur selten kommt es vor, daß ein Mensch sich zur Einsicht in die Zusammenhänge dieses Kreislaufs durchringt und lernt, die unreflektierte unaufhörliche Wiederholung zu verstehen. Selten gelingt es jemandem, das Leiden zu erkennen, das durch Wiederholung von Unvorteilhaftem verursacht wird. Sobald aber jemand den Leidenskreislauf[4] durchschaut hat, werden ihm auch die Ursachen der leidbringenden Störungen sichtbar. Dann ist er nicht mehr weit davon entfernt, mögliche Auswege zu finden. Er verläßt das leidbehaftete Haus und fügt sich in die Hauslosigkeit des kosmischen Ökosystems ein. Wer sich auch von jeglichem kosmischen Begehren emanzipiert, wer über jede Anhänglichkeit erwachsen wird, der verwirklicht den emanzipatorischen Pfad und ist im Leidlosen beheimatet.

Die Einsicht in das Leiden und der Wunsch nach Leidensfreiheit genügen jedoch nicht für die Emanzipation. Ohne das technische Know-how konkreter Strategien ist keine Befreiung möglich. Und selbstverständlich muß man auch wissen, wovon es sich zu emanzipieren gilt, damit man den Befreiungspfad mit der richtigen Strategie begehen kann. Die emanzipatorische Weisheit hat also zwei Dimensionen, die über das gewöhnliche Wissen hinausgehen: einmal die Frei-

---

4 *Samsāra*, die Vielfalt der Wandelwelt, die in Gleichnissen oft mit einem Haus verglichen wird, das in Brand steht.

heit als ethischen Wert und zum zweiten die Befreiung als Richtschnur des Handelns. Solche befreiende, ganzheitliche Weisheit kommt, wie schon gesagt, sehr selten vor. Als *Paññā* finden wir sie im Abhidhamma präzise ausgearbeitet. Das emanzipatorische Paradigma des Abhidhamma besteht aus *Vier Edlen Wahrheiten*, die nur ungetrennt voneinander die höchste Weisheit darstellen:

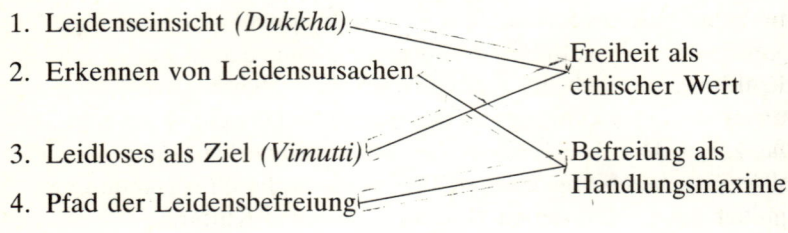

1. Leidenseinsicht *(Dukkha)*
2. Erkennen von Leidensursachen

   Freiheit als ethischer Wert

3. Leidloses als Ziel *(Vimutti)*
4. Pfad der Leidensbefreiung

   Befreiung als Handlungsmaxime

Diagramm 3

Bei unserer Suche nach Ursachen des Leidens haben wir im vorigen Kapitel als Wurzeln des Bösen die Gier, den Haß und die Verblendung erkannt. In den vorliegenden Betrachtungen ringen wir um Weisheit, *Paññā,* die uns eine umfassendere Sicht erlaubt und dadurch die Verblendung auflöst. Wir sehen, daß zwei grundsätzliche Entdeckungen wichtig sind: erstens in dem Kreislauf eine Stelle zu finden, an der es uns möglich wird, Änderungen vorzunehmen, und zweitens, eine Methode zur Erkennung der Leidensursachen und zum Ersatz des Leidbringenden durch ein Heilvolles zu entwickeln. Dies wird durch die *Technik des Weisen Auffassens* oder des *Weisen Erwägens* verwirklicht, die als Handlungsträger von *Paññā* gilt und die Grundlage aller Dhamma-Strategien darstellt.

Eine weise, umfassende Sicht der *Paññā* wird nicht aus Wissensbrocken einzelner Informationen und Erfahrungen abgeleitet, sie beruht vielmehr auf einem ganzheitlichen Erkennen von Wechselwirkungen und Zusammenhängen, die in einer mehrdimensionalen Wissensmatrize zusammengefügt sind. Auch die vorher erwähnten *Vier Edlen Wahrheiten* sind eine unteilbare Wissensmatrize. Wenn also Leiden und dessen Ursachen als ein bedingt entstehender Leidenskreislauf erfaßt werden, sind nicht nur die ersten zwei Wahrheiten gemeint; die dritte Wahrheit der Möglichkeit zur Emanzipation und die vierte Wahrheit der Strategie des Auswegs sind in diesem grundlegenden Paradigma des Abhidhamma ebenfalls enthalten.

Die Stelle, an der es jedem Menschen in jeder Situation möglich ist, den Kreislauf der steten Wiederholung des Leidhaften anzuhalten und den Keim des Glückbringenden zu wecken, liegt im inneren Haushalt. Dort kann die Strategie ansetzen, falls wir fähig sind, den Freiraum dafür zu schaffen. Dann können wir die leidbringenden Bedingtheiten überwinden. Genauer gesagt: Wir können aus dem Kreislauf ausbrechen, indem wir die automatisch ablaufenden, unheilvollen Programme der Wahrnehmung und Handlung merken, stoppen und durch solche ersetzen, die wirklichkeitsgerecht und heilbringend sind. Eine Wahrnehmung ist um so wirklichkeitsnäher, je freier sie von Entstellungen durch Gier oder Haß ist, und je mehr Klarblick sie ermöglicht. Als heilbringend gelten Handlungen, die unverblendet sind und durch gierlose *Freigebigkeit* und haßlose *Solidarität* zur Harmonisierung aller Ökosysteme beitragen. Damit sind die Grundsätze des weisen Vorgehens einer emanzipatorischen, glückbringenden Lebensgestaltung klar umrissen. Es ergibt sich daraus die konkrete Aufgabe, Strategien der Solidarität, der Freigebigkeit und des Klarblicks zu entwickeln.

In einem Satz: Praktisch geht es darum, im inneren Haushalt aufzuräumen und die vorhandenen Werkzeuge weiterzuentwickeln, damit man sich wie ein weiser Oikonomos in einem immer weiteren Bereich der äußeren Umgebung zu Hause fühlen kann.

Matrizen des Wissens

Eine Matrix faßt etwas auf, sie umfaßt es, sie nimmt es auf wie ein Gefäß seinen Inhalt. In der Matrix ist die Grundform enthalten, die weiter entfaltet werden kann. Als Beispiele für Matrizen, die Unfertiges fassen, um daraus Vollkommenes entstehen zu lassen, können die Gußform oder die Gebärmutter gelten. Im Keim ist die Hülle mit Chromosomen enthalten, die Matrix, die bestimmt, wie das fertige Tier oder die vollkommene Pflanze aussehen soll. Der Abhidhamma-Terminus für Matrix ist *Yoni,* das heißt in Pali Schoß, Ursprung und Grund. *Yoni* ist der Ursprung, aus dem etwas Differenziertes, etwas Entfaltetes, wird. Sie ist eine Matrix, die im Keim einen Grund legt; sie ist also grund-legend für die vollkommene Entfaltung. Das Eigenschaftswort *Yoniso,* das wir noch oft gebrauchen werden, heißt »mittels Schoß«, »gründlich«, »wirklichkeitsbezogen« und »weise, weil die Gesamtheit der Bedingungen berücksichtigend«. *Ayoniso* heißt dann im Gegenteil »wirklichkeitsfremd«, »falsch« und »unweise«. Die *Yoni* wie auch die *Ayoni* sind Bezugspunkte aller Bewußtseinszustände und Matrizen allen richtigen oder falschen Wissens. Sie ahnen wohl, lieber Leser, liebe Leserin, wie wichtig es für die wirksame Veränderung des Bewußtseins und für die Entfaltung der Weisheit ist, mit den *Yoni* richtig umzugehen. *Yoni* sind Matrizen des zur Weisheit führenden Wissens. Umgangssprachliche Begriffe sind auch Matrizen des Wissens. Diese Begriffe können präzisiert werden, indem sie in das technische Vokabular von Wissenschaften und wissenschaftlich fundierten Disziplinen eingeordnet werden. Sie finden ihren Platz innerhalb klar umrissener Systeme und gewinnen dadurch an Eindeutigkeit. Das heißt, sie werden durch den einzelnen, einmaligen Bezug nur rationell definiert. Die Wirklichkeit ist aber nicht in diesem Sinne eindeutig, weil die Tatsachen nicht nur in rationellen Beziehungen zueinander stehen. Je eindeutiger Begriffe werden, um so weniger geben sie die Lebensvielfalt wieder. Ihre Gültigkeit wird also eingeschränkt. Vor allem solche Wissenschaften, die sich mit der Innenwelt und mit Vorgängen in Lebewesen befassen, müssen sich damit abfinden und zugeben, daß ihre Begriffe nur einen gewissen Grad von Validität haben. Dem versucht man in den Wissenschaften abzuhelfen, indem man große Mengen von Begriffen einführt und sie durch Unmengen von computerberechneten Daten rechtfertigt. Die nicht quantifizierbaren Zusammenhänge werden kaum berücksichtigt. Wie auch immer, Begriffe sind keine besonders guten Matrizen, um das Wissen wirklichkeitsgemäß aufzunehmen und daraus Weisheit entstehen zu lassen.

Einen wertvollen Beitrag hat die Psychoanalyse geleistet, indem sie den Geisteswissenschaften die Möglichkeit gezeigt hat, Mythen und Märchen als Matrizen des Wissens zu benützen. Dies führte dann zur allgemeinen Aufwertung von Mythen und Märchen, die vorher durch den blindwütigen Rationalismus des wissenschaftlichen Zeitalters weitgehend aus dem öffentlichen Bewußtsein ausgemerzt worden waren. Indem die Tiefenpsychologen versuchen, die Innenwelt mit Hilfe von Mythen und Märchen zu verstehen, kommen sie vor allem den Zusammenhängen der Inhaltsvielfalt näher. Sie ordnen also *Papañca*. Schwer sind jedoch Mythen zu finden, die die Vier Edlen Wahrheiten der emanzipatorischen Weisheit enthalten. Mythen und Märchen sind nützliche Werkzeuge für das Aufräumen, Ordnen und Harmonisieren des inneren Haushalts. Sie sind aber keine Matrizen der emanzipatorischen Weisheit.

Bei der Emanzipation geht es nicht nur um Inhalte des Geistes. Die Matrizen der Weisheit müssen die Strukturen und Funktionsweisen des Geistes, aber auch die Dynamik seiner Emanzipation erfassen können. Keine Wissenschaft und kein Mythos vermag mehr, als Wissen inhaltlich zu vermitteln. Erst die praktische Anwendung des Wissens durch eine Technik, durch ein methodisches Vorgehen, kann für die Lebensgestaltung etwas nützen. Solche Anwendungsmöglichkeiten fehlen den modernen Geisteswissenschaften weitgehend. Ihre Begriffe und Theorien nehmen zwar Wissen auf, entfalten es aber nicht zur Weisheit.

Psychotherapeutische Psychologien stellen insofern eine Ausnahme dar, als ihre Paradigmen als Matrizen im Sinne von *Yoni* dienen; sie verwandeln aufgefaßtes Wissen in praktisch anwendbare Handlungsanweisungen. Aber hier geht es nur um das Heilen psychisch Kranker. Zur Emanzipation dringt man nicht vor.

Eine Übersicht über die neuesten Errungenschaften auf diesem Gebiet gibt Stanislav Grof (1985) in *Geburt, Tod und Transzendenz*, einem Buch, das die meisten wichtigen Beiträge der New-Age-Wissenschaften sichtet. Grof hält Wilber für den Hauptsprecher transpersonaler Psychologie, der »eine erfolgreiche Synthese scheinbar unvereinbarer Daten aus den verschiedensten Bereichen und Disziplinen vornahm«. Er bedauert allerdings, daß Wilbers Modell nicht »einen größeren pragmatischen Wert« hat (Grof, S. 130). Bezeichnenderweise finden solche nur begrifflichen Synthesen schwer eine pragmatische Anwendung. Und von einer ethischen Orientierung an der Freiheit, die zum Beispiel in der Matrix der Vier Edlen Wahrheiten unentbehrlich ist, kann man hier gar nicht reden. Alle diese neuesten Theorien und Modelle sind deterministisch, das heißt, daß ihre Autoren fatalistisch an eine Evolution glauben und keine Notwendigkeit für die Wissensanwendung in emanzipatorischer Praxis sehen. Kurz gesagt: Tiefenpsychologisch gedeutete Mythen, transpersonale Synthesen sowie systemtheoretische Modelle ermöglichen nicht unbedingt eine Wissensverarbeitung, wie es die Matrix im Sinn des Abhidhamma tut.

Wie Sie sicher bemerkt haben, wurde in diesem Buch bisher auffallend oft das Bild des Biocomputers benützt. Es ist tatsächlich die Kybernetik, die Wissenschaft von Regelungsprozessen in intelligenten Systemen, die sich der Weisheit des Abhidhamma am meisten nähert. New Age kann allerdings den Geist genausowenig auf einen Computer reduzieren, wie ihn die bisherige Wissenschaft in ein Hologramm oder ein Uhrwerk bannen konnte. Tatsächlich wird sich sowohl die Sprache der Mythen wie auch die Kybernetik als unzulänglich erweisen, wenn wir in unserem Verstehen der emanzipatorischen Strategie vorankommen. Wir werden dann auch die Metapher des Biocomputers hinter uns lassen müssen und uns vermehrt auf die Matrizen des Abhidhamma einstimmen, die unter den Benennungen *Saddhā, Sīla, Paññā* usw. geschildert und als konkrete Vorgehensweisen dargestellt werden. Wir wollen uns darin üben, das Erleben und Handeln mit Hilfe von emanzipatorischen Matrizen umzugestalten.

Bedingte Entstehung

Wenden wir uns nun einer konkreten Matrix der emanzipatorischen Weisheit zu. Sie heißt in der Abhidhamma-Terminologie *Paticca-Samuppāda* (Bedingte Entstehung). Es ist eine Matrix, die uns ermöglicht, den Leidenskreislauf analytisch zu erfassen und im Kontext des Paradigmas der Vier Edlen Wahrheiten als etwas anzusehen, das überwunden werden kann. *Paticca-Samuppāda* ist ein zirkuläres Paradigma, das zwölf Entstehungsglieder umfaßt, die wir aus didaktischen Gründen zunächst nicht alle berücksichtigen werden. Wir werden nur die Relativität jener Glieder analysieren, die für das Schaffen von Freiraum, für das Treffen emanzipatorischer Entscheidungen und für den Ausweg aus dem Kreislauf am wichtigsten sind. In ihrer Vollkommenheit kann die Matrix der Bedingten Entstehung sowieso nur in sehr fortgeschrittener Meditation durchdrungen werden. Das setzt in der Regel ein eingehendes Studium des Abhidhamma voraus. Meditatives Durchdringen und restloses Erkennen bedeuten an sich auch schon ein Transzendieren, das ein Loslassen des Ganzen ermöglicht. Wenn die Weisheit den Kreislauf Bedingter Entstehung durchdringt und die emanzipatorische Neigung auf das Unbedingte, auf das Leidlose zielt, dann ist auch jede beliebige Wahl möglich. Der emanzipierte Wille ist frei; er geht über die Bedingte Entstehung hinaus.

Jede Situation, in der ich mich befinde, ist zum Teil durch mein vorheriges Tun bedingt. Auch die Teile der Situation, die ich selber nicht bewirkt habe, nehmen in meiner Wahrnehmung eine Gestalt ein, die durch meine vorherigen Tätigkeiten und Wahrnehmungen bedingt ist. Ich wähle sozusagen, wie ich die Situation auffasse, welche Situationen ich schaffe und in welche Situationen ich mich begebe. Dies ist eine ausführlichere Erklärung der früher erwähnten Einsicht, daß ich der Schöpfer meiner Welt bin. Hieraus ist auch ersichtlich, wie wichtig die Wahl ist, welche Wahrnehmungsgewohnheiten ich pflege, aus welchen Matrizen sich meine Lebensgestaltung zusammensetzt. Durch achtsames Handeln, Stoppen und Innehalten kann ich zwar unheilvollen Entwicklungen vorbeugen oder bereits eingeleitete unterbrechen. Um glückbringend Heilvolles in die Wege zu leiten, muß ich jedoch mehr können: jede Situation mittels einer emanzipatorischen Matrix weise auffassen und die vorhandenen Kräfte auf die Entfaltung des Wohls richten (siehe *Diagramm 15* auf Seiten 334/335). Die Energie oder der »Stoff«, aus dem die Lebenssituationen geschaffen werden, ist vorhanden, aber der Zusammenhang oder die »Form«, in die sie gefaßt werden, können gewählt werden. Der Zusammenhang wird durch die Matrix *(Yoni)* geordnet. Die Technik des Wählens und Einsetzens einer bestimmten *Yoni, Yoniso Manasikāra* oder *Weises Auffassen* genannt, ist die Grundlage aller emanzipatorischer Strategien. Sie wird am Schluß dieses Kapitels vorgestellt.

Die Art meines Kontaktes mit der Außenwelt ist bedingt durch die jeweilige Matrix meiner Innenwelt. Dort befindet sich *Yoni,* die Brutstätte meines Glücks und Unglücks. Mit anderen Worten: Ob sich meine Begegnungen mit der Welt zum Wohl oder Wehe entwikkeln, hängt davon ab, was durch die Matrix gefaßt wird, was in ihr wächst. Noch anders ausgedrückt: Gemäß Abhidhamma kann gewählt werden, was sich in *Yoni* entfaltet *(Bhava)* und was für eine Schöpfung daraus durch Geburt *(Jāti)* zu einem von der Außenwelt getrennten Wesen wird. *Diagramm 4* (Seite 81) veranschaulicht die soeben beschriebenen Bedingtheiten[5].

Es ist aus dem Diagramm ersichtlich, daß ein geläutertes Erleben, ein volles Gefühlsleben, das von Gier, Haß und Verblendung nicht geschmälert wird, zum wirklichkeitsgemäßen Wandel der Emanzipation *(Vimutti)* führt. Jeder intelligente Mensch kann sein Erleben dahin kultivieren, daß er aus den Wiederholungen des Leidenskreises aussteigt. Was *Vedanā,* das volle Gefühlsleben, bedeutet, werden wir im nächsten Kapitel ausführlicher erläutern. Vorerst beschäftigen wir uns nur mit der Matrix, die den Wiederholungsmechanismus eines durch Gier usw. bewirkten Leidenserlebens erfaßt und in Komponenten zerlegt. Als Ganzes ist das Leidenserleben überwältigend. Wenn es aber in Teile zergliedert wird, kann man die Leidensursachen besser beseitigen. Am wichtigsten ist dabei, die Berührungsorte

---

5 Diese Darstellung vereinfacht den Sachverhalt in zweierlei Hinsicht:
1. Wenn wir sagen, daß eine Matrix die Zusammenhänge der Welt ordnet, dann heißt es, daß sie die erlebnismäßigen Wirklichkeiten oder die kognitiven Entsprechungen *(Nāma)* der Welt strukturiert. Es werden also keine körperlichen Dinge *(Rūpa)* ordnend behandelt. So bedeuten zum Beispiel auch die äußeren *Āyatana* keine »Dinge an sich dort draußen«, sondern vielmehr das jeweilige Erlebnis des Wahrnehmungsobjekts. Dementsprechend bezeichnet das innere *Āyatana* die subjektive Aufnahme der Sinnenwahrnehmung (also Software) und nicht etwa das fleischliche Sinnenorgan (Hardware) – vgl. hierzu *Diagramm 1* auf Seite 30.
2. Für die an dieser Stelle vermittelten Erklärungen genügt eine vereinfachte Matrix von *Paticca-Samuppāda,* die vollständige Matrix vom Leidenskreislauf gibt das *Diagramm 5* auf Seite 85.

herauszufinden. Hier sind die Stellen, an denen man dem Leiden zu Leibe rücken kann. Wie der Kontakt zwischen Außen- und Innenwelt funktioniert (Stellen 2, 3, 4 des *Diagramms 4*,) wurde in den *Diagrammen 1* und *2* auf den Seiten 30 und 31 im einzelnen dargestellt. Der Ablauf an den Stellen 5, 6, 7, 1 und 2 ist weitgehend festgelegt, und eine Analyse wäre für unsere Auseinandersetzung mit den emanzipatorischen Strategien kaum von Bedeutung. Interessant für uns ist der Übergang zwischen 2 und 3 und insbesondere der zwischen 4 und 5, da wir nur dort auf den Bewußtseinsprozeß Einfluß nehmen können (siehe *Diagramm 6* auf Seite 91).

Betrachten wir nun anhand von Beispielen, wie die im *Diagramm 4* veranschaulichte emanzipatorische Matrix in konkreten Situationen angewendet wird. Das folgende ist die Schilderung einer jungen Frau, die, ohne über das Paradigma der Bedingten Entstehung etwas zu wissen, selber gewisse Wiederholungen im eigenen Erleben entdeckt, durchschaut und abgelegt hat (in Klammern sind Stellennummern des *Diagramms 4* angegeben):

»Immer, wenn ich mich mit einem Mann über das übliche normale, oberflächliche Zusammentreffen hinaus emotionell und gesellschaftlich tiefer eingelassen habe (3), zeigten sich unsere Erwartungen (6) bald als unvereinbar, was zu Leiden (1) führte. Daher versuchte ich als Lösung, mich überhaupt nicht mehr zu engagieren (2) oder nur noch oberflächliche Kontakte (3) zuzulassen, wenn ich es alleine nicht aushalten konnte (1)... Dann lernte ich einen netten Menschen kennen, und es schien, daß wir zusammen den richtigen Stil für unsere Beziehung gefunden hatten. Wir konnten über alles diskutieren, dennoch mußte ich schließlich wieder Ähnliches erleben (4). Obwohl wir beide Art und Ausmaß unserer Wünsche und unseres Begehrens (5) dargelegt, die gegenseitigen Erwartungen (6) offen diskutiert (7) und klare Abmachungen getroffen hatten, kam es doch immer wieder zum Konflikt (1). Offensichtlich hatten wir beide aus uneingestandenen Motiven (5) Erwartungen (6) gehegt und einander zu manipulieren versucht (7). In heftigem Streit versuchten wir dann, einander zu Veränderungen zu zwingen, doch wurde unsere Beziehung dadurch nur zerstört. Lange Monate habe ich unter dem Verlust dieses Menschen (6) gelitten. Seit mehr als einem Jahr versuche ich jetzt, mir über die Ursachen und Zusammenhänge Klarheit zu verschaffen. Ich will keine Wiederholung.«

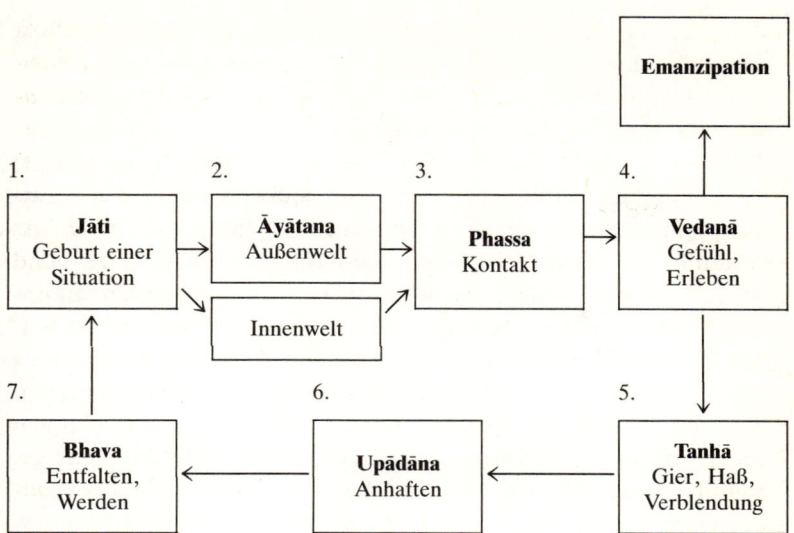

Diagramm 4: Leidenskreislauf

Es ist beeindruckend, wie klar die Autorin dieser Schilderung schon einige der wichtigsten Zusammenhänge sprachlich ausdrücken kann und wie nahe sie dem Paradigma der Bedingten Entstehung kommt. (Aus räumlichen Gründen wurde ihre Schilderung etwas gerafft, so wurde die Beschreibung des Konfliktstoffs und der Abenteuer in den oberflächlichen Beziehungen fortgelassen, nicht zuletzt, um die beteiligten Personen vor der Möglichkeit einer Identifikation auf Grund zu genauer Details zu schützen.) Die Autorin steht heute in einer ganz anderen Lebenssituation und würde die Schilderung anders verfassen, doch ist sie mit der Veröffentlichung und den Kürzungen einverstanden. Dafür gebührt ihr Dank.

Eine andere Frau, die sich seit einigen Jahren in den emanzipatorischen Strategien übt, hat freundlicherweise auch ihr Einverständnis gegeben, die folgende Schilderung abzudrucken, der eine bewußte Anwendung der Matrix der Bedingten Entstehung zugrunde liegt. Das Thema gleicht dem in der vorherigen Schilderung. Versuchen Sie nun, liebe Leserin, lieber Leser, die Stellen selber zu identifizieren:

»Ein Freund, zu dem ich eine tiefe, emotionelle Liebe empfand, hatte sich Schritt um Schritt unserer Beziehung entzogen, ohne mich je wissen zu lassen, welches seine Motive waren. Es hat zwei

Jahre gedauert, bis ich von meiner enttäuschten Liebe zu ihm vollkommen lassen konnte. In dieser Zeit habe ich darauf geachtet, das offene Gespräch über meine Gefühle und Erwartungen in all meinen Beziehungen zu pflegen und habe gelernt, auch die Oberflächlichkeit einer Beziehung zu bejahen, wenn trotz gegenseitiger Anziehung die Offenheit fehlte. Trotzdem ist es mir nicht gelungen, eine harmonische, gleichwertige Partnerschaft zu einem Mann herzustellen. Zuletzt war ich mit einem Mann befreundet, an den ich mich – selbst nach einem Jahr intensiver Beziehung – nicht habe binden wollen. Der Wunsch nach einer ehelichen Verbindung war wohl bei uns beiden vorhanden und auch gegenseitig eingestanden, mein Gefühlsleben blieb aber seltsam unberührt. Das hat mich selber erstaunt, doch habe ich es meinem Freund nicht verschwiegen. Der Zufall wollte es, daß seine Wohnung gekündigt wurde. Es drängte sich auf, daß er vorübergehend bei mir einziehen würde. Es war mir sehr wichtig, darauf zu bestehen, daß er sich eine neue Wohnung suchte, denn ich wollte weiterhin allein wohnen. Mein Freund konnte dann auch bald einen neuen Mietvertrag abschließen, merkte aber, daß es ihn keineswegs in die neue Wohnung zog.

In dieser Situation wurde sein vordergründiges Gefühl der Zuneigung und meines der Abneigung überdeutlich, und eine weitere Beziehung war unerträglich und unmöglich. Wir haben uns unter großem Leiden voneinander getrennt. Trotz meiner Offenheit haben sich bei ihm offensichtlich Hoffnungen eingeschlichen, daß sich mein Sinn ändern würde. Und ich habe aus meiner Bindungshemmung zu spät die Konsequenzen gezogen. Wahrscheinlich hat mir seine Zuneigung gut getan. Wenn ich dies nun auf Grund der *Bedingten Entstehung* überdenke (ich habe vor mir das Diagramm), kann ich feststellen, daß trotz seiner positiven und meiner negativen Gefühle, die unvereinbar waren, unsere Beziehung bestehen konnte, solange ich ihr ein Konzept, einen Sinn aufstülpen konnte (Verblendung), und er einfach danach verlangte (Gier). Die Bloßstellung unserer Gefühlslage bewirkte die Auflösung unserer Bindung, was einem wirklichkeitsgemäßen Wandel entsprach.«

Die Schilderungen weisen viele Gemeinsamkeiten auf und wurden aus diesem Grund gewählt. Beide Autorinnen gingen danach durch ein ähnliches Suchen nach Auswegen: politische Arbeit, Engagement in der feministischen Bewegung, Teilnahme an gruppendynamischen Veranstaltungen und Meditation. Keine von beiden ist im psychologischen oder sozialen Bereich beruflich tätig. Ich bin überzeugt, daß die Schilderungen auch von Männern hätten stammen können, obwohl es wahrscheinlich für die meisten Männer unseres Kulturkreises ungewöhnlich wäre, auf solche Weise über zwischenmenschliche Beziehungen zu reflektieren.

(Fraglich bleibt hingegen, ob beispielsweise Psychologen, Psychiater, Seelsorger und Sozialarbeiter, trotz ihrer beruflichen Deformation so lebensnah und weise über ihre Beziehungen nachdenken könnten, ohne ihre Partner zu »psychoanalysieren« und mit »Diagnosen« abzustempeln.) Die Erfahrung lehrt allerdings, daß es nichts bringt, wenn man Menschenkenntnis auf Kategorien wie Geschlechts-, Berufs-, Sozial-, Rassen- oder Generationszugehörigkeit aufzubauen versucht.

Die bisherigen Erläuterungen sollten nicht den Eindruck erwecken, daß die Matrix der Bedingten Entstehung nur auf Prozesse und Strukturen im zwischenmenschlichen Bereich anwendbar sei. Alle Situationen entstehen in Abhängigkeit von mehreren Bedingungen und können daher verändert werden. Alle Beziehungen, nicht nur solche zu Menschen, sondern auch Beziehungen zu Dingen der Außenwelt und Einstellungen innerweltlichen Realitäten gegenüber entstehen bedingt. Alle Beziehungen, Einstellungen und Situationen können uns in einem Leidenskreislauf gefangen halten, wenn wir sie unweise auffassen *(Ayoniso Manasikāra).* Hingegen kann jede Situation auch als Sprungbrett zur Empanzipation dienen, wenn wir sie weise betrachten. Also *nicht die Menschen, Dinge und Situationen, mit denen wir uns einlassen, sind verantwortlich, ob wir leiden oder auf dem Wege der Emanzipation vorankommen. Verantwortlich dafür ist vielmehr die Art, wie wir mit ihnen umgehen, wie wir sie auffassen.* Für das methodische Einüben von *Yoniso Manasikāra* (Weises Auffassen) sind allerdings bestimmte Dinge und Geistesobjekte vorteilhaft, wie wir später im Zusammenhang mit den konkreten Strategien sehen werden. Die emanzipatorischen Strategien werden nicht auf einmal erlernt. Auch dem Weisen Auffassen nähern wir uns stufenweise mit jeder neuen Einsicht, bis schließlich unsere Matrix des Wissens zu einer wirklichkeitsentsprechenden *Yoni* wird. Dasselbe gilt auch für die Aneignung der Matrix der Bedingten Entstehung. In Abhidhamma-Büchern werden über hundert Variationen der Matrix der Bedingten Entstehung beschrieben, die alle *Yoniso,* also wirklichkeitsgemäß sind. Im folgenden *Diagramm 5* ist die Urmatrix dargestellt, die alle möglichen Leidenskreise erfaßt.

Bevor ich zu Beispielen komme, wie einige meiner Klienten und Studenten stufenweise die Matrix der Bedingten Entstehung entdeckten, sind einige Erklärungen über den Stellenwert von *Karma* erforderlich. Wie aus dem *Diagramm 5* ersichtlich, unterscheidet man zwischen Ursachen und Wirkungen des Karma.

Karma-Ursache (Kamma) ist der aktiv ausgeführte Wille, die absichtliche Handlung, das gezielte Sprechen und das willentliche Denken und Planen – also alles, worüber wir entscheiden können, ob wir es unterlassen oder ausführen wollen. Im Hier und Jetzt sind es nur die drei Stellen 8, 9, 10 innerhalb des Kreises der Bedingten Entstehung: 8 = das Begehren, das sich als Gier und Haß auf der emotionellen Ebene auswirkt und auf der Erkenntnisebene Verblendung bewirkt; 9 = das Anhaften, das in Erwartungen, Festhalten an Ansichten und in süchtiger Sinnlichkeit besteht, also Anhaften an Programmen, die durch Gier, Haß und Verblendung begründet sind und, wenn ausgeführt, zum Leiden führen; 10 = das Werden, Vorbereiten und Entwickeln von Programmen, die die Wiedergeburt einer Situation oder eines Bewußtseins bewirken. Begehren und Anhaften sind immer karmisch unheilvoll, weil sie zum Leiden führen, Frustrationen und Enttäuschungen entstehen lassen und damit das Erleben einengen. Das Werden hingegen kann entweder Unangenehmes hervorbringen oder aber Angenehmes, wenn es zum Beispiel ein meditatives Entfalten *(Bhāvanā)* von Bewußtsein oder ein Gestalten und Kultivieren von emanzipatorischen Programmen ist. Dann ist allerdings das Werden nicht durch Begehren bedingt.[6]

Die *Wirkungen (Vipāka)* von Karma sind Folgen der früheren Absichten, des Begehrens, Anhaftens und Werdens. Die Wirkungen sind Ergebnisse, an denen nichts mehr verändert werden kann. Eine solche Wirkung ist ein unangenehmes Erleben *(Vedanā)*, wenn die Karma-Ursache gier- oder haßbehaftet *(Akusala)* war. Gierlose und haßlose Absichten haben Wirkungen zur Folge, die entweder neutral oder angenehm sind. *Die Wirkungen sind Früchte der Karma-Ursachen,* die als Formationen *(Sankhāra)* des Körpers und des Geistes und als Verblendung und Ignoranz *(Avijjā)* sich, aus der Vergangenheit kommend, fortsetzen.

Man kann die Vergangenheit nicht verändern, denn Vergangenheit ist vergangen. So banal dies auch klingen mag, die meisten So-

---

6 Bei meditativer Schulung der Willenskraft *(Viriya)* wird das Erleben durch die Achtsamkeit *(Sati)* vor den leidbringenden Einflüssen des Begehrens (Gier, Haß) geschützt, wodurch dann ein Werden des Glücklichseins ermöglicht wird. Dies ist auf Seiten 287ff. ausführlicher erklärt.

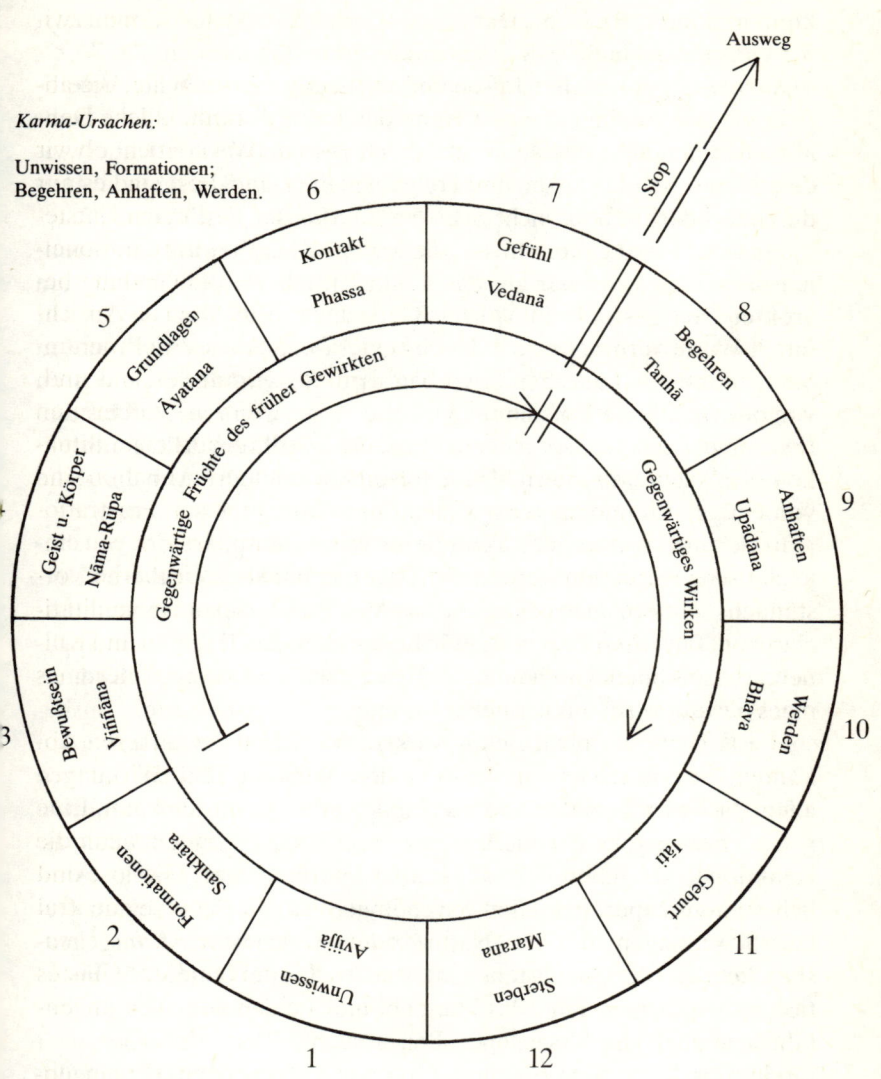

Karma-Ursachen:

Unwissen, Formationen;
Begehren, Anhaften, Werden.

Ausweg

Stop

6   Kontakt   7   Gefühl
Phassa   Vedanā

5   Grundlagen   8   Begehren
Āyatana   Tanhā

Geist u. Körper   Anhaften   9
Nāma-Rūpa   Upādāna

Gegenwärtige Früchte des früher Gewirkten

Gegenwärtiges Wirken

3   Bewußtsein   Werden   10
Viññāna   Bhava

Formationen   Geburt   11
Sankhāra   Jāti

2   Unwissen   Sterben
Avijjā   Marana

1   12

Diagramm 5: Urmatrix der Bedingten Entstehung

85

zial- und Geisteswissenschaftler, Psychiater und Erzieher zeigen durch ihr Handeln, daß sie diese simple Wahrheit nie begriffen haben. Auch die Zukunft können wir nicht verändern, denn die Zukunft existiert noch nicht. Das einzige, was wir verändern können, ist die Gegenwart, in der wir Bedingungen schaffen können, die Wohlsein und Glück entstehen lassen und solche Karma-Ursachen beseitigen, die zur Bedingten Entstehung des Leidens führen. Das heißt also: Verblendung und Ignoranz durch *Paññā* (Weisheit) überwinden; Gier durch Loslassen und Freigebigkeit (*Dāna*) beseitigen; Haß durch Solidarität und Nicht-Schädigen *(Ahimsa)* auflösen.

Einsichten und Erkenntnisse, die wir im Alltagsbewußtsein gewinnen, beziehen sich zwar auf das direkt Erlebte, bestehen aber zum größten Teil aus dem in Worten Gedachten. Ein Wissen, das nur durch Worte vermittelt wird, bewirkt viel weniger als Wissen, das in Verbindung mit Tatsachen erworben wird. So wird auch das Wissen von der Bedingten Entstehung viel effektiver, wenn Sie, liebe Leserin, lieber Leser, entsprechende Tatsachen in Ihrem Alltag aufdecken. Vielleicht ermuntern Sie die folgenden Schilderungen dazu, die von einigen Freunden, Analysanden und Studenten stammen.

In der nichtwertenden, akzeptierenden Atmosphäre der psychoanalytischen Situation werden nicht nur Erlebnisse aus früheren Umständen, sondern auch gegenwärtige Auseinandersetzungen mit psychischen Tatsachen beachtet. Wir finden es in der Regel nicht angenehm, in uns hineinzuschauen, wenn wir dabei feststellen, daß uns einiges bewußt wird, das wir lieber für immer vergessen hätten – insbesondere, wenn wir nicht richtig wissen, wie wir damit fertigwerden können. So tritt auch beim Analysanden zuerst die Tendenz auf, vor allem die beschämenden und als peinlich erlebten eigenen Handlungen als notwendige Erwiderungen zu rechtfertigen, indem er sie als Reaktionen auf äußere Stimuli (Reize) deterministisch auslegt. Ähnlich wie die experimentellen Psychologen ist er bereit, seinen Gemütsbewegungen, die als »Natur« oder »Organismus«[7] vergegenständlicht werden, höchstens eine statistisch intervenierende Funktion zuzusprechen. Für alles Handeln und Leiden wie auch für das Glück werden die Ursachen außen gesucht. Wenn der Therapeut (anders als die meisten Eltern, Lehrer und Vorgesetzten) die Schuldgefühle des Analysanden nicht ausnützt, um ihn zu irgend etwas zu bewegen, schwindet die Angst, bei sich selber die Bedingungen für das Entstehen des Leidens zu suchen. Mit wachsendem Vertrauen

---

7 S-R (Stimulus-Reaktion) und S-O-R (O für Organismus) sind Paradigmen der behavioristischen Psychologie.

zum therapeutischen Vorgehen und zu den eigenen emanzipatorischen Tendenzen (das kritisch überprüfende Vertrauen *Saddhā* hat auch in der Psychotherapie eine wichtige Steuerfunktion), kommt es in den Auseinandersetzungen zu einem Paradigmenwechsel, das heißt, es werden andere Maßstäbe genommen.

Sobald ein Mensch merkt, daß sowohl äußere als auch innere Grundlagen *(Āyatana –* 5. Stelle im *Diagramm 5)* als Bedingungen für das Entstehen eines Bewußtseinseindrucks *(Phassa)* erforderlich sind und sein negatives Gefühl *(Vedanā)* nicht in haßvolles Verlangen *(Tanhā)* nach Zerstörung der Grundlagen des Leidens umschlagen muß, ist er kein Patient mehr. Ein Mensch, der diese Unterscheidung treffen kann, hat einen großen Teil der Verblendung *(Avijjā)* aufgelöst. Nun ist es ihm möglich, anstelle von Erlebnissen, wie:»Die Unzuverlässigkeit dieses Medikaments macht mich verrückt. Weg damit!« oder:»Wenn ich auch noch dieses Gerät habe, bin ich in meinem Haushalt ganz zufrieden!« ähnliche Situationen differenzierter zu erleben:»Die Wirkung des Medikaments entspricht nicht meiner Erwartung. Die gewünschte Linderung kommt nur unter gewissen Umständen zustande.« Oder:»Mein Suchen nach Zufriedenheit im Haushalt steigert mein Begehren nach immer mehr Geräten.«

Man merkt also, daß innere Grundlagen *(Āyatana),* die aus Erwartungen, Vorurteilen und Ansichten bestehen, den Kontakt *(Phassa)* mitbedingen und dadurch auch das Gefühlsleben *(Vedanā).* Später merkt man vielleicht, daß das Verlangen *(Tanhā)* nach Angenehmem zu Anhaften *(Upādāna)* usw. führt, wie es die beiden vorher zitierten Berichte der jungen Frauen deutlich werden ließen. Dann merkt man, daß durch Anhaften ein fortsetzendes Werden *(Bhava)* bedingt wird, das karmisch entsprechend geprägten Erlebenszuständen Geburt *(Jāti)* gibt. Und was geboren ist, muß einmal im Tod *(Marana)* enden. Wenn der Kreislauf der»Wieder-Tode« nicht durch Weisheit überwunden wird, bedingt der Tod nur weitere Unwissenheit *(Avijjā),* die ein Wiederentstehen leidvoller Formationen *(Sankhāra)* ermöglicht. Durch die Formationen getragen entsteht Bewußtsein *(Viññāna),* das die Aufspaltung in Wort und Wirklichkeit, in Geistiges und Körperliches *(Nāma-Rūpa)* zur Folge hat, wodurch dann die Neubildung der Sinnengrundlagen *(Āyatana)* fortgesetzt wird, die ihrerseits weiteren Kontakt *(Phassa)* ermöglicht, und das wiederum führt zur Bedingten Entstehung ähnlichen Erlebens.

Dies war eine flüchtige, vereinfachende Skizzierung der Kreislauf-Prozesse von *Paticca-Samuppāda.* Um es zu wiederholen: Der Zweck dieses Paradigmas liegt nicht in einer angeblich wertfreien wissenschaftlichen Erfassung, wie sie oft durch psychologische Theorien vorgegeben wird. Es handelt sich vielmehr um eine wert-volle Erfassung. Die Emanzipation ist der offen zugestandene Wert dieses Paradigmas, dessen Zweck darin besteht, die Gesetzmäßigkeiten der Erlebensprozesse so zu erfassen, daß die pathologischen Bedingtheiten durch Achtsamkeit und Einsicht gesprengt werden können, um sie in freier Wahl durch emanzipatorische Steuerformationen *(Abhisankhāra)* zu ersetzen.

In einem sich wiederholenden Leidenskreis müssen nicht alle zwölf Glieder vorkommen, und nicht alle müssen immer wahrgenommen werden. Ausschlaggebend ist, ob der betroffene Mensch die Wiederholungen erkennt, sie als bedingt entstanden auffassen und aus ihnen ausbrechen kann. Die nun folgenden kurzen Schilderungen, wie einige Patienten die Bedingtheiten der Folge selber entdeckten, werden mehr einleuchten als weitere theoretische Erläuterungen. Es geht hier um eine mikroanalytische Beobachtung von kurzen, leidvollen Sequenzen, die von den Patienten bezeichnenderweise gerade dann weise aufgefaßt werden konnten, als sie imstande waren, sie durch befreiende Sequenzen zu ersetzen. Ich kann mich des Eindrucks nicht erwehren, daß Menschen einfach Programme brauchen. Denn sowohl in Therapiesitzungen wie auch im Alltag sehe ich immer wieder, wie die Menschen leidbringende Sequenzen wiederholen, an den sie steuernden Programmen festhalten, diese sogar noch komplizierter werden lassen – es sei denn, daß sie sich einmal auf irgendeine Weise dazu durchringen, für die gleiche Situation ein emanzipatorisches Programm zu erarbeiten und die sich wiederholende leidbringende Sequenz durch eine befreiende zu ersetzen.

In einer Ehetherapie merkte ich seit einiger Zeit, daß der Mann die Frau immer wieder bevormundete, vor allem, wenn sie im Alleingang handelte, und daß sie ihn immer wieder zum Täter machte, vor allem, wenn er sie beschenkte oder sie sonst irgendwie mit Aufmerksamkeit bedachte. Da beide psychoanalytisch belesen und um den guten Ausgang der Therapie bemüht waren, schilderten sie bereitwillig Ereignisse aus ihrer Kindheit, insbesondere ihre Beziehungen zu den andersgeschlechtlichen Elternteilen. So wurde eine tiefere Motivation des Mannes deutlich, die dadurch entstanden war, daß seine Mutter eine übertriebene zwischenmenschliche Anspruchshaltung besaß und ihn zu einem»Gentleman unter allen Umständen – vor allem aber dann, wenn es besonders schwerfällt« erzogen hatte. Bei der Frau wurde herausgefunden, daß jede Zuwendung ihres Vaters verpflichtend wirkte, dies um so mehr, als er nie seinen Wunsch nach Erwiderung von Zuwendung offen bejahen konnte. Sie wurde von den Eltern eigentlich nur dann als autonomer Mensch respektiert, wenn sie sie ignorierte. Ähnliche Konstellationen kommen in unserem Kulturkreis nicht selten vor.

Die Ansicht, daß alles im Menschen, was nicht chemisch bewirkt wird, als Folge seiner Evolution gilt, ist nicht nur für Psychiater typisch. So war auch für unsere Eheleute diese Ansicht Gegenstand ihres festen Anhaftens. Dazu waren sie durch den psychoanalytischen Glauben verblendet, daß alle Pathologien ihre Wurzel in der Kindheit haben. Dennoch wurde es mit der Zeit möglich, daß sie sich vermehrt auch mit gegenwärtigen Ereignissen befaßten. Wir schenkten dabei vor allem jenen Interaktionen gründliche *(Yoniso!)* Aufmerksamkeit, die dadurch suspekt waren, daß sie entweder vor einer heftigen Auseinandersetzung oder vor einem Kommunikationsabbruch auftraten.

Eine solche Interaktion entstand jeweils, wenn sie sagte: »Ich habe das Gefühl, daß du...«, und dann kam irgendeine Vermutung über ihn. In der Folge wurde er manchmal still und manchmal wütend. Eine andere solche Interaktion bestand darin, daß er ihr irgendeine Frage stellte, und sie ihn darauf, anstelle einer Antwort, anschrie: »Du willst mich manipulieren!« Sie hatte wahrscheinlich manchmal recht, und er hatte es oft zugelassen. Dennoch blieb lange rätselhaft, wieso und vor allem wodurch sich die beiden trotz aller Liebe und Umsicht immer wieder Leid zufügten. Es dauerte lange, bis sie merkten, daß sie sich nicht bloß gegenseitig, sondern vor allem jeder sich selbst durch eine unweise Auffassung der Situation schadeten. Jeder legte die Ursache des eigenen Erlebens in das Wesen des andern, nach dem Muster: »Ich bin glücklich (oder ich leide), weil du so und so bist (und nicht so, wie ich dich haben möchte).«

Es ist beeindruckend, daß auch beim wiederholten Betrachten von Videoaufnahmen in der Regel der jeweils andere immer gründlicher beobachtet wird. Die beiden Ehetherapieklienten schafften es jedoch, ihre Wahrnehmung für die Vielfalt der Bedingungen eigenen Erlebens bei sich selber zu öffnen. Dadurch transzendierten sie auch das S-R-Paradigma (Stimulus-Reaktion), das nicht nur in der Psychologie auftritt, sondern auch in den meisten Menschen unseres Kulturkreises tief verwurzelt ist. Meinen Klienten ist also eine Einsicht gelungen, die mehrere Entdeckungen mit sich brachte:

1. Sie hörten auf, die Ursachen für eigenes Erleben auf den anderen zu übertragen. Die gegenseitigen Beschuldigungen ließen nach. Dadurch wurde das Erfassen der *Bedingten Entstehung* überhaupt erst möglich.
2. Sie fingen an, zwischen Gefühl und Vermutungen zu unterschei-

den. Die Ehefrau sagte nicht mehr: »Ich habe das Gefühl, daß du...«, sie fragte statt dessen: »Stimmt meine Annahme, daß du...?« Sie wußte dabei, daß ihr unangenehmes Gefühl durch ihr Anhaften an den Vermutungen entstanden war und nichts mit ihrem Mann zu tun hatte. Und er stellte nicht mehr Fragen, wenn er das unangenehme Gefühl bekam (wohl bedingt durch Kontakt *Phassa* mit der eigenen sorgenvollen Vorstellung), daß seine Frau allein auf sich gestellt versagen könnte. Anstatt vorbeugend durch Fragen seine Frau zu schützen, sprach er nun seine Sorgen aus.

3. Sie machten die sehr wichtige Entdeckung, daß man angenehme Gefühle besser genießen kann, wenn man nicht ins Begehren abgleitet, wenn also die Erlebensfähigkeit nicht durch Gier getrübt wird. Auch konnten sie allmählich (zuerst in der Therapiesituation, später auch im Alltag) durch eigenes Erleben bestätigen, daß unangenehme Gefühle schneller nachlassen, wenn man keine haßmotivierten Anwandlungen *(Bhava)* wachsen läßt.

4. Sie haben das Paradigma des Bedingten Entstehens begriffen und können es folglich als Matrix auf konkrete Situationen anwenden. Mit Bemerkungen wie »Ja, ja, das stimmt, so habe ich es damals gesehen und es führte bei mir zu...« und »Weißt du noch, das war ja, als ich mich so an meine Vorstellung klammerte, daß du..., und dadurch bedingt entstand ja immer wieder...«, haben sie ihr Erleben der Bedingtheiten kommentiert.

5. Sie lernten, unter Anwendung des *Diagramms 4* (Seite 81), den Leidenskreislauf zu zerlegen, zwischen Gefühl, Begehren, Anhaften und Werdeprozeß zu unterscheiden und ihre Wahlmöglichkeiten zu nützen. In einer der letzten Therapiesitzungen haben die beiden Eheleute zusammen das folgende *Diagramm 6* erarbeitet, das sie »Der springende Punkt« genannt haben.

Die Therapiesitzung, an deren Schluß das *Diagramm 6* entworfen wurde, war voll von Einsichten und Entdeckungen, doch gab es dabei keine plötzliche Erleuchtung. Alle die Einsichten waren nur auf Grund vieler Stunden Vorarbeit möglich; sie waren langsam herangereift. Die beiden Eheleute hatten schon mehrmals einige Bedingtheiten der Leidensentstehung selber entdeckt und von mir bestätigt bekommen. Sie kannten auch schon lange das *Diagramm 4*. In dieser Sitzung habe ich ihnen nach einer merkwürdigen Sequenz von therapeutischen Einsichten die klassische Urmatrix der Bedingten Entstehung ausführlicher erklärt und gleich danach das *Diagramm 6* als eine Art Bestätigung ihres Verstehens bekommen. Doch brauchten die beiden Ehepartner auch, als sie nicht mehr Patienten waren, noch

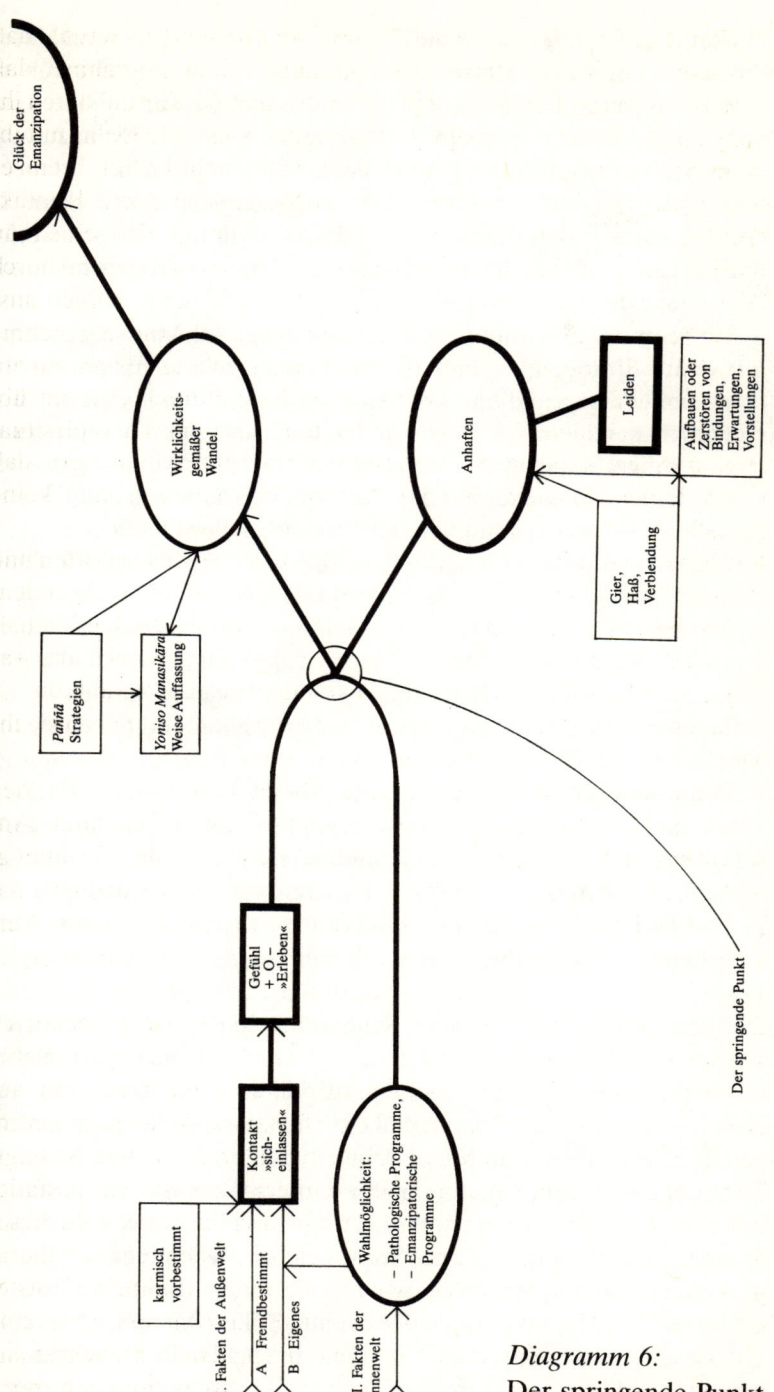

Diagramm 6:
Der springende Punkt

91

eine beträchtliche Zeit, um die Technik des *Weisen Auffassens* durch die selbst entdeckte Matrix der *Bedingten Entstehung* einzuüben. Was in Anwesenheit des Ehetherapeuten so leicht und problemlos vor sich ging, war außerhalb der Therapie nicht so leicht anzuwenden. Wie ich kürzlich, vier Jahre nach Therapieabschluß, erfahren habe, gelang es ihnen aber, einige eigene Strategien zu entwickeln. In der Tat schulen sich die beiden Eheleute darin immer noch weiter und berichten, daß es ihnen viel Spaß macht, gemeinsam durch so ein Abenteuer des Geistes zu gehen.

Mit Schmunzeln erinnern sich die beiden an die historische Sitzung mit dem »Springenden Punkt«. Interessanterweise haben damals beide ohne Video und ohne wiederholte Betrachtung gemerkt, was eigentlich geschieht, und zwar jeder bei sich selber. Es war eine merkwürdige Sequenz: Sie äußerte eine ihrer Mutmaßungen über sein Erleben, eingeleitet mit den Worten: »Ich habe das Gefühl, daß du aus Verlegenheit nicht mehr darüber sprechen willst, was wir . . .«, und merkte in dem Moment, daß sie ihm eine ihrer Ansichten aufzwingen wollte, indem sie diese als »Gefühl« verkaufte. Sie machte eine Pause. Sie wußte, daß er ihre Gefühle sehr respektierte, was er dann auch jeweils tat, indem er versuchte, ihre Definition seiner Absichten bei sich selber erlebnismäßig zu bestätigen. Dann ist er tatsächlich in Verlegenheit geraten, als er bei sich weder die unterstellte Verlegenheit noch eine Absicht »nicht mehr darüber sprechen zu wollen« bemerkte. Er saß unruhig da. Sie schwieg immer noch, fuhr aber dann auf ihre behäbige Weise damit fort, wie sie (im Alleingang selbstverständlich) das Ferienhäuschen möblieren wolle, machte wieder lange Pausen, um, wie sie gleich danach selber entdeckte, seinen »Angriff« zu provozieren. Und er kam auch tatsächlich in einer der Pausen, ganz sachte, mit einer beschützend bevormundenden Frage, worauf sie schrie: »Du unterbrichst mich immer! Du willst mich durch deine Frage nur manipulieren!« Seine besorgte Frage sowie ihr Vorwurf klangen seltsam unglaubwürdig; beide spürten, daß es keine Übereinstimmung zwischen Erleben und Ausdruck gab. In dem Moment wußte er schon, daß er anders auftreten mußte, um ihr Grenzen zu setzen, daß hinter seiner beschützenden Frage andere Dinge standen: seine Wut über ihre Unterschiebung der Verlegenheit, seine Verletzung durch ihren Alleingang bei der Möblierungsplanung und schließlich seine Angst vor der Rechnung.

Diese ganze Sequenz ist in weniger als einer Minute abgelaufen und wurde gefolgt von etwa einer Minute Stille. Danach, ohne jegliche Intervention meinerseits, haben sich die beiden Partner verständnisvoll lächelnd zugenickt und angefangen, einander zu erzählen, was sie bei sich alles gemerkt hatten. Ihre plötzliche Erleuchtung war selbstverständlich durch eine lange Vorarbeit bedingt. Der Rest wurde ja schon erläutert.

Weises Auffassen

Wie schwierig es ist, die Lage eines Menschen richtig zu erfassen, merkt man am eindringlichsten in Gruppengesprächen, zum Beispiel im Freundeskreis, in einer Selbsterfahrungsgruppe oder am Familientisch. Wenn eine solche Besprechung stattfindet, ist es für mich immer sehr eindrucksvoll, wie unterschiedlich die Gesprächsteilnehmer die Situation einschätzen, auch wenn sie über die gleichen Informationen verfügen. Ich denke hier an äußere Situationen einer oder mehrerer Personen, wie zum Beispiel das gemeinsame Abwägen der Argumente, die dafür und dagegen sprechen, Veränderungen im Wohnraum vorzunehmen, eine elektrische oder eine Ölheizung anzuschaffen, an Diskussionen über den Ferienaufenthalt in verschiedenen möglichen Gegenden oder ähnliches. Um die Lage richtig zu erfassen und um weise Beschlüsse zu treffen, bemüht man sich, gründlich alle ausschlaggebenden Zusammenhänge zu merken und danach auch zu überlegen, welche Folgen sie haben könnten und welche Bedingungen erfüllt werden müssen, um das gewünschte Ergebnis zu erreichen. Man kann sich aber auch von vornherein als überfordert erklären, die Situation bloß oberflächlich auffassen und in der Hoffnung, daß es – wie man in der Schweiz sagt – »dann schon irgendwie geht«, sich blindlings dem ausliefern, was entsteht.

Zur Debatte steht also eine äußere Situation, deren Tatsachen leicht sichtbar und faßbar sind. Die Berechnungen sind einfach; eine »Gemüseladenmathematik«, sozusagen, reicht aus: Wenn eine Melone 4,60 kostet, eine Gurke 1,80 und ein Kilo Tomaten 5,40, wieviel bezahle ich für 200 Gramm Tomaten, drei Gurken und zwei Melonen? Man kann dabei von Anfang an auf Multiplikation und Bruchrechnung verzichten, dem Gemüsehändler eine Note in die Hand drücken und hoffen, daß man »dann schon« etwas Kleingeld zurückbekommt. So würde vielleicht ein Dienstmädchen handeln, das in der Türkei oder in Sizilien nur vier Jahre die Schule besucht hat. Wir aber, wir kennen Algebra und Dreisatz und Zinsrechnungen und...

Haben Sie, liebe Leserin, lieber Leser, schon jemals in Erwägung gezogen, daß Analphabeten, die selten mehr als das Zusammenzählen gelernt haben, sich manchmal in Gemüts- und Gefühlsdingen besser auskennen als Maschineningenieure? Wie ging es Ihnen übrigens, während Sie die Algebra der Urmatrix von der Bedingten Entstehung gelesen haben?

Wäre dies wieder eine Stelle für ein »Stopp«, für ein Abenteuer des Experimentierens mit dem eigenen Geist? Lesen Sie doch nochmals die Erläuterung zu *Paticca-Samuppāda,* die auf der Seite 87 mit den Worten beginnt: »Sobald ein Mensch merkt, daß...«

Erkunden Sie, wie groß Ihre Vertrautheit ist, mit der Algebra der Bedingten Entstehung eine konkrete Situation zu ordnen. Sie haben vorher darüber ein paar Seiten gelesen. Wieviel Seiten liest man, um sich mit vier mal fünf, vier mal sechs, vier mal sieben usw., überhaupt vertraut zu machen? Und wieviel Übung ist erforderlich, um das Einmaleins dann beim Einkaufen auch wirklich benützen zu können? Lassen Sie sich Zeit für ein vergleichendes Nachdenken.

Wir merken, daß die Wiederholung nicht nur im Leidenskreis der Bedingten Entstehung eine große Trägheitskraft entwickelt. Auch die Wiederholung der emanzipatorischen Ansätze hat eine starke Wirkung. Wiederholt gründliches Auffassen einer Situation, wiederholtes Lenken der Aufmerksamkeit auf die Auswege aus dem Unangenehmen und wiederholtes Aufmerken auf das Gute – dies sind wichtige Prinzipien der emanzipatorischen Geistesschulung im allgemeinen und der Übung des Weisen Auffassens *(Yoniso Manasikāra)* im besonderen. Durch Wiederholung macht man sich mit dem Bemerkens-werten vertraut und durchdringt die wichtigen Aspekte der Wirklichkeit besser. Die Wiederholung steigert die Freude am Eindringen. Womit man sich wiederholt befaßt, dorthin neigt die Aufmerksamkeit.

In der Abhidhamma-Psychologie bezeichnet der Begriff *Manasikāra* den Akt des Aufmerkens, der Hinwendung des Geistes auf sein Objekt. *Manasikāra* ist der in jedem Bewußtsein anwesende Geistesfaktor, der alle anderen jeweils vorhandenen Geistesfaktoren zusammenfaßt und auf den Bewußtseinsgegenstand richtet. Auf einer höheren intellektuellen Ebene bezeichnet *Manasikāra* das reflektierende Auffassen und Erwägen. Daher wird *Yoniso Manasikāra* manchmal auch als »Weises Erwägen« übersetzt, womit die realistische, wiederholt gründliche Art des Erfassens gemeint ist. *Manasikāra* ist die erste Orientierung des Geistes über seinen Gegenstand und dessen erstes spontanes Abwägen. Und gerade dort liegt die Schwierigkeit: Das *Wie* des Auffassens geschieht spontan und ist kaum direkt zu beeinflussen. Unser Geist verfügt über Matrizen, die bei der ersten Orientierung des Aufmerkens spontan abgerufen werden, so wie es durch die Gewohnheit einprogrammiert ist. Um dem

Einsatz der unweise *(Ayoniso)* auffassenden Matrizen vorzubeugen und sie durch bessere *Yoni* zu ersetzen, ist eine *Systematische Übung des Weisen Auffassens* erforderlich.

Ihr bisheriges Voranschreiten durch die Seiten dieses Buches war gewissermaßen – ohne es so zu nennen – schon eine Übung im Weisen Auffassen, und Sie verfügen dementsprechend über die wesentlichen Voraussetzungen, die für die systematische Aneignung von *Yoniso Manasikāra* nötig sind. Überblicken wir diese Voraussetzungen:

1. *Psychische Kräfte:* Wissen, Zuversicht, Willenskraft, Sammlung und Achtsamkeit sind keimhaft in jedem Menschen vorhanden. Aber nur wer sie in sich selber wahrnimmt, kultiviert und – am allerwichtigsten – harmonisiert, entfaltet sie zu wirklichen Kräften. Für die alltägliche Anwendung von *Yoniso Manasikāra* sind insbesondere Achtsamkeit und die bisher erst erwähnten Willenskraft und Sammlung wichtig.

2. *Kriterien zur ethischen Wertung,* die es uns ermöglichen, das Glücksfördernde vom Leidbringenden zu unterscheiden. Handlungen, die durch Gier, Haß und Verblendung motiviert sind, erkennen wir als leidbringend. Solche hingegen, die in Freigebigkeit, Solidarität, Weisheit, dem emanzipierten Vertrauen von *Saddhā* und dem Schutz von *Sīla* gründen, sind heilvolle Ursachen, die angenehme Wirkungen haben. Das Aufsichnehmen und Suchen von Leiden bringt – entgegen dem Glauben einiger Religionen – keine ethischen oder spirituellen Vorteile. Der Genuß des Angenehmen ist ethisch einwandfrei, nur die Gier danach bringt Leiden.

3. *Matrizen des emanzipatorischen Wissens,* die uns ermöglichen, konkrete Situationen ganzheitlich und – im Idealfall – auch als bedingt zu erfassen, damit die Fortsetzung des Leidbringenden unterbrochen werden kann. Die im ersten Kapitel eingeübte Matrix zur Unterscheidung von *Körpererleben – Gefühl – Bewußtseinszustand – Bewußtseinsinhalt,* die vertrauensbegründenden Fragen über *Saddhā* (Seite 62), das Dreigespann der Gegensätze der motivierenden Wurzeln Gier – Freigebigkeit, Haß – Solidarität, Verblendung – Weisheit und der zuletzt erläuterte Kreis der Bedingten Entstehung sind Beispiele solcher Matrizen.

4. *Metaprogramme,* die die Wahl, das Einüben und Anwenden emanzipatorischer Matrizen steuern und den Einsatz der verfügbaren Programme zu einer Strategie koordinieren. Die Sieben Hauptprinzipien von Dhamma-Strategien (Seite 33) oder die Vier Edlen Wahrheiten (Seite 74) stellen Gerüste solcher Metapro-

gramme dar. Zu jeder Strategie gibt es in den folgenden Kapiteln Metaprogramme zur systematischen Übung und Alltagsanwendung.

Betrachten wir etwas näher den Plan für die systematische Übung von *Yoniso Manasikāra:* Erstens ist dafür das Vorhandensein aller vier Voraussetzungen erforderlich, zweitens soll er uns das Erkennen der methodischen Schritte und Regeln ermöglichen (also eine Art Algebra), und drittens bereitet er die Alltagsanwendung dieser Algebra in konkreten Strategien vor. Wir stellen also fest, daß ein spezielles System von Algebra notwendig ist, mit dem wir das Weise Auffassen ordnen können.

Akkheyya – Die Algebra des Weisen Auffassens

Akkheyya sind technische Termini des Abhidhamma, mit denen klar definierte *Erlebenseinheiten* und *Kunstgriffe* bezeichnet werden; sie sind Symbole einer kanonisierten Psycho-Logik und Benennungen von Operationen, in denen Veränderungen des Erlebens vollzogen werden. Sowohl das Weise Auffassen einer konkreten Lebenssituation, das Fassen einer Matrix wie auch das Entwerfen und Erwägen einer Strategie geschieht am einfachsten und vorteilhaftesten mittels *Akkheyya.* Es wird jedoch nicht erwartet, daß Sie, liebe Leserin, lieber Leser, vor dem Einüben von Dhamma-Strategien ein Kompendium des Abhidhamma auswendig lernen oder sich zu einem Abhidhamma-Seminar anmelden[8], um die ganze Algebra des *Akkheyya* zu meistern, damit Sie selbst Pläne für die Übungen entwerfen können. Sie finden in diesem Buch ausgearbeitete und erprobte Übungspläne vor, die Sie zur Anwendung der beschriebenen Dhamma-Strategien befähigen.

In einem Gleichnis können wir die Übungen als ein Fahrzeug darstellen, das Ihnen hilft, auf dem Wege zu einem erfüllten, glücklichen Leben voranzukommen. Wie der Fahrzeuglenker brauchen auch Sie nur ein grobes Wissen über das Funktionieren Ihres Fahrzeugs; und solches Wissen ist in diesem Kapitel »Dreierlei Wissen und die Ökonomie des Geistes« grundsätzlich enthalten. Im nächsten Kapitel »Die Intelligenz des Körpers und die Freude« werden Sie noch eini-

---

8 Einige haben dies tatsächlich schon getan, so zum Beispiel bei der *Dhamma Gruppe,* Postfach 1410, Bern 1, Schweiz, die regelmäßig solche zehntägige Seminare organisiert. Vgl. Fußnote 13 auf Seite 291.

ges über die Beschaffenheit und den Antrieb Ihres Fahrzeugs erfahren. Jetzt stehen wir aber schon vor der ersten Probefahrt, vor der Rahmenübung für Weises Auffassen.

Bevor wir die Übung planmäßig durchführen, sollen wir klar ihren Zweck erkennen: Sie soll uns befähigen, die wirklichen Ereignisse unseres Lebens so aufzufassen, daß wir mit ihnen auf eine glückbringende Weise umgehen können. Wir wollen also erlernen, die Alltagswirklichkeit weise und gründlich zu erfassen, damit wir die tieferen Gesetzmäßigkeiten erkennen und aus dieser Erkenntnis ein besseres Vorgehen bei der praktischen Lebensgestaltung entwerfen. Im Grunde haben Sie, lieber Leser, liebe Leserin, ein solch anspruchsvolles Unternehmen schon mit Erfolg durchgeführt, indem Sie lernten, die sehr differenzierte (zwölfgliedrige!) Universalformel der Bedingten Entstehung als Matrix auf das Alltägliche anzuwenden. Die Rahmenübung für Weises Auffassen beschäftigt sich mit dem Erkennen einer viel einfacheren Matrix. Diese Matrix umfaßt auch die Bedingte Entstehung des Leidvollen, sie besteht aber nur aus den folgenden drei Gliedern, die sich zirkulär wiederholen:

Anfang eines unangenehmen Vorfalls,
Anhaften, das heißt, Mißachtung der Möglichkeit zum »Stopp«,
Ende, als Abschluß (Komplettieren) des unveränderten Verlaufs.
Dieses Komplettieren bedingt wieder den gleichen *Anfang.*

Obwohl sich solche Vorgänge unzählige Male im Alltag wiederholen, werden Sie am Anfang wahrscheinlich merken, wie schwierig es für einen Ungeübten ist, das Geschehen mit diesem dreigliedrigen Paradigma in Verbindung zu bringen. Verursacht wird die Schwierigkeit dadurch, daß wir konditioniert sind, die Dinge der Vielfalt *(Papañca)* zerstückelt und isoliert, außerhalb des Kontexts ihrer Bedingten Entstehung zu sehen und sie nach oberflächlichen Merkmalen einzuordnen. Gewohnheitsmäßig fassen wir die Dinge in Begriffe eines unreflektierten Sprachsystems, das zwar gut zur gewöhnlichen Information dienen kann, für die Einheit des emanzipatorischen Know-hows von *Paññā* aber unzulänglich ist. Um den Unterschied zwischen dem gewöhnlichen oberflächlichen Auffassen und dem Auffassen mittels *Akkheyya* besser zu begreifen, betrachten wir einige verschiedene Möglichkeiten, die *Erlebenseinheiten* des folgenden Vorfalls auszudrücken:

1. a Hans und Jürg gehen Pilze sammeln.
   b Hans sieht einen Pilz.
   c Jürg pflückt diesen Pilz.
   d Hans hatte ihn aber als erster gesehen und fängt an zu streiten.
   e Jürg will Hans den Pilz nicht geben und bekommt dafür einen Schlag.
   f Hans feiert Sieg.
   g Jürg ist verbittert und bereitet seine Rache vor.
   a Hans und Jürg gehen Pilze sammeln.

2. A Unterschiedliche Ansichten
   B Streit
   C Kampf
   D Siegesgenuß
   E Rache

3. A Unterschiedliche Ansichten
   B Konfliktentwicklung
   C Komplettieren des Kampfes
   A Unterschiedliche Ansichten

Lassen Sie sich, lieber Leser, liebe Leserin, genug Zeit, um herauszufinden, worin sich diese Auffassungmöglichkeiten unterscheiden, bevor Sie weiterlesen.

Selbstverständlich könnte man diesen Vorfall auch unter Anwendung des zwölfgliedrigen Paradigmas der Bedingten Entstehung betrachten, was jedoch für das Entwerfen einer Dhamma-Strategie nicht nötig ist. Inhaltlich gehört dieser Vorfall wohl in die Bereiche von Strategien der Solidarität und Strategien der Macht. Wir wollen zunächst aber nicht auf die Inhalte eingehen. Außerdem heißt »ausführlicher« nicht immer »gründlicher«, wie wir anhand von Strategien der Ekstase sehen werden. Bleiben wir nun bei der Frage, worin sich das oberflächliche vom Weisen Auffassen unterscheidet, oder zweckmäßiger gefragt: Was sind die notwendigen Voraussetzungen, um einen Vorfall mittels der abhidhammischen Algebra in jenen Erlebenseinheiten *(Akkheyya)* aufzufassen, die eine Emanzipation von der Leidenswiederholung möglich machten?

Wir erinnern uns wohl an die vier Voraussetzungen für die systematische Aneignung von *Yoniso Manasikāra*, die auf Seite 95 aufgezählt wurden:

1. die psychischen Kräfte Achtsamkeit, Wissen, Zuversicht, Willenskraft, Sammlung,
2. die Kriterien für ethische Wertung,
3. die Matrizen des Auffassens,
4. die Metaprogramme für die Planung des Übens und für die Anwendung der eingeübten Fertigkeiten im Alltag.

Bei einseitiger Betonung der wissenschaftlich-rationalistischen Methode könnte man zwar sagen, daß die Matrizen die wichtigste Voraussetzung darstellen, weil sie auch die psychischen Kräfte usw. als *Akkheyya* auffassen. Dies wäre jedoch wieder eine Einseitigkeit, die dem Auffassen und Wissen Übergewicht einräumen, den Akt der ethischen Wertung herabmindern und das Gleichgewicht der psychischen Kräfte stören würde. Alle vier Voraussetzungen müssen vorhanden sein, damit mit der Algebra operiert werden kann. In der Computerterminologie würde man sagen, daß die *psychischen Kräfte* etwa die Parameter der Hardware darstellen, die *Kriterien* sind die Rechnungsskalen für die Daten, die *Matrizen* sind die Programme der Datenverarbeitung und die *Metaprogramme* sind die Vorgehensweisen bei der Computerbenützung. Die Kriterien, Matrizen und Metaprogramme gehören also zur Software des Computers, und die Algebra der *Akkheyya* ist die Programmiersprache. Sobald wir in unserer Übung die vier Voraussetzungen bis zu einem gewissen Grade erfüllt haben, erkennen wir die Algebra, die Programmiersprache, in der wir dann für unsern Biocomputer neue Programme selber schreiben können. In dieser Sprache werden wir, unter Anwendung persönlicher Programme, unsere eigenen Strategien verfassen.

Die Grundsätze der Algebra von *Yoniso Manasikāra* sind für die psychische Datenverarbeitung ähnlich grundlegend, wie der Dreisatz oder die $(a + b)^2 = a^2 + 2ab + b^2$-Gleichung für die äußere Datenverarbeitung. Einige der Grundsätze sind uns schon aus der bisherigen Lektüre vertraut, die übrigen werden durch eine kurze Erläuterung erkennbar. Sie besagen, daß 1. Anhaften, 2. Verdrehtheit, 3. Verdrängung, 4. Mißbrauch und 5. Einfältigkeit leidbringend sind und daß ein bewußtes Durchsetzen ihrer Gegensätze das glückbringende Weise Auffassen charakterisiert:

1. Das Auffassen des gegenwärtigen Glücks oder Leids als wechselhaft ist weise und führt zu keinem Anhaften. Solches Weise Auffassen ermöglicht ein fließendes Gefühlsleben, das weder durch Gier noch durch Haß eingeengt und durch kein Anhaften blockiert wird.

Demgegenüber entsteht ein durch Anhaften entstelltes Erleben durch unweises Auffassen der Wirklichkeit. »Dieses Erleben will ich behalten, seine Fortsetzung haben, es wieder machen« ist unweise Erwägung (*Ayoniso Manasikāra*), deren Tendenzen zu behalten, zu machen und zu haben mit Anhaften verbunden sind. Zu wissen, »Alle Gefühle sind vergänglich« und »Anhaften verursacht Leiden«, während man Glück oder Leid erlebt, ist Weises Auffassen. Wir haben uns mit diesem Grundsatz ja ausführlich auf den vorangegangenen Seiten auseinandergesetzt.

2. Es ist weise, etwas frei von Ich-Identifikation, frei von Beständigkeitswahn, frei von Masochismus und frei von Beschönigungen aufzufassen. Das unweise Auffassen und Erwägen ist hingegen durch ebensolche Perversionen verdreht. Die unweisen Verdrehtheiten werden im Abhidhamma (*Visuddhi Magga*, Kapitel XXII) folgendermaßen definiert: »Als Perversionen gelten die bei etwas Vergänglichem (*Anicca*), Elendem (*Dukkha*), Unpersönlichem (*Anattā*) und Widerlichem (*Asubha*) auftretenden Verdrehtheiten der Wahrnehmung, des Bewußtseins und der Ansicht von etwas Unvergänglichem (*Nicca*), von Glück (*Sukha*), von Persönlichkeit (*Attā*) und von Lieblichkeit (*Subha*).« Die Überwindung der Perversionen führt zur Vernichtung des Anhaftens; sie ist das Hauptthema der »Strategien der Macht« im Kapitel 8.

3. Weises Auffassen bedient sich zwar der Begriffe, ist im wesentlichen aber auf die Wirklichkeit bezogen. Sobald sich das Auffassen und Erwägen nur auf begrifflich Aufgezähltes (*Akkheyya*) bezieht, ist es unweise und führt zu Leiden.[9] Wenn sich das Auffassen nur auf Begriffe stützt, werden die Aspekte der Wirklichkeit verdrängt, die begrifflich nicht erfaßt wurden. Solches Auffassen ist entstellt und läßt Verdrehtheiten entstehen, indem es vordergründig nur Begriffe wahrnimmt und an diesen haftet. Das Thema Wort und Wirklichkeit spielt eine große Rolle in den Strategien der Macht.

4. Damit im Umgang mit Gegenständen, derer man bedarf und die man genießt, die Übersicht nicht verlorengeht, werden sie traditionellerweise im Rahmen von *Yoniso Manasikāra* in folgende Kategorien eingeteilt:

---

9 Eine ausführlichere Erklärung des Gebrauchs von *Akkheyya* siehe S. 285 f. *Akkheyya* als technische Termini sind jedoch für das Gestalten von Dhamma-Strategien unentbehrlich.

a) Ernährung
b) Kleidung
c) Wohnung   } Bedarfsgegenstände
d) Gesundheitspflege
e) übrige Gegenstände, zweckbestimmt für Bildung, Transport, Berufliches, Erholung, Religion, Kultur usw.

Diese Einteilung ermöglicht ein Weises Auffassen eigener Einstellungen und Bedürfnisse, so daß ihre Befriedigung durch zweckmäßiges Handeln gesichert wird. Es ist weise, die vier Bedarfsgebiete zu überwachen, damit es in keinem davon zur Wucherung kommt, die zum Beispiel in Form von Völlerei oder Medikamentensucht auftritt und zur Vernachlässigung der übrigen Gebiete führen würde. So kann man bei einem Festmahl erwägen: »Wenn diese schmackhaften Speisen zweckentfremdet genossen werden, lassen sie Leiden entstehen«, und die Gesundheit bleibt erhalten. Genauso auch bei Getränken: man findet dadurch Maß, und der Ruf bleibt unbeschädigt.

Aber auch über den Augenblick hinaus ist es nützlich, weise darüber nachzudenken, wie ausgeglichen das Interesse auf alle fünf Gebiete verteilt ist. Kaufe ich Kleider, um mich zu kleiden oder um mich für Frustrationen auf anderen Gebieten (zum Beispiel in zwischenmenschlichen Beziehungen) zu »entschädigen«? (Es dürfte Sie belustigen, wenn Sie hier, liebe Leser, eine »Algebraübung« einschalten und an Kombinationen zweckentfremdeter Verbindungen denken. Für manche ist ja Ernährung die einzige Kultur, und Transportmittel sind Gegenstände religiöser Anbetung. Wie steht es mit Ihnen?) Eine zweckentfremdete Benützung stillt nur scheinbar die Bedürfnisse, im Grunde aber regt sie diese zusätzlich an und führt dadurch zum süchtigen Verlangen nach mehr. So kommt es zur Steigerung des Mißbrauchs, der immer mehr Leiden verursacht. Das Weise Auffassen der fünf Kategorien von Gebrauchsgegenständen beugt der Frustration von Bedürfnissen vor und harmonisiert das Netz von Beziehungen zu den Dingen der Außenwelt. Ähnlich wie bei Beziehungen zu Personen gilt auch hier die Bedingte Entstehung.

5. Nicht nur Beziehungen zu Personen und Dingen, sondern auch Beziehungen zu Ideen, zu Gefühlen und Bewußtseinszuständen, ebenso wie Beziehungen zu Veränderungen und Erstarrungen können weise oder unweise aufgefaßt werden. Glück und Leid ist abhängig davon, wie wir Erfreuliches oder Problematisches und, insbesondere, das Lösen von Problemen und das Kultivieren des Erfreulichen auffassen. Einfältigkeit, die in Oberflächlichkeit, Ungeduld und in

der Gewaltsamkeit sogenannt radikaler Vorgehensweisen vorkommt, ist ein Charakteristikum des unweisen Auffassens. *Yoniso Manasikāra* macht differenziertes und gewaltloses Vorgehen möglich, das sich durch das »Bewandertsein in den rechten Mitteln« *(Upāya-Kosalla)* auszeichnet. Das zweite Buch des Abhidhamma-Kanons[10] gibt eine schöne Beschreibung von den Arten des Bewandertseins, die auch die Art des Auffassens und Erwägens bestimmen: »Was ist da das Bewandertsein im Gewinn? In dem diese Dinge Erwägenden gelangen die noch unaufgestiegenen unheilsamen Dinge nicht zum Aufsteigen, und die aufgestiegenen unheilsamen Dinge schwinden. Oder aber, in dem diese Dinge Erwägenden gelangen die noch unaufgestiegenen heilsamen Dinge zum Aufsteigen und die aufgestiegenen heilsamen Dinge gelangen zu Wachstum, Größe und voller Entfaltung. Was bei dieser Gelegenheit an Wissen, Erkennen, ..., an Unverblendung, Wahrheitserforschung und rechter Erkenntnis besteht, das nennt man das Bewandertsein im Gewinn. – Als das Bewandertsein in den rechten Mitteln *(Upāya-Kosalla)* aber gilt das überall im rechten Augenblick wirksame, auf der Stelle aufgestiegene Verständnis für die rechten Mittel und die Entfaltungswege für diese oder jene Dinge. – Alles Wissen von den rechten Mitteln gilt als das Bewandertsein in den rechten Mitteln.«

Soviel also zur systematischen Darstellung der Algebra von *Yoniso Manasikāra*. Wir merken, daß die Grundsätze dieser Algebra auf alle bisher behandelten Themen angewendet werden können. Man könnte ohne weiteres unser ganzes Buch in die Sprache dieser Algebra bringen und alle diesem System innewohnenden Möglichkeiten entdecken. Unser Ziel ist aber, durch die praktische Anwendung dieser Algebra ein glücklicheres Alltagsleben zu erreichen.

Rahmenübung für Weises Auffassen

Üben wir nun das Weise Auffassen anhand eines unangenehmen, leidhaften Ereignisses, das Ihnen wirklich zugestoßen ist und von dem Sie ahnen, daß es anders hätte ausgehen können, wenn Sie zuvor gewußt hätten, was auf Sie zukommt. Dieses Ahnen ist ein Anzeichen dafür, daß Sie schon während des Ereignisses die Situation anders hätten auffassen können. Für die Übung nehmen wir keine allzu schwierige Situation. Wählen Sie für den ersten Versuch auch lieber

---

10 *Vibhanga XVI,* englische Übersetzung: *The Book of Analysis,* Pali Text Society, London 1969.

kein zwischenmenschliches Problem, sondern eher ein Ärgernis mit einem Gerät, einem Tier, einem bestimmten Ort oder mit dem Weg dorthin, eine ganz gewöhnliche Unannehmlichkeit, der Sie unlängst ausgesetzt waren. Vergegenwärtigen Sie sich den Anfang und das Ende des Ereignisses.

Nehmen Sie eine bequeme Stellung ein, so daß Sie nicht durch körperliches Unbehagen abgelenkt werden, halten Sie aber das Buch so, daß Sie die Anweisungsschritte lesen können. Wenn Sie jeweils die Anweisung gelesen haben, führen Sie den Schritt mit geschlossenen Augen aus, und öffnen Sie die Augen erst, wenn Sie den nächsten Schritt lesen wollen.

1. *Anfang, Verlauf und Ende* des ärgerlichen Ereignisses vor dem inneren Auge und inneren Ohr *abrollen lassen!*
   (Augen zu!)
2. Nochmals den ersten Schritt ausführen!
   (Augen zu!)
3. Gab es damals Möglichkeiten, den Verlauf des Ereignisses zeitweise zu unterbrechen?
   Nochmals den Verlauf *unter dem Gesichtswinkel dieser Frage abrollen* lassen!
   (Augen zu!)
4. Warum habe ich nicht unterbrochen? War ich in dem Verlauf an äußere Sachzwänge oder an innere Triebe und Absichten ausgeliefert? An welche?
   Kontext des Vorfalls *reflektieren* und die sich offenbarenden *Gründe* in Stichworten an den Fingern *aufzählen* – sie also an den Fingern anheften!
   (Augen zu!)
5. Die Gründe, weshalb ich nicht unterbreche, habe ich nun in der Hand (wenn ich die Finger zur Faust balle) und kann daher den Verlauf ruhig anhalten und die Unterbrechung mit der Vorstellung eines angenehmen Ausruhens (hinsetzen, meditieren, hinlegen, einen Kaffee mit Genuß trinken oder ähnliches) füllen, bevor ich das Abrollen des Vorganges fortsetze.
   Den Verlauf abrollen lassen, unterbrechen, *die Unterbrechung mit Angenehmem füllen,* bis zum Ende fortsetzen!
   (Augen zu!)
6. Die angenehme Unterbrechung gibt mir die Möglichkeit, dem Sachzwang oder Trieb gegenüber eine erhöhte Distanz zu gewinnen. Aus dieser Distanz kann ich das bis zur Unterbrechung abgerollte Ereignis besser erfassen und eine weisere Auffassung kon-

struieren, die zunächst dadurch charakterisiert ist, daß sie gegen ein Fortsetzen spricht.
Das Ereignis von Anfang an bis zur Unterbrechung abrollen lassen! *Aus der angenehmen Distanz heraus eine weisere Auffassung konstruieren!*
(Augen zu!)

7. Von Anfang an ohne Unterbrechung einen alternativen Verlauf abrollen lassen!
(Augen zu!)

Ist ein anderer Verlauf aus einer anderen Auffassung heraus spontan abgerollt? Wenn man sich mit diesen sieben Schritten in einem Workshop beschäftigt hätte, würde nun eine Diskussion folgen. Es gibt dazu so viele interessante Fragen: Haben Sie etwas von der vorher erörterten Algebra ohne Anstrengung beim »Konstruieren« angewendet? Haben Sie etwas von einer Matrix gemerkt? Erzählen Sie das Ärgernis, das Sie gewählt haben! Hat sich Ihre Faust, in der Sie die Gründe gegen eine Unterbrechung gehalten haben, nicht verkrampft? Worin war das »konstruierte« Auffassen gründlicher oder anders?

Liebe Leserin, lieber Leser, Sie schaffen es auch ohne Gruppendiskussion, und werden alleine sogar tiefer eindringen, wenn Sie mit sich Geduld haben und wenn Sie sich keine Gewalt antun. Gehen Sie doch ganz unbeschwert nochmals durch die sieben Schritte des *Yoniso Manasikāra*, bevor Sie weiterlesen.

Manasikāra ist die erste Orientierung des Geistes über einen im Fluß des Erlebens soeben aufgetauchten Gegenstand. Diese Begegnung des Bewußtseins mit dem Bewußtseinsobjekt enthält auch ein spontanes Auffassen des Objekts durch eine gewohnheitsmäßig aktivierte Matrix. Das Auffassen kann unweise *(Ayoniso)* und daher leidbringend oder weise *(Yoniso)* und daher emanzipatorisch glückbringend sein, je nachdem, was für eine Matrix eingesetzt wird. Die Übung von *Yoniso Manasikāra* zerlegt den geistigen Ablauf in Schritte, die ein Unterbrechen des Unheilvollen und ein Konstruieren und Einüben des heilvoll Glückbringenden ermöglichen. Die Schritte selber sind eine konstruierte Auffassung der geistigen Prozesse, die bei einer sich bedingt fortsetzenden Wiederholung blitzschnell entstehen. Das Unterteilen des Erlebensflusses in Schritte dient bloß der Einübung und soll das freifließende emanzipierte Erleben keineswegs in ein Schema zwingen. *Yoniso Manasikāra* öffnet das Erleben zur Freiheit.

Viertes Kapitel

Intelligenz des Körpers und die Freude

Unsere sprachlich zerstückelte Wirklichkeit wird im körperlichen Erleben wieder zu einem Kontinuum, wenn wir das Körperbewußtsein kultivieren. Darin gründet die große Chance der körperorientierten Psychotherapien und Meditationsmethoden. Indem sie das Erleben organisch gliedern und zusammenfügen, ermöglichen sie auch eine Umstrukturierung und Neugestaltung der Welt. Die im nächsten Kapitel vorgestellten Übungen der Körperachtsamkeit bieten den Schlüssel dazu. Je achtsamer das Körpererleben fließt, desto differenzierter und gebundener ist das Kontinuum, der lückenlose Zusammenhang der Wirklichkeit[1]. Auch wenn die Beziehungen und Übergänge zwischen den Dingen dieses Kontinuums von verschiedenen Personen unterschiedlich wahrgenommen werden, ist die durch das Körpererleben zu einem Ganzen gebundene Welt doch die beste Basis für Verständigung und zwischenmenschliche Übereinstimmung. Der körperliche Wirklichkeitsbezug ist der beste Garant für die Sachlichkeit unseres Wissens und Handelns, wie wir schon im ersten Kapitel erkannt haben. Was körperlich erlebt, erkannt, erforscht und durchgeführt wurde, ist eindeutig. In der körperlichen Wirklichkeit gibt es keine Lüge. Man kann wohl auch körperlich etwas vortäuschen, aber das Vorgetäuschte ist wahr, sobald es körperlich durchgeführt wird, denn es kann nicht gelogen werden. Es ist wirklich das, was es ist. Nur die Erklärungen und gewissermaßen auch die Motivationen des körperlichen Tuns können gelogen werden.

Die ernsthafte Beachtung des Körperlichen und Körpergebundenen bringt also auf dem Weg zur Emanzipation und zum Glück vielerlei Vorteile. Diese werden uns direkt erkennbar, sobald wir einige konkrete Techniken der Körperachtsamkeit ausüben. Sie klingen sogar schon an, wenn wir über die Intelligenz des Körpers sprechen – das Wort »*Intelligenz*« wird hier in einem wortwörtlichen, sozusagen

---

1 Das körperliche Erleben schafft ein Kontinuum in der Welt *(Kāma-Bhava)*, das Denken konstruiert Zusammenhänge im Weltbild. Die hier gemeinte Differenzierung und Bindung der Wirklichkeit hat mit den digitalen und analogen Abbildungen und Mitteilungen nichts zu tun.

fundamentalistischen Sinne benützt. Intelligenz heißt ursprünglich ein Erfassen von Beziehungen und Bedeutungen. Es ist eine Zusammensetzung von zwei lateinischen Wortteilen: der erste, »*inter*«, bedeutet »zwischen«, und der zweite Teil ist von »*legere*«, das heißt »lesen«, abgeleitet. Und uns geht es hier wirklich um ein »*Intel-legere*«, ein Ablesen dessen, was zwischen dem körperlich Wirklichen geschieht. Bei genauer Beobachtung finden wir keine abgetrennten, unveränderlichen Dinge an sich; alle Dinge stehen in Beziehungen zueinander, alle wirklichen Dinge verändern sich. Wirklichkeitsbezogenes Erleben faßt die Zusammenhänge zwischen den Dingen auf und erkennt, was geschieht, wenn sich ein Ding verändert. Im vorigen Kapitel wurde betont, daß das Wissen auf Zusammenhänge und Bedingtheiten bezogen sein muß, damit es als Weisheit *(Paññā)* gilt und zu einer glücklichen Lebensgestaltung verhilft. Weisheit gründet also auf intelligentem Beobachten der körperlichen Wirklichkeit. So paradox es vielleicht klingt, die Intelligenz des Körpers hat einen durch nichts anderes zu ersetzenden Wert für die Emanzipation des Geistes. Der Urheber des Abhidhamma bringt es kurz und bündig zum Ausdruck:

> Dies eine Ding, ihr Brüder, entfaltet und häufig geübt, führt zu tiefer Ergriffenheit, zur Hohen Sicherheit, zu Achtsamkeit und Wissensklarheit, zum Erlangen des Erkenntnisblickes, zu gegenwärtigem Glückszustand, zur Verwirklichung der Wissensbefreiung und zur Erleuchtung. – Welches eine Ding?
> Die auf den Körper gerichtete Achtsamkeit.[2]

Auf welche Weise Glückszustand und Ergriffenheit mit dem Körperleben zusammenhängen und Energiequellen darstellen, wird im Unterkapitel »Freude und Ergriffenheit« noch eingehend erörtert. Versuchen wir uns zu verdeutlichen, wie intelligent und unentbehrlich der Bezug auf den Körper ist.

Den Körper ver-raten macht ver-rückt

Die Beachtung der körperlichen Wirklichkeitsverankerung wurde in unserer Kultur im Namen der Aufklärung und Wissenschaft zum Vergessen gebracht. Lange Zeit schaute man nur zu dem *Logos* em-

---

2 Aus *Anguttara Nikāya* I.21., deutsche Übersetzung von Nyānatiloka: *Die Lehrreden des Buddha aus der angereihten Sammlung,* Aurum, Freiburg 1985.

por. Erst am Anfang dieses Jahrhunderts haben Sigmund Freud und Iwan P. Pawlow wieder auf ihre Bedeutung hingewiesen. Freud machte deutlich, daß wir von einer Gesamterfahrung nur das verstehen können, was auf eine Nachricht aus dem eigenen Körper zurückgeführt werden kann.[3] Pawlow hat in seinen Experimenten gezeigt, daß nicht nur Menschen, sondern auch Hunde verrückt gemacht werden können, wenn sie ihre körperliche Wirklichkeitsverankerung verlieren. Weil die Pawlowschen Experimente sehr instruktiv sind, möchte ich sie hier kurz schildern.

Ein Hund begibt sich normalerweise zum Ort seiner Nahrungsaufnahme, sobald er dort die Nahrung sieht oder riecht, und beginnt dann zu fressen. Wenn aber kurz vor jeder Futterabgabe ein Lichtkreis auf die Wand projiziert wird, lernt der Hund, schon beim Erscheinen des Lichtes zum Futterort zu gehen. Sogar sein Verdauungssystem lernt, auf das Licht mit Magenbewegungen und Speichelfluß zu reagieren, noch bevor die Nahrung gesehen oder gerochen wird. Wenn das erreicht ist, fängt der Wissenschaftler mit dem Hund ein neues Spielchen an: Jedesmal wenn sich der Hund nach dem Erscheinen eines ellipsenförmigen Lichtes vom Ort bewegt, versetzt er ihm einen Elektroschock. Der hungrige Hund lernt bald zu unterscheiden: A) Der Lichtkreis ist eine »Einladung zum Tisch«, welche Bewegungen des Magens und Wasser im Maul erlaubt. B) Die Lichtellipse ist eine Warnung vor Verletzungen, das heißt, daß man sich bei deren Erscheinen besser nicht rührt. Nun wird im Namen der Wissenschaft etwas ganz Böses getan. Man ruft eine sogenannte experimentelle Neurose hervor. Dem hungerleidenden Hund wird auch beim Erscheinen eines nicht ganz runden Lichtkreises Futter gegeben, und andererseits auch beim Erscheinen einer etwas runderen Lichtellipse ein Schock versetzt. Zudem wird der Unterschied zwischen den Lichtsignalen fortlaufend verkleinert. Der Hund verzichtet zuerst lieber auf die Nahrungseinnahme. Mit zunehmendem Hunger riskiert er aber dann doch Schocks und Verletzungen, um zur Befriedigung zu kommen. Der Wissenschaftler rundet die »bösen« Ellipsen jedoch noch weiter ab und verflacht die »vielversprechenden« Kreise immer mehr. Der Hund ist jetzt der künstlichen Situation voll ausgeliefert und von der Gnade und Macht des Experimentators abhängig. Die einzige Wahl, die ihm bleibt, ist der Hungertod oder die Verrücktheit. Die Hunde Pawlows haben laut Fachliteratur die Verrücktheit gewählt.

Mit hoher Wahrscheinlichkeit war Pawlow durch seine Entdeckun-

---

3 So in seinem *Entwurf einer Psychologie* vom Jahre 1895.

gen der Reflexmechanismen so gefesselt und verblendet, daß er, im Unterschied zu Freud, weder an die ethischen Bezüge seines Unternehmens noch an die Bedeutung des bewußten Erlebens dachte. Sie aber, lieber Leser, liebe Leserin, legen wahrscheinlich jetzt eine Pause ein und geben Ihren Einfällen und Assoziationen die Möglichkeit, sich zu entfalten. Wie sehen die Verhältnisse zwischen Mächtigen und Ausgelieferten in Ihrer persönlichen Umwelt aus? Kennen Sie Beispiele von autoritären Herrscherpersönlichkeiten, die von der Gnade ihrer verwöhnten Tochter oder Liebhaberin vollkommen abhängig sind oder waren? Welche Machtmittel haben die Schwachen? Wecken von Schuldgefühlen? Den andern verrückt machen? Erpressung? Liebesentzug? Das alles sind häufige Themen in unserer Gesellschaft. Oder haben Sie schon einmal erlebt, wie ein verhätschelter Mann, der sich unbeholfen gibt, praktisch alles bekommt? Und zwar sowohl von Frauen, deren Mütterlichkeit er auszubeuten weiß, wie auch von Männern, denen er vortäuscht, sich zu unterwerfen. Auch dies ist ein immer wiederkehrendes Thema. Wie hängt die unklare, nicht eindeutige Kommunikation mit Machtfestigung und Machtmißbrauch zusammen? Wer macht wen zum Opfer, und wer macht wen zum Täter? Wenn wir solch konkrete Situationen gründlich auffassen *(Yoniso Manasikāra)*, finden wir wiederum die altbekannten Ursachen: Wirklichkeitsentfremdung, Haß und Gier.

Im Zusammenhang mit den Pawlowschen Experimenten tauchen noch viele weitere Fragen auf, die man nur aus der Gewißheit eigener Wirklichkeitsverankerung eindeutig beantworten kann: Was heißt »verrückt«? Ver-rückung zwischen was? Von welchem Standpunkt her gesehen ist wer wann verrückt? Inwiefern haben Pawlows Hunde den Körper verraten? Der Geruch des Essens, der Lichtkreis, der Hunger und das eigentliche Erlebnis des Essens sind alles körperliche Wirklichkeiten – wo liegt denn *zwischen* ihnen die Intelligenz und wo die Verrückung? Wo ist die Lüge? Ist das Zwischen zwischen den körperlichen Dingen immer gleich stichhaltig? Ist es gleich wie das Zwischen zwischen Ding und Wort? Solche Fragen sind nicht durch erklärende Worte zu beantworten. Eine diesbezügliche Wissensklarheit *(Sampajañña)* wird in den folgenden Kapiteln dennoch vermittelt, und zwar mit Hilfe von Übungen der Körperachtsamkeit.

Eine mit Tierexperimenten zusammenhängende Frage, vielleicht die wichtigste, die aber leider fast immer ignoriert wird, lautet: Was passiert innerlich dem Wissenschaftler, der sich systematisch im Quälen anderer Lebewesen übt? Was für Veränderungen des Bewußtseins und der tieferen Persönlichkeitsstrukturen erfährt ein Mensch, der sich aus taktischen Gründen immer unterwürfig und unbeholfen gibt? Es bleibt ihm. Sein Erfolg, das zu erreichen, was er will, ist also nur eine Seite der Medaille. So bleibt auch die Innenwelt des Menschen, der glaubt, durch Lügen manche Situation gerettet und manchen Kampf gewonnen zu haben, nicht frei von Spuren. Und der Wissenschaftler? Er wird mit der Zeit darauf spezialisiert, alle – auch sich selber – auf jene eingeübte Art und Weise zu behandeln. Ohnmächtig? Ja, die vermeintliche Macht schränkt ein. Das Gewinnen von Einsicht und das erkenntnismäßige Durchdringen dieser Zusammenhänge ist *conditio sine qua non*, die unentbehrliche Voraussetzung, für das Kultivieren höherer Stufen von *Sīla*, der zuverlässigen subjektiven Ausgangslage für die Emanzipation.

Daß die Intelligenz des Körpers eine so wichtige Rolle für Freude und Selbstvertrauen, für Sachlichkeit und Wissensklarheit spielt, ist leicht zu begreifen; ihre zwischenmenschlichen und ethischen Folgen erfordern hingegen noch einige Beobachtung. Bleiben wir aber vorerst bei den Ihnen schon bekannten Vorteilen der körperlichen Wirklichkeitsverankerung. Worin besteht der eigene Gewinn, wenn man mit den anderen eindeutig und wahrhaft kommuniziert? Was heißt Eindeutigkeit, was heißt Wirklichkeitsverankerung? Nehmen Sie sich Zeit für die Erkundung Ihres eigenen Lebensraums und blättern Sie nochmals auf Seite 62 zurück. Was entdecken Sie im Rückblick? Bevor Sie weiterlesen, achten Sie auf das, was Ihnen über Ihre eigenen Kommunikationsfähigkeiten und -möglichkeiten einfällt.

Vergnügtheit statt Verrücktheit

Die körperliche Wirklichkeitsverankerung und die klare Eindeutigkeit von Mitteilungen dienen nicht nur der Vorbeugung gegen Verrücktsein, Ausbeutung und Betrug; sie können auch aus dem Wahnsinn einer persönlichen Verrücktheit oder einer gesellschaftlichen Verirrung herausführen. Mit solchen Zusammenhängen hat sich der schon mehrfach erwähnte Gregory Bateson eingehend auseinandergesetzt. Seine Forschungsergebnisse ermöglichen es, weitere Folgen der Entdeckungen von Pawlow, Freud und anderen zu erkennen. Bateson stellte Ergebnisse mehrerer Wissenschaften in einen Zusammenhang, indem er – anders als die im zweiten Kapitel erwähnten Systematiker – nicht die begrifflichen Wissensbrocken zusammentrug, sondern die Organisationsprinzipien der verschiedenen Wissenssysteme in einer universalen Epistemologie vereinte. Die Epistemologie untersucht die Erkenntnisprozesse des Wissenschaftlers und des Hundes, des Geisteskranken und Therapeuten, und vergleicht die

Erkenntnisergebnisse, die Welten sozusagen, die durch Erkenntnis geschaffen werden. Sie steht dem Abhidhamma daher näher als der herkömmlichen Psychologie oder der Erkenntnistheorie, die oft aus Theorien über Theorien besteht. Die Batesonsche Epistemologie wird es den Geisteswissenschaften und vor allem der Psychotherapie ermöglichen, von der geschichtet multidimensionalen, interaktionell ganzheitlichen Auffassungsweise des Abhidhamma stärker zu profitieren, als es zur Zeit der ersten Übersetzungen aus dem Abhidhamma-Kanon anfangs unseres Jahrhunderts der Fall war.

Obwohl Gregory Bateson, wie er mir erzählte, während seines Aufenthaltes in Peradeniya in Sri Lanka mit Abhidhamma selber nur flüchtig in Kontakt kam, leistet er für dessen Verständnis einen ähnlichen Dienst, wie es der französische Psychoanalytiker Jacques Lacan für das Verständnis des Freudschen Gedankengutes getan hat. Lacan hat nämlich gezeigt, daß man während der ersten Hälfte unseres Jahrhunderts in Freuds Werk nur den biologischen Determinismus, das mechanistische Identitätsdenken und die energetischen Ökonomieprinzipien verstehen konnte[4]. Die Deutungsprinzipien der modernen Semantik und Kybernetik waren damals noch nicht vorhanden. Dank der Arbeiten von Bateson und seiner »Palo-Alto-Schule« sind wir heute fähig, viel stärker von Abhidhamma zu profitieren. Unsere Situation entspricht also der Situation heutiger Psychoanalytiker, denen es Lacan ermöglichte, die Freudschen Entdeckungen viel tiefer, ganzheitlicher und ursprünglicher zu verstehen.

Bevor ich erläutere, wie die körperliche Wirklichkeitsverankerung aus Mißständen der Innenwelt (Verrücktheit, Verlogenheit usw.) sowie aus solchen der Außenwelt (Ausbeutung, Manipulation usw.), hinausführt und Gregory Batesons Beitrag zum Verstehen des Auswegs etwas ausführlicher behandle, sollen drei bedeutende Themen hervorgehoben werden. Sie spielen im Abhidhamma und bei Bateson eine wichtige Rolle: Die Unterscheidung von Kommunikationsebenen, die integrative Überwindung der Gegensätze und die Konfliktverarbeitung durch Humor.

Das Lächeln des Buddha ist ja sprichwörtlich. Auf Pali heißt es *Hasita.* »Das Heiterkeit erzeugende Bewußtsein« *(Hasituppāda-citta)* nennt der Abhidhamma die vergnügte Freude eines Erleuchteten, die beim »Sich Erinnern an gewisse merkwürdige Kontraste Lächeln veranlaßt«[5]. Dieses Lächeln ist eine körperliche Äußerung *(Kāya-*

---

4 Eine ausführliche Würdigung dieses Beitrags von Lacan ist in A. Wilden: *System and Structure,* Tavistock, London 1980.
5 Nyānatiloka: *Buddhistisches Wörterbuch,* Verlag Christiani, Konstanz 1976, S. 82.

Viññatti) der Freude, die nach einer Konfliktüberwindung entsteht (*Uppāda* heißt Entstehen, Erzeugen – erinnern wir uns an den uns jetzt gut bekannten *Paticca-Samuppāda*) und die eventuell von einer reflektierenden verbalen Äußerung *(Vacī-Viññatti)* gefolgt wird. Mit anderen Worten, die emanzipatorische Konfliktüberwindung läßt das Bedrängende nachträglich nur noch als merkwürdigen und amüsanten Kontrast erscheinen. Dieser emanzipatorische Schritt wirkt entlastend und schafft Erhabenheit, die – falls überhaupt noch nötig – eine sachliche Problemlösung ermöglicht. Die entlastende Distanz veranlaßt zuerst eine körperliche Äußerung der Freude, die im nächsten Schritt auch eine freudige Reflexion auf der verbalen Ebene erlaubt. Frei von Bedrängnis, Aufgeregtheit und Handlungszwang erstrahlt das meditative Lächeln. Dies ist nur eine sehr knappe Annäherung an die Abhidhamma-Auffassung von der Entstehung all der vielen Arten des Lachens und Lächelns und anderer Äußerungen der Freude. Auf die verschiedenen Arten der Freude werden wir noch ausführlicher zu sprechen kommen.

Bateson geht an die Themen des Humors heran, indem er von der Analyse des Spielens bei Tieren ausgeht. Wie bei den Tieren die Freude entsteht, die sie im Spiel äußern, kann ohne Befragung über ihre Introspektion nicht herausgefunden werden. Tiere legen beim Spielen das gleiche Verhalten an den Tag wie beim Kämpfen. Der Unterschied besteht allerdings darin, daß sie einander keine Verletzungen zufügen, denn sie wissen: »Dies ist ein Spiel«. Wieso wissen sie es? Die gründlich auffassende Beobachtung deckt die Tatsache auf, daß es bei Tieren eine Einladung zum Spielen gibt, ein aufforderndes Drängeln, das auf einer anderen, globaleren Metaebene die Nachricht »Dies ist ein Spiel!« vermittelt. Diese globalumfassende Kommunikation besagt, daß die *ganze Situation,* das Beziehungsgefüge, der Verlauf, die sich gegenseitig ergänzenden Handlungen *analog zu einer anderen ähnlichen Globalsituation sein soll,* die beiden spielenden Tieren bekannt ist. Es wird also auf ein ähnliches Ganzes Bezug genommen, das nach dem gleichen Paradigma strukturiert ist, genauso, wie es die analog modellierenden Computer tun. Diese analoge Kommunikation vermittelt eine vollkommene Nachricht, ein abgeschlossenes Ganzes. Die *Reihenfolge des nicht abgeschlossenen Handlungs- und Nachrichtenaustausches während des Spielens hingegen ist selber digital,* wie die Kette der Finger (lateinisch: *digitus*) zweier ineinander gefalteter Hände. Der ganze Verlauf des Spiels kann also durch die gründlich auffassende Beobachtung in eine Folge zueinander gehörender Teile zergliedert werden, wofür nur eine digitale Matrix angewendet wird. Die körperliche Wirklichkeit eines erlebenden Wesens ist dennoch die ganze Zeit und durch die verschiedenen Situationen hindurch ein Kontinuum. *Die Einteilung in digital und analog ist künstlich, ein Produkt des Denkens.* Jede Kommunikation zwischen Lebewesen ist immer sowohl digital als auch analog, solange sie gesund, körperlich verankert und natürlich ist. Dies wird von Wissenschaftlern und Schriftstellern vergessen, die über Kunst, Gruppenleben oder Ko-Evolution von Personen schreiben und behaupten, eine der beiden Kommunikationsweisen sei ursprünglicher, genauer oder wichtiger als die andere.

Erst wenn sich eine Person oder eine Personengruppe der körperlichen Wirklichkeit entfremdet, im Bereiche der Ideen die Aufspaltung in analog und digital vollzieht und danach das Bewußtsein einer dieser beiden Kategorien verdrängt, erst dann kann dadurch bedingt Verrücktheit, Ausbeutung und Manipulation entstehen. Also führt das Fehlen oder die unklare Kommunikation eines der beiden Typen von Nachrichten, mit anderen Worten, eine nicht gründliche Auffassung *(Ayoniso Manasikāra)* der Situation, zum Leiden. Schauen wir uns nun mit Hilfe der Batesonschen Matrix von Double-Bind[6] an, wie so etwas in konkreten Situationen entsteht, und wie man aus dem Kreislauf solcher Bedingten Entstehung ausbrechen kann.

Merken wir uns nochmals mit Nachdruck, daß sowohl die *Gründliche Auffassung der Double-Bind-Situation* (also die 2. Edle Wahrheit »Erkennen von Leidensursachen«), wie auch das *Wissen über den Ausweg* (die 4. Edle Wahrheit »Pfad der Leidensbefreiung«) der Person, die sich befreien will, bewußt zur Verfügung stehen muß. Die Leidenseinsicht (die 1. Edle Wahrheit) und das Leidlose als Ziel (die 3. Edle Wahrheit) genügen alleine nicht. Bateson, Jackson, Haley und Weakland haben in ihrem bahnbrechenden Artikel *Toward a Theory of Schizophrenia* (1956) die folgenden Elemente der Matrix von Double-Bind aufgeführt:

1. Ein »Opfer« wird gewählt von denen, die dazu die Macht haben oder denen die Macht zugesprochen wird (denken wir an das Beispiel einer verwöhnten, »schwachen« Tochter, die den mit Schuldgefühlen beladenen Vater als Opfer wählt).
2. Das Opfer muß einer wiederholten Erfahrung von schmerzhafter Unklarheit ausgesetzt worden sein (ähnlich wie Pawlows Hund).

---

6 Die kürzeste Definition von Double-Bind ist: »Was auch immer du tust, es ist falsch.« In Double-Bind-Situationen wird auf zwei Ebenen (zum Beispiel körperlich und verbal) Entgegengesetztes kommuniziert, eine Handlung wird verlangt und gleichzeitig verboten. Sowohl das Nichtausführen wie auch das Ausführen einer Handlung wird bestraft.

3. Das Opfer lernt auf der »primären« Ebene – sagen die Autoren –, digital Signale zu entziffern und sich so zu verhalten, daß Strafen und Schmerzen vermieden werden (gehorsam Befehle der Eltern ausführen, um einem Liebesentzug vorzubeugen; im Falle von Pawlows Hunden: beim Ausformen des Lichts als Ellipse nicht zum Futterort gehen und ähnliches).

4. Auf einer anderen, sekundären Ebene wird analog Widersprüchliches über die ganze Situation aufgenommen, indem Befriedigung versprochen wird (»Nur wenn du die Eltern ignorierst, wirst du von ihnen respektiert« – so in unserem früheren Beispiel aus der Ehetherapie; im Falle des Hundes: »Erscheinen des Lichts bedeutet Futter«).

5. Die ganze Situation muß als unausweichlich akzeptiert – und als solche auf einer noch »höheren« tertiären Ebene definiert werden (das Kind glaubt, Liebe und Respekt nur in seiner Familie zu bekommen; der Hund kann nur im Rahmen des Experiments seinen Hunger stillen).

6. Wenn einmal alle diese fünf Bedingungen dem Opfer einprogrammiert worden sind, müssen sie nicht mehr real in seiner Außenwelt vorkommen. Es genügt, wenn irgendeine der fünf Bedingungen erscheint, und der verrückte Hund oder das schizophrene Kind gerät in Angst, Wut oder Panik. Die auslösenden Signale können von nun an auch halluziniert werden, und die fehlenden Einzelheiten des krankmachenden Kontextes entstehen weiterhin, bedingt durch die Wiederholung von Stimmen und Visionen in der Innenwelt.

7. Wird das Opfer durch einen Erlöser aus der sich stets wiederholenden Situation befreit, ohne jedoch Einsicht zu gewinnen, dann bleiben die Mechanismen des Ausgeliefertseins auch weiterhin bestehen. Das Opfer sucht auch in der leidensfreien Situation neue Abhängigkeit, zum Beispiel betet es jetzt seinen gnadenvollen Befreier an. Die Programmierungen der fünf Bedingungen von Double-Bind sind in ihm nicht ausgelöscht, nur sind seine Angst, Wut und Panik in Abhängigkeit, Unterwerfung und Gehorsam umgekippt. Die Lebenstüchtigkeit des Opfers bleibt weiterhin eingeschränkt. Der experimentell geschädigte Hund ist bei seinem neuen Herrn überangepaßt, das »verrückt« gemachte Kind entwickelt sich in einer anderen Beziehung zu einem voll ergebenen Sexpartner oder zu einem fanatischen Sektenanhänger.

8. Die Befreiung kann nur erfolgen, wenn das Opfer alle fünf Bedingungen *erkenntnismäßig durchdringt,* sie der primären, sekundä-

ren und tertiären Ebene zuordnen kann und auf einer noch höheren Ebene der Metakommunikation den Ausweg findet. Was ist nun diese »noch höhere Ebene«? Wo liegt die »höchste Ebene« des Auswegs?

Anschließend an die Erklärung der Bedingungen von Double-Bind zeigen Bateson und Mitarbeiter den Ausweg aus dem Double-Bind anhand folgender Geschichte: Ein Zen-Meister hält einen Stock über den Kopf seines Schülers und spricht: »Wenn du sagst, daß der Stock wirklich ist, werde ich dich schlagen. Wenn du sagst, er sei nicht wirklich, werde ich dich schlagen. Wenn du überhaupt nichts sagst, werde ich dich schlagen.« Der Zen-Meister ist eine Autoritätsperson. Der Schüler hat die Instruktion, nur zu sitzen und zu meditieren. Beide wissen allerdings, daß die höchste Definition der ganzen Situation »Weg zur Emanzipation« lautet – darin liegt ein wesentlicher Unterschied. Der Ausweg besteht darin, daß der Schüler den Stock erfaßt und weglegt.

Der Zen-Meister ist im höchsten Sinne wohlwollend, er ist haßlos, gierlos und haftet nicht an Worten, aus denen die Bedingungen des Double-Bind bestehen. Der Schüler ist ungehindert, den Weg auf der körperlichen Ebene zu verwirklichen. So wird er emanzipiert.

Eine junge Psychologin, die mit mir zusammen vor Jahren an emanzipatorischen Workshops mitgearbeitet hat, drückte ihren Sprung zur Emanzipation in einem Gedicht aus, das zugleich ihre Matrix oder ihr Metaprogramm des Auswegs aus dem schmerzhaft Widersprüchlichen darstellt:

Siehst du
wunderschön ist
das perlnasse Netz der Spinne
Der Sinn
so schwer zu verstehn

Nicht raffen kannst du
die gelebten Jahre
Vieles gefallen in tiefen Tiefen
Vieles zurückgeblieben
verloren für immer

Ohne zu verstehen
vertrauen ins Jetzt

114

Mutig sinnlos sein
Regeln umstoßen und zu
Ausnahmen erklären
Grundsätze fliegend wechseln

Das Absurde ins Schwarze
treffen lassen
Jessica Wilker (1982)

Das Gedicht spricht für sich. Es weist auf die Wirklichkeitsverankerung im Jetzt hin, schüttelt die gesellschaftlichen und begrifflichen Double-Binds ab, läßt das Ganze (dazu gehört auch das Absurde) des Lebens bewußt werden. Es ist ein mächtiges Auftauchen in die Freiheit, Freiheit *von* Beschränkungen in Freiheit *zu* sinnvollem Leben. Zum-Sinn-Erwachen kann ein Erwachen zur Lebenstüchtigkeit werden. Nur dann ist die Gefahr überwunden (siehe oben Punkt 7 der Batesonschen Matrix von Double-Bind), daß sich die befreite Person wieder einer Autorität oder einem Glauben unterordnet – sei es auch ein Glauben an das Absurde, an das Chaos oder ein lustvolles Absinken ins Unbewußte.[7] Das Ausbrechen in die kosmische Hauslosigkeit ist nur dann emanzipierend und transzendierend, wenn man zuvor im eigenen inneren Haushalt aufgeräumt hat. Erst nach dem Auflösen der inneren Befleckungen *(Kilesa)* kann auch die äußere Ökologie stimmen, die Wahrnehmung frei von Trübungen und Entstellungen werden. Dann siehst du: Wunderschön ist die Natur...

Ich weiß, liebe Leserin, lieber Leser, daß Sie großes Vergnügen daran fänden, mit mir hier auf dieser Wiese mitten im srilankischen Dschungel zu sein – da, wo ich jetzt sitze und diese Zeilen schreibe, weit weg von der Stadt, still im Schoße der Natur. Die Vogelstimmen und all die anderen Geräusche – eigentlich eine Menge Krach –, denn der Dschungel ist alles andere als still. Freche Affen haben mir vor ein paar Minuten das Gebäck gestohlen, das meine Frau zum Tee serviert hatte... warum werfe ich keinen Stein? Warum benütze ich nicht einen Stock oder vielleicht ein Luftgewehr, um die Affen einzuschüchtern? Warum wähle ich, hier mit den Affen zu leben? Wenn Sie nun mit mir unter diesem Baum sitzen würden, könnten wir miteinander Situationen mit ihren vielen Widersprüchen teilen, die uns als Bausteine für das Double-Bind des Lebens selbst dienen könnten. Sicher würde uns diese Situation im tropischen Urwald genug Zeit

---

7 So zum Beispiel Richard Wagners »Unbewußt – höchste Lust« in *Tristan und Isolde.*

und Raum lassen, damit wir sie jeweils einige Momente später transzendieren könnten. So wird aus der Bedrängnis ein »vergnügtes Sicherinnern an gewisse merkwürdige Kontraste« – das erleuchtete Lächeln.

Wenn Sie, liebe Leserin, lieber Leser, Ihre auf Konventionen der europäischen Malerei zurückgehende Programmierung löschen und das folgende Bild *nicht* als eine Abbildung einer viereckigen Stange, die zu einem Triangel gebogen ist, wahrnehmen, und wenn Sie Ihr Überleben *nicht* vom Entschlüsseln dieses Bildes abhängig machen,

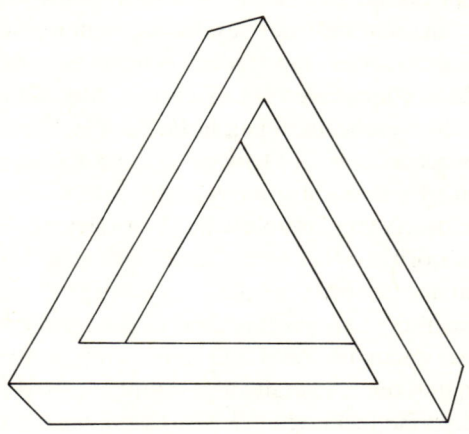

dann werden Sie darüber nicht verrückt, Sie erleben weder Bedrängnis noch Wut. Sie lächeln vergnügt über die »merkwürdigen Kontraste« des visuellen Double-Binds. Sie lassen sich durch die visuellen Double-Binds nicht fangen. Sie haben es sich angeguckt und wenden sich erhaben ab. Bleibt nur noch ein »vergnügtes Sicherinnern an gewisse merkwürdige Kontraste« – *Hasita,* das erleuchtete Lächeln?

Ebenen des Erlebens

Schon das Experiment im ersten Kapitel hat gezeigt, daß es auch Erlebensweisen gibt, die frei vom Denken sind. Wie banal so etwas auch klingen mag, für viele ist es noch gar nicht erwiesen. Ich habe immer wieder feststellen müssen, daß mancher Teilnehmer eines Workshops über New-Age-Strategien zwar begriffen hat, daß es Erleben außerhalb des Denkens gibt und darüber auch gelehrt diskutieren konnte, tatsächlich aber ein solches nichtgedachtes Erleben nie an sich selbst erfahren hatte.

Obwohl es für das Verstehen des Abhidhamma wesentlich ist, auch gedankenfreies Erleben zu kennen, geht es keineswegs darum, das Denken aus der Welt zu schaffen, wie es einige Meditationsschulen predigen. Wie ein Kind zu sein, das noch nicht zu denken lernte, hat mit Emanzipation und Erleuchtung nichts zu tun. Das emanzipierte Erleben wird zwar nie mehr in gewisse unliebsame Bereiche (zum Beispiel der Depression oder der Psychose) geraten[8], doch sind ihm alle Ebenen prinzipiell zugänglich. Keine Erlebensebene bleibt in der emanzipatorischen Geistesschulung unbeachtet, an keiner wird aber angehaftet. Jede Erlebensebene ist für irgend etwas im Leben unentbehrlich: so ist das begriffslose Körpererleben nötig für das Erlernen eines Tanzstils oder einer Sporthandlung, und das gefühllose Zahlenerleben braucht man für fehlerfreies Rechnen beim Einkaufen, bei der Buchhaltung oder der Brückenkonstruktion. Tatsächlich sind für das emanzipatorische Geistestraining alle Erlebenstypen erforderlich und müssen daher kultiviert werden.

In einzelnen Bereichen des Lebens sind also gewisse Erlebenstypen vorteilhaft. Für das Entwickeln, Einüben und Anwenden von New-Age-Strategien ist es besonders wichtig, daß wir fähig sind zu erkennen, in welchem Erlebensbereich wir uns jeweils befinden, und dementsprechend zu unterscheiden, welchen Erlebenstypus wir wählen. Im Alltag geschieht eine solche Anpassung der Erlebensart an die Umstände automatisch, das heißt, ohne bewußte Kontrolle. Die fortgeschrittenen Übungen von Dhamma-Strategien arbeiten vor allem mit den Übergängen zwischen verschiedenen Wirklichkeiten und den ihnen entsprechenden Erlebensarten. Wir haben uns diesen Themen schon genähert, und die folgende Betrachtung der Erlebensunterschiede wird Ihnen daher vertraut vorkommen. Doch finden Sie es vielleicht erfrischend, sich nochmals vor das innere Auge zu führen, durch welche Bereiche und Erlebenstypen Sie gegangen sind, als Sie die verschiedenen Darstellungen der Konfliktüberwindung gelesen haben. Erforschen Sie sich, indem Sie das vorangegangene Unterkapitel als eine Vielfalt von Grundlagen für mehrere Erlebenstypen benützen. Wie erlebten Sie also

– die systemtheoretische Analyse nach Bateson?
– die abhidhammische Erklärung der Transzendenz durch Humor?
– die Vermittlung durch ein Gedicht?

---

8 Sobald man einmal die Fülle der Wirklichkeit in einem von allen Entstellungen freien Erlebnis genossen hat, bleibt man nie mehr bei den wahnhaften Gebilden haften. Dies wird im *Visuddhi Magga* (deutsche Übersetzung *Der Weg zur Reinheit*, S. 804 ff.) als Stromeintritt *(Sotāpatti)* bezeichnet. Vgl. Unterkapitel »Das Gewähren der Leere«, S. 324 f.

- Wie stand es vorher mit Pawlow?
- Wie hat die Zen-Geschichte gewirkt?
- Wie die Einladung zur emotionellen Teilnahme an der amüsanten, widerspruchsreichen Schreibsituation des Verfassers?
- Wie schließlich die graphische Vermittlung des Double-Binds durch Infragestellung der kulturbedingten Programmierung Ihres Auffassens von Abbildungen?

Welche Erlebensebenen wurden bei Ihnen durch die verschiedenen Vermittlungsweisen aktiviert? Sie können jetzt eine Selbstdiagnose darüber stellen, auf welchen Ebenen Sie besonders begabt sind. Es lohnt sich, das Unterkapitel »Vergnügtheit statt Verrücktheit« aus dieser Sicht nochmals zu lesen.

Im Hinblick auf die Entwicklung von Dhamma-Strategien wird es uns zunächst genügen, wenn wir die folgenden vier Erlebensebenen unterscheiden:

1. Unmittelbares Erleben von wirklichen Ereignissen, Prozessen, Zuständen und damit verbundenen Gefühlen, die *körperlich in der Gegenwart stattfinden.*
2. *Körperlich erlebte Bedeutung* von vorgestellten (erinnerten) Ereignissen, Beziehungen, Konstellationen, Situationen, Szenen und die *damit verbundenen Gefühle,* die zu gegenwärtigen Gemütsbewegungen und Bewußtseinsveränderungen führen.
3. Begriffliches Denken, das sich auf den Ablauf des unmittelbar Erlebten oder auf die gefühlsbetonten Bedeutungen ganzer Situationen bezieht, die sich *gegenwärtig ereignen*[9]. Aus diesem Denken bestehen die Matrizen, Auffassungs- und Handlungsprogramme (soweit sie bewußt zugänglich und damit also »denkbar« sind).
4. Begriffliches Denken, dessen Inhalte zu der momentanen Befindlichkeit des Denkers, also *zu der Erlebenswirklichkeit keine bewußte Beziehung* haben. Dies kann ein wirklichkeitsentfremdetes Faseln sein, das unbewußt motiviert und gesteuert ist, oder eine mechanische Datenverarbeitung (zum Beispiel Rechnen), oder aber auch ein weises Erwägen der Regeln und Programme mit Hilfe der Metasprache abhidhammischer Algebra – dies wäre also

---

9 Dies ist die Anwendung von *Akkheyya* beim Auffassen von Erlebenseinheiten. Hingegen gehört das Nachdenken mittels *Akkheyya* nicht zu diesem Erlebenstypus, obwohl alle Begriffe des Abhidhamma auf konkrete Erlebnisse *(Bhūta)* bezogen *(Yathā)* sind.

ein Entwerfen und Koordinieren emanzipatorischer Strategien. Ausschlaggebend ist, daß diese Erlebensebene *keine gegenwärtige körperliche Wirklichkeitsverankerung* hat.

Im eigentlichen Sinne ist nur das unmittelbare Erleben des ersten Typus in einer Wirklichkeit verankert, die jeder jeweils anwesenden Person zugänglich ist. Es ist daher intersubjektiv. Auf dieser Ebene des Sinnendaseins *(Kāma-Bhava)* finden die strategisch überlegten Handlungen statt, aus denen die gemeinsame Welt der New-Age-Konspiranten besteht. Nur auf dieser Ebene ist es möglich, tatsächlich zusammenzuatmen *(con-spirare)*, zusammenzuarbeiten, die Welt zu verändern und eine Harmonie zwischen den Lebewesen und dem Kosmos zu bewirken.

Diskussionen und Vorträge, das Schreiben und Lesen von Büchern, wie auch alles begriffliche Denken, gestaltet und vermittelt Inhalte, die weniger wirklich sind als die unmittelbar erlebten Ereignisse. Während der Lektüre, beim Anhören eines Vortrags, im Nachdenken und Träumen wie auch beim Diskutieren kann man wohl auch körperlich Bedeutungen nacherleben und Gemütsveränderungen nachfühlen. Dies ist jedoch ein Erleben von Wirklichkeit aus zweiter Hand – also nicht ursprünglich, sondern entlehnt, und daher weniger wirklich als das unmittelbare Erleben des ersten Typus. Die Gefühle, Bedeutungserlebnisse und Gemütsbewegungen, die mit dem Erleben aus zweiter Hand verbunden sind, sind subjektiv wirklich, denn sie finden im Körper des Erlebenden statt. Sie gehören aber nicht zur Wirklichkeit der Welt, die wir intersubjektiv miteinander teilen. Auch wenn sich eine Gruppe von Menschen während eines Vortrags, einer Predigt oder einer Gruppenmeditation in ähnliche Bedeutungserlebnisse und Gemütsbewegungen steigert und diese Parallelerlebnisse bei den einzelnen sogar die gleichen körperlichen Äußerungen *(Viññatti)* von Wonne oder Wut hervorrufen – auch dann handelt es sich nicht um die Teilnahme an einer gemeinsamen Wirklichkeit. Bildlich ausgedrückt: es entsteht genausowenig eine gemeinsame Wirklichkeit, wie ein Fußballspiel dadurch entsteht, daß sich eine Gruppe von zweiundzwanzig Torhütern in die Lüfte wirft und die Bewegungen des Ballfangens ausführt. Oder ein anderes Bild: Wenn sich zwei Menschen zu gleicher Zeit im gleichen Raum in sexuelle Erregung hineinsteigern, so heißt das noch lange nicht, daß sie miteinander an einem Geschlechtsakt der körperlichen Vereinigung teilnehmen, dem Nachwuchs entspringt. Und genauso unfruchtbar bleiben leider auch die vielen »gemeinsamen Aktionen«, die heutzutage unter dem Etikett des New Age laufen, an schöne Begriffe und Weltbilder gebunden sind, aber keine unmittelbar gemeinsame Wirklichkeitsverankerung haben.

Die Gruppenmeditation ist eine Einrichtung, die sich für sehr viele als hilfreich erwiesen hat. Es ist nicht nur für den Leiter der Gruppe ökonomischer, seine Anweisungen für zehn Leute anstatt zehn Einzelanweisungen zu geben. Auch für den Meditierenden ist es leichter, die äußeren Gegebenheiten, Ablenkungsschranken und Zeitspannen einzuhalten, wenn zehn Leute körperlich an Ort und Stelle mit dabei sind. Aber das ist auch schon alles. Mehr an gemeinsamer Aktion gibt es im Meditationszimmer nicht, denn meditieren muß jeder selbst. Es muß allerdings noch eingeräumt werden, daß die Gruppe darüber hinaus auch in Ausnahmesituationen, die beim Meditieren jedoch sehr selten vorkommen, hilfreich sein kann, beispielsweise wenn ein Meditierender die Erlebensbereiche und -ebenen nicht unterscheiden kann oder ihm die Wissensklarheit über das Meditationsgebiet *(Gocara-Sampajañña)* fehlt. Darauf werden wir ausführlich im fünften Kapitel zu sprechen kommen. Auch kann am Rande falschen Meditierens das passieren, was sich so häufig in psychotherapeutischen und sonstigen Gruppen ereignet: Emotionen, die in einem Erlebensbereich (Gruppenphantasie, Tagtraum, Rollenspiel usw.) entstehen, motivieren unbesonnene Aktionen in einem anderen Erlebensbereich (intersubjektive Wirklichkeit des politischen oder Familienlebens usw.). Es kann dann leider vorkommen, daß mangelnde Wissensklarheit mit der Unfähigkeit zum gründlichen Auffassen einhergeht und sich unbewußt eine Katastrophe vorbereitet.

Das für die Dhamma-Strategien überaus wichtige Unterscheiden und Prüfen von Erlebensebenen und -bereichen, das von den herkömmlichen Geisteswissenschaften völlig ignoriert wird, findet im Abhidhamma viel Beachtung als *Sampajañña* (Wissensklarheit) und *Vīmamsā* (Erforschung) – je nach dem Kontext der Anwendung, wie wir in den folgenden Kapiteln noch sehen werden.

Beim Üben aller Strategien werden wir die auf Seite 118 angeführten vier Erlebensebenen unterscheiden:

1. Durch die Sinne Wahrgenommenes und körperlich Gefühltes,
2. Gefühle und körperlich verankerte Bedeutungen,
3. Denken mit gegenwärtig erlebtem Sachbezug,
4. Denken ohne direkten Sachbezug.

In welcher Reihenfolge diese vier Erlebenstypen beim Üben einer Strategie vorkommen können, wird im *Diagramm 7* veranschaulicht. Man beachte, daß zweierlei Gefühle vorkommen: jene des körperli-

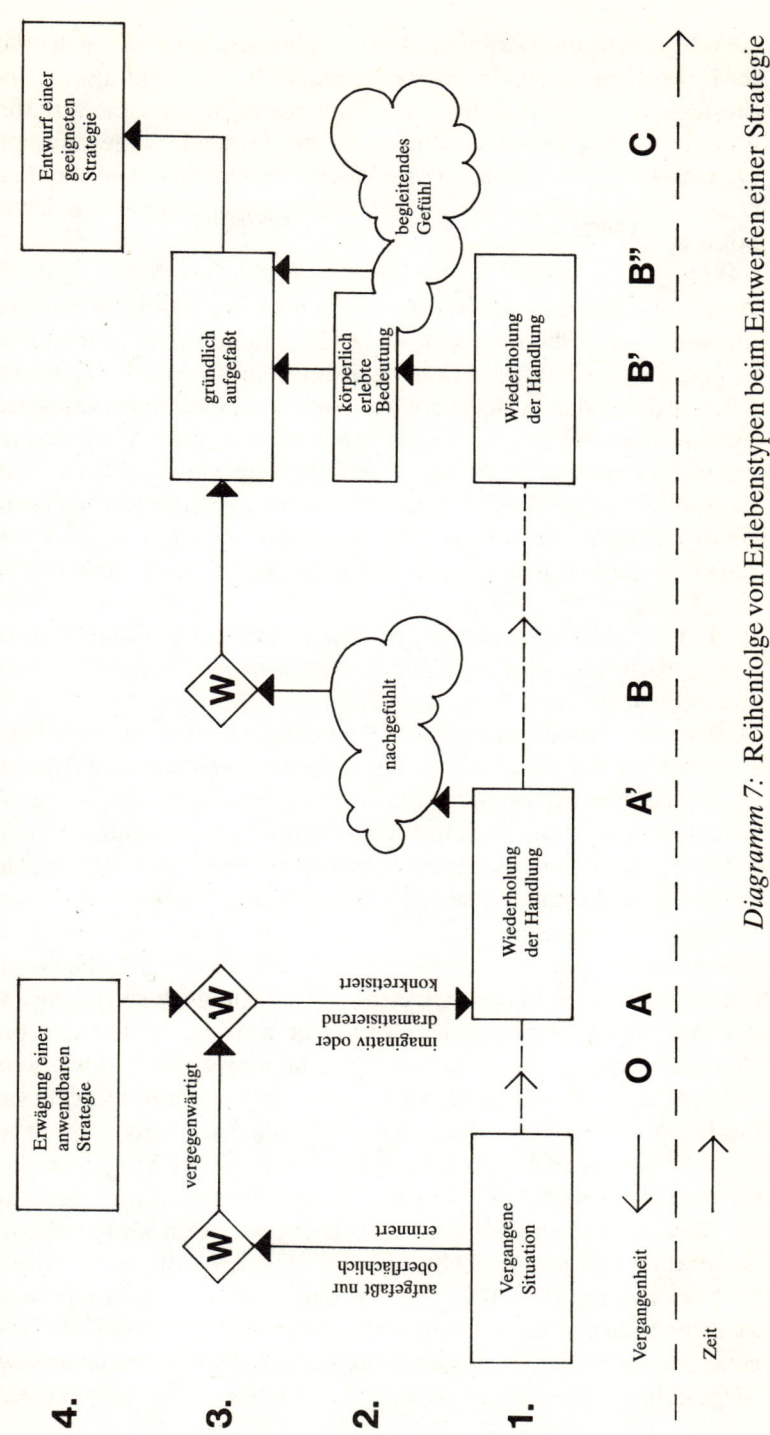

Diagramm 7: Reihenfolge von Erlebenstypen beim Entwerfen einer Strategie

chen Nacherlebens *(Zeitpunkt A')* und jene, die mit körperlich erlebter Bedeutung verbunden sind *(Zeitpunkt B")*. Die Entfaltung einer Strategie beginnt *(Zeitpunkt O),* indem eine vergangene Situation unter dem Gesichtswinkel einer möglichen Strategie vergegenwärtigt *(Zeitpunkt A)* und unter Umständen körperlich nachvollziehend (zum Beispiel im Psychodrama oder durch Imagination) »wieder-geholt« wird:

A. Beim *Vergegenwärtigen* von Situationen, die problematisch oder vielversprechend für die weitere Emanzipation sind, wird auf das sachbezogene Wissen (Vierecke mit *W* im *Diagramm 7*) zurückgegriffen, das in der Vergangenheit die Handlungen aufgefaßt hat. Dieses Wissen wird zum Erleben des 1. Typus konkretisiert.

B. Beim *gründlichen Auffassen* der vergegenwärtigten Situationen spielen vor allem die *körperlich erlebten Bedeutungen (Zeitpunkt B')* und die *damit verbundenen Gefühle (A'* und *B'',* 2. Typus) eine wichtige Rolle. Es wird aber auch das *begriffliche Denken* (3. Typus) benötigt.

C. Für die *Analyse* und das *Erwägen* von möglichen Matrizen und Programmen wird das *vom momentanen Erleben gelöste Nachdenken* (4. Typus) angewendet.

D. Das *Vorüben* der gewählten Strategie wird entweder im Vorstellungsbereich mittels *körperlich erlebter Bedeutungen* und der *damit verbundenen Gefühle* (2. Typus) ausgetragen oder im klar abgegrenzten und geschützten Bereich einer Psychodramabühne oder eines Therapiezimmers in *unmittelbar körperlich erlebten* (1. Typus) dramatischen Handlungen ausprobiert.

Die Anwendung einer Strategie findet in der konkreten Lebenssituation statt und verlangt die gemeisterte Verfügung aller Erlebensebenen und -typen. Gut eingeübte Strategien werden situationsentsprechend zum passenden Zeitpunkt spontan angewendet. Auch wenn sie spielerisch ohne jegliche Anstrengung durchgeführt werden, sind das bewußt gründliche Auffassen der Wirklichkeit und das achtsam klare Wissen über den Zweck und die Eignung des Vorgehens stets die charakteristischen Merkmale von Abhidhamma-Strategien. Auf die Wissensklarheit *(Sampajañña)* gehen wir im nächsten Kapitel ausführlich ein; das Verstehen des gründlichen Auffassens *(Yoniso Manasikāra)* war Ziel des vorigen Kapitels. Hier gilt unser Interesse den vier Ebenen des Erlebens, die wir in den bisherigen Erörterungen auseinanderhielten, deren strategische Relevanz im *Diagramm 7* dargestellt wird und deren weitere Beziehungen zueinander im *Dia-*

gramm 8 veranschaulicht werden. Das *Diagramm 8* zeigt einige unheilvolle Entwicklungen auf, die mangels Wissensklarheit vorkommen können, und Möglichkeiten, sie durch achtsames Merken zu
überwinden. Die meisten Symbole dieses Diagramms sind uns schon
vertraut:

Diese leeren Vierecke bedeuten das Auffassen, das
mit oder ohne Sachbezug, gründlich oder oberflächlich sein kann. Wenn ein wirklichkeitsverankertes Wissen (von Situationen, Gefühlen usw.)
aufgefaßt wird, steht ein *W* in dem Viereck; wenn
ein *A* im Viereck steht, handelt es sich um das Auffassen von abstraktem Wissen.

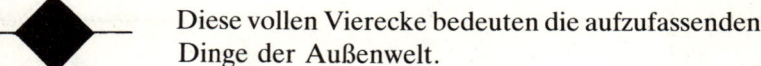

Diese vollen Vierecke bedeuten die aufzufassenden
Dinge der Außenwelt.

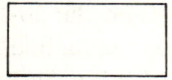

Die Ketten der Informationsverarbeitung durch Erwägen, Planen usw. werden als Kästchen mit der
Bezeichnung »Denken« dargestellt.

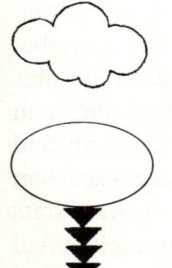

Gefühle werden wie in vorherigen Diagrammen als
Wolken gezeichnet, wobei zu bemerken ist, daß
sich auch das abgerundete Kästchen für den *Handlungsentschluß auf der Ebene der Gefühls- und Gemütsbewegung findet* und nicht etwa auf jener des
Denkens (vgl. hierzu die Ausführungen über Handlungsabsichten auf Seite 180f. und *Diagramm 9*).

Im *Diagramm 8* sind mehrere Erlebensabläufe veranschaulicht, wobei die Erlebensebenen gewechselt werden. Dieser Wechsel wird mit
senkrechten Pfeilen dargestellt. Die vollen Pfeile zeigen den bewuß-

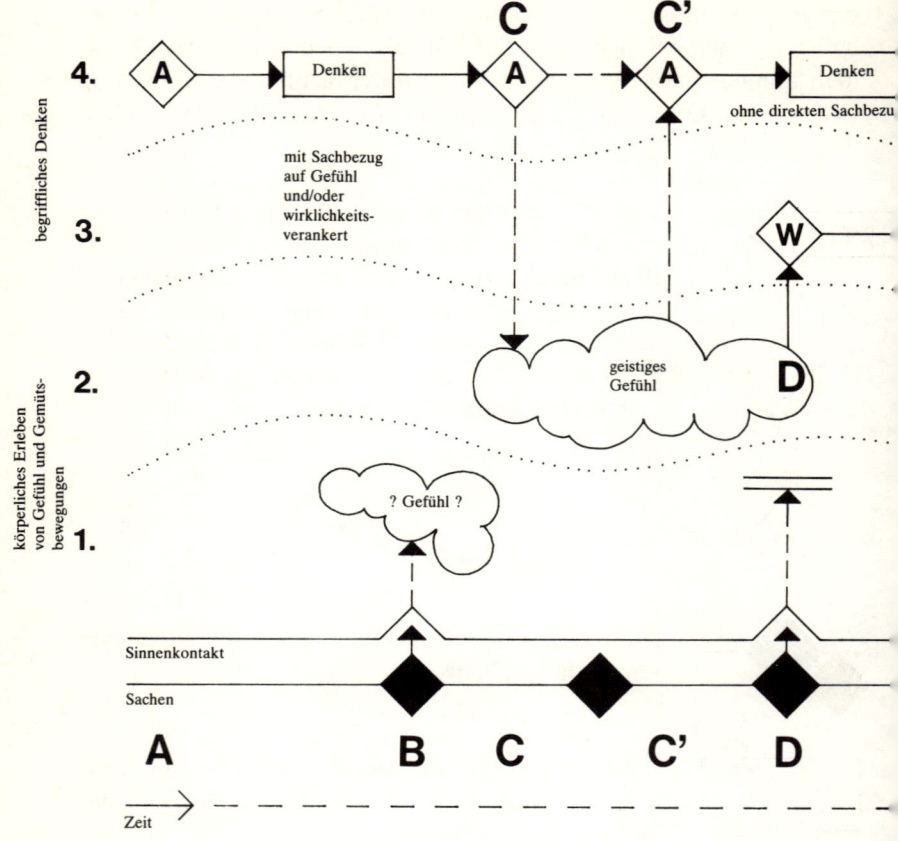

Diagramm 8: Ebenen des Erlebens und der Sachbezug

ten Sachbezug eines wirklichkeitsverankerten Erlebens, die unterbrochenen Pfeile bedeuten unbewußte Auswirkungen, die nicht wahrgenommen werden. So sehen wir im *Diagramm 8*, daß zum Zeitpunkt *A* ein abstraktes Denken (4. Typus) anfängt, das zum Zeitpunkt *C* ein geistbezogenes Gefühl auslöst. Außerordentlich wichtig ist hier die Unterscheidung der folgenden zwei Möglichkeiten:

Eine Möglichkeit besteht darin, daß man gar nicht merkt, daß ein Gefühl ausgelöst wurde, und unachtsam mit dem abstrakten Denken fortfährt. Man nimmt nicht wahr, daß das Wissen *C'* nicht mit dem Wissen *C* identisch ist, weil *C'* auch die Entstellung durch das unbeachtete Gefühl mit umfaßt. Dieses abstrakte Denken ist nicht nur ohne Sachbezug, sondern vom Zeitpunkt *C'* an auch falsch.

124

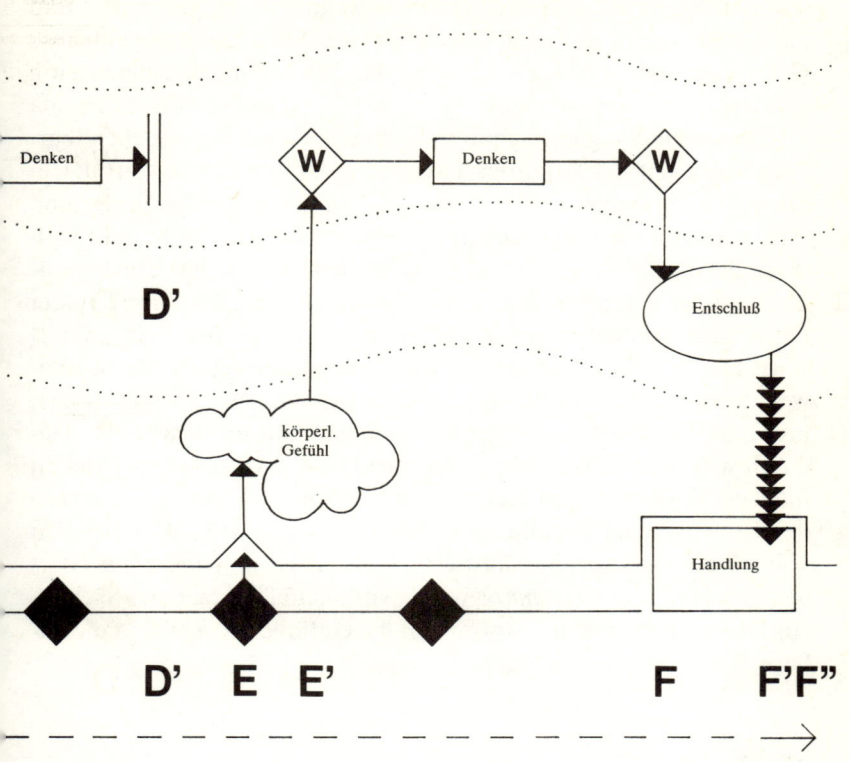

Die zweite Möglichkeit wäre, das ausgelöste Gefühl zu beachten, aufzufassen *(Zeitpunkt D)* und, soweit nötig, denkerisch zu bearbeiten. Wenn man das Gefühlsproblem auf diese Weise gelöst hat, wird das darauf bezogene Denken unterbrochen *(Zeitpunkt D')*, und man kann das abstrakte Denken später wiederaufnehmen und fehlerlos fortsetzen. Die hierzu führende Übung wird im *Geistestraining durch Achtsamkeit* von Nyānaponika als »das Gewinnen des reinen Objekts« bezeichnet; sie befähigt uns zum kompetenten Umgang mit Ablenkungen, wie es im nächsten Kapitel beschrieben wird.

Kehren wir jetzt aber zurück zum *Diagramm 8.* Wir sehen, daß gleichzeitig, während das abstrakte Denken von *Zeitpunkt A* bis *C* läuft, ein Gefühl im Zeitpunkt *B* entsteht, das durch Sinnenkontakt

125

mit Dingen der Außenwelt ausgelöst wurde. Der Sinnenkontakt ist unbeherrscht (weder bewußt abgeschirmt noch achtsam aufgefaßt), und die dadurch ausgelöste Gemütsbewegung bleibt unbewußt und kann daher kaum als Gefühl bezeichnet werden. Dennoch stellt diese Gemütsbewegung eine Zerstreuung dar, die sich auf das gleichzeitig stattfindende Denken ungünstig auswirkt. Wir werden dieses Thema im Zusammenhang mit Sammlungsübungen ausführlich behandeln.

Es soll nicht der Eindruck entstehen, daß bei jemandem, der in Dhamma-Strategien geübt ist, die soeben geschilderten Fehler und Ablenkungen nie vorkommen. Der Zweck der Übung besteht vielmehr darin, die Achtsamkeit so zu schulen, daß sie uns ermöglicht, die Störungen zu merken und zu überwinden. Im *Diagramm 8* findet ein solcher kompetenter Umgang mit Störungen zum Zeitpunkt *D* statt: Durch unbeabsichtigten Sinnenkontakt ausgelöste Gemütsbewegungen werden bewußt abgeschirmt (waagrechter Doppelstrich), und durch Gedanken ausgelöste Gefühle achtsam bearbeitet. Dadurch wird (zum *Zeitpunkt E*) ein wirklichkeitsverankertes Erleben möglich, das zum sachgerechten Denken führt *(Zeitpunkt E')* und so den Entwurf einer Handlung ermöglicht *(Zeitpunkt F)*. Das Erleben von *E* bis *F* wurde in einer ausführlicheren Folge im *Diagramm 7* dargestellt. Hier im *Diagramm 8* wurde vor allem die Frage des Sachbezugs hervorgehoben, der sowohl auf die Gefühle wie auch auf die äußere Wirklichkeit gerichtet werden kann.

Strom der Gefühle

Durch das Auffassen *(Manasikāra)* werden alle Dinge erzeugt...
Das Gefühl *(Vedanā)* fügt alle Dinge zusammen...
Durch die Achtsamkeit *(Sati)* werden alle Dinge gemeistert...[10]

Unser Körper ist das einzige, das jeder von uns sowohl von draußen wahrnehmen als auch von innen fühlen kann. Graf Dürckheim, der große Wegbereiter des Zen-Buddhismus in Europa, hat hierfür die Unterscheidung zwischen »dem Körper, den ich habe, und dem Leib, der ich bin« geprägt. Im Abhidhamma benützt man für Körper mehrere Begriffe, die in der feineren Analyse jedoch nicht auf eine

---

10 *Anguttara Nikāya* X, 58. Prof. E. Hardy, der Herausgeber, sagt im Vorwort zum 5. Band (London 1900, S. 9f.): »Wenn ich hier keinen Bezug auf die einzelnen Bücher des Abhidhamma nehme, dann ist der Grund einfach..., daß hierfür eine spezielle Untersuchung nötig ist, weil sie ganz von Anguttara abhängig sind.«

Zweigliederung Körper – Leib reduziert werden können, denn ich bin nicht der Leib, den ich von innen fühle. Auch dieser Leib – wenn gründlich aufgefaßt – ist nur eine ichlose Hülle, was sich jeder mit ein wenig Geduld durch methodische Körperbetrachtung zweifellos selber beweisen kann.

Der Körper, ob von innen gefühlt oder von außen wahrgenommen, ist letztlich eine begriffliche Konstruktion, eine Vergegenständlichung von Prozessen. Die äußere Wahrnehmung kann fast unendlich verbessert werden, indem wir unsere Sinne durch Prothesen verlängern und verfeinern: Mikroskope, Raumschiffkameras, Beleuchtungsmesser, Waagen, Thermometer, Apparate für akustische Analysen, Meßgeräte für Wellen und Strahlungen usw. Alle diese Prothesen der Wahrnehmung erlauben uns ein noch besseres Auffassen der Welt, indem wir noch kleinere oder noch umfassendere Dinge »ersinnen«. Auch wenn wir auf solche Weise in suprastellare und subatomare Bereiche vordringen und dort die Wirklichkeit – die Dinge auf ungeahnte Weise neu unterscheidend und aufzählend – viel genauer und zuverlässiger als durch die bloßen Sinne wahrnehmen, finden wir nur Prozesse vor, die wir durch begriffliche Bezeichnungen zu Dingen machen. Und dies gilt auch für alle Dinge unserer Körperlichkeit, ob wir nun die in Wahrnehmung geschaffenen Dinge – bis auf die mikroskopische und subatomare Ebene – von innen fühlen oder von außen sehen. Daß es illusorisch wäre, unter den wahrnehmbaren Dingen ein Ich zu suchen, leuchtet ein.

Wie ist es nun aber mit dem Prozeß des Wahrnehmens selbst? Gibt es vielleicht dort einen Wahrnehmer, ein Ich, das erlebt, und das – dies ist eine entscheidende Fragestellung – selber erlebt, gefühlt oder sonstwie erkannt werden kann? Die Antwort der vollkommen Erleuchteten heißt: Es gibt kein Ich, kein Selbst, keinen identischen Kern der Person, keine fortdauernde Instanz, die erlebt. Die Abhidhammikas sagen noch darüber hinaus: Keine Annahme eines Ich oder Selbst ist nötig, um die Funktionsweise des Geistes zu verstehen, um die Innenwelt zu erkennen, um das Leben zu meistern. Und noch wichtiger: Der Glaube an ein Ich führt notwendigerweise zu Frustrationen, Depressionen, zum Leiden[11]. Für uns ist es zwar interessant, diese Antworten zu kennen. Die persönliche Überzeugung, ob es ein Ich gibt oder nicht gibt, spielt bei der emanzipierten Geistesschulung und beim Entwickeln der New-Age-Strategien jedoch keine besondere Rolle. Für uns ist wichtig, die Methoden und Techniken zu erlernen, die uns befähigen, ein glücklicheres Leben zu führen und

11 Siehe Fußnote 8 auf Seite 117.

unsere Glücksfähigkeit zu steigern. Ein Mensch, der sich zur Emanzipation entschlossen hat, will selber den Weg verwirklichen und haftet daher nicht an Ansichten über die Existenz oder Nichtexistenz von Ich und Selbst *(Anattā)*. Er ist vielmehr am Wissen über das Vorgehen und an dessen Ergebnissen interessiert. Die erlebte Wirklichkeit ist es, die zählt.

Für einen gesunden Menschen, der sich im eigenen Körper zu Hause fühlt, ist eben die Sinnlichkeit *(Kāma)*, das innere Fühlen des Körpers, wirklicher als Ansichten, Bilder oder sonstiges Wahrnehmen von außen. Hierzu kann man viele interessante und amüsante Experimente anstellen: Betasten Sie mit der Handfläche eine Ecke der Buchkante und dann Ihre Nasenspitze. Wann spüren Sie etwas von außen und wann etwas von innen?

Wenn man dieses Experiment mit verschiedenen Körperteilen durchführt, dann gewinnt man interessante Einsichten. Was spüren Sie nun, wenn Sie die gleiche Stelle auf Ihrer Handfläche mit dem Zeigefinger der anderen Hand betasten? Und dann mit dem kleinen Finger? Welchen Finger spüren Sie mehr von innen und welchen mehr von außen? Können Sie die Stelle auf Ihrer Handfläche auch ohne die Berührung der Buchkante fühlen? Lassen Sie sich Zeit, jeder Frage durch das körperliche Spüren nachzugehen.

Fühlen Sie Ihren Körper an den Stellen, wo Sie den Sitz oder die Lehne berühren? Sie könnten wohl diese Stellen auch von außen wahrnehmen – mit Hilfe eines Spiegels zum Beispiel. Beim europäischen Durchschnittsbürger gibt es viele Körperteile, die nur von außen wahrgenommen werden, etwa die Zehen. Meine Studenten berichten, daß sie es beim Baden lustig finden, sich mit geschlossenen Augen im Fühlen der einzelnen Zehen zu trainieren, indem sie durch die Berührung mit dem Ablaufzapfen in der Badewanne Druck ausüben. In der Badewanne kann man auch lehrreiche Experimente mit dem Fühlen und Wahrnehmen der Temperatur und der Kohäsion durchführen, die für die schamanische Meisterung des Feuer- und des Wasserelementes sehr hilfreich sind[12].

Es gibt viele Stellen, vor allem im Körperinnern, die wir erst bei Verletzungen oder Krankheiten fühlen. Schmerzen sind für einige Menschen das einzige, was sie in ihrem Körper fühlen können, wobei oft auch Wärme, Druck, Zucken, Dehnen usw. von innen nur als unangenehm erlebt werden. Es ist erstaunlich, wie groß die Anzahl der Menschen ist, die zwar psychiatrisch nicht als krank gelten, aber

12 Siehe die Übung zum Auffassen von Elementen (S. 157 ff.).

keine angenehmen Körpergefühle kennen – vielleicht mit der einzigen fraglichen Ausnahme sexueller Berührungen. Fraglich sind die letzteren deshalb, weil auch dann das Angenehme meist nicht auf das Körpererleben bezogen ist, sondern sich vor allem in Phantasien von Bildern und Begriffen verliert.

Als wir uns im vorherigen Unterkapitel die Unterschiede der Erlebensebenen verdeutlicht haben, hielten wir fest, daß auch Gefühle, die mit vorgestellten Ereignissen verbunden sind, in der Gegenwart wirklich, körperlich, stattfinden. Abhidhamma unterscheidet klar zwischen solchem körperlichen Ausdruck geistiger Gefühle (zu denen auch die jeweiligen physiologischen Veränderungen gehören) und den eigentlichen Körpergefühlen, auf die wir gleich zu sprechen kommen. Die geistigen Gefühle *(Ceto-Sam-Phassa-Jam-Vedanā,* wörtlich: Geist-Kontakt-geboren) sind unsere positiven, negativen oder neutralen Reaktionen auf Vorstellungen von erwünschten, unerwünschten oder gleichgültigen Dingen. Sie stehen immer in Bezug zu unseren Ansichten darüber, was gut, schön und wahr sei, und zeigen an, ob die jeweilige Wahrnehmung mit unseren Ansichten in Konflikt steht. Nur vollkommen erleuchtete Arahats oder Buddhas sind frei von geistigen Gefühlen, weil sie an keinen Ansichten haften, die im Kontrast zum Erlebten stünden. Es ist ganz in Ordnung, wenn wir, als noch nicht ganz Erleuchtete, uns nach geistigen Gefühlen orientieren, solange wir dadurch nicht in Gefühlsduselei verfallen.

Es kann aber sein, daß starke geistige Gefühle einen Verlust der körperlichen Verankerung bewirken (erinnern wir uns an die Beispiele von Double-Bind) und gleichzeitig auch starke physiologische Begleiterscheinungen hervorrufen. Die führen manchmal zu irreversiblen, krankhaften Veränderungen im Körper, die sich als Muskelverspannungen, Erstarrungen, Wucherungen (Krebs), Störungen des Stoffwechsels (Depression) und der Verdauung (Magengeschwür), Zusammenbruch von Abwehrsystemen (AIDS) äußern, wenn es dem Betroffenen nicht gelingt, sich mittels einer Heilmethode (Therapie, Meditation, emanzipatorische Geistesschulung) davon zu befreien und zu einem gesunden Gefühlsleben zu kommen.

Methodisch geschulte und entfaltete Achtsamkeit ermöglicht uns, durch wirklichkeitsgemäßen Wandel und durch weise innere Haushaltung die Gefühle im Fluß zu halten. Dies bedeutet, daß Wohlgefühle als Wegweiser und Schmerzen als Warnsignale beachtet und als Hinweise für Korrekturen berücksichtigt werden, bevor leidbringende Erstarrungen im Körper oder im Geist entstehen. Mit der Bedingten Entstehung des Leidens wurden Sie ja, lieber Leser, liebe Leserin, im dritten Kapitel vertraut. Es bleibt also nur zu wiederholen:

Ein achtsames, volles Gefühlsleben *(Vedanā)*, das von Gier, Haß und Verblendung nicht geschmälert wird, führt zum wirklichkeitsgemäßen Wandel der Emanzipation. Erst durch unachtsames Begehren *(Tanhā)* und Anhaften *(Upādāna)* – siehe *Diagramme 5 und 6*, Seiten 85 und 91 – werden die freifließenden Gefühle gestaut und eine Verdinglichung geboren, die dem Leiden des Krankseins, Altwerdens und des Todes ausgeliefert ist.

Der Strom der freifließenden Gefühle wirkt hingegen belebend. Das Gefühl hat nicht nur die hedonische Qualität von angenehm und unangenehm, es fühlt vielmehr die Schwingungen, Strömungen, Spannungen, den Druck und die Wärme. Dies sind vitale Impulse, die aller lebenden Materie innewohnen; karmisch bedingt setzen sie sich fort als Lebensformationen *(Āyu-Sankhāra)*. Solange sich das Haften an Ansichten und die dadurch bedingten geistigen Gefühlsreaktionen nicht einmischen, entsteht kein Leiden. Schmerz bleibt nur ein Signal, daß Druck, Wärme, Schwingung oder Strömung zu stark sind oder daß ein Ungleichgewicht dieser vier Elemente (4 *Dhātu:* Druck = Erdelement, Wärme = Feuerelement, Strömung = Wasserelement, Schwingung = Luftelement) im Kontakt zwischen den äußeren und inneren Sinnengrundlagen *(Āyatana)*, oder im Körper selbst, besteht. Diese 4 *Dhātu,* welche nach Abhidhamma die kleinsten fühlbaren Bestandteile des Körperlichen darstellen, sind also keine materiellen Entitäten, sie sind vielmehr Energiewellen oder Impulse. Wenn Sie also sowohl in Ihr geistiges als auch in Ihr körperliches Ökosystem harmonisch eingebettet sind, werden Ihre Entfaltungsmöglichkeiten durch das fein pulsierende Gefühl der Wonne belebt. Wenn das nicht der Fall ist, Sie aber weiterhin gelassen und achtsam Ihre Schmerzgefühle erleben, dann werden Ihre Entlastungsfertigkeiten gesammelt und erweckt (*Sam-vega, sam* = zusammen, *vega* = Impuls, Geschwindigkeit). Hiermit greifen wir aber schon vor auf das nächste Thema, denn *Samvega* heißt Ergriffenheit, und *Ubbega (Ub-vega)* ist eine wichtige Eigenschaft der Freude.

Freude und Ergriffenheit

Echte Sinngebung quillt aus dem innersten Fühlen. Wenn sie sich als Neigung, Wunsch und Willenskraft äußert, so wird sie energetisch durch die körperliche und geistige Vitalität *(Jīvita)* gespeist. Freude und Ergriffenheit geben der Freiheitsneigung Antrieb und Richtung und verbinden sie mit dem Orientierungsrahmen von *Paññā,* Weisheit, denn sowohl die Energie der Wonne als auch das Wissen des Interesses, sowohl das Angenehme als auch das Zielgerichtete, sind in der Freude vorhanden. Solche Zusammenhänge sind durch die meditative Erforschung des inneren Haushalts direkt erlebbar. Dies ist zugleich eine deutlichere Aussage darüber, was eingangs des dritten Kapitels gemeint war; daß nämlich die unermeßlichen Potentialitäten des menschlichen Daseins nur erfüllt werden, wenn man sie selbst ganz konkret lebt. Glücklich leben – das muß man selber innigst wollen. Dies wurde uns wiederholt erkennbar. Niemand kann einem anderen ein glückliches Leben befehlen. Auch sich selber Glück zu verordnen, etwa weil man es sich materiell leisten kann oder weil man sich auf Grund seiner Überlegungen dazu entschlossen hat, ist unmöglich. Man muß erst das strategische Vorgehen kennen, man muß den Gefühlen das freie Fließen erlauben und sie achtsam vor Blockierungen durch Gier und Haß bewahren. Nur dann können die aufheiternde Energie der Freude oder die ernsthafte Ergriffenheit emporquellen.

Wahres Interesse setzt Kenntnis der Sache voraus. Dies gilt auch für die Strategien des Glücks, die erst durch ihre Anwendung interessant und lohnend werden.

Erinnern Sie sich nur daran, wie Sie Fußball, Tennis, Tanzen oder Autofahren erlernt haben, wie viele Male Sie Anlauf nehmen mußten und wieviel Zeit Sie dem Erlernen und dem Üben widmeten. Wenn wir etwas wirklich wollen, dann investieren wir darein mehr, als wenn wir uns eine Pflicht auferlegen oder wenn wir gar durch andere zu etwas gezwungen werden. Glückbringende geistige Investitionen sind freiwillige Kraftanwendungen, die eine größere Freiheit und Glücksfähigkeit schaffen und dadurch in der Ökonomie des Geistes einen Zuwachs ermöglichen. Wissen, Zuversicht, Willenskraft, Sammlung und Achtsamkeit sind die einzusetzenden Kräfte, die Devisen des Geistes, die investiert werden müssen. Die auf Körperprozesse und Gefühle gerichtete Achtsamkeit, aus welcher Ergriffenheit und Freude entstehen, ist dagegen das Mittel, wodurch die Intelligenz des Körpers zur Geltung kommt.

Glücklichsein und Freude können nur gelebt werden. Sie können nicht theoretisch erdacht und auch nicht technisch erzeugt werden. Wahres, andauerndes Glück erfordert Freude, aber vor allem auch Klarheit. Klarheit gewinnt man nicht, indem man die Augen vor allem schließt, was dem Glück, dem Zufriedensein und dem Wohlergehen entgegenwirkt. Deshalb besteht eine wesentliche Strategie darin, mit den Tatsachen des Lebens, die der Behaglichkeit nicht zuträglich sind, sachgerecht und geschickt umzugehen und sie als Ansporn zur Emanzipation zu nehmen. Tatsächlich gibt es in der Welt sehr viel

Leiden. Dies haben wir uns im zweiten Kapitel anhand von persönlich relevanten Fakten vergegenwärtigt und auch deren subjektiven Belang hervorgehoben. Widrigkeiten, Verdruß, Frustration, Trauer und Schmerz sind keine leeren Worte. Wir alle kennen das Unbehagen der wortlosen Wirklichkeit des Leidens, das durch diese Worte bezeichnet wird. Wir kennen auch die Ursachen des Leidens: Gier, Haß und Verblendung. Wir haben einen größeren Teil des dritten Kapitels dem Gewinn von Einsichten in die Bedingte Entstehung des Leidens gewidmet. Dies alles ist uns also vertraut und muß hier nicht wiederholt werden.

Wie kann man mit all dem Leiden um sich herum dennoch Freude genießen? Die Antwort ergibt sich eindeutig: durch die Wahl der Sichtweise, durch ein Weises Auffassen, *Yoniso Manasikāra,* wie schon im dritten Kapitel erklärt. Entscheidend ist eine Betrachtungsweise, die nicht statisch ist, sondern einen Prozeß darstellt, sowie die Erkenntnis, daß alle Dinge vergänglich sind *(Anicca).* Diese erlebnishafte Weisheit ermöglicht uns auch, das Nachlassen des Leidens wahrzunehmen und uns hierüber zu freuen. In dieser Freude Interesse und Erkenntnis auf die Leidensüberwindung zu richten, ist also eine weisere Auffassung derselben Wirklichkeit. Wir freuen uns daher über unsere Kompetenzen und Fortschritte auf dem Emanzipationspfad. Dennoch schließen wir vor dem Leiden und dessen Ursachen nicht die Augen. Wenn wir uns im eigenen Körper zu Hause fühlen, unser Wohlsein durch Achtsamkeit schützen und die leidvolle Wirklichkeit weise auffassen, dann schmerzt und erschüttert uns zwar das Leiden, es erweckt in uns aber zugleich die ernsthafte Ergriffenheit *(Samvega),* die sich energiespendend auswirkt.

Die Achtsamkeitsmeditation *Satipatthāna-Vipassanā* wie auch die übrigen Geistesschulungsmethoden nach Abhidhamma befassen sich sehr eingehend mit der Freude, wie wir anhand der Übungen noch sehen werden. Es würde zu weit führen, wenn wir hier versuchen würden, all die technischen Termini zu erörtern, die Freude, Verzückung, Begeisterung, Seligkeit, Wonne und Heiterkeit bezeichnen. *Ānanda* ist vielleicht die geläufigste Bezeichnung von freudigen Ergebnissen bei allen in Pali- und Sanskritschriften überlieferten Yoga- und Meditationstechniken. Abhidhamma erklärt jedoch *Ānanda* und *Pīti* für Synonyme. *Pīti* (auf Sanskrit *Prīti*) bezeichnet auch im heutigen Sprachgebrauch der meisten indischen Völker sowohl erotische Verzückung als auch die Freude religiöser Ekstase und die Trance schamanischer Heiler. Aber auch die ganz milde, erregungsfreie Freude *(Pāmujja, Pā-mud-ja)* und die von der gleichen Wurzel *mud* abgeleiteten Bezeichnungen von zwischenmenschlichen Freuden (zum Beispiel *Muditā* – siehe Kapitel 6) werden als Formen von *Pīti* betrachtet. Wir beschränken uns daher auf den Begriff *Pīti*, der Freude, Verzückung und Interesse verbindet und in allen buddhistischen Meditationstechniken wie auch in allen alltäglichen Dhamma-Strategien eine wichtige Rolle spielt.

Visuddhi Magga[13], das praktische Handbuch der Abhidhamma-Schulung, gibt Anweisungen für die Entfaltung alltäglicher Erlebnisse der Freude (*Pāmujja* gleich *Tarunā-Pīti*) zu *Pīti*, höheren Bewußtseinszuständen, in folgenden fünf Stufen:

1. *Khuddikā-Pīti*,»die leichte Verzückung«, die »bloß« ein Haarsträuben am Körper erzeugt, flößt Ehrfurcht ein.
2. *Khanikā-Pīti*,»die momentane Verzückung«, gleicht dem von Augenblick zu Augenblick zuckenden Blitze. Sie ist wesentlich intensiver, hat aber keine Dauer, auch wenn sie sehr häufig aufsteigt.
   ver, hat aber keine Dauer, auch wenn sie sehr häufig aufsteigt.
3. *Okkantikā-Pīti*,»die überströmende Verzückung«, ist hinreißend und dauert länger an. Wie die Woge das Meeresufer überflutet und sich daran bricht, so bricht sie sich nach wiederholtem Überfluten des Körpers.
4. *Ubbega-Pīti*,»die emportreibende Verzückung«, ist so mächtig, daß sie den Körper in die Höhe treibt. Sie kann einen Luftsprung bis hin zum Schwebezustand anregen. Die Impulse *(Vega)* freigelegter Energie sind ausgeglichener, ruhiger, tragender und können sehr lange andauern.
5. *Pharanā-Pīti*,»die durchdringende Verzückung«, erfüllt den ganzen Körper mit gelassener Heiterkeit, ruhig und frei von jeder Bewegung, so wie die Luft einen aufgeblasenen Ballon oder wie der Ozean den Abgrund vollkommen erfüllt.

Eine durch die fünf Stufen der Verzückung gereifte Freude bewirkt ein vollkommenes Gestilltsein *(Passaddhi)* des Körpers und des Geistes. Dies ist der Fall in der höchsten meditativen Versenkung, *Jhāna*, die Grundlage für das Ausüben magischer Kräfte (vgl. Kapitel 7 und 8 – Strategien der Ekstase und der Macht). Sinnvollerweise werden wir uns jedoch während der ersten Jahre des Erlernens und Ausübens von Dhamma-Strategien damit begnügen, jeweils achtsam zu merken, was dazu führt, daß die »Gänsehaut« während Ehrfurchts- und Schaudererlebnissen in Alltagssituationen entsteht. In

---

13 Deutsche Übersetzung von Nyānatiloka: *Der Weg zur Reinheit*, Verlag Christiani, Konstanz 1975, S. 170 ff.

den äußerlich gut geregelten Umständen der methodischen Meditation darf man auch für die anderen Begleiterscheinungen der Freude um so offener sein. Die Erfahrung zeigt, daß es weise ist, für das Außergewöhnliche bloß offenzubleiben und es nicht anzustreben. Nur am Rande sei erwähnt: Je nach Begabung bringen es manchmal einige Teilnehmer an Meditationskursen und Schamanismus-Workshops schon nach ein paar Tagen dazu, aus willentlichem Entschluß selbst ein entzücktes Haarsträuben zu bewirken. Solch ungewöhnliche Fähigkeiten sind allerdings nur die wenig wichtigen Nebenprodukte der Schulung in Dhamma-Strategien. Doch ist es erfreulich zu wissen, daß jene, die nach einem intensiven Meditationskurs auch weiterhin ein- bis zweimal täglich eine Dreiviertelstunde *Satipatthāna*-Meditation üben, oft die dabei erlebte Freude mit einer Wonne geschlechtlicher Befriedigung vergleichen, die sich über den ganzen Körper ausbreitet. Auf Grund der Kursinstruktionen wissen sie allerdings um die Gefahren, die ein süchtig-gieriges Suchen nach Freude in sich birgt. Anderseits wissen sie auch, daß der Rückhalt von *Sīla* (vgl. Seite 54) und das Kultivieren von Dhamma-Strategien im Alltag ihnen Schutz und Sicherheit bieten. Deswegen berichten dann einige von ihnen ohne Beunruhigung gar davon, daß sie gelegentlich blitz- und wellenähnliche Wallungen erfahren, die sogar spontan auch in alltäglichen Erlebnissen sinnlicher (*Sāmisa*, wörtlich: fleischlicher) oder übersinnlicher *(Nirāmisa)* Freudengenüsse auftauchen.

Sex ohne Sinnlichkeit?

Ein Kapitel über den Körper wäre nach modernen Kriterien unvollständig, hätte man nicht auch gesondert über Sex gesprochen. Sex ist im Deutschen ein neues Wort, aus dem Amerikanischen entliehen. In Amerika gibt es den Begriff Sex in jedem Formular, ebenso auch in allen übrigen englisch sprechenden Ländern. Kürzlich habe ich in den »Daily News« von Colombo eine Anekdote gelesen, deren Pointe darin bestand, daß eine angehende Sekretärin beim Ausfüllen des Personalfragebogens, nachdem sie ihren Namen und ihr Alter angegeben hatte, in der Rubrik »Sex« ehrlicherweise schrieb: »Gelegentlich«. Um Mißverständnissen vorzubeugen und zugleich ihre Chancen für die ausgeschriebene Stelle zu erhöhen, hatte sie in Klammern hinzugefügt: »Hauptsächlich mit geschäftsführenden Beamten.« Diese Anekdote sagt sehr viel aus. Sie enthält eigentlich alles, was für Sex wichtig ist. Keine Spur von Sinnlichkeit, Sinn, Gefühl, Freude, Fürsorge, Rücksicht, Entgegenkommen, Sympathie oder gar Liebe!

Wieso stimmt etwas nicht mit dem Sex im Büro (der Vorteil bringen soll), mit dem pflichtgemäßen Sex im Ehebett, mit dem liberalen, bindungsfreien Sex auf Studien-, Geschäfts- und Ferienreisen, mit dem wilden Gruppensex oder mit dem tierisch ernsten Sex als Berufung? Was ist sexuelle Freiheit? Oder ist Verzicht auf Sex die Lösung? Alle diese Fragen sind sinnlos, weil falsch gestellt.

Falsche Frage- und irreführende Themenstellungen – nicht nur bezüglich Sexualität – prägen in beträchtlichem Ausmaß den Gesprächsstoff von heute. Es handelt sich fast immer um kulturspezifische und historisch bedingte Überkompensierungen alter Ungerechtigkeiten. Bei den Sexfragen nehmen solche irreführenden Thematisierungen jedoch besonders groteske Formen an. Denken wir nur an die Flut der Literatur über »weibliche Sexualität«, gefolgt von der Welle über »männliche Sexualität« – alles unter dem Motto »Geschlechtsverkehr der Beziehungsunfähigen« oder »Austausch von Liebesdienstleistungen«. Andere meinen, die Lösung sei in der Selbstbefriedigung zu finden oder höchstens in der bislang verteufelten Homosexualität. Nur Abenteurer wagen sich auch auf das Feld des »Geschlechterkampfes«. Sogenannte »gesunde Aggressivität« gilt als ein Charakteristikum der Männlichkeit, und die weibliche Sexualität soll darin bestehen, sich den Männern »auszuliefern«, von denen die Frau wisse, wie gefährlich sie sind. Was ist denn eigentlich falsch an solchen Problemstellungen?

Eine angemessene Behandlung dieses Themas würde ein umfangreiches Buch füllen. Daher werden wir uns hier mit einer kurzen Stellungnahme zu jenen Aspekten der Erotik begnügen, die für die Entfaltung von New-Age-Strategien direkt von Bedeutung sind. Ja, ich entscheide mich für das Wort »Erotik«, das den gesunden, ganzheitlichen, zwischenmenschlichen Kontext des Lebens weniger pervertiert. Sex heißt im heutigen Sprachgebrauch das Reiben von Schleimhäuten (mit oder ohne Gummi dazwischen), oder vielleicht noch: Bilder, Illusionen, unklare Situationen, verführerische Stimulationen und alles, was die Erzieher verbieten. Alle, die Sex machen, wissen vage, daß es daneben auch noch »etwas anderes« gibt; dieses »andere« kann man meistens juristisch regeln. Dann ist alles sauber, und man hat seine Arbeits- und Freizeit im Griff. Das Zwischenmenschliche besteht im Schleimhäutereiben, im gemeinsamen Ausfüllen der Steuererklärung und im (Nicht)-Einhalten von Abmachungen – das gilt für die Bürgerlichen. Für die Jüngeren und weniger Bürgerlichen gibt es etwas »ganz anderes«: einen Job anstreben und »Sex, and

Drugs, and Rock'n'Roll...«, immer wieder der gleiche Tonfall. Wahrscheinlich genügen Ihnen, liebe Leserin, lieber Leser, diese wenigen Hinweise, so daß die folgenden Ausführungen zum Thema nur noch eine Zusammenfassung einer Erkenntnis darstellen, die Sie auch selber hätten formulieren können.

Die Sexsünden unserer Zivilisation sind nicht die einzigen falschen Problemstellungen, die zur Impotenz der westlichen Geistigkeit und – mit Erich Fromm[14] gesprochen – zu ihrer »nekrophilen Orientierung« geführt haben. Die Nekrophilie, der Hang zu impotent Totem, macht sich als falsches Auffassen *(Ayoniso Manasikāra)* bemerkbar, das

– den Wandel des Lebens, der sich vor allem in der körperlichen Wirklichkeit offenbart, in tote, gleichbleibende Begriffe zerlegt und erledigt,
– identitätsorientierte Gleichschaltung (aus Neid usw.) durch Zerstören des Besseren oder Andersartigen bewirkt,
– das Nicht-identische ausmerzt, tabuisiert, zu Außergewöhnlichem und Beschämendem deklariert,
– als Motivation nur Mangel, Bedürfnis, Not, Kampf, Zwang, Schuld und Vergeltung anerkennt.

Die Scheinlösungen für das hierdurch bedingte Leiden akzeptieren die falschen Auffassungen und streben bloß einen Umbruch des gegenwärtigen Zustandes an.

So sind die vom »Akzeptablen« abgespaltenen und versteckten Geschlechtsteile und das beschämende Reiben der Schleimhäute – immer noch gleich abgespalten wie zuvor, ohne gefühlsmäßige Verankerung in bewußter Sinnlichkeit und aus dem Zusammenhang der Begegnung herausgerissen – heute zu schamfreien, frei erhältlichen und tauschbaren Gütern erklärt worden. Mehr noch, ihr Wert ist unabhängig von jeder Beziehung und sowohl ein Werbeartikel als auch ein Werbemittel. Der Sex ist auf den Titelseiten, der Rest des Menschen wird abgetrennt und verdrängt, da lästig und beschämend für das Geschäft.

Weniger augenscheinlich, aber gleichermaßen leidbringend sind die irreführenden Problematisierungen von Abreaktion, Orgasmus, Trance, Klassen- und Geschlechterkampf. Nur wer kontaktgestört und bedroht in seinen Beziehungen zu Angehörigen einer anderen Klasse oder eines anderen Geschlechts ist, gestaltet alle Begegnun-

14 Ausführlich behandelt in E. Fromm: *Psychoanalyse und Ethik*, Zürich 1957.

gen als Kampf. Nur für den, der in einem Bewußtseinszustand erstarrt ist, bedeutet alles andere Trance oder religiösen Ausnahmezustand. Die pathologischen Spaltungen werden – wie beim Sex – als Norm akzeptiert, und das bisher Verpönte wird Mode. Der Austausch und Konsum modischer Güter, körperlicher und gesellschaftlicher Äußerlichkeiten wird angeboten; innerlich gefühlte Sinnlichkeit und religiöses Erleben können nicht vermarktet werden.

Wie erleichtert wäre manche Europäerin, wenn sie wüßte, daß Millionen von Frauen, zum Beispiel in Asien, keinen Orgasmus haben können, weil es in ihrer Sprache dafür kein Wort gibt und weil die Hemmungen und Blockaden, die beim Orgasmus durchbrochen werden, in der dazu benötigten Form dort nicht existieren. In Kulturen, die den Körper nicht für böse halten, wagen es die Menschen eher, ihre Körper von innen zu fühlen, im Pulsieren zu erzittern, sich in Verzückung zu steigern und Freude sinnlich zu genießen, auch wenn dabei nicht immer Schleimhäute gerieben werden. Nicht, daß Asiaten, vor allem in ihren modernen Städten, keine Sexprobleme hätten, daß es keine sexuelle Gehemmtheit und Grausamkeit, insbesondere in den streng patriarchal strukturierten Hindu- und Islam-Kulturen, gäbe. Gier, Haß und Verblendung, gestaute Gewalt und Geilheit, Sperrungen des Erlebensstroms von Gefühlen sowie Geisteskrankheiten gibt es bei Menschen aller Zivilisationen. Überall gibt es auch dumme, einfältige und böse Menschen, soweit wir nicht bloß – aus mikroanalytischer Sicht – gute und böse Eigenschaften unterscheiden. Eine Lösung kann nicht durch die Veränderungen in Kultur und Zivilisation erreicht werden. Die geschichtliche Evolution bringt – entgegen den Prophezeiungen einiger Wissenschaftler und Schriftsteller – keineswegs von selbst ein New Age. Die Überwindung geschichtlich bedingter, falscher Auffassungen und ihrer leidvollen Folgen ist Aufgabe der emanzipatorischen Geistesschulung.

Sinnliche Freude *(Sāmisa Pūti)* ist gemäß Abhidhamma die gegenwärtige, angenehme Wirkung *(Vipāka)* des heilsamen willentlichen Tuns, das durch gierlose Freigebigkeit *(Dāna)* und haßlose Versöhnlichkeit *(Ahimsa)* motiviert, im vergangenen Sinnendasein *(Kāma-Bhava)* stattfand. Wie könnten die Früchte des guten Tuns böse sein? Erst der verblendete, gierige oder haßvolle Umgang mit Sinnlichkeit bringt unangenehme Ergebnisse. Im Unterkapitel »Bedingte Entstehung« wurde dieser Mechanismus auf mehreren Ebenen der Einstellung und Handlung ausführlich beleuchtet. Sinnlichkeit *(Kāma)* hat ja mit Sinnen zu tun, mit körperlicher Wirklichkeitsverankerung also. Die Sexsünden unserer Zivilisation sind Ergebnisse der Mißachtung und Verdrängung gesunder Sinnlichkeit, verursacht durch das

Verlangen nach körperentfremdeten Vorstellungen und Begriffen, die man dem »Sex-Partner« aufstülpt. So machen die »Sex-Partner« einander zu Gebrauchsgegenständen; sie besitzen die »bösen Körper«, machen mit ihnen Geschäfte und verfügen über sie.

In Kulturen, die den Körper nicht für böse halten, wagen es die Menschen, ihren Körper – ohne sich auf die nur äußere Sinnenwahrnehmung zu verlegen, aber auch ohne diese abzuschalten – von innen zu fühlen und sinnliche Wonne dabei zu genießen. Die Kulturen, die das ermöglichen, sind nicht geographisch zu orten; es sind vielmehr die Kultur des Geistes und die Kultur des Herzens, die wir im emanzipatorischen Streben für uns selber und für unsere Nächsten verwirklichen. In der Kultur der liebevollen Begegnung, die den ganzen Menschen zuläßt, gibt es sicher auch genug Raum für Sinnlichkeit und emanzipierte Erotik.

Katharsis – mehr als Erkenntnis

Spaltungen, Spannungen und Stauungen, über die wir vorher gesprochen haben, verlangen Abreaktion, eine entlastende Entladung – so vereinfacht wollen einige moderne Heiler die therapeutische Katharsis verstehen. Es gibt Vorgehensweisen, bei denen etwa ein Möchtegern-Psychotherapeut dazu auffordert, auf ein Kissen einzuschlagen und dabei zu rufen: »Böse Mutter! Böse Mutter!«, deren einfältige Szenen spektakulär aussehen und die stark zu wirken scheinen, zumindest an der Oberfläche. Bezeichnenderweise hört man praktisch nie von ähnlichen Pseudotherapieszenen, die dem Vater gelten. Wahrscheinlich stilisieren sich Heiler, die solches Vorgehen anregen, selber zur unantastbaren Vaterfigur empor, auch wenn sie Frauen sind. Sie täuschen vor, die Innenwelt des Patienten besser zu kennen als er selber. Wenn der Patient nach ernsthafter Introspektion doch zu äußern wagt, daß dieses Thema für ihn nicht von Bedeutung ist, wird er trotzdem weiter manipuliert. Sprüche, wie »Es wäre besser, wenn du dich doch ernsthaft damit auseinandersetzen würdest« (als ob seine bisherige Auseinandersetzung nicht ernsthaft gewesen wäre), oder »Deine Körpersprache teilt es mit, überwinde endlich deinen psychischen Widerstand«, sind dann meistens die Druckmittel der Wahl.

Es gibt also auch in der modernen Psychoszene verschiedene Mißbräuche des pseudoprofessionellen Halbwissens über die Intelligenz des Körpers. Sie kommen verständlicherweise bei der inkompetenten Anwendung von Methoden wie Bioenergetik, Rolfing, Urschrei und Gestalttherapie zustande, weil es diese wenigen Methoden sind, die überhaupt die Intelligenz des Körpers berücksichtigen. Ein Fehlen des klaren Wissens über die abhidhammischen Unterscheidungen, zum Beispiel des innerlich Gefühlten und des äußerlich wahrgenommenen Körperlichen in den Theorien der Bioenergetik und ähnlichen Verfahren, begünstigt solche Mißbräuche.

Folgenschwerer ist aber, daß Psychologen und Psychiater, die mit Techniken der Abreaktion arbeiten, meistens einseitige, durch das medizinische Menschenbild geprägte Therapievorstellungen haben. Wir wollen also, liebe Leserin, lieber Leser, nicht in die Falle solcher Einfältigkeiten geraten, wenn wir die Intelligenz des Körpers so hoch preisen.

Die Paradigmen des Abhidhamma befähigen uns zu einer gründlichen Weisen Auffassung, *Yoniso Manasikāra:* Die Körperwahrnehmung ist wichtig, noch wichtiger ist das Körpergefühl, noch wichtiger die gründliche Erkenntnis und die aus ihr folgenden Lösungen, noch wichtiger die Katharsis und die ihr folgende emanzipatorische Kreativität – ohne irgendeine Annulierung des Wichtigen durch das Wichtigere. Dies ist eines der grundlegenden Prinzipien des Abhidhamma, das so schwer zu verstehen ist – insbesondere für uns, die wir in einer »Entweder-oder-Kultur« großgeworden sind und die Feindschaft zwischen Geist und Körper schon präverbal in unserer ersten Lebenszeit eingeprägt bekamen.

In der emanzipatorischen Praxis von Abhidhamma sind Fühlen, Erkenntnis, Katharsis und Handeln keine aufeinander folgenden Arbeitsaufgaben; sie sind vielmehr Facetten eines und desselben emanzipatorischen Vorgangs. Beim Entdecken, Erlernen und Entfalten von Dhamma-Strategien wird Fühlen, Erkenntnis oder Katharsis nur aus didaktischen Gründen gesondert behandelt. Bevor wir uns demnächst ausführlicher klarmachen, was Katharsis bedeutet, betrachten wir kurz noch eine andere Abart, die in der modernen Psychotherapie und Psychiatrie oft vorkommt, nämlich ein Mißverstehen von Katharsis als Ausagieren und Ausscheiden, sei es durch Wort, Tat oder Produkt innerhalb einer Therapie.

Ein junger Arzt, der bei mir seine Ausbildung in Gruppenpsychotherapie und Psychodrama fortsetzte, war sichtlich beeindruckt, als er mir das folgende Beispiel einer »Katharsis« erzählte. Sie wurde in einer Ausbildungsgruppe vom Leiter als eine Technik bezeichnet, die zu Psychodrama und Gestalttherapie gehöre. Der Gruppenleiter, ein politisch radikaler Psychiater, war allerdings weder in Psychodrama noch in Gestalttherapie ausgebildet. Die vermeintliche Katharsis bestand darin, daß eine Psychologin auf dem Tisch hockend ihren Darm entleerte und unter Beifall des Chorus der übrigen Gruppenmitglieder rief:»Da hesch es, Mammi, suuber g'leit!«Diese Leerung hatte wohl einige Stauungen aufgelöst, sie war aber keine Katharsis im Sinne von Moreno, dem Urheber von Gruppenpsychotherapie und Psychodrama. Hoffentlich kam beim einen oder anderen Gruppenmitglied – spätestens beim Aufputzen des Produkts – auch ein wenig Erkenntnis über den Rollentausch zwischen Mutter und Tochter auf. Dieser hätte in der Gestalttherapie oder im Psychodrama folgen müssen, falls eine schwere Störung des Patienten eine solche Szene überhaupt gerechtfertigt hätte.

Katharsis ist mehr als eine Äußerung von Affekten, die in Gier und Haß wurzeln. Katharsis ist mehr als Ausscheidung und Verdinglichung dessen, was zu unserer Entfaltung des Wohlergehens und Glücklichseins nicht paßt: Eine sachliche Bearbeitung des Ausgeschiedenen unter Anwendung geeigneter Programme ist die hinzugehörende andere Seite der emanzipatorischen Läuterung. Dieser ganzheitlichen Auffassung begegneten Sie ja bereits bei der Liste von Prinzipien der Dhamma-Strategien, als Sie an diesen Themen im ersten Kapitel (Seite 33) gearbeitet haben. Daß Weises Auffassen *(Yoniso Manasikāra)* die Grundlage für sachliche Bearbeitung darstellt, ist ein Bestandteil Ihres inneren Haushalts, den Sie sich im dritten Kapitel angeeignet haben. Wie man geeignete Programme bei sachlicher Bearbeitung des Ausgeschiedenen anwendet, ist eines der wichtigsten Themen der nächsten Kapitel. Was in diesen Kapiteln behandelt wird, ist mehr als Erkenntnis. Es sind Anleitungen, wie man mit Tatsachen des eigenen inneren Haushalts umgeht und wie man die Ergebnisse in glückbringende Handlungen umsetzt: konkrete Handlungen in der Außenwelt und im inneren Haushalt.

Katharsis ist mehr als Erkenntnis, die merkt, auffaßt, unterscheidet und Paradigmen des persönlich gewordenen Wissens bei der Bearbeitung des Ausgeschiedenen einsetzt. Daß Katharsis mehr als Erkenntnis ist, war für Breuer und Freud klar, als sie sie in ihr psychotherapeutisches Instrumentarium aufnahmen. Sie stützten sich auf die Auffassung von Aristoteles, der *Katharsis als Reinigung des Geistes von Affekten beim Zuschauer* einer Tragödie definierte:»Die Tragödie ist die Nachahmung einer edlen und abgeschlossenen Handlung von einer bestimmten Größe in gewählter Redensart, derart, daß jede Form solcher Rede in gesonderten Teilen erscheint und daß gehandelt und nicht berichtet wird und daß mit Mithilfe von Mitleid und Furcht eine Reinigung von eben derartigen Affekten bewerkstelligt wird.«[15] Seit Freud läßt nun die Psychotherapie den Pa-

15 Aristoteles: *De Poetica*, vgl. Fußnote 16, S. 141.

tienten zum Zuschauer der eigenen Tragödie werden, die er dem Therapeuten berichtet. Die moderne Therapie*forschung* hat Theorien produziert, die das Ganze der Freudschen Therapie*kunst* begrifflich zerstückeln, um einen Fortschritt in einzelnen Teilbereichen zu bringen. Daher gibt es heute Therapietechniken, die nur affektiv auf Abreaktion oder nur kognitiv auf Erkenntnis hinzielen. Wenn dieses Buch in einem Kapitel Körper und Freude und in einem anderen Geist und Wissen behandelt, so ist das logisch und wissenschaftlich. Die Tatsache aber, daß Geist und Wissen vor allem hinsichtlich der Auffassung von körperlicher Wirklichkeit und daß Körper und Freude vor allem hinsichtlich einer intelligenten Anwendung im Rahmen emanzipatorischer Weisheit behandelt werden, führt zur organischen Integration, zur ganzheitlichen Harmonie. In dieser Harmonie ist das Zweifache von Geist und Körper und von Wissen und Freude aufgelöst, in einem einfachen »Mittleren Weg« vereint. Denn glücklich zu sein ist einfach. Es ist aber nicht ganz so einfach, die unüberschaubare Vielfalt des *Papañca* zu entwirren, auch wenn wir über die Mittel – die wir anfangs des dritten Kapitels betrachteten – verfügen. Denn es zu tun, den »Mittleren Weg« tatsächlich zu begehen, ist die konkrete Praxis, die zur Emanzipation, Freiheit und zum Glücklichsein führt. Dies soll man während der Lektüre der folgenden Kapitel nicht vergessen.

Moreno hat den Weg von der Anpassungskatharsis des Zuschauers zur *Handlungskatharsis des Spielers* gebahnt, ohne die erstere den Zuschauern des Psychodramas wegzunehmen. Es würde uns zu weit führen, wenn wir all die emanzipatorischen Konsequenzen dieses Schrittes auch nur kurz schildern würden[16]. Daher halten wir nur Morenos drei entscheidende Entdeckungen fest: die Katharsis des Darstellers selbst, die Katharsis der Integration und die schöpferische Spontaneität als gemeinsames Prinzip. Diese von Moreno in die Psychotherapie eingeführten Konzepte – man möchte fast sagen »Vereinfachungen«, denn sie binden tatsächlich die sprachlich zerstückelte Welt der Psychotherapie in eine einfache Kontinuität der heilenden Handlung – stehen der Auffassung von Katharsis im Abhidhamma nahe. Im Abhidhamma wird die integrative Läuterung mit dem technischen Terminus *Visuddhi* bezeichnet und praktisch in sieben Stufen geübt. (Diese Stufen bilden den Rahmen des schon mehr-

---

16 Eine gute Übersicht gibt Z. Moreno in: *Über Aristoteles, Breuer und Freud hinaus: Morenos Beitrag zum Konzept der Katharsis,* in *Integrative Therapie,* 5. Jhg. (1979) Nr. 1/2. Die Theorien von Moreno, ähnlich wie jene von Bateson (vgl. S. 109f.), sind für die wissenschaftliche Rezeption des Abhidhamma bahnbrechend.

mals zitierten *Visuddhi Magga.)* Die erste Stufe, *Sīla-Visuddhi*, besteht in der Klärung der zuverlässigen subjektiven Ausgangslage. Erst mit dem Schutz von *Sīla* kann auch die Läuterung des Geistes *(Citta-Visuddhi)* unternommen werden. Wir zielten beim Erklären der Prinzipien von »Eigen-Verwirklichung« auf das Verstehen der Voraussetzungen für integrative Läuterung. Den tieferen Belang dessen, was mit Katharsis durch Integration gemeint ist, werden wir allerdings erst am Ende dieses Buches würdigen können, wenn wir mit dem Reichtum spezifischer Strategien vertraut geworden sind.

Glück, Freiheit, Emanzipation, Kompetenz und Integration sind ebenso Leitwerte wie Früchte des geläuterten Lebenswandels, der mit Hilfe von Dhamma-Strategien im gewöhnlichen Alltagsleben verwirklicht wird. Emanzipation ist Läuterung *(Visuddhi)* des Körpers und des Geistes. Es ist die Befreiung von allem, was unser Erleben trübt, unsere Wahrnehmung entstellt und unsere Handlungen lähmt. Je weniger unsere Innenwelt desintegriert und verschmutzt ist, je emanzipierter wir uns erleben, um so kompetenter können wir auch in der Außenwelt handeln. Und solches kompetente Handeln schließt auch das Entwickeln und den Einsatz von ethischen Regeln mit ein: *Sīla* ist eine Ethik der Freiheit, die von Kompetenz und Freude getragen wird. Solche emanzipatorische Ethik hat einen hohen Grad sozialer Wirksamkeit und ist daher maßgebend auch für jene Mitmenschen, die zwar selber nicht in der Lage sind, eigene ethische Prinzipien zu entwerfen, die aber intelligent und offen genug sind, um selbständig das Gute zu erkennen und ähnliches zu versuchen. Wenn wir vorleben, was emanzipiert ist, was kein Leiden verursacht und was zu eigenem und fremdem Wohl führt, dann bewirken wir in der Welt mehr, als wir durch Belehrungen, Bestrafungen und Tricks erreichen könnten. Das eigene Beispiel der Emanzipation und des Glücklichseins im konkreten Alltagsleben ist überzeugender als wissenschaftliche, religiöse und philosophische Abhandlungen. Im emanzipierten, geläuterten Erleben und Handeln werden die hohen Werte persönlicher Integrität und Freiheit verwirklicht.

Fünftes Kapitel

Strategien der Wirklichkeitsverankerung

Wirksames Handeln ist nur auf Grund wirklichkeitsgemäßer Wahrnehmung, die sich im wahren Denken, Erwägen und Planen fortsetzt, möglich. Wahre Aussagen über wirkliche Ereignisse sind Ergebnisse des gründlichen Weisen Auffassens, *Yoniso Manasikāra*, das wir als die elementarste Technik der Weisheit am Schluß des dritten Kapitels geübt haben. Weises Auffassen bringt also unseren Geist mit den jeweils gegenwärtig erlebten Umständen in Verbindung. Im Unterkapitel »Ebenen des Erlebens« haben wir uns zu der Feststellung durchgerungen, daß das unmittelbar körperlich Erlebte den zuverlässigsten Wirklichkeitsbezug darstellt. Wir haben auch wiederholt erkennen können, daß die Körperachtsamkeit uns den Schlüssel zur körperlichen Wirklichkeitsverankerung gibt. Vier Übungen zur Körperachtsamkeit stehen deshalb im Zentrum dieses Kapitels über »Strategien der Wirklichkeitsverankerung«.

Diese Übungen rüsten uns mit Fertigkeiten aus, die uns in jeder Alltagssituation befähigen, eine sichere Verankerung in der gegenwärtig vorhandenen Lage zu gewinnen und aus dieser Verankerung heraus realistisch und wirksam zu handeln. Die Strategien der Wirklichkeitsverankerung befassen sich mit dem Merken, Fühlen und Erleben. Sie sind keine eigentlichen Handlungsstrategien, die sich mit dem Ausführen von Tätigkeiten und dem Behandeln von Gegenständen befassen, sondern vielmehr Wahrnehmungsstrategien, die das Erleben in seiner Wahrhaftigkeit und Glücksfähigkeit stärken sollen. Zweck der Übungen ist es, unser Denken, Sprechen und Handeln im Alltag kompetent zu nutzen. Dabei ist wichtig, was wir nutzen und wie wir es nutzen. Das wahre Sprechen, wahre Denken und wissensklare Handeln kann besser genutzt werden, als jenes ohne Wirklichkeitsverankerung. Betrachten wir zunächst die Wahrhaftigkeit näher. Die schon mehrmals erwähnte Wissensklarheit ist ein Thema für sich, das am Schluß des Kapitels ausführlicher behandelt wird.

Wahrhaftigkeit im Denken und Sprechen

Ohne wahres Sprechen und Denken ist keine Läuterung des Erlebens möglich. Sprechen und Denken ist wahr, wenn es sich auf wirkliche, nicht »ausgedachte« Ereignisse bezieht und wenn es diese ohne Entstellungen gründlich auffaßt und in Beziehung setzt. In diesem Sinne ist Wahrhaftigkeit ein Aspekt der Intelligenz[1], und Lüge ist ein Ausdruck der Dummheit. Wir lügen aus Angst, zu der Wahrheit zu stehen oder aus Unfähigkeit, die Wirklichkeit so aufzufassen, wie sie ist. Wie unklug und gefährlich sich jede Wirklichkeitsentstellung auswirkt, wird uns immer dann klar, wenn wir durch ein auf unwahre Aussagen gestütztes Handeln in Schwierigkeiten geraten. Verlogenheit ist ein Verrat an der Wirklichkeit, die in körperlich erlebbaren und deswegen intersubjektiv gemeinsamen Bereichen stattfindet. Im Unterkapitel »Den Körper ver-raten macht ver-rückt« wurden Beispiele dafür angeführt, wie sich der Verlust körperlicher Wirklichkeitsverankerung auswirkt. Im Folgenden haben wir dann gesehen, wie das Zurückfinden zur körperlichen Wirklichkeit – also zur Wahrheit – aus Wahn und Leiden hinausführt.

Als wir die Überwindung des Leidens in Vorgängen der Katharsis, *Visuddhi,* veranschaulicht haben, wurde deutlich, daß nicht nur eine wahre, wirklichkeitsbezogene Erkenntnis – eine ausschließlich logische, nur begrifflich abgeleitete Erkenntnis ganz beiseite gelassen – für die Läuterung des Geistes nötig ist; es ist auch ein körperlich wirkliches Nachvollziehen der Wahrheit erforderlich. In solch körperlichem Vollzug des Wahren und wirklich Möglichen werden die Entstellungen und Verhärtungen aufgelöst, die durch Verlogenheit und Wirklichkeitsentfremdung entstanden sind. Entstellungen und Verhärtungen in unserem Geiste und in unserem Körper, der den Geist trägt, sind das innere Gegenstück zu den Lügen, Halbwahrheiten und äußeren Wirklichkeitsentstellungen, denen wir uns angepaßt haben. Unwissenheit, fixe Ideen, Illusionen, Dünkel und Wahn, die unser Denken stören, können nur bestehen, solange unsere Geistestätigkeiten ohne körperlichen Wirklichkeitsbezug ablaufen. Entsprechend bewirkt die Herstellung vom Wirklichkeitsbezug ein Auflösen jener pathologischen Verhärtungen und Entstellungen. Das Wissen, Denken und Sprechen wird wahr, das Erleben in der körperlichen Wirklichkeit verankert.

---

1 Vgl. Seite 106 f.: »Intelligenz heißt ursprünglich ein Erfassen von Beziehungen und Bedeutungen ... ein Ablesen dessen, was zwischen dem körperlich Wirklichen geschieht.«

Wissen, Denken, Erwägen, Planen und Sprechen wurden in einer Reihe angeführt und unter gleichen Aspekten beleuchtet – es wurde also ihre Ähnlichkeit hervorgehoben und ihre Unterschiedlichkeit beiseite gelassen. Dies ist bewußt geschehen, denn es geht an dieser Stelle vor allem um das Hervorheben der Wahrhaftigkeit, die ein wichtiges Glied von *Sīla* darstellt. Ohne Wahrhaftigkeit würde uns unsere subjektive Ausgangslage entgleiten, unser *Sīla* wäre nicht zuverlässig. Wir sehen wieder, daß die Ethik des *Sīla* in der Beachtung des Körperlichen wurzelt. Das emanzipatorische und glücksfördernde Sprechen, Denken und Erleben ist ethisch, weil es die körperliche Wirklichkeit berücksichtigt. Erleben an sich ist weder wahr noch falsch, weil Erleben eben nur die Erfahrung dessen ist, was im Moment gemerkt wird. Erleben ist immer wirklich, und was erlebt wird, wirkt sich auf unseren Geist und Körper aus. Ein körperlich verankertes Erleben wirkt sich erwiesenermaßen heilsam aus.

Obwohl das Denken nicht bloß als ein leises Selbstgespräch aufgefaßt werden kann, genügt es für unseren Zweck, beides, Sprechen und Denken, als Kommunikationsvorgänge zu definieren, die Beziehungen von Zeichen als Aussagen vermitteln. Wenn diese Beziehungen vollständig vermittelt werden, dann ist die Kommunikation richtig, auch wenn die kommunizierten Inhalte Zeichen sind, die keine Erlebenswirklichkeit wiedergeben oder gar widersinnig sind. Kinderlose Mutter, Liebeskampf, Luftschloß, Energiekrise oder gar stellenloser Arbeitnehmer sind Beispiele frivoler Zeichen, die ohne wahren Wirklichkeitsbezug ganze Denksysteme aufrechterhalten. Wie wirklichkeitsentstellend solche Bezeichnungen auch sein mögen, wir verstehen trotzdem, daß zum Beispiel einer, der für andere arbeitet und im Tausch für Geld seine Arbeit gibt, Arbeitnehmer heißt. Wir verstehen auch ganze verlogene Systeme, die auf Wirklichkeitsentfremdung aufgebaut sind und durch ihre fortgesetzte Wiederholung Wirklichkeitscharakter angenommen haben, was sich auch auf der körperlichen Erlebensebene auswirkt. Die folgende Anekdote macht es deutlich: Was ist der Unterschied zwischen einem Neurotiker, einem Psychotiker und einem Psychiater? Der Neurotiker baut Luftschlösser, der Psychotiker wohnt darin, und der Psychiater kassiert den Mietzins.

Sowohl das Sprechen als auch alle Formen des Denkens (Erwägen, Planen, Erinnern, Entwerfen, Einteilen, Vergleichen, Aufzählen usw.) können wahr oder unwahr sein. Je entstellter oder oberflächlicher der Wirklichkeitsbezug des Denkens und Sprechens ist, desto mangelhafter ist die Wahrhaftigkeit. Wahrhaftigkeit ist also ein gründlicher Wirklichkeitsbezug, der die wahr-genommenen Dinge und Ereignisse insbesondere auch in ihrem richtigen Zusammenhang innerhalb ihres zeitlichen, räumlichen und ethischen Kontextes sieht. Dies alles ist dank der psychischen Kraft möglich, die wir in den bisherigen Erörterungen Achtsamkeit *(Sati)* genannt haben. *Die Achtsamkeit merkt die Dinge, wie sie sind, ohne sie zu entstellen und ohne ihre Zusammenhänge zu ändern.* Unterstützt durch die übrigen vier Geisteskräfte (Weisheit, Zuversicht, Sammlung und Willenskraft) faßt die Achtsamkeit die Wirklichkeit weise auf. So stellt die Achtsamkeit auf diese gründliche Weise, die als Gedankenfassen oder *Vitakka*[2] eine zentrale Rolle in den Strategien der Ekstase spielt, eine wahre Verankerung her. Die Prinzipien der Wirklichkeitsverankerung sind die gleichen, wie die Grundsätze der Algebra von *Yoniso Manasikāra,* die auf den Seiten 99 ff. ausführlich behandelt wurden. Sie besagen, daß 1. Anhaften, 2. Verdrehtheit, 3. Verdrängung, 4. Mißbrauch und 5. Einfältigkeit leidbringend sind und daß Wahrhaftigkeit durch die Abwesenheit dieser fünf Fehler charakterisiert ist.

Als wir das Weise Auffassen, *Yoniso Manasikāra,* übten, haben wir vom Geiste her das Körperliche und das Geistige *(Nāma-Rūpa)* in Verbindung gebracht. Wenn wir nun die Strategien der Wirklichkeitsverankerung durch die Übungen der Körperachtsamkeit entfalten, bringen wir vom Körper her das Geistige und das Körperliche in Verbindung.

Übungen der Körperachtsamkeit

Die Übungsanweisungen in Körperachtsamkeit erfordern keine erklärenden Vorbemerkungen, denn die Worte der Anweisungen weisen direkt auf die zu merkenden körperlichen Fakten. Auch der emanzipatorische Stellenwert und der hohe Nutzen von Körperachtsamkeit ist bereits nach der Lektüre des vierten Kapitels ganz klar. Jetzt geht es also um konkretes Ausprobieren von I. Atmungsachtsamkeit, II. Auffassen von Elementen, III. Merken von Stellungen und IV. Schrittmeditation.

---

2 Siehe *Diagramm 12* auf Seite 259.

I. Ānāpāna-Sati – Atmungsachtsamkeit

Man übt in einem gut gelüfteten Raum, wo man durch andere Menschen, Telefonläuten und ähnliches nicht gestört wird. Falls man nicht geübt ist, mit verschränkten Beinen auf dem Boden zu sitzen, setzt man sich am besten auf einen bequemen, aber festen Stuhl.

1. Setzen Sie sich aufrecht, aber so bequem wie möglich. Beide Sohlen berühren den Boden – Sie fühlen in den Sohlen den Druck der Berührung. Die Hände ruhen ineinandergelegt (nicht ineinandergefaltet) entspannt auf dem Schoß – Sie fühlen die Berührung Ihrer Hände. Die Schultern hängen entspannt.
2. Fassen Sie, leise für sich sprechend, den Entschluß: »Jetzt will ich drei Minuten lang nur die Einatmung und die Ausatmung beobachten.«
3. Atmen Sie mit etwas Nachdruck tief aus.
4. Fühlen Sie nun die natürliche, ungesteuerte Einatmung, und sagen Sie zu sich innerlich: »Einatmen, einatmen...«
5. Fühlen Sie die Ausatmung und, solange sie andauert, begleiten Sie diese mit dem inneren Kommentar: »Ausatmen, ausatmen...«
6. Notieren Sie innerlich, sobald die Einatmung wieder einsetzt: »Einatmen, einatmen...«
7. Falls eine Pause im Atmungsprozeß entsteht, sagen Sie innerlich: »Pause, Pause, Pause...« – solange sie andauert.
8. Fahren Sie mit der Beobachtung und Benennung »Einatmen, einatmen...« und »Ausatmen, ausatmen...« während der noch übrigen zweieinhalb Minuten fort. Atmen Sie dabei immer nur durch die Nase.

Nachdem Sie diese Anleitung gelesen und aufgefaßt haben, üben Sie mit geschlossenen Augen.

Sobald Sie die Übung beendet haben, halten Sie Ihre Eindrücke und Einsichten fest, indem Sie diese in Stichworten zusammenfassen, die Sie auch aufschreiben können. Um gleichzeitig Wissensklarheit *(Sati-Sampajañña)* zu üben, nehmen Sie Stellung zu folgenden Fragen:

– Habe ich die Zeitspanne der Übung, also drei Minuten, ungefähr getroffen?
– Was war bei der Übung angenehm?
– Was war unangenehm?

- Ist mir das Fühlen der Einatmung und Ausatmung und deren Benennen nicht durcheinandergeraten?
- Habe ich meinen Körper bewegt? Bewegen »müssen«? Bewegen »wollen«?
- Gab es Ablenkungen? Wie bin ich damit umgegangen?
- An welchen Körperstellen habe ich die Atmung am besten, am deutlichsten, am intensivsten erlebt?

Die letzte Frage über die Körperstellen ist sehr wichtig für Ihr weiteres Vorgehen bei der Übung. Es gibt grundsätzlich zwei Wege der fortgeschrittenen Praxis von Atmungsachtsamkeit.

Einige Menschen neigen dazu, die durch die einströmende und ausströmende Luft am Rande der Nasenlöcher hervorgerufenen Berührungsempfindungen deutlicher zu erleben. Falls dies auch bei Ihnen der Fall ist, wird es für Sie vorteilhafter sein, Ihre Achtsamkeit an diese Stelle zu »heften« und nach jeder Ablenkung immer wieder zum Körpergefühl bei den Nasenlöchern zurückzukehren. Sie werden also Ihre Nasenöffnung zum Tor und Fokus Ihrer körperlichen Wirklichkeitsverankerung machen und sie als Zufluchtsbasis bei späteren Übungen benützen. Von diesem Brennpunkt aus wird sich später bei fortgeschrittener Übung die energiespendende Freude, *Pīti*, auf den ganzen Körper ausbreiten.

Einige Menschen neigen dazu, die Gefühle der innerkörperlichen Ausdehnung und des Zusammenziehens, also das Heben und Senken der Bauchdecke, die mit dem Einatmen und Ausatmen zusammenhängen, deutlicher zu erleben. Falls dies auch bei Ihnen der Fall ist, sollten Sie die Bauchgegend als Fokus Ihrer körperlichen Wirklichkeitsverankerung wählen. Sie werden Ihre Achtsamkeit auf die Prozesse des Hebens und Senkens »heften« und nach jeder Ablenkung immer wieder zum Körpergefühl der Bauchdecke zurückkehren.

Es ist wichtig, daß Sie sich nach einem kurzen Ausprobieren (einige Minuten) der beiden Übungswege für einen davon entscheiden und diesen beibehalten. Das Wechseln zwischen den beiden Möglichkeiten würde Ihren Fortschritt immer wieder aufheben, als ob man während des Ausgrabens eines Tunnels den Verkehr zu einer sonst unzugänglichen Stelle in diesem Tunnel leiten würde. Ist aber der Tunnel einmal fertig ausgebaut, dann kann der Verkehr durchfließen. In einem anderen Gleichnis sind die beiden Übungen wie die Trinkwasserversorgung eines Großstadtreservoirs durch einen Bergfluß und der Ausbau des Flußbettes. Ist das Trinkwasserreservoir gefüllt, so beeinträchtigen die Ausbauarbeiten in keiner Weise die Trinkwasserversorgung. Die Erfahrung zeigt, daß es mit den beiden

Übungswegen der Körperachtsamkeit ähnlich ist: Wird der Zweck des einen Übungsweges erfüllt, so ist auch das Ziel des anderen Übungsweges verwirklicht.

Es kommt selten vor, daß jemand weder die Bauchdeckenbewegung noch die Luftberührung an den Nasenlöchern spüren kann. Ich empfehle dann die folgende Vorübung, die Sie auch sonst einmal ausprobieren können, um zu schauen, was dabei herauskommt:

* Setzen Sie sich bequem, am besten in einen Lehnstuhl, so daß Sie sich in einem Winkel von etwa 45 Grad zur Senkrechten zurücklehnen.
* Legen Sie Ihre linke Handfläche (falls Sie linkshändig sind, Ihre rechte Handfläche) auf den Bauch und beobachten Sie, ob Sie nun das Heben und Senken der Bauchdecke von außen durch Ihre Hand wahrnehmen können. Versuchen Sie danach, das Heben und Senken auch ohne die aufgelegte Hand, also von innen, zu spüren.
* Benetzen Sie den Rand Ihrer Nasenlöcher, indem Sie dort eine genügende Menge Speichel mit den Fingern auftragen. Atmen Sie lang und mit ein wenig Nachdruck einige Male ein und aus, und beobachten Sie die Empfindungen. Fühlen Sie noch etwas an der Nasenöffnung, auch wenn die Nässe getrocknet ist?

Sollte keine dieser Spürhilfen etwas nützen, dann plagen Sie sich nicht, etwas zu erzwingen. Vielleicht haben Sie mehr Glück mit den Übungen III. und IV., in denen das Wechseln von Stellungen und das Schreiten achtsam aufgefaßt werden.

Der Umgang mit Ablenkungen

Die Abhidhammaprinzipien des Umgangs mit störenden Tatsachen, die Leid verursachen und Glück verhindern, sind auf allen Ebenen ähnlich, von der globalen Gestaltung der Politik – wie im zweiten Kapitel erklärt – bis zur konkreten Auffassung des Körperlichen während der Achtsamkeitsmeditation. Man verdrängt solche Tatsachen nicht, läßt sie aber auch nicht den Erlebensstrom bestimmen.

Konkret heißt das bei der Achtsamkeitsübung: Störung merken, benennen als das, was sie ist, und zu dem eigentlichen Achtsamkeitsfokus sanft, aber sofort und bestimmt zurückkehren. Erst wenn die Verankerung der Achtsamkeit in der körperlichen Wirklichkeit gesichert ist, kann man sich dann in einer sehr fortgeschrittenen Achtsamkeitsmeditation erlauben, die Störungen zu sekundären Objekten der Analyse zu machen – siehe Übungen der *Satipatthāna-Vipassanā* im achten Kapitel. In den ersten Übungssitzungen kommt es einigen schwer vor, die Störung einfach nur mit der Benennung »Störung, Störung« wahrzunehmen und dann durch den innerlich gesprochenen Entschluß »Und jetzt wieder zurück zur Atmung« die Achtsamkeit zurückzulenken. Aufgrund jahrelanger Konditionierung ist es für uns ja »normal« geworden, die Macht über unser Erleben an die äußeren Objekte abzutreten.

Vielleicht geraten Sie, liebe Leserin, lieber Leser, einmal in eine Situation (lassen Sie sich dadurch nicht entmutigen!), die etwa folgendermaßen aussehen könnte: Sie haben alle Vorbereitungen getroffen, sich bequem gesetzt und mit der Achtsamkeitsübung begonnen. Sie haben mindestens sieben Atemzüge so klar, ungestört und intensiv wie noch nie achtsam verfolgen können, und dann hören Sie ein Auto... »Dies erinnert mich daran, daß die Rechnung für die letzte Wartung so hoch war, daß ich ernsthaft überlegt habe... usw.« Oder: »Dies erinnert mich daran, wie die ständig zunehmende Zahl von Fahrzeugen es jetzt also wirklich nötig macht, eine politische Aktion dagegen zu unternehmen; am besten besprechen wir es mit X und Y beim nächsten Treffen; nein, mit Y nicht, weil er solche Dinge nicht mehr so ernst nimmt wie früher. Er denkt jetzt nur noch daran, daß... Ach, wie kann man sich nur in den Menschen täuschen, und ich bin immer so zuverlässig und... usw.« Das Auto (es kann auch eine Fliege sein, die sich auf Ihre Nase setzte) hat in Ihrem Geist eine ganze Kette von Gedanken und Vorstellungen ausgelöst, so daß die ganze meditative Stimmung dahin ist. Sie erinnern sich zwar daran, daß Sie eigentlich Ihre Achtsamkeitsübung durchführen wollten und versuchen sogar mehrmals, den Ansatz wiederzufinden, es geht aber nicht mehr. – Gut, auch so etwas kann einem zustoßen.

Der weise Umgang mit einer solch extremen Situation besteht darin, daß man zwar die Wirklichkeit akzeptiert, so wie sie ist, daß man aber dennoch *eigenes Handeln nicht durch die Störung bestimmen läßt.* Keine Fliege und auch kein Auto hat die Macht, uns aus dem Meditationssitz zu entfernen. Wenn ich beschlossen habe, 10 Minuten zu sitzen, dann bleibe ich eben 10 Minuten sitzen – auch wenn es mir durch irgend etwas unmöglich gemacht wird, mich dem zu widmen, was ich ursprünglich geplant hatte[3]. Ich lasse den Störun-

---

3 Gerade solche Situationen sind sehr wertvoll für das Kultivieren der Machtfährte der Willenskraft (siehe S. 297ff.). Wie wir später technisch begreifen werden, besteht die Schulung des Willens *(Viriya)* nicht in irgendeiner Form von Gewaltanwendung, sondern vielmehr im Verharren und in der Ausdauer.

gen also ihren freien Lauf, versuche aber trotzdem immer wieder, hie und da einen Atemzug zu beobachten oder sonst zu sehen, was für Dinge ich wahrnehmen kann, die in das Gebiet der Körperachtsamkeit gehören.

Wahrscheinlich geraten Sie, lieber Leser, liebe Leserin, manchmal in Situationen, die zwar nicht so extrem sind wie die oben beschriebene, die Ihnen indessen die Stimmung ähnlich verderben, so daß Sie erwägen, die Übung aufzugeben. Dies kann mehrere Gründe haben. In Interviews mit Meditierenden findet man den Grund am häufigsten darin, daß die subjektiven Fortschritterwartungen zu hoch sind. Mit anderen Worten, man ist ungeduldig und übersieht zu schnell die Tatsache, daß die liebevolle Zuwendung zu jedem einzelnen Atemzug eine Vertiefung der edelsten Wirklichkeitsverankerung hinterläßt, ähnlich wie jeder Zug der Säge die Rille im Holz vertieft – und zwar ohne zusätzlichen Druck auf die Säge[4]. Ein ganz anderer Grund besteht darin, daß vor allem für Menschen, die im Erfassen von Details begabt sind, aber auch für jene, die nichts verdrängen wollen, es schwer ist, die Störungen einfach als Störungen abzulegen. Den daraus entstehenden Problemen ist mit zwei Kunstgriffen abzuhelfen.

Der erste Kunstgriff besteht darin, daß man die »interessante« Störung mit einem Stichwort etikettiert und mit ihr ein »Rendezvous« für später verabredet. Nach dem Beenden der Achtsamkeitsübung nimmt man solche interessanten Themen wieder auf, läßt sie ausführlich zu Wort kommen und erwägt ihren problematischen wie auch ihren schöpferischen Beitrag.

Der zweite Kunstgriff stellt zugleich eine Vorstufe für analytische Meditationen dar, wie das Auffassen von Elementen und *Satipatthāna-Vipassanā*. Zu den vorher erwähnten Beispielen der Auslösung von ausgedehnten Störungsketten stellen wir fest, daß wir genaugenommen kein Auto hören können; was wir hören, ist ein Geräusch, von dem wir annehmen, daß es zu einem Auto gehört; es kann aber genausogut von einem Tonband kommen. Ebenso nehmen wir bei der Fliege nur das Kitzeln, Kribbeln oder Jucken wahr, das vielleicht gar nicht mit einer Fliege, sondern mit einem angewehten Staubkorn zusammenhängt. Ganz gleich, welche Objekte unsere Vorstellung den Wahrnehmungen zuordnen kann, bleiben wir (zumindest während der Achtsamkeitsübung) realistisch und *merken* nur das, was wir wirklich wahrnehmen: Töne, Geräusche, Farben, Lichter, Berührungen, Gerüche, Denken, Wünsche, Absichten usw. Wenn wir unserer Neigung nachgeben, die Störungen erst in ihrer Vielfalt zu un-

---

4 Siehe das Gleichnis von der Säge auf Seite 261.

terscheiden, bevor wir sie als Störungen ablegen, dann ist es ratsam, nur die wirklichen Prozesse als »Hören, hören...«, »Denken, denken...«, »Kribbeln, kribbeln...«, »Wünschen, wünschen...« zu registrieren (und vielleicht durch achtsames »Kratzen, kratzen...« zu beseitigen) und zu dem zurückzukehren, was wir eigentlich vorhaben.

»Heben« und »Senken« – fortgeschrittene Stufe

Auf Grund des bisherigen Experimentierens haben Sie wohl herausgefunden, welche Tageszeit (sicher nicht unmittelbar nach dem Essen), welcher Ort und welche Körperstellung für Ihre Übung am geeignetsten sind. (Falls Sie beim Ausprobieren festgestellt haben, daß Sie die Atmung besser an den Nasenlöchern spüren, überspringen Sie einfach die folgende Anweisung, und fahren Sie mit der Methode *»Einatmen« und »Ausatmen«* fort, die auf der nächsten Seite beschrieben ist.)

Sie erlebten während der Übung das Heben und Senken der Bauchdecke und das innere Dehnen und Zusammenziehen unmittelbarer als das Strömen der Atmungsluft. Vielleicht bemerkten Sie in Ihrem Körper auch noch andere Phänomene, die mit den Atmungsphasen zusammenhängen, etwa Änderungen des allgemeinen Muskeltonus, Impulse zum Wippen und Kreisen (ohne daß sich der Körper tatsächlich bewegt), Assoziationen von Steigen und Gleiten, vielleicht auch andere Wahrnehmungen und Bilder. Jedes Nachforschen über diese sekundären Erscheinungen würde Ihren Fortschritt in der Wirklichkeitsverankerung durch Körperachtsamkeit stören. Schenken Sie ihnen daher keine besondere Beachtung, und lassen Sie sie dort, wo sie hingehören, nämlich an den Rand des Erlebensfeldes. Ihr Vehikel für das Kultivieren psychischer Kräfte ist der Strom des Hebens und Senkens.

1. Sitzen Sie aufrecht und bequem in Ihrer gewohnten Übungsstellung.
2. Fühlen Sie die Berührung mit Boden, Sitz und Lehne (falls angelehnt), sowie die Berührung zwischen den Lippen Ihres locker geschlossenen Mundes und die Berührung zwischen den im Schoß ineinanderliegenden Händen.
3. Falls Sie noch nicht ganz bequem sitzen, ändern Sie die Körperstellung, damit während der Übung keine Störung durch eine Stellungsänderung nötig ist.

4. Fassen Sie den Entschluß: »Jetzt will ich fünf Minuten[5] lang nur das Heben und Senken beachten.«
5. Atmen Sie mit etwas Nachdruck tief aus, und lassen Sie dann der Atmung ihren natürlichen Rhythmus.
6. Fühlen Sie das Heben der Bauchdecke, und notieren Sie innerlich »Heben, heben...«
7. Fühlen Sie das Senken der Bauchdecke, und notieren Sie innerlich »Senken, senken...«

Es ist vorteilhaft, wenn Sie, nachdem Sie diese Anleitung gelesen und sich im Gedächtnis eingeprägt haben, noch vor dem Entschluß-fassen (4.) für die gesamte Übungszeit die Augen schließen.

»Einatmen« und »Ausatmen« – fortgeschrittene Stufe

Beim Ausprobieren der beiden Übungswege haben Sie festgestellt, daß Sie die Berührung der ein- und ausströmenden Luft am Rand der Nasenlöcher während des Einatmens und Ausatmens gut fühlen können. (Falls dies nicht stimmt, üben Sie besser den anderen Weg der Körperachtsamkeit, wie beschrieben unter: *»Heben« und »Senken« – fortgeschrittene Stufe.*)

Sie haben schon herausgefunden, welche Tageszeit, welcher Ort und welche Körperstellung für Ihre Übung am geeignetsten sind. Während der Übung merkten Sie vielleicht außer der Berührung der ein- und ausströmenden Luft an den Öffnungen der Nase, daß Sie den Luftstrom bis in die Lunge verfolgen können. Es mögen noch andere mit der Einatmung beziehungsweise Ausatmung verbundene Phänomene, etwa verschiedene Strombahnen im Körper oder Assoziationen von Raum und Gestalt oder andere ablenkende Wahrnehmungen und Bilder aufgetaucht sein. Jedes Nachforschen über diese sekundären Erscheinungen würde Ihren Fortschritt in der Wirklichkeitsverankerung durch Körperachtsamkeit stören. Schenken Sie ihnen daher keine besondere Beachtung, und lassen Sie sie dort, wo sie hingehören, nämlich an den Rand des Erlebensfeldes. Ihr Vehikel für das Kultivieren psychischer Kräfte ist die Öffnung der Nase.

1. Setzen Sie sich aufrecht und bequem in Ihre gewohnte Übungsstellung.

---

5 oder zehn oder dreißig Minuten – je nach persönlicher Entscheidung. Falls Sie vor dem Frühstück oder vor der Nachtruhe üben, können Sie die Zeit der Übung bis auf die idealen 45 Minuten steigern.

2. Fühlen Sie die Berührung mit Boden, Sitz und Lehne (falls angelehnt), sowie die Berührung zwischen den Lippen Ihres locker geschlossenen Mundes und die Berührung zwischen den im Schoß ineinanderliegenden Händen.
3. Falls Sie noch nicht ganz bequem sitzen, ändern Sie die Körperstellung, damit es während der Übung nicht zu einer Störung durch Stellungsänderung kommt.
4. Fassen Sie den Entschluß: »Jetzt will ich fünf Minuten[6] lang nur das Einatmen und Ausatmen beachten.«
5. Atmen Sie mit etwas Nachdruck tief aus, und lassen Sie dann der Atmung ihren natürlichen Rhythmus.
6. Fühlen Sie an der Nasenöffnung die Berührung der einströmenden Luft, und notieren Sie innerlich »Einatmen, einatmen...«
7. Fühlen Sie die Berührung der ausströmenden Luft, und notieren Sie innerlich »Ausatmen, ausatmen...«

Es ist vorteilhaft, wenn Sie, nachdem Sie diese Anleitung gelesen und sich im Gedächtnis eingeprägt haben, noch vor dem Entschlußfassen (4.) für die gesamte Übungszeit die Augen schließen.

Atmungsachtsamkeit – hohe Stufe

Nachdem Sie einige Wochen täglich nach Anleitung geübt haben, sind Sie nun wahrscheinlich in der Lage, Ihre Übung mit zwei Zusätzen zu vervollständigen:

– Wissensklarheit über Erlebensbereiche und Übergänge,
– Aufnehmen von Störungen als sekundäre Objekte der Achtsamkeit und Analyse.

Für die hohe Stufe der Übung gelten weiterhin die gleichen Anweisungen wie für die fortgeschrittene Stufe. Man versucht jedoch, die Erlebnisse nun etwas gründlicher aufzufassen.

Sobald Sie sich zur Achtsamkeitsübung hingesetzt haben, sind Sie in einem anderen Erlebensbereich als zuvor, als Sie sich mit den Dingen um sich herum beschäftigt haben. Ihr Erleben ist nunmehr auf den Bereich Ihres Persönlichsten, Ihrer Befindlichkeit und Körperlichkeit konzentriert. Sie üben die Wissensklarheit *(Sampajañña)*, indem Sie während des Sich-setzens Notiz davon nehmen, die Sie in-

6 Siehe Fußnote 5.

nerlich sprechend in Worte fassen: »Sich setzen, um die Wirklichkeitsverankerung mittels Körperachtsamkeit zu üben.« Danach führen Sie die Anweisungsschritte 2. und 3. durch.

Zusätzlich zum Entschlußfassen (4.) nehmen Sie Notiz davon, daß Sie sich nun im Übergang zum Gebiet Ihres primären Achtsamkeitsobjekts Atmung befinden.

Sobald Sie merken, daß Sie während der Übung durch andere Wahrnehmungen oder das Denken abgelenkt wurden, sagen Sie zu sich innerlich »Ablenkung! Ablenkung!... Dies ist es nicht, wozu ich mich hingesetzt habe!« Hiermit haben Sie jedoch schon das Gebiet des primären Achtsamkeitsobjekts verlassen, und Sie sollen das klar erkennen.

In diesem Moment haben Sie nun die Wahl – und Sie sollen wissen, daß es nur *Ihre Wahl* ist – zum Gebiet des primären Achtsamkeitsobjekts überzugehen, indem Sie wieder das Gefühl an der Nasenöffnung (resp. die Bauchdeckenbewegung) merken und benennen: »Einatmen« oder »Ausatmen« (bzw. »Heben« oder »Senken«).

Die andere Wahlmöglichkeit – vor Fortsetzung Ihrer Übung in Atmungsachtsamkeit – ist die des analytischen Unterscheidens, ob die Ablenkung zum Bereich der Körperlichkeit *(Rupa)* gehört oder ob sie ein geistiges *(Nāma)* Vorstellen, Wollen oder Denken ist. Sie merken also »Druck«, »Bewegung«, »Schmerz«, »Jucken«, »Wärme« usw., falls es sich um eines dieser körperlichen Dinge handelt. Wenn es sich um eine geistige Ablenkung handelt, merken Sie »Denken«, »Wollen«, »Absicht«, »Vorstellung« usw., *ohne sich aber auf die jeweiligen Inhalte einzulassen,* die dem Denken, Wollen usw. innewohnen. Sobald Sie eine derartige innere Notiz gemacht haben, kehren Sie wieder zu Ihrem primären Objekt zurück und beobachten die Atmung.

Es hat keinen Sinn, über diese Anweisungen zu spekulieren. Bevor Sie nach-denken, probieren Sie praktisch aus, wie es funktioniert. Wenn Sie in Ihrer Übung soweit fortgeschritten sind, daß Sie das Notieren und Unterscheiden der Ablenkungen beherrschen und von jeder Ablenkung ohne Schwierigkeiten wieder in das Gebiet Ihres primären Achtsamkeitsobjekts übergehen können, dann sind Sie bereit für die Achtsamkeitsübung *II. Dhātu Manasikāra,* die Grundlage für alle schamanischen, magischen und heilenden Techniken ist. Bevor Sie jedoch mit dieser weiteren Übung beginnen, müssen Sie unbedingt noch die Übergangstechnik für die Rückkehr in die alltägliche Wirklichkeit meistern.

Beim Übergang in das Gebiet der Atmungsachtsamkeit, wie auch beim Übergang in das Gebiet der Elemente, *Dhātu,* oder in irgendein anderes Gebiet der Schamanenreise oder Meditation, fassen Sie ja einen Entschluß, in dem auch die Zeitspanne des Gebietsaufenthalts festgehalten ist. Es ist eine sehr vorteilhafte Sicherheitsmaßnahme, die beschlossene Zeitspanne immer richtig einzuhalten. Auf diese Weise trainiert man die eigene »innere Uhr«, die dann zuverlässig den Impuls zur Rückkehr gibt – auch aus Bereichen, in denen das gewöhnliche Denken und Wollen nicht vorhanden ist (Rückkehr aus Meditation, aus einer Schamanenreise, aus normalem Schlaf usw.). Die Übergangsinstruktion muß vor der Übung ins Gedächtnis eingeprägt werden, damit sie beim Aufwachen aus dem Schlaf oder beim Beenden einer Meditation (die Atmungsachtsamkeitsübung ist eine Meditation) wirksam werden kann. Die Anweisung ist folgende:

1. Sobald die beschlossene Zeitspanne des Gebietsaufenthalts abgelaufen ist, wird man sich des inneren Impulses bewußt, daß es nun Zeit für den Übergang ist. Falls man sich bei irgendeinem anderen Bewußtseinsobjekt befindet, kehrt man sofort zur Atmungsachtsamkeit zurück.
2. Man leitet einen »Countdown« ein, indem man zehn Atemzüge achtsam und ohne Ablenkung verfolgt. Die Ausatmung fühlend, notiert man »Ausatmen, ausatmen... zehn«, »Einatmen, einatmen... neun«, usw. bis »Ausatmen, ausatmen... zwei«, »Einatmen, einatmen... eins«. (Falls Sie das Heben und Senken als primäres Achtsamkeitsobjekt gewählt haben, notieren Sie dementsprechend »Senken, senken... zehn« usw.)
3. Sofort nach dem Atemzug Nummer eins notiert man die Berührung zwischen den ineinandergelegten Händen, zwischen den geschlossenen Lippen, die Berührung mit dem Sitz und Boden, jedesmal in der gleichen Reihenfolge.
4. Dann wird man sich aller anderen Körperempfindungen bewußt: Geruch, Geschmack im Mund, Geräusche der Umgebung.
5. Man öffnet die Augen und nimmt die Umgebung mit der Wissensklarheit wahr: »Der Übergang in die Alltagswirklichkeit ist vollzogen.«
6. Man beschließt, einen Arm oder ein Bein zu strecken oder zu heben und macht sich die Absicht achtsam bewußt.
7. Man führt die beschlossenen Bewegungen achtsam aus.
   Die Achtsamkeit wird bei allen folgenden Wahrnehmungen und Handlungen des Alltags – soweit möglich – aufrechterhalten.

Hiermit verfügen Sie, lieber Leser, liebe Leserin, über die vollständigen Anweisungen für die Übung der Atmungsachtsamkeit. Falls Sie sich für weitere Einzelheiten interessieren, die mit dieser Übung zusammenhängen, und falls Sie diese Übung im Kontext der *Satipatthāna-Vipassanā* genau verstehen wollen, empfehle ich Ihnen Nyānaponikas Buch *Geistestraining durch Achtsamkeit,* erschienen 1979 im Verlag Christiani in Konstanz.

II. Dhātu-Manasikāra – Auffassen von Elementen

Das Auffassen von Elementen ist eine fortgeschrittene Übung der Körperachtsamkeit, die nur als ergänzende Technik zur bereits gemeisterten Atmungsachtsamkeit *(Ānāpāna-Sati)* oder als Aufbaustufe zur Introspektion der 32 Körperteile durchgeführt wird. Sie ist ein Instrument der körperlichen Wirklichkeitsverankerung bei epistemologischer Analyse der Materie *(Dhātu-Vavatthāna)* und bei buddhistischer Therapie geistiger Krankheiten *(Bhūtavejjakamma).* *Dhātu-Manasikāra* bezieht sich hier jedoch nur auf das Auffassen der vier Grundelemente, die auch *Mahā-Bhūta* genannt werden, um sie von Bewußtseinselementen *(Viññāna-Dhātu)* wie auch von Besessenheitsgeistern und Wahnelementen *(Bhūta-Gāha)* zu unterscheiden. In der Übung erfahren wir, welche Macht der richtigen Benennung innewohnt. Wir kommen dann im Unterkapitel »Wirklichkeitsverankerung durch Benennen« auf dieses Thema zurück.

Wenn *Dhātu-Manasikāra* ergänzend zur Atmungsachtsamkeit geübt wird, ist die Anweisung einfach. Man beginnt die Übung gemäß den Instruktionen für *Atmungsachtsamkeit – hohe Stufe* (siehe Seite 154f.) und ergänzt den Programmentschluß auf folgende Weise:

4. »Jetzt will ich 30 Minuten lang nur das Atmen beobachten und alle Ablenkungen als *Dhātu* auffassen.«
5. bis 7. bleibt gleich.
8. Man provoziert die Ablenkungen nicht, sondern wartet »wie ein Jäger«, bis sich ein *Dhātu* zeigt.
9. Eine aufgetauchte Ablenkung wird begutachtet: »Bewußtseinselement oder Körperelement?«
10. Falls man »Bewußtseinselement« (»Denken«, »Absicht«, »Vorstellung« usw.) feststellt, kehrt man sofort zum primären Achtsamkeitsobjekt »Atmung« zurück.
11. Falls man »Druck«, »Berührung«, »Schwere«, »Härte« feststellt, widmet man der Erscheinung volle Aufmerksamkeit. Man weiß dabei: »Dies ist Erdelement« und verweilt bei dieser Wahrnehmung, solange sie andauert.

Falls man »Fließen«, »Kleben«, »Weich«, »Zähflüssig«, »Kohäsion« feststellt, weiß man: »Dies ist Wasserelement.«

Falls man »Bewegung«, »Fliegen«, »Schwingung«, »Verbreiten«, »Ausdehnen« feststellt, weiß man: »Dies ist Luftelement.«

Falls man »Warm«, »Kalt«, »Leuchten«, »Glitzern«, »Brennen«, »Frieren« feststellt, weiß man: »Dies ist Feuerelement.«

12. Man prägt sich das direkte innere Erlebnis des jeweiligen Elements im Gedächtnis ein, wenn die Wahrnehmung am klarsten erscheint, und pendelt zwischen dem Gedächtniswissen und dem Erlebniswissen hin und zurück, solange das Erleben des Elements andauert.

13. Sollte das Erleben des Elements unerträglich intensiv werden, rettet man sich sofort zurück in das Erlebnisgebiet des primären Achtsamkeitsobjekts »Einatmen«, »Ausatmen«.

14. Nach der Übung des Elementeauffassens verweilt man bei der erholsamen, immer friedlich stimmenden Atmungsachtsamkeit.

15. Die Übung wird mit einem »Countdown« beendet – siehe Seite 156.

Es wäre irreführend, über die vier *Dhātu* oder *Mahā-Bhūta* zu spekulieren oder theoretisieren, denn sie sind Elemente des Erlebens und können daher nur in direkter Erfahrung erkannt werden. Es verhält sich damit ähnlich wie mit den Farbwahrnehmungen – kein theoretisches Wissen über Lichtpartikel und Lichtwellen kann das subjektive Erlebnis einer Farbe erklären oder gar ersetzen. Wenn Sie aber mehr über die Übung und die Anwendungsmöglichkeiten ihrer Ergebnisse wissen wollen, dann lesen Sie die Kapitel 11. und 12. der deutschen Übersetzung des *Visuddhi Magga* von Nyānatiloka: *Der Weg zur Reinheit,* Verlag Christiani, Konstanz 1975.

III. Iriyā-Patha – Merken von Körperstellungen

Diese Übung wird grob eingeteilt in das Merken der vier Grundstellungen, des Sitzens, Liegens, Stehens und Gehens. Sie wird traditionellerweise in der Satipatthāna Sutta gleich nach der Atmungsachtsamkeit – noch vor *Sampajañña* und *Dhātu-Manasikāra* – gelehrt. Wörtlich heißt *Iriyā* Bewegungen und *Patha* Weise, Lage oder Spielraum. Es geht bei der Übung um das Erleben der Körperstellungen und ihrer Veränderung. Natürlicherweise beugt man sich beim Ausatmen und streckt sich beim Einatmen. Schwierigere Stellungen (zum Beispiel Yogapositionen) nimmt man mit angehaltenem Atem ein. Unterschiedliche Körperstellungen sind charakteristisch für verschiedene Stimmungslagen. So zieht sich ein verunsicherter, ängstlicher Mensch in seiner Sitzweise zurück, was einen ganz anderen Eindruck vermittelt als das Thronen einer selbstsicheren Person. Und umgekehrt: Das Einnehmen verschiedener Stellungen vermittelt innerlich verschiedene Gefühle und Stimmungslagen. Versuchen Sie gleich, liebe Leserin, lieber Leser, eine halbe Minute lang wie eine verunsichert umherblickende, sich angstvoll schützende Person zu sitzen. Setzen Sie sich dann für eine Zeit aufrecht, mit der vollen Wucht Ihrer Persönlichkeit, selbstsicher Ihr Umfeld überblickend.

In diesem Sinne ist es möglich, in allen vier Stellungen zu experimentieren. Mit geschlossenen Augen merkt man beim langsamen Wechsel vom Sitzen zum Stehen – eventuell auch die Arme hoch streckend – und dann zum Knien und in Bauchlage übergehend, wie anders man sich in den einzelnen Stellungen erlebt. Auch liegend fühlt man sich auf dem Rücken anders als auf dem Bauch oder auf der Seite. Haben Sie an einem Kurs bei einem guten Yogalehrer teilgenommen, dann sind Ihnen auch die feineren Unterschiede von Stimmungslagen vertraut, die bei Variationen einzelner yogischer Stellungen *(Āsana)* und Gesten *(Mudra)* entstehen. Es gibt eine dynamische Atem-Gefühl-Stellungs-Übung, die den ganzen Spielraum der Körperachtsamkeit auflockert und sich insbesondere vor langstündigen Meditationssitzungen belebend auswirkt. Seit mehr als zwanzig Jahren genieße ich diese Übung jeden Morgen vor dem Frühstück – das heißt wenn ich nicht krank oder sonstwie gehindert bin –, auch dann, wenn ich für keine andere Meditation Zeit habe. Die Übung ist bekannt als *Suriya-Namaskar.* Wörtlich heißt *Suriya* Sonne (innere und äußere), Sonnengeflecht (des Körpers), *Nama* heißt Name (von *Namati* Beugen, Hinwenden des Geistes zu dem Benannten), und *Kar* heißt willentliche Tat (wie *Karma*), *Namaskar* heißt auch Gruß. Man kann die Übung also auf deutsch »Sonnengruß« nennen oder auch »Wolkenauflöser«, denn sie bewirkt durch das Auflockern aller Stimmungsbereiche eine Aufhellung des Gemüts und, sobald sie gut eingeübt ist, vermag sie alle unbehaglichen Stimmungen aufzulösen.

Das folgende Bild zeigt den Verlauf der Sonnengrußübung.

1
Gewaltiges Aus-
atmen (nach ste-
hender Sammlungs-
übung)

2 = 11
Einatmen

3
Ausatmen

10
Ausatmen

4
Einatmen

9
Einatmen

12
Stehend entspannen
(nach 12 Übungs-
runden)

5
Ausatmen

8
Ausatmen

6
Ausgeatmet
anhalten

7
Einatmen

Man beginnt aufrecht stehend mit gefalteten Händen, im Bewußtsein der Berührung mit dem Boden, der Verankerung auf der
Mutter Erde, man weiß: »Standfest bin ich und aufrecht, aufrich-
tig, die Energien meiner Hände bindend.«

1. Indem man heftig ausatmet, weiß man: »Weg mit alten, aufgespei-
   cherten Luftresten; leer, frei, aufnahmefähig bin ich.«
2. Indem man einatmet, streckt man die Hände nach oben in den
   Kosmos, angespannt, aber fest stehend, das Sonnengeflecht in die
   Welt nach vorne stoßend...
3. Beim Ausatmen beugt man sich, entspannt...

Entdecken Sie selber, lieber Leser, liebe Leserin, was Sie bei den einzelnen Stellungen und Übergängen fühlen!

Es geht um das Entdecken der Intelligenz Ihres Körpers und nicht um irgendein Auswendiglernen oder Zurechtweisen oder gar Aufstülpen von Bedeutungen.

Die Sonnengrußübung kann mit einer Klavierstunde verglichen werden, in der man lernt, verschiedene Akkorde der Stimmung zu erfühlen, zu meistern, um sie später, bei einem Konzert, harmonisch in die Gesamtsituation einzubauen. Man versucht also, in verschiedene Stimmungssphären einzudringen. Unnötig zu sagen, daß sich die Freude am sanften Eindringen auch in dieser Lage mit der Wiederholung steigert. Und nicht zu vergessen ist, daß ein Konzert nicht nur im Erleben der Gestalt einzelner Akkorde und nicht nur im Erleben der melodischen Übergänge, sondern auch im Auskosten der Pausen genossen wird. So kann man auch während der Sonnengrußübung in irgendeiner Stellung für die Dauer mehrerer Atemzüge verweilen, oder zum Beispiel nach sechs Übungsrunden einige Minuten stehenbleiben. Jedenfalls sollte man nach Beendigung der zwölften (bei weniger Runden nach der letzten) Runde für einige Zeit stehenbleiben, um zu merken, was alles an Körpergefühl wach ist.

Nach Beenden der Sonnengrußübung ist es von Vorteil, für ein paar Minuten bewegungslos in stehender Stellung zu verharren. Man merkt zuerst:
– Stehe ich aufrecht?
– Ist der Kopf hoch?
– Hängen die Schultern entspannt?
– Wippe oder schaukle ich nicht zu stark beim Ein- und Ausatmen?
Dann richtet man die Achtsamkeit nur noch auf das Körperinnere und genießt das Nachlassen aller Schwingungen und Strömungen, die während der Sonnengrußübung aktiviert wurden.
Man sammelt sich – im wortwörtlichen Sinne – in einem neuen Gleichgewicht.

IV. Cankamana[7] – Schrittmeditation

Wirklichkeitsverankert stehen Sie da und beschließen zu gehen. Was geschieht dann? »Aufgrund wovon geht man?« fragt *Papañca-Sū-danī*, ein abhidhammischer Kommentar, und gibt eine Antwort auf der mikroanalytischen Erlebensebene. Keine Theorien, Abhidhamma gibt die Antwort in einem Wort – einer allerdings eher längeren Wortzusammensetzung:

---

7 Sprich Tschankamana.

»*Citta-kiriya-vāyo-dhātu-vipphārena*«.

Die deutsche Übersetzung des Kommentars[8] gibt dieses Wort in einem Satz wieder:

»Aufgrund der Geist-Tätigkeit und der hierdurch bewirkten Vibration des Wind- oder Bewegungselements.«

Dies ist die Bezeichnung einer direkt erlebten körperlichen Tatsache, nichts mehr, einer Tatsache, die im Prozeß ihres Entstehens beobachtet wird, die Sie selber nach einer gewissen Übungserfahrung auch sehen können. Um es nicht allzu spannend zu machen, oder gar bezichtigt zu werden, etwas im dunkeln zu lassen, zitiere ich aus dem Kommentar noch die Matrix des Weisen Auffassens für dieses »Aufbrechen zum Gehen«, die der Ein-Wort-Antwort folgt:

»Daher versteht der Übende den Gehvorgang in folgender Weise: Der Gedanke steigt auf: ›Ich will gehen.‹ Dieser Gedanke bringt das Wind-Element *(Vāyo-Dhātu)* zum Entstehen, und das Wind-Element bringt den körperlichen Ausdruck *(Viññati)* des Gehens zum Entstehen. Das durch Geist-Tätigkeit *(Citta-Kiriya)* und Vibration *(Vipphārena)* des Wind-Elements bewirkte Vorwärtstragen des ganzen Körpers bezeichnet man dann als ›Gehen‹.« (Seite 47f.)

So haben wir uns, liebe Leserin, lieber Leser, mit einer Beobachtung des Geh-Beginns vergnügt, die von anderen gemacht wurde.[9] Mit der Beobachtung des eigentlichen Gehvorgangs werden mehrere Erlebnisbereiche erschlossen, die unter anderem auch für schamanische und magische Techniken von großer Bedeutung sind. Hier sollen sie aus Platzgründen jedoch nur als ein weitreichender Kontext erwähnt werden: das wissensklare Erleben der Fortbewegung überhaupt, ferner die mit sogenannter »Tunnelvision« verbundene Wissensklarheit über das »Wegblicken und Hinblicken«, und die Bewußtheit vom »Aufbrechen und Ankommen«. Was uns bei der *Cankamana*-Übung besonders interessiert, ist wieder die körperliche Wirklichkeitsverankerung, die Grundlage für das Erschließen anderer Erlebnisbereiche ist.

Der Zweck von *Cankamana* ist vielschichtig. Amüsant und lehrreich ist die Wiedergabe eines Gesprächs zwischen einem Teilnehmer eines Achtsamkeitsmeditationskurses und einem Sennen, das sich

---

8 *Kommentar zur Lehrrede von den Grundlagen der Achtsamkeit,* übersetzt von Nyānaponika, Konstanz 1972.
9 Diese Beobachtung der Abhidhammikas ist zugleich die introspektiv empirische Lösung des sogenannten »psycho-physischen Problems«, das die moderne Wissenschaft von außen und theoretisch zu lösen versucht, wie zum Beispiel der Nobelpreisträger J. Eccles in *The Understanding of the Brain,* McGraw-Hill, New York 1973.

auf der Wiese hinter dem Chalet abwickelte, in dem ich damals den Kurs durchführte. Der Senn hatte eine seiner Kühe aus dem Weg des achtsam, verlangsamt schreitenden Kursteilnehmers weggetrieben, stellte sich dann selber vor diesen und fragte:»Was machet ihr da eigentlich?«

»Wir üben, achtsam zu gehen«, war die Antwort nach einem Anhalten und einer kleinen Pause.

»Für was isch denn das guet?« fragte der Senn auf berneroberländisch, bedächtig und langsam weiter.

»Damit wir auf einer Bergtour keinen Unfall bauen«, klang die ähnlich verlangsamte Antwort des Übenden, und der Senn, ersichtlich zufrieden, ging seines Weges.

Tatsächlich übt man das achtsame Schreiten nicht auf einer Bergtour – und auch nicht beim Überqueren einer befahrenen Straße. Wenn man nicht durch Aufklärungsgespräche von der Übung abgelenkt werden will, zieht man einen Korridor oder eine genügend lange Strecke durch zwei angrenzende Zimmer vor. Die Strecke soll eben, gerade und sechs bis zehn Meter lang sein, damit man beim Auf- und Abgehen jeweils genügend lange nur auf das Gefühl in den Füßen achten kann. Es ist von Vorteil, mit einer Vorübung zu beginnen, in der nur einzelne Gehkomponenten beachtet werden. Bei der Anwendung im Alltag wird hingegen die Gehachtsamkeit mit dem Wachsen der äußerlichen Anforderungen immer globaler. So wird man auf einem Waldspaziergang nicht die einzelnen Schrittkomponenten zu merken versuchen, sondern nur die alternierenden Bewegungen des rechten und linken Beins fühlen. Auf einer Bergtour oder beim Überqueren einer Straße achtet man vor allem auf die äußeren Gefahren und bewegt sich achtsam, ohne dabei irgendeine Analyse oder eine Intensivierung der Wirklichkeitsverankerung trainieren zu wollen.

Cankamana-Vorübung

1. Man sammelt sich kurz, ganz aufrecht stehend und ungefähr zwei Meter vor sich hin auf den Boden blickend. Die Arme sind auf der Brust gefaltet oder hinter dem Rücken verschränkt.
2. Etwas verlangsamt, doch auf natürliche Weise, schreitet man voran.
3. Während des Gehens merkt man jeweils den Moment, wenn der Fuß den Boden berührt und notiert dies mit dem Begleitwort »Setzen«.
4. Nach etwa vier Übungsgängen wechselt man den Achtsamkeitsfo-

kus auf den Moment, wenn der Fuß den Boden verläßt. Man merkt jetzt also nur das jeweilige Aufhören der Berührung mit dem Boden und notiert dies mit dem Begleitwort »Heben«.

5. Nach weiteren etwa vier Übungsgängen wechselt man wieder über zum Merken des Setzens. Dies übt man abwechselnd für fünf oder zehn Minuten.

Abschließend versucht man während einiger Übungsgänge, sowohl das Heben wie auch das Setzen der Füße zu merken – ohne daß man die zwar verlangsamte, aber doch natürliche Gehweise verändert.

Cankamana – Volle Übung

1. Aufrecht stehend und im Körpergefühl gesammelt, faßt man den Entschluß: »Jetzt will ich gehen.«
2. Man merkt die Körpergefühlsveränderungen, die mit dem Ausschreiten verbunden sind. (Verschiebung des Körperschwerpunkts, Bewegung im Bein usw.)
3. Im Moment des Aufhörens der Berührung zwischen Sohle und Boden notiert man »Heben«.
4. Sobald die Berührung zwischen Fuß und Boden beim Aufsetzen wieder entsteht, notiert man »Setzen«.
5. Man schreitet verlangsamt, aber natürlich und merkt jeweils »Heben«, »Setzen«, »Heben«... usw.
6. Wird man abgelenkt, so merkt man es mit dem Begleitwort »Störung« und lenkt die Achtsamkeit wieder auf das Heben und Setzen.
7. Sobald sich das Körpergefühl vom Nachvornetragen der Füße bemerkbar macht, notiert man auch dies mit dem Begleitwort »Tragen«. Man merkt nun also »Heben«, »Tragen«, »Setzen«.
8. Wenn man am Ende der Gehstrecke angelangt ist, bleibt man kurz stehen und notiert innerlich »Angekommen, angekommen«.
9. Man kehrt um mit der Wissensklarheit »Drehen, drehen...« Stehend sammelt man sich kurz und setzt dann mit dem nächsten Übungsgang fort.

Nach der Übung vergegenwärtigt man sich nochmals die Einsichten und Erkenntnisse, die man während der Übung nur als Ablenkungen notiert hat. Vielleicht wurden schwere Probleme und Wesen in Prozesse und Bedingtheiten aufgelöst, die sich erheben und setzen, entstehen und vergehen. Ein Anlaß zur Freude? Es kann auch sein, daß Katharsis vorkommt, vielleicht gefolgt von einem Kreativitätsakt, wie es dem Abhidhammika passierte, der nach dieser Übung folgende Verse verfaßte:

Die Windeskraft bewegt das Schiff,
Die Kraft der Sehne schnellt den Pfeil.
So auch geht dieser Körper nur,
Wenn ihn des Windes Dhātu trägt.

So wie die Schnur die Gliederpuppe lenkt,
Vermag nur, an die Geistes-Schnur gebunden,
Durch ihren Antrieb diese Körper-Puppe auch
Zu gehen, aufzustehen und zu sitzen.

Wo ist ein solches Wesen hier,
Das frei von Ursach und Bedingung,
Durch eigene Kraft getrieben und bewegt,
Einhergehen oder stehen kann?

Papañca-Sūdanī (übers. Nyānaponika, 1972)

Wirklichkeitsverankerung durch Benennen

Das Benennen der Erlebnisse ist ein wichtiges Werkzeug der Achtsamkeit. Es ist ein altes Wissen – und wird übrigens auch durch neueste Experimente der Psychologie bestätigt –, daß man die Dinge nur soweit unterscheidend wahrnimmt, als man sie verschieden benennen kann. Beispiele zur Veranschaulichung gibt es viele: Bewohner tropischer Länder, die den Schnee nur aus dem Fernsehen kennen, würden kaum zwischen Eiskristallen, Reif, Pulverschnee, Harsch, Naßschnee und Schneematsch unterscheiden können. Hingegen sehen die Eskimos als etwa fünfzehn unterschiedliche Dinge das, was wir als verschiedene Sorten des Schnees kennen. Aber man muß kein Eskimo sein, um Schwierigkeiten zu bekommen beim Unterscheiden der ungefähr zehn tropischen Obstarten, die alle wie Bananen aussehen, dabei aber ganz unterschiedlich heißen. Anthropologen haben festgestellt, daß es Völker gibt, die einige Farben nicht sehen. Weil sie zum Beispiel kein Wort für Blau haben, ordnen sie diese Farbe entweder als Grün oder Schwarz ein. Umgekehrt kennt man hierzulande in der Textilindustrie mehr als fünf Sorten von Schwarz, die je nach Betrieb verschieden benannt werden.

Der Akt der Benennung bringt die Wirklichkeit und das Erleben in eine Verbindung, die eine besondere Macht des Wortes über die Dinge aufbaut. Dies hebt auch eine Volksweisheit am Beispiel des

Märchens von Rumpelstilzchen hervor: Ein dämonisches Wesen, also eine Personifizierung unbekannter und daher unheimlicher Erlebnisse, macht mit der Hauptperson des Märchens, was es will. Die Prinzessin – für uns die edle Beobachterin Achtsamkeit – gewinnt Macht über den Dämonen, sobald sie ihn benennen kann. Sie haben, liebe Leserin, lieber Leser, schon auf Grund Ihrer ersten Übungserfahrungen in ähnlicher Weise Macht über ungewöhnliche Erlebnisse gewonnen, die zum Beispiel als Elemente *Dhātu* benannt wurden. Das ist eine Macht, die viel größer ist als jene, die alles, was nicht zum Hauptmeditationsobjekt »Atmung« gehört, nur als »Störung« benennt. Diese Macht der Benennung wird uns immer deutlicher, wenn wir weitere Übungen meistern. Dabei wird auch der praktische Wert der Wissensmatrizen und der Psycho-Algebra der *Akkheyya* nochmals klar. Sie sehen nun anhand Ihrer eigenen Erfahrung, was zu Beginn dieses Kapitels als Wahrhaftigkeit, Richtigkeit, Wirklichkeitsbezug und körperliche Wirklichkeitsverankerung unterschieden und benannt wurde. Aus Ihrer Körperachtsamkeit heraus können Sie jetzt auch jene Elemente der Anekdote über Neurotiker, Psychotiker und Psychiater verstehen, die einem in körperlicher Wirklichkeitsverankerung unerfahrenen Menschen verschlossen bleiben. (Vergleiche Seite 145.)

Die Erfahrung in den Übungen der Körperachtsamkeit verdeutlicht vom Erleben her, welche Implikationen und Belange die körperliche Wirklichkeitsverankerung hat, und zwar auf eine Weise, die durch keine Erzählung, keine Theorie und keine Belehrung ersetzt werden kann. Auch ein Leser, der nur einige Bruchstücke des im vorherigen Kapitel vermittelten Inhalts behalten konnte, wird diese nun von tieferem Sinn erfüllt und in körperlich erlebten Zusammenhängen betrachtet haben. Wir verstehen jetzt, wieso unsere sprachlich zerstückelte Wirklichkeit im körperlichen Erleben wieder zu einem Ganzen wird, wenn wir dessen Bewußtsein kultivieren. Innerhalb des Bereiches körperlicher Wirklichkeit gibt es keinen Irrtum und keine Lüge. Man kann wohl auch körperlich etwas vortäuschen, aber das Vorgetäuschte ist wahr, sobald es körperlich durchgeführt wird. Es kann nicht gelogen werden, denn es ist wirklich das, was es ist. Nur die Erklärungen, Erwägungen – das Nachdenken also – kann unwahr oder verlogen werden, wenn die Wirklichkeitsverankerung verlorengeht oder wenn das Auffassen der körperlichen Wirklichkeit ungründlich und unweise ist. Und hiermit sind wir beim Thema »Wissensklarheit« angelangt. Wissensklarheit geht über die Wirklichkeitsverankerung und Wahrhaftigkeit noch hinaus, und ohne sie wäre keine emanzipatorische Glückssteigerung möglich.

Achtsamkeit und Wissensklarheit im Handeln

Die Achtsamkeit *(Sati)* merkt, was wirklich da ist, sie öffnet den Geist für eine gründliche Aufnahme alles Vorhandenen, ohne irgendeinen Zusammenhang zu verdrängen. Sie lenkt den Geist zur Wirklichkeit, die benannt wird, damit die Erkenntnis mit Weisheit geschieht. Achtsamkeit merkt, was ist, ohne einzugreifen; sie registriert. In konkreten Lebenssituationen können wir aber nicht nur beim Beobachten des Geschehens bleiben. Wir können uns auch nicht nur auf unsere automatisch einsetzenden Reaktionen verlassen und diese nur merken und benennen. Der Alltag verlangt nicht nur, daß unser Erleben wirklichkeitsverankert und unser Denken wahr ist. Um erfüllt zu leben, muß man auch handeln – und zwar handeln mit Wissensklarheit *(Sampajañña)*.

Um die unermeßlichen Möglichkeiten und Fähigkeiten des menschlichen Daseins zu erfüllen, müssen wir sie im Laufe eines glücklichen Lebens ganz konkret ausüben. Glücklich leben – das muß man selber innigst wollen. Niemand kann einem anderen ein glückliches Leben befehlen. Wenn wir etwas wirklich wollen, dann investieren wir darein mehr als dort, wo wir etwas bloß tun, weil wir denken, daß es gut ist. Auf Seiten 124/125 wurde im *Diagramm 8* gezeigt, daß Handlungsentschlüsse auf einer Ebene stattfinden, die dem Körpererleben näher als dem Denken steht. Während der Übung der Schrittmeditation wurde uns erlebnismäßig klar, wie ein Handlungsentschluß in Bewegung umgesetzt wird. Entschluß, Wollen, Streben und Handeln geschehen außerhalb des Bereichs des Denkens.

Wenn wir etwas wollen und uns entschließen, danach zu streben, dann sammeln wir uns, um alle psychischen Kräfte dafür einsetzen zu können: die Willenskraft, die Zuversicht, die Sammlung, die Weisheit und die Achtsamkeit. Wir handeln, wir denken also nicht bloß. Doch handeln wir achtsam und mit Weisheit, wenn wir wollen, daß unsere Handlungen glückbringend sind. Diese besondere Verbindung der Achtsamkeit *(Sati)* und der Weisheit *(Paññā)* beim Handeln wird in der Abhidhamma-Terminologie als *Sampajañña* bezeichnet, was soviel wie Wissensklarheit bedeutet. Wir haben schon verschiedentlich vom klaren Wissen über den Bereich des Erlebens und von der Wissensklarheit über den Zweck usw. gesprochen. Nun sind wir durch die Übungen der Körperachtsamkeit so weit gekommen, daß es sinnvoll ist, die Wissensklarheit gründlicher und systematischer zu betrachten. Denn wir haben nun den Sachbezug durch unsere Erfahrung hergestellt und laufen daher nicht Gefahr, in ein Theoretisieren zu verfallen. Dennoch beschränken wir uns an dieser Stelle zunächst auf die Erörterung der Wissensklarheit bei ganz einfachen Handlungen. So werden wir die Wissensklarheit beim komplexen Handeln im größeren Rahmen unseres psychischen Ökosystems leichter begreifen. Wir werden im nächsten Kapitel sehen, daß auch bei den kompliziertesten Unternehmungen als Kriterium der Glücksförderung die grundlegenden Prinzipien von *Sīla* der Wissensklarheit dienen. Von der Behandlung der Fragen über Wissensklarheit beim sozialen und politischen Handeln sehen wir zunächst bewußt ab. Allgemeines zur New-Age-Politik wurde ja bereits im zweiten Kapitel besprochen, als wir anstrebten, einen persönlichen Bezug zu den Tatsachen des Weltgeschehens zu gewinnen. Mit diesem persönlichen Erlebensbezug setzen wir uns jetzt auf einer sozusagen mikroanalytischen Ebene auseinander. Erst bei den Strategien der Solidarität werden wir uns in das Gebiet der Gestaltung der sozialen Interaktionen wagen. In den folgenden Übungen schließen wir vorerst auch die Anwendung jener Wissensklarheit aus, die sich auf das Handeln in der Innenwelt bezieht und die zu den Strategien der Ekstase und der Macht gehört.

Bevor wir jedoch mit den Übungen beginnen, lernen wir noch einige Unterscheidungen kennen, die uns mit Auffassungsmatrizen *(Yoni)* für Wissensklarheit ausrüsten. Nach Abhidhamma unterscheidet man vier Arten von Wissensklarheit:

1. Die Wissensklarheit über das Erlebensgebiet,
2. die Wissensklarheit über den Zweck,
3. die Wissensklarheit über die Eignung und
4. die Wissensklarheit der Unverblendung.

Eine ganzheitliche Übersicht darüber, wie diese vier Arten der Wissensklarheit zusammenspielen, gewinnt man durch die Betrachtung des *Diagramms 9* auf den Seiten 204/205. Hier werden wir sie jetzt einzeln etwas ausführlicher erörtern:

1. Die Wissensklarheit über das Erlebensgebiet (Gocara-Sampajañña) ist in ihrer Konkretisierung eine sinngemäße Erweiterung der in der Abhidhamma-Literatur umrissenen Wissensklarheit über ein Meditationsgebiet, welche als »das Nicht-Verlieren des Meditationsobjekts« beschrieben wird. Im Rahmen der Strategien der Wirklichkeitsverankerung benützen wir die Wissensklarheit über das Erlebensgebiet zur Ermittlung

a) des jeweilig vorhandenen Bewußtseinsobjekts,
b) des Wirklichkeitsbereichs, in dem das erlebte Geschehen stattfindet, und
c) der Orientierung von Gemütsbewegungen und Übergängen zwischen Bewußtseinszuständen und Erlebensbereichen.

Bei allen Übungen und Strategien geht es darum, jederzeit eine klare Antwort auf die Fragen zu wissen:

a) Was erlebe ich jetzt? Was ist das gegenwärtige Bewußtseinsobjekt? Ist es das Hauptobjekt der Meditation, die ich zu diesem Zeitpunkt ausübe? Ist es ein sekundäres Meditationsobjekt? Ist es die Auffassung des Ziels einer Strategie? Ist es ein Strategie-Entwurf?
b) Welchen Bereich der Wirklichkeit erlebe ich jetzt? Ist es ein Ereignis der körperlich direkt erlebten Außenwelt? Ist es eine Nachricht über ein Geschehen der Außenwelt? Erlebe ich ein vorgestelltes Geschehen? Ist das Ereignis ein Inhalt meines Denkens? Befinde ich mich im Gebiet des Meditationserlebens? Bin ich in der Vorbereitung für eine Meditationsübung? Orientiere ich mich an meiner räumlichen Umgebung? Erlebe ich meine jetzige Körperbefindlichkeit? Fühle ich körperlich ein vergangenes (zukünftiges) Geschehen nach? Erlebe ich eine gegenwärtige Gemütsbewegung (Entschluß, Anstrengung, Absicht, Durchsetzung, Bewußtseinsveränderung, Erforschung[10], Unterscheidung, Beruhigung, Enttäuschung usw.)?
c) Falls mehr als eine Antwort auf die Frage über mein gegenwärtiges Erlebensgebiet möglich ist, an welchem Übergang befinde ich mich? Wonach orientiert sich die Veränderung meines Erlebens?

Der psychologische Hintergrund der verschiedenen Gebiete des Erlebens wurde im Unterkapitel »Ebenen des Erlebens« ausführlich behandelt. Hier sind wir nun zur praktischen Anwendung vorgedrungen. Den vorstehenden Fragen liegen Matrizen für die emanzipatorische Wirklichkeitsauffassung zugrunde; sie haben daher nichts zu tun mit irgendeiner psychologischen Theoriebildung oder gar mit einer scholastischen Einteilung der Phänomene. Es ist ein Mißverständnis, das vor allem in einigen religiösen Kreisen Deutschlands verbreitet

---

10 Die Erklärung der vier magischen Machtfährten *Chanda-, Viriya-, Citta-* und *Vīmamsā-Iddhipāda* im Rahmen von Strategien der Macht verdeutlicht die Unterschiede dieser Gemütsbewegungen.

ist, daß Abhidhamma eine intellektuelle Angelegenheit sei. Solche irrigen Ansichten kommen vor allem bei Schriftgelehrten vor, die psychologisch naiv und meditativ unerfahren sind. Abhidhamma kann aber auch nicht auf eine Psychologie oder psychologische Ethik reduziert werden, wie dies in den ersten englischen Übersetzungen geschehen ist. Einem fortgeschritten Übenden dient beispielsweise das ganze erste Buch des Abhidhamma-Kanons *Dhammasangani*[11] als Kompendium von Matrizen der Wissensklarheit. Jedes Erleben kann also als Übungsfeld dienen. Nyānaponika, einer der größten zeitgenössischen Meditationsmeister, drückt diesen Sachverhalt mit folgenden Worten aus:

Besteht aber die Übung im allgemeinen »Gegenwärtighalten der Achtsamkeit« *(Satipatthāna),* so braucht sie niemals »abgelegt« zu werden, sondern soll allmählich auf alle körperlichen, sprachlichen und geistigen Tätigkeiten ausgedehnt werden. Das erstrebte Ziel ist hier, daß das ganze Leben zur meditativen Übung wird und die meditative Übung Leben gewinnt. Wie weit dies gelingt, wird von der verfügbaren Geistesgegenwart und Achtsamkeit abhängen, sowie von der wachsenden und gewohnheitsformenden Kraft ernster, regelmäßiger Übung.
Das Meditationsgebiet der Achtsamkeitsübung hat keine starren Grenzen, es ist vielmehr ein Reich, das ständig wächst, das sich immer weitere Bezirke des Lebens angliedert. Im Hinblick auf diesen allumfassenden Geltungsbereich der Satipatthāna-Methode war es wohl, daß der Meister sagte:
»Was ist nun, ihr Mönche, das heimatliche Gebiet *(Gocara)* des Mönchs, sein eigener, angestammter Bereich? Es ist eben dieses vierfache Gegenwärtighalten der Achtsamkeit.«
Der Jünger dieser Geistesschulung soll sich daher ständig mit Sāntideva fragen:
»Wie kann wohl unter diesen Umständen die Übung der Achtsamkeit betätigt werden?«   *(Bodhicaryavatara* VII, 73)
Wer es nicht vergißt, diese Frage zu stellen und dann in rechtem Wissen demgemäß handelt, der besitzt Rechte Achtsamkeit als »Wissensklarheit im Meditationsgebiet«.
(Nyānaponika: *Geistestraining durch Achtsamkeit,*
Konstanz, Christiani 1979, Seite 46f.)

---

11 Zum erstenmal ins Englische übersetzt als *Psychological Ethics*, Pali Text Society, London 1900.

2. *Die Wissensklarheit über den Zweck (Sa-Atthaka-Sampajañña)* dient der Wahl des Zweckmäßigen und schützt davor, in die Gewalt unbesonnener Handlungen zu geraten. Zweckfreies Handeln gibt es nicht, solange man nicht vollkommen erleuchtet ist. Jedes Handeln ist entweder zweckmäßig oder unzweckmäßig, und wenn wir uns vortäuschen, »einfach so« zweckfrei zu handeln, heißt es, daß wir nicht bereit sind, uns des Bezweckten bewußt zu werden. Vielleicht sind wir gar nicht in der Lage, das Bezweckte zu erfassen; vielleicht fehlt es uns an Achtsamkeit zu merken, daß wir wider unsere Zwecke handeln; vielleicht setzen sich unsere verdrängten, mißachteten und unterdrückten Ansprüche in jenen Handlungen durch, die wir im nachhinein nicht anders denn als unzweckmäßig und irrational bezeichnen würden. Es kann auch sein, daß wir uns für das eigentlich Bezweckte schämen, daß wir es nicht zugeben wollen, und daher eine Unklarheit vorziehen, die uns den Pseudoschutz des Unwissens gibt. Die in unseren Breitengraden übliche, durch »Moralin« vergiftete Erziehung macht es oft unmöglich, auch solche Zwecke zu bejahen, die mit ganz natürlichen Lebensansprüchen zusammenhängen.

Die Einsicht, daß eine strenge, unduldsame und intolerante Einstellung zu eigenen Schwächen und Unzweckmäßigkeiten die innere Lage in keiner Weise verbessert und höchstens die Wirklichkeitsentfremdung steigert, ist erforderlich, um den nötigen Fortschritt in der Achtsamkeit zu erreichen. Dann erst wird es uns möglich, achtsam auch jene Handlungsabsichten und Zwecke zu bemerken, die beschämend sind. Das Kultivieren einer liebevollen, geduldigen Einstellung zu sich selber und zu den anderen, wie es im Rahmen von Strategien der Solidarität entwickelt wird, wirkt sich auch auf die Wissensklarheit über den Zweck förderlich aus. Obwohl ein Abhidhammika den Zweck einfach im Fortschritt zur Wahrheit, zur Emanzipation und zum Glück hin sieht, ist es ihm durchaus verständlich, daß aufgrund der Einflußvielfalt von *Papañca* vorübergehend auch anderes bezweckt werden kann, auch im höheren Sinne Unzweckmäßiges. Die Wissensklarheit über den Zweck heißt im Abhidhamma *Sa-Atthaka-Sampajañña,* wobei *Attha* Zweck, Gewinn, Vorteil, Wohl, Sinn und Bedeutung heißt. Das wissensklare Handeln ist also nicht nur zweckmäßig, sondern auch gewinnbringend, vorteilhaft, wohltuend, sinnvoll, bedeutend; vor allem aber ist es besonnen.

Wie handeln wir aber nun ganz konkret mit Wissensklarheit über den Zweck, und wie können wir diese Wissensklarheit üben? Wie bei allen Übungen der Dhamma-Strategien beginnen wir auch hier mit einfachen, unproblematischen und übersichtlichen Vorgängen. Wenn ein Gedanke, etwas zu tun – nehmen wir zum Beispiel ein Hingehen – herangereift ist, muß er nicht sofort in Handlung umgesetzt werden. Wir müssen uns ja nicht der Gewalt jedes Gedankens ausliefern. Wir merken achtsam die Handlungsabsicht *(Chanda)* und, bevor wir den Entschluß *(Adhimokkha)* fassen, stellen wir uns die Fragen: Wozu ist ein Hingehen gut, was bewirkt es? Entspricht diese beabsichtigte Handlung wirklich meinem Ziel?

Bei fortgeschrittener Übung der Wissensklarheit über den Zweck berücksichtigt man im sozialen Handeln auch noch die Frage, was unser Tun und Lassen in der Wahrnehmung anderer Menschen bewirkt. Denn man lebt nicht alleine in dieser Welt und nicht unabhängig vom Erleben und Handeln der andern. Unser Tun und Lassen löst nicht nur psychologische und karmische Rückwirkungen aus. Auch wenn Sie, liebe Leserin, lieber Leser, kein Politiker und kein Menschenführer sind, bekommen Sie zu spüren, was Ihr Handeln in der Wahrnehmung Ihrer Mitmenschen be-wirkt und be-zweckt. Man kann es zwar nie allen recht machen, doch kann man immerhin bis zu einem gewissen Grade die eigene Autonomie, Integrität und Würde vor Anzweiflungen anderer schützen, indem man die Zweckmäßigkeit eigenen Handelns achtsam prüft und mögliche Auswirkungen voraussieht. Wir sind töricht, wenn wir uns merkwürdig benehmen und uns dann beklagen, daß wir von den anderen dementsprechend behandelt werden; wir machen uns lächerlich, wenn wir uns als Enfant terrible unbekümmert oder gar arrogant aufführen und dann den anderen vorwerfen, daß sie nicht nett zu uns sind. Es kann aber auch sein, daß wir bloß ein wenig anders als erwartet handeln und dadurch bereits Mißtrauen und Verdächtigungen wecken. In der Tat wie auch im Wort kann man immer mißverstanden werden. Es gibt keinen absoluten Schutz vor Beschuldigungen, falschen Mutmaßungen und Vorwürfen, außer dem Vertrauen *(Saddhā)* in die Wahrhaftigkeit und dem daraus wachsenden Gleichmut *(Upekkhā),* über den wir im nächsten Kapitel ausführlich sprechen werden. Es bleibt daher unbestritten, daß die Reinheit der eigenen Gesinnung und die eigene Zielsetzung bei der Wissensklarheit über den Zweck entscheidend sind.

Die Wissensklarheit selber hat den Zweck, uns Übersicht über die möglichen Handlungsauswirkungen zu verschaffen, Wertungen zu geben und in Freiheit zu wählen. Mit Wissensklarheit über den Zweck entgehen wir der Gefahr des Leerlaufs. Sie schützt uns davor, dem Zufälligen zu verfallen, vor Zerfahrenheit und vor der ihr folgenden Schwächung der Willenskraft. Dort, wo wir sonst an blinde Reaktionen und Triebe *(Āsava)* ausgeliefert wären, ermöglicht die Wissensklarheit Initiative und Souveränität.

3. Die Wissensklarheit über die Eignung einer Handlung (Sappāya-Sampajañña) berücksichtigt die begrenzten Möglichkeiten der jeweiligen äußeren Situation. Sie ermöglicht uns zugleich eine kritische Selbsteinschätzung, indem sie das Ausmaß unserer Kompetenz in der gegebenen Situation erkennt. Nicht alle unsere Fertigkeiten, die zweckmäßig sind und Emanzipation und Wohl anstreben, sind in jeder Situation angebracht. Wir schützen uns vor Versagen und Enttäuschung, indem wir uns, bevor eine auch gut eingeübte und glücksfördernde Handlung ausgeführt wird, die Frage stellen: Ist diese Handlung zu diesem Zeitpunkt in der gegebenen Situation geeignet? Bringe ich das Beabsichtigte unter diesen Umständen fertig? Entspricht das Zweckmäßige auch diesen Voraussetzungen? Die Wissensklarheit über die Eignung einer Handlung wählt die rechten Mittel (*Upāya-Kosalla* – siehe Seite 102 f.) und sorgt dafür, daß wir sie nicht einfältig einsetzen. So ist sie eine Kunst des Möglichen und zugleich ein Schutz gegen den vorschnellen Einsatz angelernter Vorgehen. Die Wissensklarheit über die Eignung hat eine besondere Bedeutung auch bei der Wahl von Meditationsobjekten und -techniken, auf die wir im Zusammenhang von Strategien der Ekstase und der Macht zurückgreifen werden. An dieser Stelle sei nur zur Illustration erwähnt, daß sich zum Beispiel die Meditation über den Tod, welche eine Überwindung von Trägheit und Gleichgültigkeit bezweckt, für einen verunsicherten Menschen nicht eignet. Ebenso eignen sich für einen unbesorgten, gierig genießenden Menschen kaum Meditationstechniken wie die Betrachtung von Farben und *Devas,* die vor allem zur Beschwichtigung von Jähzorn und Unruhe zweckmäßig sind.[12] Mit der Eignung von Handlungen, Techniken, Programmen und ganzen Strategien verhält es sich wie mit der Eignung von Heilkräutern und Chemikalien: Der Zeitpunkt der Anwendung, die Dosis und die Kombination setzen ein genaues Verstehen und ein Überprüfen durch Versuche voraus.

4. Die Wissensklarheit der Unverblendung (Asammoha-Sampajañña) ist das Ergebnis des gründlichen Weisen Auffassens *(Yoniso Manasikāra),* das ohne jegliche Verwirrung und Verblendung die Dinge so wahr-nimmt, wie sie wirklich sind: zusammengesetzt, sich wandelnd und einander gegenseitig bedingend. Es gibt keine kompakten Entitäten, die voneinander isoliert sind und irgendeine unveränderliche Identität aufweisen. Dies ist die höchste Wissensklarheit, die hinter

---

12 Mit diesen Fragen werden wir uns bei den Meditationsanleitungen im siebten Kapitel ausführlicher auseinandersetzen.

die Begriffe geht, die sie nur als Bezeichnungen und Paradigmen benützt – wie eine Psycho-Algebra (vergleiche Seite 96f.) –, ohne die Wirklichkeit in die Begriffe vermeintlich zu »versorgen«. Begriffliche Einteilungen der Dinge in »mein« und »mir fremd«, »Ich« und »Nicht-Ich«, wie auch andere entstellende Ansichten und Vorurteile werden aufgelöst, indem die Wissensklarheit der Unverblendung die gründliche Wirklichkeitsverankerung in die strukturellen und prozessualen Zusammenhänge der Ereignisse bewirkt.

Die Wissensklarheit der Unverblendung ist mehr als nur Gegensatz zur Verblendung *(Moha* oder *Avijjā),* die wir aufgrund der Analyse der psychosozialen Wurzeln des Leidens als einen der drei Bestandteile von dessen kleinstem gemeinsamem Nenner erkannten. Diesen drei Bestandteilen, Gier, Haß und Verblendung, als Wurzeln des Leidens, begegneten wir auch beim Ergründen der Bedingten Entstehung *(Paticca-Samuppāda)* im dritten Kapitel. Im vierten Kapitel haben wir die drei Wurzeln des Leidens in ihrer entstellenden und blockierenden Störwirkung auf den gesund normalen Fluß der Gefühle kennengelernt. Auch die Erörterung der kathartischen Prozesse bei der Reinigung des Geistes *(Citta-Visuddhi)* hat die entstellenden Mechanismen von Verblendung, Gier und Haß beleuchtet. Es wurde wiederholt technisch deutlich, daß die emanzipatorischen Auswege im Kultivieren von Weisheit (Unverblendung), Freigebigkeit (Gierlosigkeit) und Güte (Haßlosigkeit) wurzeln. Emanzipation ist Läuterung des Geistes, Befreiung von allem, was unser Erleben trübt und unsere Wahrnehmung entstellt. Je weniger unsere Innenwelt verschmutzt ist, je emanzipierter wir uns erleben, desto kompetenter können wir auch in der Außenwelt handeln. Und dieses kompetente Handeln schließt auch das Entwickeln von ethischen Regeln mit ein, die eine Läuterung der zuverlässigen subjektiven Ausgangslage *(Sīla-Visuddhi)* fördern.

Die Wissensklarheit der Unverblendung schließt nicht nur alle drei anderen Arten (Gebiet, Zweck und Eignung) von Wissensklarheit mit ein, sie faßt in sich auch die ethische Weisheit von *Sīla-Visuddhi* und das Know-how von *Citta-Visuddhi,* die am Schluß des vorherigen Kapitels erörtert wurden. Die Wissensklarheit repräsentiert also die Kultur der Unverblendung, in der die Körperachtsamkeitsübungen eine wichtige Rolle spielen. Daher wird der Körperachtsamkeit neben der Wissensklarheit in den Strategien der Wirklichkeitsverankerung so viel Aufmerksamkeit gewidmet. Die Wissensklarheit der Unverblendung ist aber genauso unentbehrlich für die Strategien der Solidarität, welchen vor allem das Kultivieren gierloser Freigebigkeit und haßloser Güte zugrunde liegt. Bevor wir uns im nächsten Kapitel diesen Strategien widmen, wenden wir uns zunächst noch einigen praktischen Übungen zu. Sie geben unseren Entdeckungen über die Wissensklarheit einen lebendigen Körperbezug, der uns dann auch bei allen folgenden Strategien eine wissensklare Grundlage für jedes Handeln bietet.

Übungen der Wissensklarheit

Die alten Abhidhamma-Lehrer haben sowohl für die Wissensklarheit beim Alltagshandeln als auch zu Zeiten meditativer Klausur zahlreiche Übungen entwickelt, deren repräsentive Auswahl in dem schon mehrmals zitierten Werk *Papañca-Sūdanī* beschrieben ist. Sie haben minuziöse Übungsanleitungen für jeden der folgenden elementaren Lebensbereiche ausgearbeitet:

1. Die Körperstellungen
2. Schlafengehen und Aufwachen
3. Essen und Entleerung
4. Beugen und Strecken
5. Hin- und Wegblicken
6. Umgang mit den Gegenständen
7. Sprechen und Schweigen.

In jedem Bereich berücksichtigen die Übungen jeweils alle vier Arten der Wissensklarheit. Im Rahmen der methodischen *Satipatthāna-Vipassanā*-Meditation stellen die Bereiche der Wissensklarheit die sekundären Meditationsobjekte dar, wobei als primäre Meditationsobjekte die Atmung *(Ānāpāna)* und das Auf- und Abwandeln *(Cankamana)* gelten. Während eines Meditationsretreats sind das Sprechen und der Umgang mit den Gegenständen auf ein Minimum reduziert und dadurch nach den Kriterien der Wissensklarheit viel leichter aufzufassen. Sowohl das Hin- und Wegblicken, welches im Zusammenhang der Sammlungsschulung im siebenten Kapitel noch erörtert wird, als auch die übrigen Bereiche sind auch zu Zeiten strenger Meditation in unserem Erleben nicht weniger als sonst vertreten. Einige dieser Bereiche sind wenig problemgeladen und daher der Achtsamkeit *(Sati)* und der Wissensklarheit *(Sampajañña)* ohne größere Schwierigkeiten zugänglich.

Da in unserer Zivilisation alles, was mit dem Erleben von Entleerung zu tun hat, einen ganz besonderen Stellenwert für das psychische

Haushalten hat, widmen wir an dieser Stelle dem Thema einige Gedanken. Die meisten Leute bringen es nicht fertig, gegenüber den mit der Entleerung zusammenhängenden Tatsachen eine sachliche Einstellung einzunehmen. Eine international eingebürgerte Überzeugung hält die deutsche Reinlichkeitserziehung für den Prototyp aller Ursachen von Geiz, Ich-Identifikation, zwanghafte Ordentlichkeit und Intoleranz. Die Psychiater haben sicher ihre Gründe, zu behaupten, daß die Beziehung eines Erwachsenen zum Geld die Wiederholung seiner kindlichen Beziehung zum Kot sei und daß diese auch für die Gestaltung aller zwischenmenschlichen Beziehungen verantwortlich ist. So führen sie alle Extreme der sadistischen Züchtigung in der Erziehung und der masochistischen Unterwürfigkeit im Sexleben (vgl. unsere Betrachtungen auf Seite 134 ff.), wie auch alle Extreme der zwanghaften Anstrengung, in allen Lebensbereichen »die Kontrolle nicht zu verlieren«, auf die Ur-Sachen Kot und Geld zurück. Alle Ausartungen der Vielfalt, die auf diesbezügliche Phänomene hinweisen, machen das Nicht-loslassen-Können besonders sichtbar. Als charakteristisches Merkmal unserer Zivilisation gilt daher (körperliche und geistige) Verstopfung und Aufblähung, die durch künstliche Abführmittel stoßweise entleert wird, wobei das Ausgeschiedene dann oft für ein Prachtstück an Technik, Wissenschaft oder Kunst gehalten wird.

Wie auch immer dies in den entfremdeten Wirklichkeiten und in den Weltbildern der Psychiatrie, Psychologie, der modernen Kunst usw. sein mag, die Übungen der Wissensklarheit bezwecken wahrhafte Wirklichkeitsverankerung. Um es bildlich auszudrücken: Die Wissensklarheit der Unverblendung stoppt den Bau von Luftschlössern aus dem Material psychischer Ausscheidungen, sie öffnet ihre Elfenbeingefängnisse, die »Ich«- und »Mein«-Häuser, und erlaubt dem bis dahin dort gefangengehaltenen Erleben zunehmend längere Aufenthalte im Freiraum der Hauslosigkeit. Dies alles bedeutet nicht, daß wissensklare Menschen keine begrifflichen Gehäuse mehr benützen; für die Wissensklaren gibt es bloß keinen selbstauferlegten Hausarrest mehr. Wenn wir die Gewißheit der Wissensklarheit über das Gebiet haben, können wir uns in freier Wahl auch auf dem Gebiet der Gleichnisse vom Luftschloß und Elfenbeinturm weiterbewegen.

Wir könnten uns über die »gleichbleibende Substanz« von Kot und Geld und Ich noch weitere metaphorische Gedanken machen... Doch vergessen wir nicht, daß es hier um die Reinigung des Geistes im allgemeinen und um die Entleerung im besonderen geht. Das Leiden bei einer Erlebensverstopfung durch irgendeine unverdauliche gleichbleibende Seelensubstanz ist das Schlimmste, was es überhaupt gibt: man kann dabei auch eine ganz überholte Ich-Vorstellung nicht fahrenlassen. Das Loslassenkönnen als geistige Kompetenz wird vorteilhafterweise durch Meditation während der Kotentleerung geübt. Diese Ausführungen scheinen mir bloß deshalb nötig, weil in unserer Zivilisation das Entleeren mit besonderen Tabus belegt ist.

Professor J. H. Schultz, einer der größten deutschen Psychiater, der das bekannte »Autogene Training« entwickelt hat, setzte sich insbesondere mit den abhidhammischen Ansätzen der »Wissensklarheit« und des loslassenden »Reinen Beobachtens« auseinander. Er würdigte das Buch von Nyānaponika über die *Satipatthāna*-Methode und sah auch die oben besprochenen Schwierigkeiten voraus:

Einmal handelt es sich darum, die Haltung des reinen Beobachtens ganz besonders dem eigenen Erleben gegenüber zu erarbeiten, zum anderen um ›Wissensklarheit‹, das heißt ›klar bewußtes und klar erkennendes Denken und Handeln.‹

Auf diesem Wege wird zunächst ein Höchstmaß abständiger innerer und äußerer Objektivierung angestrebt; ... ›die Wissensklarheit der Unverblendung‹ ... besteht im klaren und gegenwärtigen Wissen, daß in den von den drei anderen Arten der Wissensklarheit vollzogenen Funktionen kein Ich da ist, kein Seelenwesen, keinerlei sich gleichbleibende Substanz. Hier wird der Übende vor dem stärksten Widerstand stehen...[13]

Wenn wir Widerstände als Herausforderung auffassen und Vertrauen in unsere Kompetenz beim Umgang mit ihnen haben, dann macht die Widerstandsüberwindung Spaß und wirkt sich belebend aus. Auch der Umgang mit Widerständen kann eine Quelle der Freude sein. Das Fehlen jeglicher Herausforderung hingegen bringt Langeweile und wirkt ermüdend. Es wurde schon oft betont und es wird hier immer wieder darauf hingewiesen, daß die Freude *(Pīti)* die wichtigste motivierende Kraft darstellt. Es ist also nichts Schlechtes dabei, wenn wir bei den folgenden Übungen auf Widerstand stoßen. Nur sollen wir uns zu keiner Übung zwingen, die unsere Freude trüben würde. Dies dürfte sich vor allem auf Übungen der Wissensklarheit beim Schlafengehen und Aufwachen wie auch beim Essen und Entleeren beziehen, denn diese Bereiche sind am häufigsten mit Ängsten, Vorurteilen und Ich-Wahnvorstellungen belastet.

Alle Übungen der Wissensklarheit können direkt im alltäglichen Erleben durchgeführt werden. Sie brauchen keine besonderen

13 J. H. Schultz in *Der Weg zur Seele,* Bd. 4/1, 1953, S. 19.

Übungszeiten – es sei denn, daß man zum Beispiel in einer Ferienwoche beschließt, alle Aktivitäten zu meiden, die den Geist in Beschlag nehmen, um dafür methodisch während der gesamten Zeit des Wachseins in den sieben elementaren Bereichen wissensklar zu sein. Im Unterschied zu den anfangs dieses Kapitels beschriebenen Übungen der Körperachtsamkeit faßt man dabei nicht den Entschluß, bei bestimmten Phänomenen zu verweilen. Man übt sich nur in dem klaren Wissen darüber, was sich jeweils der Achtsamkeit von selbst anbietet.

Die Wissensklarheit über Körperstellungen

Wenn gelegentlich das Wissen auftaucht »Jetzt sitze ich« oder »Jetzt sitze ich, um ruhig lesen zu können«, ist es an sich für die Wissensklarheit schon genug, und man braucht keine weiteren Überlegungen anzustellen. Soweit gibt es auch keine Stellungsänderung, die geplant oder reflektiert wird. Erst wenn man sich zum Ausruhen hinlegt oder mit der Absicht aufsteht, sich zu strecken, kann es angebracht sein, innerlich auch das Merkwort »Bereich der Körperstellungen« zu gebrauchen. So ist es auch beim Beobachten des körperlichen Ausdrucks von Stimmungen (*Iriyā-Patha,* Seite 158) hilfreich, dieses Merkwort zu benützen, um in dem elementaren Bereich der Körperstellungen zu bleiben, anstatt sich in sekundären Denkreaktionen auf das jeweilige Erlebnis zu verlieren. Man kann ja mit dem Denken – vor allem, wenn es keinen Zweck hat – etwas sparsamer umgehen und dafür häufiger im Körpererleben verweilen. Dann ermöglicht uns die Intelligenz des Körpers Erkenntnisse, die weder durch Lektüre noch durch Nachdenken zu gewinnen sind.

Die Wissensklarheit beim Schlafengehen und Aufwachen

Beim Schlafengehen ist die Wissensklarheit mitunter eine wichtige Voraussetzung für alle Techniken des Experimentierens mit Träumen, für das Trainieren der »inneren Uhr« und für die Gestaltung des Aufwachens. Einige benützen die Zeit unmittelbar vor dem Einschlafen auch für die Reflexion des vergangenen Tages, was allerdings nur dann empfehlenswert ist, wenn eine klare Methode der Reflexion (vergleiche Seite 216f.) gut eingeübt ist oder wenn man nach einem ermüdenden Tag doch noch eine kurze Reflexion durchführen will. Die Wissensklarheit kann beim Schlafengehen gut mit einer gewissen Ritualisierung des Einschlafens kombiniert werden, die übrigens auch für die Beseitigung vorliegender Schlafstörungen nützlich ist.[14] Der Entschluß für Zeitpunkt und Art des Aufwachens ist ein wichtiger Bestandteil eines solchen Einschlafrituals. Die folgende Beschreibung mag Ihnen, lieber Leser, liebe Leserin, für ihr Experimentieren und Entwickeln eines eigenen Einschlafrituals als Beispiel und Anregung dienen.

Man führt diese Übung erst dann (und nur dann) durch, wenn man sich müde und schläfrig genug fühlt, um auch wirklich einzuschlafen. Wenn man die Absicht gemerkt und den Entschluß gefaßt hat, schlafen zu gehen, versichert man sich, daß alles für den Tag erledigt ist. Damit ist man entlastet und offen für klares Wissen darüber:

1. Wo bin ich jetzt? In welcher Körperstellung?
2. Wie erreiche ich meine Schlafstelle? Was will ich alles dafür tun? (Aufstehen, ins Schlafzimmer gehen, mich umkleiden, Zähne putzen usw...., bis ich neben dem zum Schlafen vorbereiteten Bett stehe.)
3. Achtsam setze ich mich auf das Bett, lege mich und decke mich zu – alles mit Wissensklarheit über den Zweck»Schlafengehen«.
4. Liegend werde ich mir der Berührung mit der Unterlage und vielleicht auch der Atmung bewußt.
5. Nun kommt der Entschluß:»Jetzt werde ich ruhig schlafen, bis ich genau Viertel vor sieben erfrischt und gestärkt aufwache. Als erstes will ich nach dem Aufwachen die Atmung wahrnehmen und die Berührung des Körpers mit der Unterlage fühlen.«
6. Die Berührung mit der Unterlage fühlend schläft man – wenn gut eingeübt – schon nach einigen Atemzügen ein.
7. Dem Entschluß entsprechend wacht man auf, nimmt die Atmung wahr und fühlt die Berührung mit der Unterlage.

Diese Übung des ritualisierten Schlafengehens und Aufwachens wird in der Regel vor allem während der»Siesta«von Teilnehmern an Meditationskursen genossen. Erfahrungsgemäß sollte dann die Schlafzeit nicht kürzer als 15 Minuten und nicht länger als 40 Minuten sein. Das Aufwachen vom Schlaf, ähnlich wie das Beenden einer Meditationssitzung, stellt einen Übergang zwischen Erlebensbereichen dar, einen Neueinstieg in das Alltagserleben. Die ersten Tätigkeiten, die man nach dem Aufwachen unternimmt, bestimmen dann durchge-

---

14 Diese Ritualisierung soll schlicht und spielerisch sein. In der psychotherapeutischen Behandlung von Schlafstörungen bei zwanghaften Persönlichkeiten bewähren sich allerdings am besten ganz komplizierte Einschlafrituale.

hend die folgende Erlebensart, so wie bei einer musikalischen Jam Session die ersten Töne und Rhythmen die folgenden Improvisationen während des ganzen Konzerts prägen. Eine Person, die sich ohne Achtsamkeit und Wissensklarheit beim Aufwachen in Fremdbestimmtes, Unzweckmäßiges oder gar Krankhaftes einfügt, wird sich in der Folge kaum zum Sinnvollen durchringen können.

Ein ideal verlaufendes Aufwachen gibt dem Alltag einen fröhlichen Grundton wie auch Selbstsicherheit, Unabhängigkeit und Tatkraft als Fundamente für wissensklares Handeln. Solch ein Aufwachen kann etwa folgenderweise geschehen:

1. Man wacht zur beschlossenen Zeit von selbst auf (durch keinen Wecker, Computer oder Radio aus dem Schlaf gerissen).
2. Obwohl sich dem Bewußtsein verschiedenes anbietet, gilt die erste willentliche Zuwendung der Atmung (wie vor dem Einschlafen beschlossen).
   Gleich danach merkt man die Berührung des Körpers mit der Unterlage. Man findet also zuerst die eigene körperliche Wirklichkeitsverankerung.
3. So in sich selbst ruhend, öffnet man sich dann für die Aufnahme der augenblicklichen Umweltsituation. Man hört die Vogelstimmen, riecht die Ausdünstung der Basilikumpflanze auf dem Fenstersims, sieht das Spiel von Licht und Schatten auf den Vorhängen. – Man stimmt sich auf die Welt im Hier und Jetzt ein.
4. Falls man geträumt hat, ist dies nun der Moment, sich an den Traum zu erinnern und ihn in drei bis fünf Stichworten zusammenzufassen. (An mehr Stichworte würde man sich beim späteren Erzählen oder Aufschreiben des Traumes kaum erinnern. Außerdem würde ein ausführlicheres Erinnern dem Traum zu viel Gewicht für die Gestaltung des Tages geben. Dies ist nicht die Zeit für eine Traumverarbeitung.)
5. Man kehrt wieder zur Wirklichkeit des gegenwärtigen Körpererlebens zurück und nimmt neben der Atmung auch die übrigen Körperempfindungen wahr.
6. Man faßt den Entschluß: »Ich will selbstsicher, offen, fröhlich und zweckmäßig den Tag gestalten.«
7. Mit Achtsamkeit und Wissensklarheit führt man nun die ersten Handlungen durch: sich aufsetzen, strecken usw.
   Innehalten, Achtsamkeit und Wissensklarheit, diese drei Schlüsselwörter, die ganz klar bestimmte Kompetenzen bezeichnen, vermitteln die Leitprinzipien für den erfolgreichen und glücklichen Tag.

Die ausführliche Schilderung, wie die Wissensklarheit beim Schlafengehen und Aufwachen geübt werden kann, möge auch als Anregung für das Entfalten ähnlicher Strategien der Wirklichkeitsverankerung in den übrigen Bereichen des Alltagserlebens dienen. Es würde weit über den Rahmen dieses Kapitels hinausführen und zugleich Ihre Kreativität, liebe Leserin, lieber Leser, hemmen, wenn ich hier Ähnliches zum wissensklaren Essen usw. anbieten würde, auch wenn es Beschreibungen persönlicher Erfahrungen wären. Allgemeine Prinzipien des wissensklaren Umgangs mit Gegenständen wurden ausführlich im Unterkapitel »Weises Auffassen« insbesondere auf Seite 100f. erklärt. Wir dürfen nicht vergessen, daß alle die prinzipiellen Anleitungen und Beschreibungen nur als Anregungen und nie als Vorschriften und Anordnungen gemeint sind. Wir üben Achtsamkeit und Wissensklarheit, wir dressieren uns nicht im »richtigen« Sitzen, Aufwachen, Essen, Sprechen usw. Nichtsdestoweniger dürften abschließend einige Anweisungen über den Umgang mit der Nahrung interessant sein, auch angesichts der Tatsache, daß gerade in diesem Bereich sehr viele Tabus vorhanden sind.

Die Wissensklarheit beim Essen und bei der Entleerung von Kot und Urin

Die Wirklichkeitsentfremdung in unserer Zivilisation macht sich wahrscheinlich am stärksten beim Umgang mit der Nahrung bemerkbar. Die landläufig oberflächlichen, törichten Einstellungen zur Nahrung entarten oft in die Extreme der Zerstörung oder Anbetung, die sich in einigen lächerlichen Gepflogenheiten unserer Zivilisation niederschlagen. Einerseits wird die Nahrung durch unnötiges Kochen und Konservieren lebenswichtiger Stoffe beraubt und chemisch vergiftet, andererseits feiert man zeremonielle Völlereien am Familientisch oder beim auswärtigen Dinieren – so bei den »Bürgerlichen«. Bei den »Alternativen« stellt die Küchenphilosophie »Nur Rohkost« oder »Je salziger, um so religiöser« oder »Keine Yang-Gemüse« manchmal den einzigen Lebensinhalt dar. Selten kommen die Alternativen wie auch die Bürgerlichen über ihre Ideologien hinaus. Ihre nahrungsbezogenen Erlebensinhalte blieben gleich, selbst wenn sie tatsächlich Diätetikkochbücher und französische Menukarten verspeisen würden. Achtsamkeit und Wissensklarheit beim Essen? – Dies klingt befremdend.

Die Nahrung mit den Fingern zu berühren – oder gar zu kneten, wie es in außereuropäischen Kulturen der Brauch ist – wird dem Kind bei der Eßdressur verekelt. Den Geschmack und Geruch der Nahrung auszukosten, das wird durch antiautoritäre Zerstreuung mittels Fernsehen und durch fehlende Eßdisziplin unmöglich. Daß Schmekken und Schlecken, Kauen und Schlucken interessante Erlebnisse sein können, sind in der Regel überraschende Entdeckungen, die man erst in einem Kurs der Achtsamkeitsmeditation macht.

Wie oft haben Sie sich schon, liebe Leserin, lieber Leser, die Zeit gegönnt, die gleiche Nahrung ruhig und gründlich zu betrachten: Serviert, zerkaut, verdaut und ausgeschieden?

Wie klar ist Ihr Wissen darüber, wie unterschiedlich sich Eßbares an den Lippen, auf der Zunge, am Gaumen anfühlt? Lassen Sie die Wissensklarheit über die Empfindungen beim Ausscheiden von Kot und Urin zunächst ganz beiseite. In psychiatrischen Anstalten trifft man gelegentlich Menschen an, bei denen die Reinlichkeitserziehung so vollständig vorgenommen wurde, daß in ihrer Welt Vorgänge wie das Ausscheiden von Kot und Urin überhaupt nicht vorkommen; das Bewußtsein solcher Prozesse und der Umgang mit deren Produkten wird demzufolge auf das Pflegepersonal delegiert.

Weder institutionelle Veränderungen noch eine Revolution in der Erziehung sind der Zweck unseres Buches. Man braucht weder Selbstkritik zu üben noch sich hinsichtlich des Eßverhaltens und der Ausscheidungsgewohnheiten einer psychoanalytischen Behandlung unterziehen. *Es genügt, die Wirklichkeit zuzulassen, sie wahr-zu-nehmen.* Die Technik des Benennens öffnet hierfür die Türe – insbesondere zu jenen Bereichen der Wirklichkeit, die für unser Wohl so wichtig sind und die in dieser Hinsicht so sehr vernachlässigt werden, wie das beim Essen und Ausscheiden der Fall ist. Daher erweisen sich die Übungen der Achtsamkeit und Wissensklarheit hier als sehr lohnend und auch lehrreich für ähnliche Vorgehensweisen in anderen Lebensbereichen.

Sie sind, lieber Leser, liebe Leserin, bereits kompetent in der Anwendung Ihrer Fertigkeiten des *Yoniso Manasikāra* und des Benennens. Jetzt ist es noch erforderlich, daß Sie sich während des Essens und des Ausscheidens genug Zeit nehmen, um den natürlichen Vorgängen einen ungestörten Ablauf zu erlauben. Obwohl beim Essen aktive Handlungen – wie Nahrung zum Mund führen, aufnehmen und kauen – überwiegen, gibt es auch da Prozesse, die passiv zugelassen werden können. Entdecken Sie sie. Beim Ausscheiden überwiegt die Wissensklarheit des Erlebens, das zugelassen wird. Aktiv werden da vor allem die Entschlüsse gefaßt, die Kontraktion des Schließmuskels aufzulösen, den Urin fließen zu lassen, den Kot freizugeben, die Entleerung fahren zu lassen. Auch da kann man sich anfänglich die

Übung erleichtern, indem man in einer bestimmten Reihenfolge vorgeht, wie wir es beispielsweise beim Einschlafen und Aufwachen getan haben. Entwickeln Sie also ein eigenes Ritual, das Ihren natürlichen Bedürfnissen, Ihrer Gesundheit, Ihrem Wohlbefinden einen schützenden Rahmen gibt.

Ende der Übungen

Der Wert des Rituals

Mit Wissensklarheit entworfene Verhaltensabfolgen *(Sīlabbata)* gewähren Schutz für den ungestörten Ablauf lebenswichtiger Funktionen, die nicht aktiv »gemacht« werden können. In diesem Sinne können wir entsprechende Rituale als Strategien des Zulassens sehen; sie schenken uns Zeit, die wir sonst für das Erledigen von Pflichten aufwenden würden. Diese Behauptungen benötigen wohl weiterer Erläuterung. In unserer Zivilisation sind praktisch alle alltäglichen Aktivitäten und fast alles bewußte Leben auf das Erfüllen äußerer Aufgaben und Pflichten gerichtet. Der passiven Erholung, der integrativen Harmonisierung und der intimen Wirklichkeitsverankerung wird wenig Wert zugesprochen, weil sie nicht kurzfristig den äußeren Aufgaben dienen. Wenn etwas wenig Wert hat, dann räumt man dafür auch wenig Zeit ein. Man muß ja Zeit sparen, damit man mehr produzieren und konsumieren kann. So denken die »produktiven« Menschen, die Rituale für sinnlos halten. Die von Wissenschaft und Technik geprägten Werte bestehen im Raffen der Zeit und im Ersetzen der lebendigen Vorgänge durch tote Mechanismen, die womöglich automatisch ablaufen, nachdem man eine Taste betätigt hat. Das schätzt man in unserer Industriezivilisation als »effektiv« – und wendet die gleichen Wertmaßstäbe auch auf den Menschen an. Das Affektive, alles, was mit dem Gemütsleben zusammenhängt, nimmt man erst wahr, wenn Störungen auftreten. Das Affektive wird dagegen in Kulturen geschätzt, in welchen der Produktion und dem Konsumieren weniger Wert beigemessen wird als dem Erlebensgenuß des Spielens, des Festens und Meditierens. In solchen weniger »tüchtigen« Kulturen gedeihen auch die Rituale. Für ein Ritual braucht man nämlich Zeit. Die Zeit ist in jeder Wirklichkeit eine andere. Die Zeit der Maschine (auch die Uhr ist eine Maschine) ist bestimmt vom lebenslosen Funktionieren ihrer Mechanismen. Die Zeit der gleichbleibenden Begriffe einer rein formalen Logik steht todstill, sie ist die Un-wirk-lichkeit. Hingegen wird die innerlich erlebte Zeit der körperlichen Wirk-lichkeit, der Gefühle und der Handlungen durch die Rhythmen des Lebens getragen. In diesem Sinne kann auch eine Meditationssitzung als ein Ritual, als eine Strategie gesehen werden, welche die Wirklichkeitsverankerung in den Prozessen des Lebens zuläßt. *Sīla* als innerlich veranlaßte Selbstregelung einer lebendigen Person ist wiederum die zuverlässige subjektive Ausgangslage für das Entwerfen heilsamer Rituale *(Sīlabbata)*, die dem körperlich verankerten Erleben die nötige Zeit schenken. Bei den körperlich verankerten Ritualen gibt es kein »richtig oder falsch«, sondern nur verschiedene Grade des Guten, Schönen und Nützlichen, je nachdem, wie zuträglich sie dem Glücklichsein sind.

Durch eine Überbetonung der äußeren Handlungen verliert ein Ritual seinen Nutzen für die Wirklichkeitsverankerung des Erlebens. Solche Entäußerung und Entfremdung findet dadurch statt, daß die Bedeutungen der rituellen Handlungen und das richtige Einhalten von Regeln und Ausführungsvorschriften die Überhand gewinnen. So wird aus einem Ritual eine künstlerische Aufführung oder ein Zeremoniell. Mit solchen Ritualen, welche ohne die vierfache Wissensklarheit durchgeführt werden, geraten wir wieder in den Wertbereich der Produktion und des Konsumierens. Bei einem Zeremoniell können wir zwar aktiv mitmachen und vielleicht auch unserem Erleben Ausdruck geben, soweit es die Regeln des Zeremoniells erlauben, doch die Unterwerfung unter die äußeren Regelungen ist dabei das Wichtigere. Zeremonielle können zwar auch, etwa aufgrund ihres künstlerischen Aspekts, den Zuschauer glücklich stimmen; sie haben aber keinen emanzipatorischen Wert im Sinne der Erlebensläuterung *(Visuddhi)*. Das Mitmachen an Zeremoniellen verlangt eine Anpassung an äußere Regeln, Vorschriften und Gebote, die alles subjektiv Lebendige unterdrücken und daher dem zuverlässigen subjektiven Rückhalt von *Sīla* schaden. Wer an zweckentfremdeten Verhaltensregeln anhaftet *(Sīlabbata-Parāmāsa; Parāmāsa* heißt Verseuchung und ansteckende Berührung), verliert zwangsläufig die Wirklichkeitsverankerung und wird ver-rückt, wie der Pawlowsche Hund, über den wir uns anfangs des vierten Kapitels unterhalten haben. Für jenen Hund gab es allerdings keine Möglichkeit, an seiner Situation etwas zu ändern. Wie steht es aber mit uns?

Die Erörterungen dieses Kapitels zeigen den Stellenwert von Achtsamkeit und Wissensklarheit in den Strategien der Wirklichkeitsverankerung und geben einen Ausblick auf deren Bedeutung für erfolgreiches Handeln im Alltag. Wirksames Handeln ist nur aufgrund wirklichkeitsgemäßer Wahrnehmung möglich, die sich im wahren

Denken, Erwägen und Planen fortsetzt. Wahre Aussagen über wirkliche Ereignisse sind Ergebnisse des gründlichen Weisen Auffassens, *Yoniso Manasikāra,* das wir als die elementarste Technik der emanzipatorischen Weisheit bereits am Schluß des dritten Kapitels geübt haben. Im zweiten Kapitel haben wir uns den Wurzeln von Leiden und Glück anhand von breiteren sozialen Überlegungen genähert und fanden dabei den Wert von *Sīla.* Das nächste Kapitel baut nun auf den bisherigen Befunden auf, indem es die Wege des Möglichen im Bereiche zwischenpersönlicher Beziehungen zeigt.

Sechstes Kapitel

Strategien der Solidarität

Je besser es den Menschen um mich herum geht, desto besser sind meine äußeren Voraussetzungen, daß es auch mir gutgehen wird. Mein Glücklichsein ist aber nicht nur durch die äußeren Gegebenheiten bedingt. Die Qualität meines Lebens wird vielmehr durch meine Glücksfähigkeit bestimmt.

Die Strategien der Solidarität vereinen und entfalten in methodischer Übung und im konkreten Alltagsleben die beiden Ansätze: das momentane Glücklichsein mit den Mitmenschen und das Kultivieren der eigenen Glücksfähigkeit. Die Läuterung der zuverlässigen subjektiven Ausgangslage, *Sīla-Visuddhi,* und die Läuterung des Geistes, *Citta-Visuddhi,* sind die grundlegenden Vorgehensweisen beim Entwickeln von Strategien der Solidarität. Die Weisheit, *Paññā,* bietet hierfür die ganzheitliche Sicht wie auch das Verstehen der Bedingten Entstehung *(Paticca-Samuppāda)* und der Lehre von Ursache–Wirkung *(Kamma)* – alles Themen, die Ihnen, lieber Leser, liebe Leserin, aus den vorherigen Kapiteln vertraut sind. Neu sind für Sie hingegen wohl die Vorgehensweisen der meditativen Schulung zwischenmenschlicher Beziehungen und die Vorgehensweisen des Aufbaus von *Sīla,* die den Kern dieses Kapitels darstellen. Diese Vorgehensweisen führen zu der Kultur des Herzens, die in der Meditation der Allgüte, *Mettā,* gipfelt.

Der Stellenwert von *Sīla* wurde im zweiten Kapitel aus soziologischer Sicht beleuchtet. Wir haben dabei die Notwendigkeit der zuverlässigen subjektiven Ausgangslage als Schutz vor gesellschaftlichen Gefahren aufgezeigt und am Rande auch erwähnt, wie *Sīla* Sicherheit vor magischen Attacken und vorm Entgleiten in wirklichkeitsfremde Sphären gibt. Im folgenden werden wir *Sīla* mehr aus psychologischer Sicht angehen, um uns klar zu werden, wie die Regelung und Beherrschung des Handelns und Sprechens sich auf die Geistesklarheit auswirken. Wir beschäftigen uns nur wenig mit Theorie und versuchen, uns diese auch eher als Poesie einzuprägen. Wenn ich über Regelung und Beherrschung des Handelns und Sprechens rede, meine ich keine autoritäre Selbstzüchtigung, sondern vielmehr eine Meisterung, die es möglich macht, daß wir uns im eigenen Ökosystem souverän fühlen.

Die Freude an eigenen Kompetenzen legt Kräfte frei, welche erlauben, das Handeln und Sprechen bei der Verwirklichung des Glücks immer kreativer und zweckmäßiger einzusetzen. Beherrschung geht mit Überblick einher, und Überblick ist notwendig, um einen Freiraum für das Ausprobieren von Neuem schaffen zu können. Das komplizierte Leben in unserer kranken Industriezivilisation zeigt viele Beispiele (einige wurden im zweiten Kapitel erwähnt) von Fehlhandlungen und leerem Gerede, die auf mangelnden Überblick, Inkompetenz und Überforderung zurückzuführen sind. Nicht nur Politiker und Führungspersönlichkeiten reden und handeln verworren und haßerfüllt, auch ihrer Gefolgschaft, bis hin zu unserer Jugend, bleibt oft nichts anderes übrig, als die mangelnde Übersicht und fehlende Kreativität durch Konsumverhalten und Intoleranz zu kompensieren. Frustrierte, orientierungslose und überforderte Menschen sind unfähig, kreativ zu leben, und neigen deshalb dazu, nur noch autoritätsgebunden vor sich hin zu vegetieren: unterwerfend gehorsam oder reaktionär revoltierend. Diese Situation hat den modernen Psychoboom hervorgebracht, ein Überangebot von Psychotechniken und Gruppenverfahren, das auch die Fachleute kaum mehr überblicken.

Zeitgenössische Gruppenaktivitäten, die den von Berufspsychologen gesetzten Rahmen überschreiten und (vor allem in Selbsthilfegruppen) Solidarität als eines ihrer Ziele anstreben, haben den Arbeiten von Carl R. Rogers[1] viel zu verdanken. Rogers untersuchte als erster nicht nur die Handlungsweisen des Therapeuten beziehungsweise des Gruppenleiters, sondern darüber hinaus auch jene therapeutischen Haltungen, welche Emanzipation, Solidarität und geistige Gesundheit fördern. Dabei fand er drei »Therapeutenvariablen«, die für den Therapieerfolg entscheidend sind und die – dies ist besonders wichtig – in zwischenmenschlichen Beziehungen trainiert werden können. Rogerssche Ausbildungsgruppen für Therapeuten wie auch Selbsthilfegruppen für Laien sollen also ein geschütztes Feld bieten, auf dem die Teilnehmer Auswirkungen ihrer Handlungen erforschen, das ihrem Wohlbefinden Zuträgliche ausfindig machen und das Gute weiter üben. Es wird also das »Herausfinden autochthoner Verhaltensregelungen« angestrebt, was einem Teil der im zweiten Kapitel formulierten Definition von *Sīla* entspricht. Auch die Bezug-

---

1 Insbesondere C. R. Rogers: *Encounter-Gruppen* (Fischer-Taschenbuch). Betreffend die wissenschaftlichen Grundlagen siehe C. R. Rogers *The Necessary and Sufficient Conditions of Therapeutic Personality Change, Journal of Consulting Psychology*, 21 (1957).

nahme auf wirklich erlebte Ereignisse und Gefühle, die körperlich in der Gegenwart vorhanden sind, gehört zu Rogers' Prinzipien. Die drei »Therapeutenvariablen«, die von Rogers und seinen Mitarbeitern psychologisch untersucht wurden, machen allerdings noch nicht die Herzenskultur aus. Sie sind nur mit drei Facetten eines Kristalls zu vergleichen, die einzeln geschliffen werden, damit Achtsamkeit und Wissensklarheit hindurchleuchten können. Die Achtsamkeit der drei Rogersschen »Therapeutenvariablen« ist auf das Zwischenmenschliche gerichtet, wie wir aus der folgenden Definition sehen:

1. *Empathie* oder einfühlendes Verstehen, indem man sich genau in das konkrete Erlebnis seines Dialogpartners versetzt.
2. *Emotionelle Wärme,* Güte, also ein liebevolles Akzeptieren des Menschen, das an keine Bedingungen geknüpft wird.
3. *Echtheit,* in der nur wirklich vorhandene Gefühle und Absichten ausgedrückt werden, was jedoch nicht Zwang zum rücksichtslosen Vollziehen jeder Regung und auch nicht Besinnungslosigkeit beim Sprechen bedeutet.

Empathie ist eine Funktion der Achtsamkeit *(Sati)*. Alle Achtsamkeitsübungen führen zunächst zum genaueren Fühlen und Erfassen sowohl von körperlichen als auch geistigen Regungen und Zuständen. Das führt später zum Verstehen der entsprechenden Zusammenhänge. Bei der Achtsamkeitsmeditation merkt man, daß unterschiedliche Geisteszustände in verschiedenen Körperstellungen zum Ausdruck kommen, daß Atemrhythmus, Muskeltonus und Beweglichkeit vom Befinden abhängig sind. Mit dem Fortschritt in der Meditation wird es immer leichter, das Befinden und die geistigen Prozesse auch bei anderen genauer zu erkennen. Um etwas zu erkennen, es gründlich auffassen zu können, muß man es als Gegebenheit zuerst einmal akzeptieren. Kein Ding, das gleich abgelehnt wird, kann verstanden werden. Ebenso ist das Beherrschen und Bekämpfen dem Verstehen nicht zuträglich. Deshalb ist die emotionelle Wärme, die als Güte *(Mettā)* meditativ entfaltet wird, mit der Empathie eng verbunden.

Allerdings geschieht es manchmal bei einem zu krampfhaften Anstreben von Empathie und Wärme, daß jemand sich in etwas Unechtes steigert und gar Sachen glaubt, behauptet und ausführt, die mit seiner leiblichen Wirklichkeit nur noch wenig zu tun haben. Auch die Echtheit bedarf der Achtsamkeit, welche uns für alle Erlebensebenen offen läßt. Nur wenn Empathie und Gefühlswärme durch den leiblichen Zustand und dessen Ausdruck nicht widerlegt werden, nur dann wirken sie authentisch und sind echt. Echt ist ein Mensch, der tut und spricht, was er leiblich spürt und wirklich erlebt.

Wenn wir uns in zwischenmenschlichen Situationen nicht bedroht fühlen, ist es leichter, Empathie, Güte und Echtheit an den Tag zu legen. Und wir fühlen uns nicht bedroht, wenn wir eine zuverlässige subjektive Ausgangslage haben, die uns ermöglicht, gefahrlos auch das zu tun, was gewöhnlich von anderen ausgenützt wird. So prägen wir sachte zunehmend echte zwischenmenschliche Beziehungen, die frei von Kampf, Gehorsam und blindem Glauben sind und vielmehr auf gegenseitigem Respekt, Vertrauen und edler Freundschaft basieren. »Edle Freundschaft« ist die genaue Übersetzung von *Kalyāna Mittattā,* der Bezeichnung für die Beziehung zwischen dem Abhidhamma-Lehrer und seinem Schüler. Anders als in indischen Religionen, wo es einen Guru gibt, und anders als in westlichen Psychotherapien und anderen Psychoverfahren, bei denen ein Therapeut oder Trainer für seinen Klienten bestimmt, leistet der *Kalyāna Mitta,* der Edle Freund, seinem Pfad-Gefährten dadurch Beistand, daß er dessen Bedürfnisse und Neigungen achtsam respektiert, ihm sein Können zur Verfügung stellt und ihm persönliche Rückmeldungen (Feedback) anbietet. Der Edlen Freundschaft kommen jene zwischenmenschlichen Einstellungen nahe, in denen die oben beschriebenen drei »Therapeutenvariablen« im höheren Maße verwirklicht sind.

Die Edle Freundschaft hat zum Ziel, zuallererst dem Übenden einen unterstützenden und von Bedrohung freien zwischenmenschlichen Raum zu gewähren, in dem Selbsterforschung und Gestaltung der autochthonen Verhaltensregelungen von *Sīla* möglich sind. Dies soll nun gründlicher erörtert werden. Einge andere Aspekte der Edlen Freundschaft werden im Zusammenhang mit den Strategien der Ekstase und der Macht beleuchtet. Es braucht hier nicht ausgeführt zu werden, daß Edle Freundschaft in der klausurähnlichen Situation eines Meditationszentrums, eines New-Age-Strategien-Workshops oder einer Selbsthilfegruppe intensiver als im Alltag gelebt werden kann. Doch ist es möglich und förderlich, echte, edle freundschaftliche Beziehungen zunehmend auch außerhalb solcher Schutzräume auszuprobieren. Auch wenn die Möglichkeit reflektierender Gespräche hier oft nicht gegeben ist, betrachten wir solch ein Ausprobieren nicht nur als Teil der eigenen Übung, sondern auch als einen Weg auf das psychologische Ökosystem einzuwirken.

Ausbauen von Sīla

Die Verhaltensregelungen von *Sīla* sind autochthon, das heißt, sie entspringen den innersten Bereichen unserer Person, sie sind aus Einsicht entwickelt und durch Erfahrung geprüft. *Die Leitsätze von Sīla geben nur Orientierung und sind als Trainingsprinzipien zu betrachten; sie sind weder Normen noch Gebote,* denn für die New-Age-Strategien auf der Grundlage des Abhidhamma gilt kein Logos mehr als die Wahrheit der körperlichen Wirklichkeit, wie wir wiederholt geklärt haben. Dies schließt jedoch die Möglichkeit nicht aus, zum Zwecke der Steigerung der Glücksfähigkeit Einfluß auf unser Handeln, Sprechen, Denken und auf unsere Erlebensart auszuüben. Schon im ersten Kapitel wurde deutlich, daß es nicht so leicht ist, unser Denken und unsere Erlebensart zu beeinflussen. Es ist viel leichter, unser Handeln und Sprechen weise zu regeln und dadurch Einfluß auf das verinnerlichte Sprechen und Handeln – nämlich auf das Denken und Erleben – auszuüben und damit zunehmend dessen Meisterung zu erreichen, bis wir die souveräne Herrschaft über den gesamten inneren Haushalt verwirklichen.

Am einfachsten werden die Leitsätze von *Sīla* nach fünf Kriterien formuliert, die darauf zielen, daß Haß und Gier im Tun und Sprechen unterbleiben und daß der Mensch nicht in Verblendung und Vernebelung des Erlebens absinkt. Die Intentionalität *(Cetanā)* beziehungsweise die Zielrichtung *(Kamma)* der Bewußtseinszustände, welche frei von leidverursachenden Neigungen sind, macht die zuverlässige subjektive Ausgangslage aus.

Nach *Vibhanga*[2], dem zweiten Buch des Abhidhamma-Kanons, besteht die zuverlässige subjektive Ausgangslage von *Sīla* in allen Bewußtseinszuständen, welche diesen fünf Kriterien entsprechen, unabhängig davon, ob sie mit Wissen und Entschluß verbunden sind, unabhängig davon, auf welches Bewußtseinsobjekt sie bezogen sind, und auch unabhängig davon, ob es Bewußtseinszustände der Sinnlichkeit *(Kāma)* sind oder solche der Meditation *(Jhāna),* welche sogar frei von Sinnenwahrnehmung und frei von jeglicher Aktivität des Wortfassens und Denkens sind. Entscheidend ist nur, daß keine Absicht vorhanden ist, die gegen die fünf Prinzipien gerichtet ist; das momentane Erleben muß unerschütterlich in *Sīla* verankert sein. Also nicht die Wortformulierung des Trainingsentschlusses, sondern das Merken, ob und wann die fünf Prinzien von *Sīla* vorhanden sind,

---

2 *Vibhanga* 712, 713, engl. Übersetzung *The Book of Analysis,* Pali Text Siciety, London 1969.

ist wichtig. Es versteht sich von selbst, daß es förderlich ist zu merken, wenn wir die Kriterien des *Sīla* auch außerhalb der Trainingszeit erfüllen, denn dies ist ein wertvoller Anlaß zur Freude. Die traditionelle Formulierung der Trainingsentschlüsse ist die folgende:

1. Von Zerstörung atmender Lebewesen   will ich abstehen!
2. Vom Nehmen von Nicht-Gegebenem   will ich abstehen!
3. Von Ausschweifungen in Sinnlichkeit   will ich abstehen!
4. Von leidverursachender,
   unwahrer und schroffer Rede   will ich abstehen!
5. Von Minderung der Achtsamkeit
   durch Einnahme berauschender Mittel   will ich abstehen!

Es geht also um den Verzicht auf das Leiden, indem wir Abstand nehmen von Handlungen, die durch Gier, Haß und Verblendung motiviert sind. Wir verzichten auf das, was uns selber und auch anderen Leiden *(Dukkha)* verursacht. Um es noch einmal zu wiederholen: Es geht nicht um Verbote oder Gebote, sondern um den bewußten Entschluß, während der Übungszeit in nicht bedrohlichen Situationen die zuverlässige subjektive Ausgangslage auszubauen. Dann wird es zunehmend möglich, mit mehr Selbstsicherheit und mit Vertrauen *(Saddhā)* ins eigene Können, aktiv auch Neues zu wagen – ohne Angst vor eigenem Versagen und vor äußeren Gefahren.

Die Trainingsentschlüsse von *Sīla* beziehen sich auf das Handeln in der Außenwelt, anders als die Entschlüsse bei den Übungen der Körperachtsamkeit, die im vorherigen Kapitel behandelt wurden. Dort ging es um die Meisterung des inneren Haushalts mittels Wirklichkeitsverankerung in der innerlich gefühlten Körperlichkeit. Bei den Strategien der Solidarität widmen wir unsere Achtsamkeit auch der außen wahrgenommenen Körperlichkeit der anderen, die wir nun besser verstehen können, weil wir uns selber gründlicher verstehen. So bewirken die Verletzungen bei anderen atmenden Wesen genauso Schmerz und die Absicht, den Aggressor zu vernichten, wie das bei uns selber der Fall ist. Oder: Wenn uns jemand etwas nimmt, das wir nicht gegeben haben, werden wir wahrscheinlich Schritte zur Zurückgewinnung und zur Bestrafung unternehmen – wie wird wohl der andere in einer solchen Situation handeln?

Alle fünf Prinzipien des *Sīla* schützen uns aber auch noch viel unmittelbarer vor dem Leiden. Erinnern wir uns an die anfangs des vierten Kapitels angeregten Reflexionen darüber, was in einem Wissenschaftler innerlich vorgeht, der Versuchstiere quält. Wie behandelt so ein Mensch das Tierische in sich selbst? Oder ein Mensch, der, aus welchen Gründen auch immer, Unwahres konstruiert und verbreitet – wieviel Platz und Energie seines inneren Haushalts beanspruchen seine Lügen (sofern er überhaupt noch für sich selbst das Wahre und Unwahre unterscheiden kann)? Daß Stehlen mit Angst verbunden ist und, auch durch Steigerung der Gier, unsere Glücksfähigkeit mindert, ist leicht zu erkennen. Wie hierzulande Sinnlichkeit »gehandhabt« wird, wurde schon im Unterkapitel »Sex ohne Sinnlichkeit?« ausführlich behandelt, so daß Ihnen, liebe Leserin, lieber Leser, bereits klar ist, was mit »Ausschweifungen der Sinnlichkeit« gemeint ist: jede Entwürdigung meiner selbst und anderer. Sinnlichkeit, die mit gierigem Verlangen gekoppelt ist, kann zu Handlungen führen, die eine elementare Sittlichkeit verletzen oder die gar kriminell sind. Denken wir nur an die so verbreitete sexuelle Mißhandlung von Kindern, den sexuellen »Gebrauch« der Sekretärinnen – um auf die Anekdote anfangs des Unterkapitels »Sex ohne Sinnlichkeit?« nochmals Bezug zu nehmen –, an die »sanfte« Vergewaltigung von Angestellten und anderen abhängigen Personen, an all die Familiendramen, die durch Ehebruch ausgelöst werden usw. Sinnliche Ausschweifungen sind jedoch nicht beschränkt auf die Sexualität: Völlerei, Drogensucht, Lust am Leiden von Menschen und Tieren beim Stierkampf zum Beispiel oder bei groben Sportarten wie Boxen und nicht zuletzt der Genuß von Brutalo-Videos sind ebenfalls gierbehaftete sinnliche Ausschweifungen.

Interessanterweise ist nach dem Abhidhamma-Kommentar zum *Anguttara Nikāya*[3] die gierbehaftete Sinnlichkeit ein »kleineres Übel« als die haßmotivierten zerstörerischen Handlungen, weil ihre Ausübung gegen die öffentliche Meinung und die allgemeine Sittlichkeit weniger verstößt als die aus Haß begangenen »verruchtesten Vergehen«, wie Elternmord usw., welche stets schwere karmische Folgen haben. Doch besteht immer die Gefahr, daß Sinnengier in Haß umschlägt, sobald bei ihrer Befriedigung Hindernisse auftauchen. Ein Mensch, der seiner Leidenschaft ausgeliefert ist, wird in der Regel so verblendet und seine Achtsamkeit so weit gemindert sein, daß er allen Schaden, den er sich selbst und anderen zufügt, vollkommen mißachtet.

Durch das Ausbauen von *Sīla* schützen wir unsere Glücksfähigkeit. Wenn wir aber unsere Gier und unseren Haß wuchern lassen, würde sie abnehmen. Weiter beugen wir jenem Leiden vor, das in unserer äußeren Umgebung und in unserem psychischen Ökosystem

---

3 Übersetzt in Nyānaponika: *Die Wurzeln von Gut und Böse,* Christiani, Konstanz 1981, S. 44f.

entstünde und zu schmerzhaften Rückwirkungen führen würde. Indem wir die fünf *Sīla*-Prinzipien trainieren, gewinnen wir mehr Rückhalt in unserer zuverlässigen subjektiven Ausgangslage und entfalten zugleich unsere Handlungskompetenzen. Unsere Eigenformulierung der *Sīla*-Regeln und deren Anwendung im Training ist zugleich der erste wirkungsvolle Schritt zur Meisterung unseres inneren Haushalts und zur Harmonisierung unseres psychischen Ökosystems. Denn es ist viel leichter, wenn wir unsere äußeren Handlungen beherrschen lernen, ehe wir zur emanzipatorischen Umgestaltung unserer Erlebensweise vorstoßen.

Schon das Weise Auffassen und Erwägen des persönlichen Wissens, das Sie, liebe Leserin, lieber Leser, aus dem Schatz Ihrer auf die fünf *Sīla*-Prinzipien bezogenen Lebenserfahrung schöpfen, kann zur unerwarteten Katharsis führen. Ihr persönlicher Wissensschatz ist mehr wert als psychologische Theorien über *Sīla,* die ich Ihnen hier leicht unterbreiten könnte. Genießen Sie doch die Freude an Ihrer Erkenntnis und Ihrer Kreativität! Formulieren Sie eigene Leitsätze des *Sīla* und eine eigene Entschlußformel für die Übung. Die Formulierungen der fünf Trainingsentschlüsse auf Seite 191 wie auch die folgenden Leitsätze aus dem *Dhammapada*[4] mögen Ihnen dazu als Anregung dienen. Sie wurden von unzähligen Übenden seit zweieinhalb Jahrtausenden rezitiert und kontempliert:

25. Mit Ernst und Eifer schafft der Weise wohl gezähmt,
    Für sich ein Eiland, das die Flut nicht überschwemmt.

67. Nicht gut ist eine Tat, die dich zur Reue zwingt
    Und die, wenn ausgereift, dir Schmerz und Tränen bringt.

120. Auch Guten geht es schlecht, solang' nicht reif die Tat;
    Doch ist sie ausgereift, geht auf die gute Saat.

131. Wer andere Wesen quält, die auch nach Wohlsein streben,
    So wie er selbst, der hat kein Glück im nächsten Leben.

133. Greif niemanden mit grober Rede an,
    Die Antwort kann noch grober sein.
    Denn Schmerz bewirken Worte, die haßvoll,
    Hab' Acht dann vor Vergeltungstat und Groll.

4 Übersetzung in W. Rahula: *Was der Buddha lehrt,* Origo, Bern, 1982.

197. Den Haß nicht zu erwidern, das ist unser Glück;
Und hassen andre uns, wir hassen nicht zurück.

201. Aus Sieg kommt Haß, denn der Besiegte ist bedrückt;
Wer friedsam auf den Sieg verzichtet, lebt beglückt.

223. Den Zorn durch Nachsicht, Bosheit durch Verzeih'n besiege,
Durch Gebelust den Geiz, durch Wahrheitswort die Lüge.

96. Gedanken sind gestillt, auch Worte und das Handeln
Bei denen, die befreit in Weisheit friedsam wandeln.

Erhaben weilen und solidarisch handeln

Erhabenheit, Selbstvertrauen und Kompetenz sind Voraussetzungen
für solidarisches Handeln. Erhaben sind wir, wenn wir wissen, daß
kein Angriff und keine Beschuldigung uns wirklich schaden kann,
weil unser Lebenswandel den Kriterien von *Sīla* entspricht. Wenn wir
an nichts haften, wenn wir nach nichts gieren, können uns keine Hindernisse, keine Intrigen und keine Feindseligkeiten verunsichern.
Wenn unser *Sīla* geläutert ist, gibt es auch keine Verunsicherungen,
die sich in Form von Selbstvorwürfen, Schuldgefühlen oder Gewissensbissen in unserem inneren Haushalt gegen uns erheben würden.
In den Strategien der Solidarität, die Sie aufgrund der Lektüre entwerfen, waltet Ihre Kompetenz, die Ihnen niemand absprechen
kann. Auch wenn Sie mit Besserwisserei und Anzweifelungen konfrontiert werden: Bewahren Sie erhabenen Gleichmut *(Upekkhā)*,
denn Ihr Selbstvertrauen *(Saddhā)* gründet in Ihrem unmittelbaren
Wissen über Ihr *Sīla* und über Ihre Wirklichkeitsverankerung.

Es muß hier nicht wiederholt werden, daß die herkömmlichen
Maßnahmen für Ihren Schutz, die im zweiten Kapitel ausführlich besprochen wurden, sich durch Ihre Erhabenheit nicht erübrigen. Vielmehr geht es darum, daß Sie nun auch für Neues die Bahn brechen
können und lernen, ohne großes Risiko Ihre persönlichen New-Age-
Strategien zu entwerfen, auszuprobieren und später spontan anzuwenden. Konkret sind es die vier spezifischen Strategien der Güte,
des Mitleids, der Mitfreude und des Gleichmuts, die im Alltagshandeln wie auch in methodischer Meditation geübt werden. Diese vier
Strategien sind von in der Meditation erreichten Zuständen abgeleitet und heißen in der Abhidhamma-Terminologie *Brahma-Vihāra*,
Erhabene Weilungen.

Güte, Mitleid, Mitfreude und Gleichmut sind »brahma-würdig«, »heilig« oder »göttlich«, weil sie dem Charakter von Brahma, dem Gottschöpfer der indischen Mythologie, eigen sind. Brahma wird auch als der Haßlose bezeichnet, weil er – im Unterschied zu vielen anderen Göttern in Ost und West – zu keiner Form von Ärger, Neid und Zorn fähig ist. Er ist erhaben auch über jeden sogenannten »gerechtfertigten Unwillen«, weil er ja selber der Herr aller Schöpfung ist. Brahma und die ihm Gleichen weilen in den geistigen Sphären *(Vihāra)*, zu denen man durch die *Brahma-Vihāra*-Meditation Zugang bekommt. Die *Brahma-Vihāra* sind Freiräume, die keine Beschränkungen haben und daher auch als die »unermeßlichen Zustände« *(Appamānna)* bekannt sind. Wenn gut eingeübt, können sie in jeder Situation angewendet werden, wie es im *Mettā-Sutta,* dem »Lied der Güte«[5] heißt:

Ob stehend, gehend, sitzend oder liegend,
Wie immer man von Schlaffheit frei,
Auf diese Achtsamkeit soll man sich gründen –
Als göttlich Weilen gilt dies schon hienieden.

Sutta-Nipāta, Vers 151.

Aus diesen Erhabenen Weilungen können Handlungen begonnen werden, die zu Strategien der Solidarität – aber auch zu magischen Strategien der Macht, wie wir im achten Kapitel sehen – konkretisiert werden können. Ich war selber mehrmals Zeuge, wie die Güte-Strahlung, *Mettā-Bhāvanā,* um hier nur ein Beispiel zu erwähnen, in Ländern wie Burma oder Sri Lanka sogar in der Forstwirtschaft angewendet wurde: Wenn ein Arbeitselefant aus irgendeinem Grunde verrückt wird, dann endet der Zwischenfall (manchmal nachdem der Mahaut, der Elefantenlenker, zertreten wird) erst, wenn es einem in *Mettā-Bhāvanā* speziell geübten Mahaut gelingt, den verstörten Elefanten psychisch zu meistern. Die Gütestrahlung wird in diesen Ländern insbesondere auch gegen Schlangen angewendet. Ich selber habe diese Methode außerdem gegenüber Rockern, Zollbeamten, Polizisten und anderen, die sich gemäß meiner Einschätzung gefährlich benommen haben, mit Erfolg – wie ich glaube, denn eine Überprüfung war mir als Wissenschaftler in jenen Situationen nicht möglich – eingesetzt. Für eine erste Übung von *Mettā* sollte man allerdings keine großen Tiere wählen...

Bei der Anwendung von *Brahma-Vihāra*-Strategien braucht man

---

5 Übersetzt von Nyānaponika: *Sutta-Nipāta,* Christiani, Konstanz 1955.

unbedingt auch zwei Techniken, die Sie, liebe Leserin, lieber Leser,
schon geübt haben: *Yoniso-Manasikāra,* das Weise Auffassen, und
Sampajañña, die Wissensklarheit über Zweck und Eignung und über
den Erlebensbereich. Diese beiden Techniken werden im spezifischen Zusammenhang der vier *Brahma-Vihāra* im folgenden Unterkapitel beschrieben. Darüber hinaus braucht man auch ein unterscheidendes Erforschen (*Vīmamsā,* ausführlich im achten Kapitel behandelt), das bei der Erfassung von konkreten Situationen benützt
wird, bevor die *Brahma-Vihāra*-Strategien eingesetzt werden. Alle
diese Voraussetzungen – wir haben ihnen die Unterkapitel »Matrizen
des Wissens«, »Weises Auffassen« und »Ebenen des Erlebens« gewidmet – machen zusammen das »Bewandertsein in den Rechten
Mitteln« *(Upāya-Kosalla)* aus. Sie sind eine Anwendung der Algebra
des Weisen Auffassens (Seite 79 ff.), die wir so ausführlich anhand
der Matrix der Bedingten Entstehung geübt haben.

Vīmamsā, das Weise Erforschen, ist im Falle der Erhabenen Weilungen ein Erwägen, das uns ermöglicht, die echten *Brahma-Vihāra*
von ihren Entstellungen zu unterscheiden und sie durch ihre Gegensätze zu definieren. Abhidhamma spricht im Falle der Entstellungen
über die »nahen Feinde« und im Falle der Gegensätze über die »fernen Feinde« der folgenden vier Erhabenen Weilungen:

Mettā ist als nicht-besitzergreifende Liebe durch Wohlwollen charakterisiert und steht im Gegensatz zu allen Formen von Haß,
Zorn und Übelwollen.

Karunā ist von Mitgefühl und Verständnis getragenes Mitleid, das
Gegenteil von Grausamkeit, Rache und Schadenfreude.

Mudita ist die Mitfreude am Wohl und Erfolg anderer. Sie steht im
Gegensatz zu Neid, Eifersucht und Wettkampf und erlaubt keine
Selbstverschmutzung durch Verbitterung, Langeweile oder Miß-
gunst.

Upekkhā oder Gleichmut ist eine erhabene Unabhängigkeit von
Schmeicheleien und Drohungen. *Upekkhā* ist auf der Ebene der
abhidhammischen Mikroanalyse als Gleichmaß des Geistes durch
ethische, emanzipatorisch orientierte Harmonie *(Tatra-Majjhat-
tatā)* aller Geistesfaktoren und Kräfte charakterisiert, die jedes
Mehr und Weniger ausgleicht, alle Parteilichkeit aufhebt und die
Mitte einhält.

Meditativ werden die *Brahma-Vihāra* in drei Phasen bis zur unermeßlichen Ekstase trainiert, wie im nächsten Kapitel erklärt wird.
Die erste Phase gründet auf einer Analyse von Neigungen zu Hand-

lungsabsichten *(Kattu-Kamyatā-Chanda)*, durch deren Läuterung man in der zweiten Phase die pathologischen Neigungen beherrschen kann. Auf der Ebene der Strategien der Solidarität befassen wir uns nur mit den Neigungen zu Handlungsabsichten und mit den konkreten zwischenmenschlichen Beziehungen, zu denen sie führen. Praktische Übungsanweisungen werden am Beispiel der Güte-Strahlung *(Mettā-Bhāvanā)* später in diesem Kapitel gegeben.

Auch wenn die Ausführung der New-Age-Strategien durch erlernte Programme – wir haben anfangs des Buches über unseren Biocomputer gesprochen – getragen wird, muß hier wiederholt werden, daß stets die Wirklichkeitsverankerung in der jeweiligen Situation und die weise Wahl geeigneter Programme für die Glücksförderung entscheidend sind. Abhidhamma-Strategien sind mehr als schöne neue Weltbilder von New-Age-Schriftstellern und mehr als ein mechanisches Abrollen von Verhaltensweisen und Redewendungen, die in New-Age-Veranstaltungen angelernt werden. Ein einseitiges, wirklichkeitsfremdes Anwenden auch der edelsten Programme würde die Entstellungen, die »nahen Feinde« des Erhabenen, begünstigen. Wahre New-Age-Strategien muß jeder für sich in den eigenen, besonderen persönlichen Alltagssituationen entfalten, nachdem er diese gründlich aufgefaßt hat. Die Matrizen für das gründliche Auffassen *(Yoniso-Manasikāra)* müssen die echten glückbringenden Ansätze und ihre Entstellungen klar unterscheiden.

Die Güte, *Mettā,* kann entweder zu Unterwürfigkeit oder zu besitzergreifender Verliebtheit entarten, die zwar auch durch Liebe und Wohlwollen motiviert sein können, aber mit *Mettā-Brahmā-Vihāra* unvereinbar sind. Unterwürfigkeit und possessive Verliebtheit sind die »nahen Feinde« von *Mettā.* In diesem Zusammenhang werden drei Arten von Liebe unterschieden: *Kāma-Rāga,* die sinnlich brennende und besitzergreifend leidenschaftliche Liebe; *Sineha* oder *Pema,* die auch nach Zuneigung wählt und Anschmiegsamkeit bevorzugt, jedoch nicht beschränkt (das Wort *Sineha* heißt auch Öl); und *Mettā,* Liebe, die geläuterter, erhabener und glückserfüllender als die beiden anderen Arten ist. Auch der feinsten Liebe wohnen, sobald sie wählt und bevorzugt, Tendenzen zur Ausschließlichkeit inne, die Leiden verursachen können. Eine Liebe, die vorzieht, läßt meist auch jemanden zu kurz kommen – dies kann sogar der oder die Liebende selbst sein. So entsteht dann Unterwürfigkeit, ein anderer »naher Feind« von *Mettā.*

Daß eine durch Unterwürfigkeit entartete Liebesbeziehung den beiden Beteiligten schadet, kann auch in Situationen beobachtet werden, in denen sich derjenige unterwirft, der traditionell in der Gesellschaft als der Stärkere gilt. Auf dieses Beispiel treffen wir häufig bei Angehörigen der helfenden Berufe, wie Sozialarbeiter, Ärzte und Erzieher, die sich ausnützen lassen. Sehr oft kommt es auch vor, daß Männer, die sich bewußt sind, wie unsere Zivilisation seit langem die Frauen benachteiligt und mißhandelt, in vermeintlicher Güte die Situation umkehren und sich selbst mißhandeln lassen. Bei vielen Fällen psychologischer Partnerberatung erfährt man, daß die solcherweise bevorzugte Frau dem gütigen Partner gegenüber immer arroganter und zerstörerischer wird, sich selbst dann aber einem primitiven Macho bedingungslos unterwirft. Auch andernorts bewirkt die Entstellung der Güte Ähnliches: Die bevorzugten Schützlinge von anti-autoritären Helfern und Erziehern, die keine Grenzen in ihren Ansprüchen kennen, unterwerfen sich später faschistoiden Führerpersönlichkeiten.

Die höchste Liebe, *Mettā,* ist frei von allen Keimen der Ausschließlichkeit, Unterwürfigkeit und jedem Besitzanspruch – und bei der Entfaltung von Strategien der Solidarität muß der Übende diese Unterschiede genau wahrnehmen.

Die »nahen Feinde« des Mitleids, *Karunā,* sind Sentimentalität, Niedergeschlagenheit, törichte Hilfsbereitschaft und Arroganz. Wer nicht merkt, daß er eigene Probleme auf leidende Mitmenschen projiziert, ist zu keiner wirksamen Hilfeleistung fähig und kann darüber hinaus in sentimentale Traurigkeit abgleiten. Deswegen ist es notwendig, daß man zwischen der eigenen Situation und dem eigenen psychischen Ökosystem einerseits und der Situation des Menschen, dem man helfen will, andererseits klar unterscheidet. Nur dann ist Mitgefühl und empathisches Verstehen, *Karunā,* möglich. Wenn man wirklichkeitsverankert und aus der zuverlässigen Ausgangslage von *Sīla* die Situation des anderen gründlich auffaßt, kann auch keine Niedergeschlagenheit als Folge einer Identifikation entstehen. Wenn ich aber in das andere Extrem des Eigendünkels abgleite und vergesse, daß jeder, also auch ich, in die genau gleiche Situation wie der von mir Bemitleidete geraten kann, dann wird mein Mitleid und meine Hilfe arrogant. Beispielhaft hierfür sind die meisten Wohltätigkeitsaktionen, erniedrigende Hilfeleistungen für Arme und mit ausbeuterischen Kalkulationen verbundene Entwicklungshilfe. Solch bemitleidendes Sich-Emporstilisieren hat mit dem Verständnis und Mitleid von *Karunā* wenig gemeinsam. Es kommt auch vor, daß man die leidenden Menschen als Mittel beim politischen oder sonstigen Kampf für das Erreichen eigener Ziele benützt. Denken Sie nur daran, wie bei Scheidungen die leidenden Kinder eingesetzt werden. Finden Sie auch selber Beispiele in Ihrer Umwelt dafür, wie Leiden bloßgestellt wird und Probleme an die Oberfläche gezerrt werden – nicht um mitzufühlen, zu verstehen und zu helfen, sondern um Rache an den vermeintlichen Tätern zu üben. Um die leidenden Menschen kümmert man sich dabei wenig. Eine andere Entstellung des Mitleids ist die törichte Hilfe. Damit erleichtert man es einem Menschen, sich in Handlungen zu verstricken, die noch mehr Leiden schaffen. Das ist zum Beispiel der Fall, wenn man einem Süchtigen Alkohol und Drogen gibt oder einen Kriminellen deckt, statt ihn mit seiner Situation zu konfrontieren. Solche törichte Hilfe erschwert es dem Leidenden bloß, aus dem Teufelskreis seines Leidens auszubrechen. Viele helfende Maßnahmen unserer Gesellschaft sind töricht und haben bloße Alibifunktion, indem sie versuchen, Schuldgefühle zu decken und von tatsächlichen Problemen abzulenken. Das echte Mitgefühl und Verständnis von *Karunā* faßt die Wirklichkeit gründlich und unentstellt auf, so wie sie ist.

Muditā, Mitfreude, in ihrer geläuterten Form ruhiger Heiterkeit, ist in unseren Breiten eher rar. Wenn wir uns am Glück anderer freuen, geschieht es meistens im Rahmen einer gesellschaftlich veranstalteten Feierlichkeit, die Anlaß zum ausgelassenen Lustigsein gibt. Das Glück und den Erfolg eines anderen zu feiern, kommt *Muditā* allerdings sehr nahe. Gute Feiern sind vergnüglich und erbaulich, und man wird schon durch die Tatsache belebt und gestärkt, daß man dabei ist, daß man zu den Glücklichen gehört. Die Energien, die sonst dem Neid und der Eifersucht zur Verfügung stünden, werden für das Mitmachen beim Feiern benützt, möglicherweise gar schöpferisch für eine Produktion verwertet. Indem man sich selber auch in Richtung Glück und Erfolg aktiv fortbewegt, wird Mißgunst aufgelöst, und Konfliktstoffe von Feindseligkeiten können dann von einem erhabenen Standpunkt aus nur noch als »Lächeln bewirkende, merkwürdige Kontraste« gesehen werden. – Erinnern Sie sich an die Analyse des Humors und Lächelns auf Seite 110?

Das Feiern bringt also Zerstreuung und ermöglicht das Überschreiten unserer gewohnten Grenzen. Und genau an diesem Punkt können die »nahen Feinde« von *Muditā* an Boden gewinnen. Wenn die Zerstreuung der Mißgunst sich nur noch als allgemeine Zerstreuung fortsetzt, verpuffen die Kräfte und verfehlen den heilsamen Zweck der Mitfreude. Wenn man dabei die Achtsamkeit aufgibt, läßt auch die Genußfähigkeit nach; man verliert sich außerhalb der gewohnten Begrenzung, gerät in Verwirrung und endet in einer Verfallenheit an Dinge, mit denen man sonst nichts zu tun hätte. So kann also Mitfreude in ausgelassenen Leichtsinn übergehen, und das Fest endet mit einem »Absturz«. Eine andere Entstellung von *Muditā* besteht im unseriösen Verachten des Wertvollen. Es entsteht durch die falsche Ansicht, daß Freude die Ernsthaftigkeit ausschließe. Heiterkeit und Ernst, Würde und Spaß sind nur auf der Ebene der Worte Gegensätze. Auf der Ebene der Wirklichkeit sind sie verschiedene Aspekte derselben Tatsache, *Muditā*.

Upekkhā haben wir als Gleichmaß des Geistes oder als Gleichmut beschrieben. *Upekkhā* gleicht alles Schwanken in Gegensätzen aus und führt zu einer ständigen Verfeinerung des Glücks. *Upekkhā* ist ein offener Gleichmut, und daher ist desinteressierte Gleichgültigkeit seine Entstellung. – Vielleicht sollte man die letztere auf Deutsch »Gleich-un-gültigkeit« nennen, dann wäre *Upekkhā* eine wirkliche Gleich-Gültigkeit, die alle Tatsachen gleich gelten läßt und jede Parteilichkeit aufhebt. Wird selbstsüchtige Gleichgültigkeit mit Dünkel gekoppelt, entsteht ein anderer »naher Feind« des Gleichmuts: Arroganz. Arroganz ist Anmaßung und nicht Gleichmaß, auch wenn sie von außen wie Unabhängigkeit gegenüber Drohungen und Schmeicheleien aussehen kann. Echter Gleichmut ist ein Ergebnis von Kompetenz und Offenheit, Anmaßung hingegen ist ein Sichabsondern und Vortäuschen von Kompetenz. Arroganz ist ein sehr gefährlicher Feind des Gleichmuts, der viel Leiden verursacht und sehr schwer zu überwinden ist. Das Beste, was wir gegen Arroganz tun können: Wir müssen uns Kompetenzen aneignen. Erst wenn sich das arrogante Vortäuschen von Kompetenzen erübrigt, das nur auftritt, wenn wir innerlich unsicher sind, erst dann können wir unsere Arroganz direkt angehen und auch ihre unheilvollen Folgen beseitigen, die uns isolieren und unsere Weitsicht beschränken. *Upekkhā* ist also das Charakteristikum einer wirklichkeitsoffenen, kompetenten Lebensweise, die mit harmonischer Persönlichkeitsintegrität einhergeht.

Upekkhā kann weder methodisch geübt noch meditativ entfaltet werden, es gibt auch keine Strategien zum direkten Einüben des Gleichmuts. In *Visuddhi Magga* fängt die Anleitung zur Gleichmut-Meditation, *Upekkhā-Bhāvanā*, mit einem langen Satz an, in dem alle Vorteile von *Upekkhā* genüber den übrigen drei *Brahma-Vihāra* aufgezählt werden.[6] *Upekkhā-Bhāvanā* setzt erst dort an, wo man mit Strategien der Ekstase nicht mehr weitergehen kann. Obwohl

---

6 *Visuddhi Magga*, deutsche Übersetzung von Nyānatiloka: *Der Weg zur Reinheit*, Christiani, Konstanz 1975, S. 361 f.

Upekkhā-Bhāvanā für uns vorläufig nur eine Theorie bleiben muß, ist das forschende Wissen *(Vīmamsā)* über die Gegensätze und Entstellungen des Gleichmuts für die Selbsteinschätzung und Erkenntnis unserer Ausgeglichenheit in konkreten Situationen hilfreich.

Die Struktur von Handlungsstrategien

Strategien der Solidarität sind Handlungsstrategien, die zum Steuern konkreten Verhaltens im zwischenpersönlichen Bereich angewendet werden. Diese Handlungsstrategien unterscheiden sich sowohl vom strategischen Umgang mit psychischen Kräften unseres inneren Haushalts, der in den folgenden Kapiteln dargestellt wird, als auch vom Umgang mit Gegenständen der Außenwelt, der auf den Seiten 52ff. behandelt wurde. Die Strategien der Solidarität können auch gegenüber Personifikationen von psychischen und kosmischen Kräften angewendet werden, denen wir in unseren Träumen, Visionen und Meditationen begegnen, aber auch gegenüber Tieren, wenn wir sie als Personen wahrnehmen. Daher sprechen wir über eine Anwendung im »zwischenpersönlichen« Bereich, der umfassender als der nur »zwischenmenschliche« ist. Strategien der Solidarität zielen auf eine Harmonisierung der Beziehungen im zwischenpersönlichen Bereich, die unsere Glücksfähigkeit steigert.

Die Struktur von Strategien der Solidarität fügt persönlich eingeübte Elemente zusammen, um emanzipatorische Prinzipien zu verwirklichen. Schon im vierten Kapitel haben wir nach den Elementen von New-Age-Strategien gesucht und auf den Seiten 32ff. deren sieben Prinzipien formuliert. In der Folge haben wir uns verschiedene Elemente des Erlebens angesehen und sie unter Anwendung von Abhidhamma-Paradigmen erfaßt und benannt: *Vīmamsā, Sampajañña, Sīla, Paññā, Upāya-Kosalla, Yoniso Manasikāra* und andere mehr. Jedes dieser Erlebenselemente hat eine ihm innewohnende Methode und Zweckmäßigkeit, die folgendermaßen zusammengefaßt wird:

* *Yoniso Manasikāra* ist ein Weises Auffassen, das der Wirklichkeitsverankerung dient und eine Bearbeitung mittels Psycho-Algebra ermöglicht.
* *Upāya-Kosalla* haben wir als »Bewandertsein in rechten Mitteln« umschrieben; es ist die Fertigkeit, differenziert und gewaltlos vorzugehen.
* *Sampajañña* ist die Wissensklarheit über das Gebiet des Erlebens

und über den Zweck *(Attha)* sowie über die Eignung einzelner Strategien, Programme und Handlungen. Ohne Wissensklarheit würden wir oft den Zweck verfehlen und in Verwirrung geraten.

* *Vīmamsā* ist ein Master- oder Metaprogramm des Erkennens, Erforschens und Erwägens aufgrund des Wissens über unsere Kompetenzen *(Paññā, Upāya-Kosalla)* und deren Einsatzmöglichkeiten (Zweck, Eignung), die wir aus der Wirklichkeit und aus dem Bewußtsein unseres Ziels ableiten. *Vīmamsā* bedient sich der *Sīla*-Prinzipien als ethischer Kriterien; dementsprechend koordiniert und steuert sie den Einsatz von Strategien.

Das *Diagramm 9* (Seiten 204/205) »Wirklichkeitsbezug und Koordination von Strategien« veranschaulicht die wichtigsten Zusammenhänge in der Struktur von Strategien der Solidarität.

Mit Hilfe dieser technischen Zusammenfassung wird klar, was anfangs bei der Erörterung von Matrizen der vier *Brahma-Vihāra* gemeint war: Abhidhamma-Strategien sind mehr als schöne neue Weltbilder von New-Age-Propheten und mehr als ein mechanisches Abrollen von Verhaltensweisen und Redewendungen, die in New-Age-Veranstaltungen angelernt werden. Um es ganz deutlich zu wiederholen: Ohne konkreten alltäglichen Wirklichkeitsbezug durch gründliches Auffassen und ohne Koordination durch erforschendes Erwägen würden die Strategien an der äußeren wie auch inneren Wirklichkeit vorbeigehen und wirkten daher nicht glücksfördernd.

Übungen der Brahma-Vihāra

Die folgenden Anleitungen sind wiederum eine Einladung zum Ausprobieren. Die Auswirkung und die Nützlichkeit der Methode soll jedermann selber überprüfen. Die eigene Erfahrung hat eine größere Überzeugungskraft als jede theoretische Behauptung.

Methodisch werden die Strategien der Solidarität im Anschluß an die sitzende Meditation der Atmungsachtsamkeit oder während einer abendlichen Besinnung über den vergangenen Tag entfaltet oder, wenn genügend gut eingeübt, direkt in einer konkreten Alltagssituation angewandt. Zuerst werden wir, lieber Leser, liebe Leserin, die ersten Stufen der »Güte-Entfaltung« üben, und zwar mit der Absicht, die bei uns schon vorhandenen Anlagen von *Mettā* aufzudecken, hervorzuheben und in ihrem Wachstum zu nähren. Wir befinden uns dabei im Bereich des Erlebens von *Kattu-Kamyatā-Chanda,* der Handlungsabsichten auf der präverbalen Ebene. Dies sind also keine

Worte, keine Gedanken, sondern wortlose Bewegungen des Geistes. Nur das Erwägen und Entschlußfassen geschieht auf der verbalen Ebene, es sei denn, wir benützen die Worte, um Geisteszustände und Gemütsbewegungen zu merken, aufzufassen und zu benennen. Nachdem wir auf diese Weise die Verbindung zwischen Wirklichkeit und Wort zweckbewußt gestärkt haben, versuchen wir, die Worte als Auslöser der gewünschten Gemütsbewegungen einzusetzen.

I. Vorübungen zur Mettā – Entfaltung der Güte

Für alle *Mettā*-Übungen wählt man als erstes eine schöne, angenehme, störungsfreie Umgebung. Um das Alltägliche abzuschalten, genießen Sie zuerst einige Minuten der Atmungsachtsamkeit nach Anweisung auf Seite 147. Zwei bis drei Minuten sollten genügen.

Das Auffassen des Wohlgefühls

1. Versichern Sie sich, daß Sie wirklich bequem und ungestört sitzen.
2. Erinnern Sie sich an eine konkrete Situation, in der Sie zufrieden, ohne Feindschaft, ohne Bedrängnis, ruhig und glücklich waren.[7]
3. Stellen Sie sich bildlich diese Situation vor. Sie können sich auch alle anderen Sinnenwahrnehmungen vergegenwärtigen, die mit dieser Situation verbunden waren.
   Verweilen Sie ungefähr eine Minute bei der Erinnerung.
4. Merken Sie sich nun das Gefühl, das Sie in Verbindung mit der vergegenwärtigten Situation körperlich spüren.
5. Vermerken Sie das angenehme Gefühl mit einem Wort wie »glücklich«, »entlastet« oder »zufrieden« – vielleicht finden Sie selber eine noch bessere Bezeichnung für die Benennung der gefühlten Stimmung.
6. Blenden Sie nun die Einzelheiten des Situationsbildes aus und verweilen Sie nur bei der vergegenwärtigten Stimmung.
7. Erlauben Sie sich den Wunsch: »Möge ich glücklich sein! (– so wie in der vergegenwärtigten Situation –)«, der ja eine gesunde Neigung zum Wohlsein ausdrückt.
   Sprechen Sie innerlich einige Male die Worte: »Möge ich glücklich sein!«

---

7 Einige Meditationsschüler sagten mir, daß sie sich an keine Situation erinnern konnten, in der sie wirklich glücklich waren. Sollte dies auch bei Ihnen der Fall sein, denken Sie zuerst an eine schwierige Situation und anschließend an die Situation, die danach folgte, die als Entlastung eintrat und die durch Nachlassen des Unbehagens charakterisiert war.

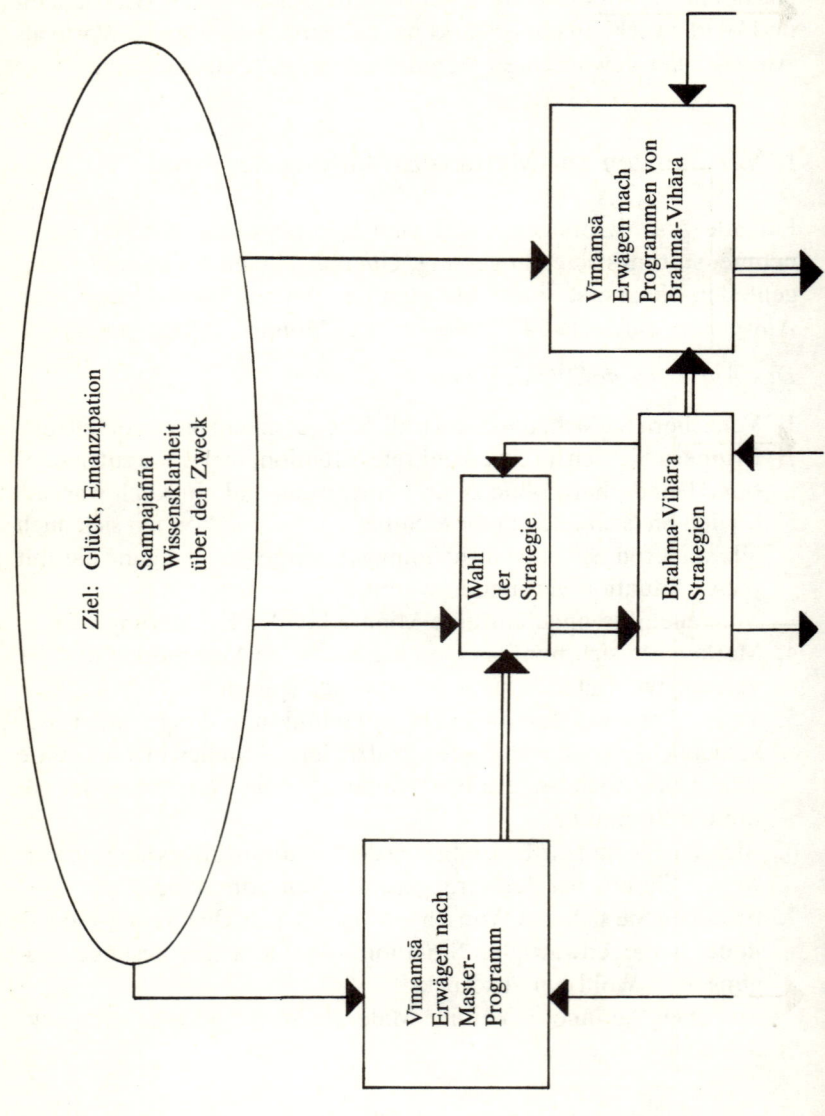

Ziel: Glück, Emanzipation

Sampajañña
Wissensklarheit
über den Zweck

Vīmaṃsā
Erwägen nach
Master-
Programm

Wahl
der
Strategie

Brahma-Vihāra
Strategien

Vīmaṃsā
Erwägen nach
Programmen von
Brahma-Vihāra

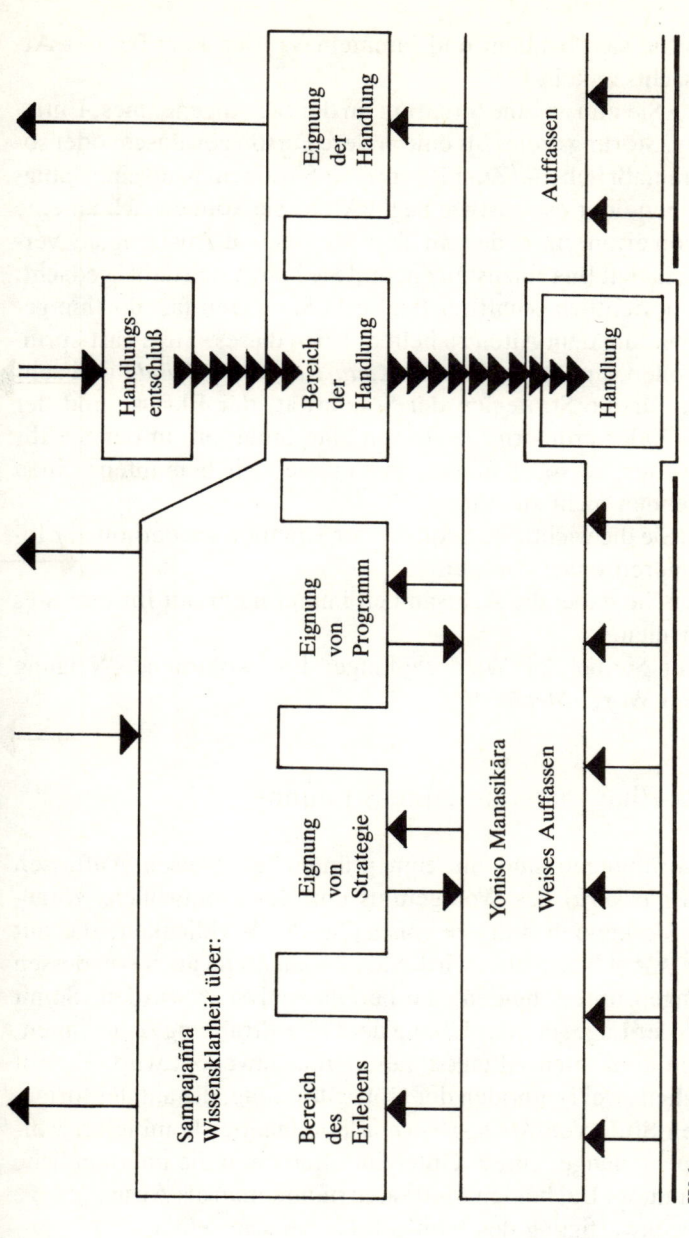

Diagramm 9: Wirklichkeitsbezug und Koordination von Strategien

1. Setzen Sie sich bequem und sammeln Sie sich kurz bei der Atmungsachtsamkeit.
2. Denken Sie nun an eine Situation, in der Sie Angenehmes, Entlastendes, Störungsfreies für eine andere Person gewünscht oder sogar veranlaßt haben. (Zum Beispiel als Sie einem Kind eine Süßigkeit gaben oder es sonstwie beglückten. Sie können sich an eine Situation erinnern, in der ein alter Mensch mit Anstrengung versuchte, in den Bus einzusteigen, und Sie haben sich dabei gedacht: »Ach, hoffentlich schafft er (sie) es!« Sie wären fast dorthin gesprungen, um dem Alten zu helfen. Eben dieses »Fast, Fast-springen-Wollen, um zu helfen« ist *Kattu-Kamyatā-Chanda* und sehr wichtig für die Strategien der Solidarität, der Ekstase und der Macht. Oder erinnern Sie sich an eine Situation, in der Sie Ihr Wohlwollen verspürt haben, indem Sie sich bemühten, einen Schlafenden nicht zu stören.)
3. Lassen Sie die wichtigste Sequenz der Situation wiederholt vor Ihrem inneren Auge abrollen.
4. Bringen Sie dabei die Achtsamkeit immer mehr auf Ihr innigstes Wohlwollen.
5. Notieren Sie bei den Wiederholungen Ihre wohltuende Neigung mit dem Wort »*Mettā*«.

II. Mettā-Bhāvanā – die Güte-Strahlung

In den Vorübungen sind Sie zum gründlichen Weisen Auffassen *(Yoniso Mansikāra)* des Wohlgefühls und des Wohlwollens vorgedrungen. Sie kennen nun erlebnismäßig die Wirklichkeit, die mit dem Wort *Mettā* bezeichnet wird. Sie können *Mettā* auch von dessen Entstellungen unterscheiden, die bereits analysiert wurden. Somit sind Sie in der Lage, mit der Übung der Güte-Strahlung zu beginnen, die auch in konkreten Alltagssituationen angewendet wird. Es gibt grundsätzlich zwei Methoden der Güte-Strahlung, die auf der fortgeschrittenen Stufe von *Mettā-Bhāvanā* miteinander kombiniert werden: die personengerichtete Güte-Entfaltung und die unermeßliche Güte-Strahlung. Bei beiden Methoden nimmt man als Ausgangslage die Vergegenwärtigung des Wohlgefühls bei sich selber.

Die gerichtete Güte-Strahlung

Wählen Sie aus Ihrem Bekanntenkreis einen Menschen, der gütig ist und Sie nie verletzt hat. Sie können also annehmen, daß bei dieser Person *Mettā* in hohem Grade vorhanden ist. Daher ist es wahrscheinlich, daß die außersinnliche Ausstrahlung dieser Person Ihnen während Ihrer Übung behilflich sein kann. Sie sollen für Ihre Übung der gerichteten Güte-Strahlung nur lebende Personen wählen. Indem wir keine Toten wählen, schließen wir Möglichkeiten der pathologischen Verstrickungen aus. Um dem Wuchern von Entstellungen von *Mettā* vorzubeugen, wählen wir auch keine Person, mit der uns erotische Wünsche oder besitzergreifende Ansprüche verbinden. Wir sollen auch in keine unerledigten Geschäfte mit dem Menschen verwickelt sein, den wir für die Übung von gerichteter *Mettā-Bhāvanā* wählen.

1. Nach kurzem Verweilen in der Atmungsachtsamkeit, bequem sitzend, vergegenwärtigen Sie sich das Wohlgefühl einer glücklichen, ruhigen, zufriedenen Situation.
2. Erinnern Sie sich an das Gesicht eines gütigen, liebenswürdigen Menschen, mit dem Sie keinerlei Verstrickung verbindet. Versuchen Sie, das Bild dieser Person vor dem inneren Auge still zu halten.
3. Vergegenwärtigen Sie sich nochmals das eigene wohlige Gefühl, ausgelöst durch die kurze Vorstellung der zufriedenen, glücksgeladenen Situation, mit der Sie vorgeübt haben.
4. Kehren Sie zurück zur Vorstellung des Gesichts der liebenswürdigen Person. Erwägen Sie: »So, wie ich glücklich sein möchte, möge er (sie) glücklich sein!«
5. Setzen Sie die Auslöserworte »Wohl-sein«, »Wohl-wollen«, »*Mettā*« ein und nehmen Sie Ihre Gemütsbewegungen wahr.
6. Sprechen Sie innerlich: »Möge... glücklich sein!«, das Gesicht der Person vor Ihrem geistigen Auge haltend.
7. Verweilen Sie einige Minuten bei der Erlebenswirklichkeit von *Mettā*.

Das Ausprobieren von Variationen und das Wiederholen der Versuche, *Mettā* zu erwecken und zu stärken, ist der Schlüssel zum Erfolg. Es kann auch vorkommen, daß während der Übung negative Neigungen in Ihnen wach werden und bösartige Impulse (zum Beispiel zu schimpfen, eine Ohrfeige zu versetzen usw.) sich bemerkbar machen. Sie fassen solche negativen Neigungen und Impulse einfach mit der

Benennung »Störung, Störung« auf und kehren zurück zum Zweck Ihrer Übung. Sollten sich einmal die Störungen häufen, so unterbrechen Sie die Übung für diesen Tag. Beim Nachdenken darüber achten Sie gut darauf, daß Sie deswegen nicht in Selbstvorwürfe geraten, denn solche Störungen sind oft eine Begleitung des Fortschritts Ihrer Übung, ein Zeichen, daß Sie in tiefere Erlebensgebiete vorgedrungen sind. Später werden Sie im Umgang mit solchen Störungen Techniken anwenden können, die zu den Strategien der Ekstase und des Klarblicks gehören (siehe die Ubung III. Das Umformen leidbringender Prozesse auf Seite 313ff.).

Die unermeßliche Güte-Strahlung

Bei dieser Übung wird Ihr Wohlgefühl, als Quelle der Güte, von der Brustmitte, der Herzensgegend her ausgebreitet. Oft stellen sich dabei spontane Lichterlebnisse ein. Man kann solchen Lichterlebnissen auch ein wenig nachhelfen, indem man sich selbst als eine strahlende Lichtkugel vorstellt, die Energie aus allen Richtungen aufnimmt und in Licht verwandelt. Man sollte jedoch nicht versuchen, das Licht irgendwie zu färben. Auch wenn man feststellt, daß Abtönungen von Honigfarbe über Rötlich, Gelblich, Grünlich bis zu Bläulich manchmal vorkommen, schenkt man ihnen keine besondere Beachtung. Man weiß allerdings, daß das unverfärbte Licht bei der Anwendung von *Mettā*-Strahlung das einwandfreiste und beste ist.
Für das Erlernen der Güte-Strahlung kann es anfänglich hilfreich sein, wenn Sie die folgenden Anweisungen – die diesmal etwas länger sind – auf Tonband aufnehmen und während der Übung abspielen. Es mag aber auch genügen, wenn Sie bei der Übung diese Seiten vor sich aufgeschlagen halten, damit Sie die Reihenfolge nicht verlieren.

1.   Nach kurzem Verweilen in Atmungsachtsamkeit vergegenwärtigen Sie sich das Wohlgefühl der glücklichen, ruhigen, zufriedenen Situation.
2.   Benützen Sie als Auslöser und Verstärker die Formel: »Möge ich glücklich sein, ohne Feindschaft, ohne Bedrängnis! Glücklich!«
3.   Stellen Sie sich die Person vor, der gegenüber Sie die Güte-Strahlung geübt haben, und richten Sie Ihre *Mettā* auf diese Person unter Begleitung der Formel: »Möge ... glücklich sein!«
4.   I. a) Stellen Sie sich nun alle Wesen vor, die in der Richtung vor Ihnen existieren – bis ins Unendliche.

b) Öffnen Sie Ihren inneren Raum in der Richtung nach vorn.

c) Neigen Sie sich nach vorn (Körperstellung nicht ändern), als ob Sie sich zu den Wesen vor Ihnen hinbewegen möchten, um Ihnen etwas Wohltuendes zu geben.

d) Verstärken Sie Ihre Gemütsbewegung durch die Formel:»Mögen alle Wesen vor mir glücklich sein, ohne Feindschaft, ohne Bedrängnis! Glücklich!«

II. a) Stellen Sie sich nun alle Wesen vor, die in der Richtung hinter Ihnen existieren.

b) Öffnen Sie Ihren inneren Raum in der Richtung nach hinten.

c) Neigen Sie sich innerlich nach hinten, als ob Sie sich zu all den Wesen hinter Ihnen hinbewegen möchten, um ihnen etwas Wohltuendes zu geben.

d) Verstärken Sie Ihre Gemütsbewegung durch die Formel:»Mögen alle Wesen hinter mir glücklich sein, ohne Feindschaft, ohne Bedrängnis! Glücklich!«

III. a) Stellen Sie sich nun alle Wesen vor, die rechts von Ihnen existieren.

b) Öffnen Sie Ihren inneren Raum nach rechts.

c) Neigen Sie sich innerlich nach rechts, als ob Sie sich zu all den Wesen rechts von Ihnen hinbewegen möchten, um ihnen etwas Wohltuendes zu geben.

d) Verstärken Sie Ihre Gemütsbewegung durch die Formel:»Mögen alle Wesen rechts von mir glücklich sein, ohne Feindschaft, ohne Bedrängnis! Glücklich!«

IV. a) Stellen Sie sich nun alle Wesen vor, die links von Ihnen existieren.

b) Öffnen Sie Ihren inneren Raum nach links.

c) Neigen Sie sich innerlich nach links, als ob Sie sich zu all den Wesen links von Ihnen hinbewegen möchten, um ihnen etwas Wohltuendes zu geben.

d) Verstärken Sie Ihre Gemütsbewegung durch die Formel:»Mögen alle Wesen links von mir glücklich sein, ohne Feindschaft, ohne Bedrängnis! Glücklich!«

V. a) Stellen Sie sich nun alle Wesen unter sich vor: die Lebewesen in der Erde, die Mutter Erde selbst, wie sie atmet und pulsiert in der Ebbe und Flut ihrer Ozeane; alle Wesen der niederen Welten, die Dämonen der Unterwelt und die höllischen Wesen – soweit man bildliche Vorstellungen darüber hat.

b) Erweitern Sie die Güte-Strahlung in der Richtung nach unten.

c) Nehmen Sie wohlwollend ein eventuelles Auftauchen von Vorstellungen aus den niederen Welten wahr, ohne sich jedoch in deren Richtung innerlich zu bewegen.

d) Man benützt die Formel:»Mögen alle Wesen unter mir glücklich sein! Möge ihr Leiden nachlassen! Glücklich!«

VI. a) Stellen Sie sich nun alle Wesen in der Richtung des Zenits vor: die Vögel und Insekten; die Galaxien, die sich zusammenziehen und ausdehnen, wie sie atmen, wie sie als Systeme mit Energien umgehen und Intelligenz ausstrahlen; die Wesen der höheren Welten, Götter, Devas, Engel – was auch immer man für eine Vorstellung über die kosmischen Kräfte und Intelligenzballungen hat.

b) Öffnen Sie sich gegenüber den kosmischen Wesen.

c) Als ob Sie emporsteigen möchten, strahlen Sie die Güte nach oben.

d) Man kann die kosmischen Wesen, im Bewußtsein ihrer Überlegenheit, auch um Wohlwollen bitten, ihre Hilfe annehmen.

e) Man verstärkt das Sich-Öffnen nach oben durch die Formel:»Mögen alle Wesen über mir glücklich sein! Wohlwollend! Glücklich!«

5. Nun öffnet man sich in alle Richtungen rundherum, nach unten und oben, *Mettā* strahlend, begleitet durch die Formel:»Mögen *alle* Wesen glücklich sein!«

6. Man kehrt in sich ein, zu der Quelle der Strahlung, die man als Lichtkugel visualisieren kann, mit der Formel:»Möge ich glücklich sein!«

7. Man erweitert die Lichtkugel, bis sie sich über den ganzen Kosmos ausbreitet, mit der Formel:»Mögen alle Wesen glücklich sein!«

Um es noch einmal zu betonen: Bei diesen sieben Schritten der *Mettā-Bhāvanā* handelt es sich um *keinen Denkprozeß* und um *keine Gedanken*, es sind vielmehr präverbale *Stimmungsbewegungen, Öffnungen und Erweiterungen von Erlebensräumen.* Die Worte der Anweisung, des Erwägens und der formelhaften Entschlüsse sind nur Auslöser und Verstärker, die auf die Erlebenswirklichkeit hinweisen und zu ihr hinführen.

III. Brahma-Vihāra-Strategien

Um die *Brahma-Vihāra* strategisch in Alltagssituationen und in der Reflexion über die Tagesereignisse anzuwenden, muß man zuerst ihre rationale Grundlage begreifen, sie sich einprägen – ähnlich, wie wenn man zum Beispiel das Multiplizieren und Addieren beim Einkaufen anwenden will. Solches Erlernen soll anhand unproblematischer, klar definierter Situationen geschehen. Man muß auch klar wissen, wann sich welches der vier *Brahma-Vihāra* eignet. Im *Diagramm 9* (Seiten 204/205) wurden die globalen Zusammenhänge der Wissensklarheit, des Erwägens und des gründlichen Auffassens veranschaulicht. Jetzt werden wir uns mit der inneren Rationalität und Eignung einzelner *Brahma-Vihāra* befassen.

Upekkhā ist verbunden mit einer Erwägungsmatrix, die sich besonders für die Auffassung und Bearbeitung von unklaren zwischenmenschlichen Situationen eignet. Wer Verwirrung stiften will, macht Gebrauch von Drohungen, Mahnungen und leeren Warnungen (Papiertiger) oder auch von anderen angsteinflößenden Mitteln, die Unterwerfung und Flehen um Gnade bewirken sollen. Genauso gefährlich sind die Appelle an unsere Eitelkeit, die unsere Wahrnehmung und Auffassung auch in ganz klaren Situationen entstellen können. Wer Intrigen schmiedet und Verwicklungen anstiftet, arbeitet auch mit Lüge und Verschweigen von Fakten.

Nicht handeln, Innehalten, Auffassen von eventuellen Schmeicheleien und Drohungen, der Situation gegenüber Abstand und Erhabenheit gewinnen; versuchen, möglichst unabhängig von Beeinflussungen vorzugehen – dies sind die Prinzipien von *Upekkhā, dem* Gleichmut. Erst die Vergegenwärtigung unseres Gleichmuts schafft eine Ausgangslage für die Wahl der übrigen Strategien.

Mettā ist für jede Situation geeignet, soweit wir für die Güte-Strahlung stark genug sind und solange wir nicht durch eine Tat von außen bedroht oder verletzt werden.

Die Wirkungskraft von *Mettā* kann wohl nur meditativ entfaltet werden – wie, das wissen wir aus den vorherigen Übungen. Doch auch *Mettā* hat ein rationales Prinzip, das man sich ins Gedächtnis einprägen soll, um es als Matrix für *Yoniso Manasikāra* benützen zu können:

Nicht durch Feindschaft sind Feindschaften
Hier jemals zu beruhigen,

Doch die Güte macht sie ruhig;
Dies ist Dhamma, zeitlos gültig.

Dhammapada, Vers 5.

Zum Zwecke des Weisen Auffassens können wir auch andere Prinzipien, die mit *Mettā* zusammenhängen und uns verständlich sind, in Formeln fassen, die wir uns dann in geeigneten Situationen vergegenwärtigen. Hier sind einige Beispiele:

»So, wie ich glücklich, ohne Feindschaft und
frei von Unbehagen sein will,
so wollen alle Wesen glücklich sein.«

Feindschaften beginnen ja nur dann, wenn sich jemand bedroht, bedrängt und unglücklich fühlt. So kann auch meine Liebe bedrohlich wirken, wenn sie besitzergreifend wird. Wenn also eine solche Entstellung von *Mettā* droht, fasse ich es in einer Formel zusammen:

»Durch das Besitzergreifen beschränke ich diese Person in ihrer Freiheit und verursache ihr dadurch Leiden.
Wenn diese mir liebe Person leidet, bin auch ich nicht glücklich.«

Zum gründlichen Auffassen von Situationen, die sich anfänglich nicht zur Entfaltung von *Mettā* eignen, gehört auch die folgende Formel des *Yoniso Manasikāra:*

»So wie alles Gewordene, so ist auch diese Person vergänglich.
Man leidet beim Vergehen und Verlust des Begehrten. Gierige Liebe verursacht Leiden.«

In den zur *Mettā*-Entfaltung ungeeigneten Situationen wechselt man über zur freigebenden *Muditā,* die in Freude gehen läßt, die losläßt. Falls die geliebte Person leidet, schaltet man auf *Karunā* um.

Karunā, Mitleid, gibt uns Lösungen auch für solche Situationen, in denen wir nicht die innere Stärke besitzen, Güte zu strahlen. Auch wenn jede Meisterung unseres Erlebens fehlschlägt, können wir zumindest noch »Vernunftsmenschen« bleiben. Wenn ich zum Beispiel mit Aggression direkt konfrontiert bin und mich folglich bedrängt fühle, kann ich mir immer noch die rationalen Prinzipien von *Karunā* ins Gedächtnis rufen:

a) Eine zornige, haßerfüllte, gewalttätige Person fühlt sich nicht gut.
b) Wer sich zu Ähnlichem (aus Groll oder Rache) verleiten läßt, verliert die Übersicht und Wissensklarheit und verschmutzt sein Inneres.
c) Haßerfülltes Handeln schmälert durch karmische Belastungen die eigene Glücksfähigkeit.
d) Wenn das Leiden des Aggressors empathisch geklärt wird, kann eventuell eine Beschwichtigung eintreten.

Der Zusammenhang zwischen Kleinmut, Verzweiflung, Angst und Unfähigkeit eines Menschen, friedliche Lösungen zu finden – also der Zusammenhang zwischen dem Leiden dieser Person und deren Aggressivität, Rachsucht, Zorn oder Groll – ist auch für psychologisch Unkundige leicht erkennbar. Ein Mensch, dem es gut geht, der sich wohl fühlt, hat ja keinen Grund, jemanden anzugreifen, zu bekämpfen oder zu bekehren. So ein Mensch ist selbstsicher, er steht zu seinen Ansichten und zwingt sie niemandem auf. Ein Terrorist oder Militarist befürwortet Gewalt und wendet sie an aus Verunsicherung, Angst und Unfähigkeit, gewaltlos vorzugehen; aus Feigheit schiebt er die Verantwortung für sein Tun auf die äußere Autorität eines Führers, einer Ideologie oder auf die »natürlichen« Triebe. Genauso, aus Verunsicherung und Angst, handelt ein strenger und unnachsichtiger Lehrer oder Vorgesetzter, eine zänkische und streitsüchtige Ehefrau, ein krimineller Jugendlicher oder ein zorniger Polizist. Verdienen solch verblendete Menschen nicht unser Mitleid?

Mitleid als innere Haltung lohnt sich um so mehr, wenn wir der tatsächlichen Gewalttätigkeit solcher Leute ausgesetzt und geneigt sind, Angst vor ihnen zu bekommen. Wenn wir uns hingegen dem Gegner innerlich überlegen fühlen, ist es unwahrscheinlich, daß unsere Wahrnehmung durch Angst entstellt wird. Gedanken des Mitleids – auch wenn sie mit Verachtung gekoppelt sind – machen uns unabhängig von der Definition der Situation als Kampf, wie sie uns der Gegner aufzwingen will. So lassen wir uns weder zur kopflosen Flucht noch zu einem zornigen Racheakt verführen. Wenn wir sichere Distanz gewinnen und uns dem Gegner überlegen fühlen, gewinnen wir vielleicht die nötige Stärke, um ihn durch *Mettā* zu besänftigen, seine Aggressionsimpulse durch Güte-Strahlung aufzulösen. Wenn wir durch sein Reden und Handeln doch Verletzungen ausgesetzt sind, dann ermöglicht uns das Verweilen in Mitleid, daß wir uns dem Aggressor innerlich nicht unterwerfen. Seine Macht, Perversion und Einfältigkeit werden so nicht zu Prinzipien, die unser Wissen ordnen (siehe Grundsätze des *Yoniso Manasikāra*).

Wir wissen, daß die Zeit unserer Auslieferung an den Aggressor vergeht *(Anicca)* und daß er selber die Früchte seines Tuns erleiden muß *(Kamma)*. Wir verschmutzen unser psychisches Ökosystem nicht, und so schmälern wir auch nicht unsere Glücksfähigkeit. Wir bleiben innerlich unabhängig, auch wenn wir an den äußeren Umständen nichts ändern können. Wir lassen uns also nicht zum Mitmachen verleiten und verschlimmern so unsere gegenwärtige Situation nicht. Wir behalten Übersicht und Wissensklarheit über unseren Zweck. Daher bleiben wir fähig, mögliche Auswege wahrzunehmen. Auch wenn wir Verachtung für Haß und Aggression haben und uns somit in den Bereich des »nahen Feindes« von *Karunā*, nämlich der Arroganz, begeben, ist dies ein kleineres Übel als die karmisch unheilvolle Haßreaktion. Und der kurze Weg zur echten *Karunā* steht ja offen!

Daß auch ein äußerlich stärkerer Aggressor durch seine Opfer besänftigt werden kann, zeigt die folgende Episode, die mir ein Patient erzählte, nachdem er *Karunā* im Alltag eingesetzt hatte. Bruno schrieb als Gymnasiast gute Aufsätze. Er bewunderte auch seine Deutschlehrerin, die allerdings nichts Besseres wußte, als Bruno immer wieder lächerlich zu machen. Nachdem ich mit Bruno die weiteren Zusammenhänge dieses Problems psychotherapeutisch durchgearbeitet hatte, brachte ich ihm die rationalen Prinzipien von *Karunā* bei. Arglos, wie Bruno war, ging er nach einem nächsten Angriff seiner Lehrerin nach der Stunde zu ihr und entgegnete: »Fräulein Doktor S., ich habe in dem Aufsatz auch die Zärtlichkeit des Kindes erwähnt, weil sonst immer nur die Mutterliebe gepriesen wird. Es scheint mir, daß ich dadurch etwas in Ihnen verletzt habe. Es tut mir leid. Ich bewundere Sie als meine Deutschlehrerin, und es tut mir selber weh, wenn ich annehmen muß, daß Sie mich lächerlich machen, weil mein Aufsatz bei Ihnen etwas Schmerzendes berührt hat.« Seitdem wurde Bruno von seiner Lehrerin in Ruhe gelassen.

Yoniso Manasikāra geschieht in den für *Karunā* geeigneten Situationen, indem man sich die oben angeführten Einsichten und Prinzipien vergegenwärtigt und weise auffaßt:

»Diese Person ist haßerfüllt und zornig,
weil es ihr nicht gutgeht.
Wenn ich mit Haß und Gewalt antworte,
steigere ich nur das Leiden und den Haß
dieses leidenden Menschen
und verschmutze überdies noch mein Inneres.
Möge diese arme Person glücklich werden!«

214

Mudita ist eine Steigerung des Wohlgefühls in der selbstlosen Fröhlichkeit, die verbunden ist mit Geben, Nichthaften, Wohlwollen und Freude am Glück anderer. Freude *(Pīti)* ist ja, unter verschiedenen Bezeichnungen, das Hauptthema dieses Buches, und wir haben die rationalen Prinzipien von *Mudita* schon erörtert, als die Rede von den Entstellungen der Mitfreude war (Seite 199). So fassen wir hier nur noch zusammen, was die meditative Einsicht und das psychologische Wissen uns prinzipiell über *Mudita* sagen:

a) Neid, Geiz, Eifersucht, Spott, Hohn und Wettkampf sind begleitet von Bitterkeit, Ärgernis und Unbehagen – sie geben dem Menschen kein gutes Gefühl, kein Glück.

b) Freigebigkeit und Selbstlosigkeit ermöglichen uns, auch den Erfolg und das Glück anderer als Anlaß zur Freude wahrzunehmen.

c) Je mehr ich mich selbstlos mit den Glücklichen und Erfolgreichen identifizieren kann, desto eher kann ich selber auch Ähnliches nachvollziehen.

d) Je größer meine Fähigkeit ist, freudige Anlässe wahrzunehmen, desto öfter können fröhliche Erlebnisse vorkommen, desto größer ist meine Glücksfähigkeit.

Die Glücksfähigkeit kann also trainiert werden, indem wir uns in weisem Erwägen entscheiden, Glücksförderndes *(Kusala-Kamma)* zu tun und Unheilsames *(Akusala-Kamma)* zu lassen. So vermehren wir das Vorkommen angenehmer, freudiger Anlässe in unserem karmisch bedingten Gefühlsleben. Durch das Pflegen der Selbstlosigkeit *(Anattā)* erweitern wir den Radius freudiger Anlässe auch auf das Glückserleben anderer Personen. Wir wissen, daß unsere Chancen, glücklich zu sein, um so größer sind, je glücklicher die Wesen unserer Umgebung sind. Wohlwollen und Freigebigkeit sind schön *(Sobhana),* karmisch heilsam *(Kusala)* und tragen angenehme Früchte als Folge *(Vipāka)* für das Karma. Hingegen mindert alles Denken, Sprechen und Handeln, das durch Gier, Haß und Verblendung motiviert ist, die Glücksfähigkeit. Vielleicht finden Sie es hilfreich, lieber Leser, liebe Leserin, zurückzublättern und nochmals die Annäherungen an die Mitfreude zu überfliegen. Nehmen Sie sie als Anregung für Ihre eigene Erwägung der Prinzipien von *Mudita.*

Yoniso Manasikāra geschieht in den für *Mudita* geeigneten Situationen auf folgende Weise: Sobald man Glück, Nachlassen des Leidens, Wohl und Erfolg irgendeiner Person wahrnimmt, erweitert man den Freiraum für eigenes Glücklichsein, indem man registriert »Anlaß zur Mitfreude!« Falls ein Mitmensch auf einem Gebiet Erfolg hat, auf dem ich selber vergeblich nach Erfolg strebe, drohen vielleicht Neid oder Eifersucht aufzusteigen. Sobald ich das Auftauchen einer solchen Neigung merke, beseitige ich die Störung, indem ich mir vergegenwärtige:

>Dumm wäre ich, wenn ich mein Inneres
durch Bitterkeit und Mißgunst verschmutzen würde.
Meine Glücksfähigkeit wäre dadurch gemindert
und meine eigenen Erfolgsaussichten geschmälert.«

Als Auslöser für *Muditā* benütze ich dann eine Formel wie:

>Gut gemacht! Glücklich ist diese Person.
Leiden in meiner Umwelt wurde gemindert
und dadurch auch die Aussichten für mein Glück erhöht!«

Wenn es Ihnen, liebe Leserin, lieber Leser, Freude macht, eine eigene Formel für das Weise Auffassen zu entwerfen, tun Sie es. Sie können aber auch Mitfreude durch die hier angebotenen Formeln genießen. Hauptsache ist, daß Sie die Anweisungen dieses Buchs in Ihre eigene Praxis umsetzen und dadurch Ihr Glückserleben fördern.

Brahma-Vihāra als meditative Reflexion

Die meditative Reflexion der Tagesereignisse kombiniert Elemente und Programme mehrerer uns schon vertrauter Übungen zu Strategien, die, wenn man sie beherrscht, auch in konkreten Alltagssituationen angewendet werden können. Die meditative Reflexion ist eine Rückschau *(Paccavekkhanā)*, die auch nach den Paradigmen der Bedingten Entstehung, des Weisen Auffassens von Gebrauchsgegenständen und weiteren durchgeführt werden kann. Uns soll jedoch die Rückschau vielmehr als Instrument beim Entwickeln von persönlichen *Brahma-Vihāra*-Strategien anhand erinnerter Tagesereignisse dienen.

Wenn wir abends die Tagesroutine beenden und uns in methodischer Meditation, wie Atmungsachtsamkeit, Güte-Strahlung oder Schrittmeditation beruhigen, dann sind wir in der Lage, die Rückschau durchzuführen. Die Erinnerungen an wichtige, emotionsgeladene und unerledigte Situationen des Tages tauchen in der Regel von selber auf. Man läßt diese Situationen zuerst einfach nochmals vor dem inneren Auge abrollen, ohne etwas ändern zu wollen. Wichtig ist, daß man dabei weder sich selbst noch den anderen Vorwürfe macht. Dann wiederholt man mehrere Male den Ablauf und macht dabei die sieben Schritte wie bei der Rahmenübung für Weises Auffassen, die wir anhand der Instruktion auf Seite 103 f. schon geübt haben. Man nützt also die mißlungenen oder peinlichen Situationen als Übungsfeld für die eigene Glücksfähigkeit, denn diese imaginäre Übung schult unsere Kompetenz, ähnliche Situationen in Zukunft zu unterbrechen oder ihnen gar vorzubeugen.

Wir sollen uns mit nicht mehr als einer mißlungenen Situation pro Tag eingehender auseinandersetzen. Es ist sehr wichtig, daß wir uns jedesmal auch an mindestens eine erfolgreich gemeisterte Situation erinnern und diese in eingehender meditativer Reflexion gründlich ausschöpfen. Wir sollen mehr bei unseren Möglichkeiten und Fähigkeiten verweilen als bei unseren Fehlern. Falsche Bescheidenheit würde hier zum Schrumpfen unserer Fertigkeiten, zum Schwinden unserer Handlungssicherheit und zur Minderung unserer Glücksfähigkeit führen.

Wir sollen uns jeweils vergegenwärtigen, wenn wir unsere zuverlässige subjektive Ausgangslage *Sīla* erfolgreich erweitert haben. Dies geschieht, indem wir uns an Ereignisse erinnern, in denen wir nach den fünf *Sīla*-Prinzipien (Gewaltlosigkeit, Gierlosigkeit, Selbstmeisterung, Wahrhaftigkeit, Übersicht) gehandelt haben. Wir denken an Situationen, in denen wir auch – zumindest ansatzweise – eigene emanzipatorische Strategien eingesetzt haben. Freude am Erfolg und das Wissen, daß Freigebigkeit, Gewaltlosigkeit und Wahrhaftigkeit unseres Tuns ihre Früchte tragen werden, sind ein wichtiger Ansporn für die Entfaltung unserer Kultur des Herzens.

In der meditativen Reflexion der Tagesereignisse wendet man die gleichen strategischen Schritte der Prinzipien von *Brahma-Vihāra* an, wie man es in einer Alltagssituation tut.

Brahma-Vihāra-Strategie in Alltagssituationen

In jeder Alltagssituation sollte es uns möglich sein, das Geschehen jederzeit zu unterbrechen und sich den Sinn *(Attha)* bewußt zu machen. Das ist ein sehr hoher Anspruch, nämlich der nach einem jederzeit sinnvollen Leben. Sinnlosigkeit gilt zwar in unserer Zivilisation als etwas ganz Normales, doch ist uns ein Weg zur Kultur der liebevollen Begegnung, zur Kultur des Herzens, offengeblieben. Die Freiheit zur Be-Sinn-ung und die Wahl beim Vor-gehen sind Grundprinzipien der emanzipatorischen Kultur des Herzens. Diese Grundprinzipien sind in folgenden Schritten zu verwirklichen:

217

1. Innehalten nach Unterbrechung einer sinnlosen Routine oder nach Aussteigen aus einer verfahrenen Situation.
2. Entspannen, falls verkrampft; aufraffen, falls abgespannt. Beides geschieht mittels Wirklichkeitsverankerung des Erlebens.
3. Wissensklarheit über die eigene Kompetenz, Wahlmöglichkeit und Unverblendung.
4. Weises Auffassen der Situation im eigenen inneren Haushalt.
5. Wissensklarheit über den Zweck der zu unternehmenden spezifischen Handlungen und Bewußtheit ganzheitlicher Sinngebung.
6. Wissensklarheit über die Eignung der Strategien, die in einer gegebenen Situation zur Verfügung stehen.
7. Entschluß fassen und sinnvoll handeln.

Für jeden dieser Schritte steht Ihnen, liebe Leserin, lieber Leser, der Schatz Ihrer persönlichen Weisheit, *Paññā,* zur Verfügung. Sie erkennen hinter jedem der sieben Schritte einen Ihrer Erfahrungsbereiche, die Sie während der Lektüre der ersten fünf Kapitel dieses Buchs systematisch erforscht haben. Bevor wir nun zu den Fragen der strategischen Verwirklichung dieser sieben Schritte vordringen, lassen Sie sich jetzt Zeit, um Ihre eigenen Assoziationen zu jedem Schritt aufkommen zu lassen. Notieren Sie sich auch das Know-how, über das Sie zu den einzelnen Schritten bereits verfügen.

Der strategische Vollzug der sieben emanzipatorischen Schritte vereint dreierlei Fertigkeiten: Programme des Auffassens der äußeren und inneren Wirklichkeit, koordinierendes Erwägen der Metaprogramme und den Einsatz von Techniken der Erlebensänderung. Wie das wahr-nehmende Auffassen und das ko-ordinierende Erwägen zusammenspielen, zeigt das *Diagramm 9* (Seiten 204/205); aus solch einem inneren Zusammenspiel entsteht die äußere Tatkraft. *Was* wir tun, hängt davon ab, *wie* wir erleben und *welche* Zwecke wir anstreben. Wir wollen ja etwaiges leidbringendes Erleben verändern, so daß es glückbringend wird. Nun sind wir also dabei, eine Strategie zu erlernen, die in sieben technischen Schritten jene Erlebensänderung bewirkt. Betrachten wir etwas ausführlicher jeden einzelnen Schritt, und fassen wir dann den ganzen Ablauf des Erlebens zusammen.

1. Innehalten heißt, sich aus den Verwicklungen der äußeren Umstände zurückzuziehen. Aus einer aufgeregten Diskussion, aus einem Streit oder gar Kampf ziehen wir uns am besten zurück, indem wir uns aus der Reichweite des Gegners entfernen, uns in einen anderen Raum begeben, die körperliche Distanz vergrößern

oder uns für eine Weile mit etwas nderem beschäftigen. Den Rückzug führen wir selbstbewußt in a er Würde durch, womit wir demonstrieren, daß es sich um keine Flucht, keinen Ausdruck einer Niederlage handelt und daß wir eventuell zurückkommen werden. Der Rückzug kann auch nur rein innerlich vollzogen werden, indem wir einfach die Achtsamkeit auf unsere Befindlichkeit und unsere Körperstellung lenken. Eine dieser Techniken wird, mit ein wenig Übung, in jeder, auch in einer sehr komplizierten und mit »Sachzwängen« beladenen Situation möglich.

Während der Anwendung von *Brahma-Vihāra*-Strategien in der meditativen Reflexion stoppt man einfach das Abrollen des Ereignisses vor dem inneren Auge, indem man kurz eine Körperbewegung ausführt und sich durch deren Beobachtung in die Gegenwart versetzt; man kann das Abrollen des Erinnerten auch durch ein kurzes Öffnen der Augen unterbrechen.

2. Eine Erholung durch Entspannung oder Erfrischung bewirkt, daß wir uns auch aus der inneren Anpassung an die problematischen äußeren Umstände befreien. Das problematische Geschehen, das wir unterbrochen haben – ob es sich nun um eine sinnlos langweilige und ermüdende Routine, quälenden Leerlauf, eine bedrohliche Steigerung der Verletzungsgefahr oder ein Ausgeliefertsein an unberechenbare Willkür handelt – was auch immer es äußerlich war: es hat uns einbezogen, indem wir innerlich in Zustände geraten sind, die das entsprechend problematische Gegenstück zu den äußeren Umständen darstellten. Wir haben uns in einen Wahn gesteigert, sind Opfer von Illusionen, Manipulationen und Fremddefinitionen geworden. Deswegen müssen wir nun wieder unsere eigene Wirklichkeit finden.

Diese Entfremdung von uns selbst überwinden wir am besten durch die Wiederherstellung der Verankerung in unserer körperlichen Wirklichkeit. Die wirksamste Methode ist die Atmungsachtsamkeit *(Ānāpāna-Sati)*, denn die Atmung ist zentralster und wichtigster Lebensvorgang. Indem wir der Atmung Achtsamkeit, Respekt und liebevolle Zuwendung schenken, beachten wir unser Vitalstes, und – wie die Erfahrung zeigt (die auch im *Visuddhi Magga* auf Seite 309 der deutschen Übersetzung festgehalten ist) – »von der ersten Inangriffnahme an ist die Übung der Atmungsachtsamkeit durch ihre Eigenart friedvoll und erhaben«.

3. Die Wissensklarheit über Wahlmöglichkeiten besteht in der Besinnung auf die Emanzipation und Freiheit, die man schon verwirklicht hat. Je mehr wir von äußeren Sachzwängen und inneren Trieben freigeworden sind, um so größer sind unsere Wahlmög-

lichkeiten. Die Wahlfreiheit ist also das Ergebnis unserer Erhabenheit und unserer Unabhängigkeit; wir erleben sie als Wissensklarheit der Unverblendung *(Asammoha-Sampajañña)*.

Dies bedeutet, daß wir uns in dieser konkreten Situation, die wir als Übungsfeld benützen, durch keine Drohungen und Schmeicheleien verblenden lassen. Wir zählen auf unseren Gleichmut *(Upekkhā)*, auf die Integrität und auf das Gleichmaß des Geistes, soweit dies schon vorhanden ist. So entsteht *Saddhā,* das Vertrauen in unser Können. Wir sind gleichmütig und erhaben über den eventuellen äußeren Verlust, den wir durch das Vordringen zur größeren Freiheit riskieren. Ganz konkret geht es in der jeweiligen Alltagssituation darum, sich klarzumachen, daß es nicht nur einen einzigen Weg gibt, der allein möglich, richtig und vernünftig ist. Darüber hinaus besteht für einen Abhidhammika in jeder Situation die Wahl, zu handeln oder nicht zu handeln.

4. Das Weise Auffassen der Situation im eigenen inneren Haushalt heißt, daß man trotz aller Erhabenheit die inneren Neigungen nicht ignoriert; man läßt alle inneren Regungen gleich gelten. Ohne Training würde man nur eine erste starke Neigung gelten lassen oder nur eine solche, die »erlaubt« ist, und aufgrund dieser handeln. Im Weisen Auffassen der Situation geht es nicht um irgendeine Analyse der Motivation; es geht nur um Wahrnehmung und Bereitstellung (das Aufmerken) der verfügbaren Handlungspotentiale *(Kattu-Kamyatā-Chanda)*. Dieser Schritt soll während der Übung innerhalb weniger Sekunden geschehen. Nach entsprechendem Training wird er bei der Anwendung in Alltagssituationen nicht mehr als einen Sekundenbruchteil beanspruchen. Die Aufgabe des Weisen Auffassens der Situation im inneren Haushalt ist es hier, ganz schnell eine Bestandsaufnahme zu machen und zu registrieren (merken), was alles an Neigungen, Vorstellungen und Absichten vorhanden ist. Dadurch beugt man einem Verdrängen vor, das uns im Laufe des strategischen Vorgehens einen bösen Streich spielen könnte. Wenn man aus dem Erleben nichts verdrängt, muß man auch keinen Einbruch aus dem Unbewußten befürchten. Praktisch wird dieser Schritt vollzogen, indem man kurz alle Neigungen zum Handeln benennt, die sich bemerkbar machen. Merken, benennen und im Gedächtnis behalten – diese drei Akte der Achtsamkeit *(Sati)* sind hier genug.

5. Die Wissensklarheit über den Zweck *(Attha)* vergegenwärtigt sowohl das Ziel als auch die zur Verfügung stehenden zweckmäßigen, zielgerichteten Vorgehensweisen. Jetzt kommen praxisbezogen alle unsere Kompetenzen zur Geltung, auf die wir im 3.

Schritt unser Selbstvertrauen gestützt haben. Hier werden die rationalen Prinzipien der Strategien wachgerufen, die wir uns als meditative Formeln für den Einsatz von *Yoniso Manasikāra* angeeignet haben. Die Formeln stellen die Algebra[8] dar, die wir bei der Konstruktion und Berechnung der Strategien anwenden; sie sind unser Instrumentarium, unser Repertoire glücksfördernder Programme. Bei der Übung der meditativen Tagesreflexion sollten wir uns genug Zeit lassen, auch über diese Formeln wiederholt nachzudenken. Die in Versen zusammengefaßten rationellen Prinzipien des Glücks durch Solidarität, *Sīla* usw. sollten immer wieder mit dem eigenen Erfahrungsschatz verglichen werden. Bei der Anwendung von Strategien der *Brahma-Vihāra* im Alltag taucht dann spontan die Wissensklarheit über den Zweck der zu unternehmenden spezifischen Handlungen auf. Man wählt sozusagen intuitiv die richtigen Programme und Fertigkeiten. Die Ziele sind ja immer gegenwärtig im Zusammenhang mit der Frage nach dem Sinn des Lebens. Zielbewußtes und zweckmäßiges Handeln erfordert immer weniger bewußte Anstrengung. Es wird zunehmend natürlicher und selbstverständlicher, daß man ganz spontan sinnvoll lebt.

6. Die Wissensklarheit über die Eignung *(Sappāya)* der zu unternehmenden Handlungen und ihren Einsatz in der gewählten Strategie ist das Ergebnis einer letzten Überprüfung des geplanten Vorgehens, bevor man tatsächlich handelt. Man faßt die Situation nochmals gründlich auf – jetzt unter dem Gesichtswinkel der vorgesehenen Strategie. Das nochmalige Weise Auffassen der Wirklichkeit *(Yoniso Manasikāra)* und das wählende Erwägen *(Vīmamsā)* werden hier zu einem ganzheitlichen interaktionellen Überblick vereint. Das geeignetste der vier Paradigmen der *Brahma-Vihāra* tritt demzufolge in den Vordergrund und übernimmt die Funktion eines Masterprogramms. Man weiß, daß das geplante Vorgehen geeignet ist.

7. Das Entschlußfassen zur Verwirklichung der gewählten Strategie bedeutet den Übergang zur Handlung. Man weiß, daß die Handlung sinnvoll ist. Sie ist realistisch, da weise geplant, und hat daher die größtmöglichen Erfolgsaussichten. In diesem Wissen, durch keine Zweifel abgelenkt, kann man alle psychischen Kräfte für die Verwirklichung seiner Absicht einsetzen. Man handelt mit der vollen Wucht seiner Persönlichkeit.

---

8 Die Prinzipien von Dhamma-Strategien sind in der technischen Terminologie von *Akkheyya* festgelegt, deren Gebrauch ausführlich auf Seite 285 f. erklärt ist.

Werden diese sieben strategischen Schritte erfolgreich durchgeführt, machen sie den Augenblick zur besten Gelegenheit *(Samaya)* für einen emanzipatorischen Sprung *(Abhisamaya)*. Im ersten Schritt befreit man sich aus einer schwierigen Situation, die man in den folgenden Schritten sozusagen magisch in eine günstige verwandelt, um aus ihr im siebten Schritt eine glückbringende zu machen. Sie haben wohl gemerkt, daß die Schritte ein Pendeln zwischen außen und innen darstellen – bis man sich in eine interaktionell integrierte Ganzheit einpendelt, aus der heraus man Schöpfer einer neuen Welt wird. Auf den Seiten 69 f. haben wir diesen emanzipatorischen Prozeß in zwei Schritten betrachtet, die dazu führen, daß man zum souveränen Meister seines Ökosystems wird. Auch das *Diagramm 9* (Seiten 204/205) befaßt sich mit der Logistik dieses Prozesses. Die beteiligten Prinzipien sind nicht logisch, sie sind psycho-logisch; die Prozesse werden nicht gedacht, sie bestehen vielmehr in der Bewegung des Geistes, im Wachrufen von Potentialen, in der Veränderung des Bewußtseins, im Lenken der Achtsamkeit *(Sati)*. Die sieben Schritte sind Umschaltungen des Erlebens. Alle fünf psychischen Kräfte *(Bala)*, Zuversicht, Willenskraft, Sammlung, Achtsamkeit, Wissen sind daran beteiligt.

Wie kann ich nun eine solche Strategie ganz konkret anwenden?

Am schwierigsten dürfte uns das Unterbrechen der Verstrickung und das Innehalten vorkommen. Nehmen wir als Beispiel ein Gespräch, das in ein Argumentieren entartet oder gar zum Streit wird. Ich kann die Unterbrechung ankündigen, indem ich sage:»Warten Sie bitte eine Minute; ich kann jetzt gerade nicht mitmachen.« Ich kann ein Glas Wasser verlangen oder mir eines holen. Ich kann unterbrechen, indem ich meine Hand hebe, ein Zeichen gebe und mich anschließend demonstrativ ganz einer anderen Tätigkeit widme – wie zum Beispiel der Änderung meines Sitzplatzes, dem Ablegen meiner Jacke, dem Aufschreiben von Notizen oder Ähnlichem. Ich kann auch den Raum verlassen – mit oder ohne die Mitteilung, daß ich gleich wiederkomme. Hauptsache ist, daß ich mir Distanz, Pause, Freiraum verschaffe, um innehalten zu können. So habe ich also den Verlauf unterbrochen, den ich als verfahren und sinnlos aufgefaßt habe. Ich schätze, wieviel Zeit ich für die sieben strategischen Schritte habe, wende mich von der äußeren Situation ab und führe die Schritte anhand der folgenden Selbstinstruktionen durch:

1. »Innehalten. – Ich will mir meiner körperlichen Befindlichkeit bewußt werden.«

2. Ich sage zu mir innerlich:»Entspannen, auffrischen – zehn Atemzüge beobachten«, und gönne mir diese kurze (oder auch längere) Erholung.
3. Ich vergegenwärtige mir:»In jeder Situation steht es mir frei zu wählen.«
4. Ich frage mich:»Was *möchte* ich nun tun?«, und lasse mir ein wenig Zeit, um wahrzunehmen, was sich alles meldet.
5. Ich sage mir:»Sinnvoll und glücklich zu leben ist mein Ziel! Was *kann* ich dazu beitragen?«, und lasse mir einiges einfallen.
6. Ich frage mich:»Welches Vorgehen *eignet* sich am besten für diese Situation?« und wähle.
7. Mit einem Wort bezeichne ich die beschlossene Strategie:»Dies *will* ich jetzt!«, und ich führe das Beschlossene durch.

Brahma-Vihāra im Gemeinschaftsleben

Die Freude am erhabenen Weilen wird noch größer, wenn man sie mit anderen teilen kann. Es ist auch viel leichter, echte zwischenmenschliche Beziehungen mit Personen zu pflegen, die auf gegenseitigen Respekt, Vertrauen und edle Freundschaft bewußt Wert legen. Die bisherigen Übungsanweisungen sind von der Annahme ausgegangen, daß der Übende ein Pionier der Kultur des Herzens ist. Unter solchen Umständen verläßt man sich zunächst nur auf sich selber und hegt keine Erwartungen an die Kooperation anderer. So überzeugt man seine Mitmenschen durch die Wirkungen, ohne viel zu besprechen. In einer Gemeinschaft von Menschen, die den Wert von Strategien der Solidarität auch erkannt haben, kann man aber zur Klärung und Koordination Gedankenaustausch pflegen.

Wir haben uns im Unterkapitel»Ausbauen von Sīla« mit den Prinzipien auseinandergesetzt, die dabei zu beachten sind. An dieser Stelle sollen nur noch zwei Erfahrungstatsachen besprochen werden, die für das erhabene Weilen von Gemeinschaften wichtig sind. Vor lauter Begeisterung vergißt man leicht, daß zum einen nicht alles im Leben durch Strategien der Solidarität bewältigt werden kann, und daß, zum zweiten, auch die interessantesten Einsichten und Entdekkungen für die Mitkämpfer mühsam werden, wenn man sich maßlos mit ihrer Besprechung beschäftigt.

Die Erfahrungen mit der Anwendung von Prinzipien der *Brahma-Vihāra* in der Gruppenarbeit, bei der Leitung und Kontrolle von gruppentherapeutischen Teams, in Wohngemeinschaften und Ehegemeinschaften sind sehr ermunternd. Sie zeigen allerdings, daß es vorteilhaft ist, wenn jedes Mitglied der Gemeinschaft vor allem an sich selber arbeitet und sich in der Achtsamkeitsmeditation *(Satipatthāna-Vipassanā)* übt, um introspektiven Zugang zum eigenen inneren Haushalt zu gewinnen. Es gilt als unumstößlich, daß man diesbezüglich den anderen nur den Bericht über eigene Introspektion und Selbstexploration anbieten kann. Es ist unmöglich, einen anderen zu explorieren, wie es manche Psychotherapeuten vorgeblich tun. Man kann höchstens eigene Vermutungen über das Erleben des anderen zum Ausdruck bringen und fragen, ob und inwieweit sie stimmen, denn jeder ist selber die höchste Autorität im Wissen über das eigene Erleben. Das einzige, was man für einen Partner tun kann, ist, achtsam zuzuhören.

Wenn man in gemeinsamer Besprechung herauszufinden versucht, wodurch bedingt welche Ereignisse entstanden sind, wird man bald feststellen, daß die gleichen Ereignisse von den einzelnen Beteiligten ganz verschieden wahrgenommen werden können. Dies soll so belassen werden. So lernt man die Wahrheit von *Anattā* (Nicht-Identität) erlebnismäßig zu respektieren. Man wird dadurch toleranter und begreift, daß es keine monadische Wesenheit bei Dingen und Personen gibt. Jedes Ding und jedes »Ich« kann ein anderes werden, wenn es in eine andere Interaktion tritt oder wenn sich seine innere Struktur verändert. Doch ist es bei solchen Besprechungen überaus wichtig, daß man sachlich konkret bleibt und sich nicht in Theoretisieren oder Verallgemeinern verliert. Man soll bei jedem Ereignis und jedem Erlebnis deren Einmaligkeit respektieren und wissen, daß es da keine Identitäten gibt – sondern nur Ähnlichkeiten in der Entstehung, Anwendung und Beziehung. Unsere Erkenntnis arbeitet mit Paradigmen, die zwar System in die Dingevielfalt *(Papañca)* bringen, nie aber die Dinge festhalten können.

Jede Auffassung und jedes Paradigma ist zweckorientiert. Die Zweckorientierung des Abhidhamma ist Glück, Leidensminderung, Emanzipation, Freiheit. Wie wir im zweiten Kapitel ausführlich betrachtet haben, beziehen sich hingegen die Paradigmen der Politik, der Rechtsprechung, der Technik und der Wissenschaft auf Erobern, Beherrschen, Ausbeuten, Beschränken und Manipulieren. Sowohl die emanzipatorischen wie auch die beherrschenden Vorgehensweisen haben im Leben ihre Berechtigung, auch im Leben der Gemeinschaften – mindestens solange alle ihre Mitglieder nicht brahmagleich oder nicht vollkommen erleuchtet sind. Entscheidend ist das Ausmaß, in dem die herkömmlichen Paradigmen angewendet werden, und das Nutzen der Gelegenheiten für die Anwendung emanzipatorischer Muster.

Im Gemeinschaftsleben wird es immer Führer und Geführte, Vorgesetzte und Untertanen, Verantwortliche und Mitmachende, Experten und Assistenten geben. Doch kann man in vorwiegend emanzipatorischen Gemeinschaften versuchen, hie und da auch Rollentausch durchzuführen. Wenn Sie aber, liebe Leserin, lieber Leser, mit den Verhältnissen in einer Gemeinschaft, zu der Sie gehören, nicht zufrieden sind, dann erwägen Sie Ihre Wahlmöglichkeiten:

– die Gemeinschaft durch eigenes Vorleben von Strategien der Solidarität zu verändern versuchen,
– sich mit den äußeren Gegebenheiten abzufinden und dabei selber die Kultur des Herzens zu pflegen,
– das Zuhause der Gemeinschaft aufzugeben und in eine umfassendere Hauslosigkeit zu ziehen.

Es kann sein, daß Sie über diese drei Wahlmöglichkeiten hinaus noch weitere finden. Ein Beispiel: Sie leben in einer Gemeinschaft mit Ihren Kindern oder mit Ihrem Ehepartner und, obwohl Sie mit den Verhältnissen nicht zufrieden sind, ist keiner der drei obigen Wege gangbar. Sie wollen Ihre persönliche Macht so entfalten und einsetzen, daß Sie – ohne jemanden zu unterdrücken oder zu mißachten – ein besseres Leben für alle Gemeinschaftsmitglieder bewirken. Sie wollen dabei aber auch selber nicht zu kurz kommen. Hierfür werden Ihnen sicher die Strategien der Ekstase und die Strategien der Macht nützlich sein, die in den beiden nächsten Kapiteln beschrieben sind.

Siebentes Kapitel

Strategien der Ekstase

Sammlung ist der Schlüssel zur Ekstase. In jedem Menschen ist eine Fähigkeit zur Sammlung vorhanden, die meditativ zu einer psychischen Kraft kultiviert werden kann. Da im Geistigen keine Monokultur wirklich gedeihen kann, wächst auch die Sammlung am besten zusammen mit anderen psychischen Kräften. Diese Kräfte wurden im dritten Kapitel erörtert. Es wurde bereits erklärt, worin die Zuversicht *(Saddhā)*, die Achtsamkeit *(Sati)* und die Weisheit *(Paññā)* bestehen und wie sie zu Kräften entfaltet werden; in diesem Kapitel wird ausführlich die Sammlung behandelt. Die Entfaltung der Willenskraft sparen wir uns für das nächste Kapitel auf. An dieser Stelle merken wir uns nur: *die Sammlung des Geistes ist etwas anderes als die Anstrengung der Willenskraft.* Willenskraft *(Viriya)* und Sammlung *(Samādhi)* sind tatsächlich zwei einander entgegenwirkende Geisteskräfte, die durch Achtsamkeit im Gleichgewicht gehalten werden müssen. Beim Training der Sammlung kombiniert man dennoch alle psychischen Kräfte in einem »Bewandertsein in den rechten Mitteln« *(Upāya-Kosalla* – siehe Seite 102), aus dem die methodische Auswahl der Vorgehensweisen getroffen wird.

In diesem Kapitel werden wir wiederholt von verschiedenen Seiten Anlauf nehmen, um uns der Ekstase zu nähern. Wir tun dies in der Hoffnung, daß Sie, lieber Leser, liebe Leserin, entsprechend Ihrer persönlichen Neigung an irgendeinem dieser Zugänge spontan Gefallen finden. Denn woran Sie Gefallen finden, daran kann sich Ihr Geist sammeln.

Worin besteht nun das Ekstatische? In vollkommener Versenkung. Nach Abhidhamma wird als Versenkung *(Jhāna)* nur jene Sammlung aufgefaßt, die durch Abgeschiedenheit *(Viveka)* von der Vielfalt zur Einspitzigkeit des Geistes *(Citta-Ekaggatā)* führt und dadurch ein Wohlgefühl des Glücks *(Sukha)* bewirkt. Mit anderen Worten, wenn das Erleben vor Störungen geschützt wird und immer weniger intellektuell unter-scheiden muß, dann läßt alles Ungemach nach, Getrenntes wird vereint, und die daraus folgende Sammlung *(Samādhi)* intensiviert die Freude *(Pīti)*, bis das Glück zu einer grenzenlosen Fülle der Ekstase aufsteigt. Haben Sie etwas in dieser Richtung schon erlebt, oder ist es Ihnen »allzu theoretisch«?

Ekstase enthält etwas von Grenzüberschreitung, Erhöhung des Lebensgefühls, Entzückung und Bewußtseinserweiterung. Im populären Verständnis verbindet man jedoch Ekstase auch mit Rausch, Überspanntheit, Erregung oder gar Wahn; in der Umgangssprache versteht man unter Ekstase, »wenn jemand ausgeflippt ist«. Alles in allem erscheint Ekstase als etwas außerhalb der rationalen Kontrolle des Alltäglichen. Von einem engstirnigen Gesichtspunkt aus stimmen alle die herabwertenden Kennzeichnungen mit der Bedrohung überein, die die Ekstase für den Sachunkundigen darstellt. Aber man kann bei vielen Menschen auch ganz entgegengesetzte, genau so falsche Beurteilungen antreffen. Sie halten alles Ausgeflippte für gut, weil es gegen die heutzutage so »normale« Abstumpfung und Langeweile wirkt. Ekstase heißt für sie: Kopf abschalten, alle rationalen Grundsätze über Bord werfen, sich verlieren, jede Vorsicht und jede Rücksicht aufgeben, sich selbst wie auch die anderen sentimental an irgend etwas ausliefern – »einfach ausflippen«. Dies alles hat jedoch nichts zu tun mit der genußvollen, erholsamen Schönheit der friedlichen Ekstase, zu der die Dhamma-Strategien führen.

Sammlung in Gelassenheit

Sammlung gründet auf dem Genuß, der mit dem Nachlassen des Wollens verbunden ist. So sind zwei Prinzipien für das Zustandekommen der Sammlung wichtig: erstens, sich die Möglichkeit zu gönnen, beim Liebgewonnenen zu verweilen; zweitens, mit Ablenkungen und Störungen geschickt umzugehen. Um beides zu erreichen, muß man in Ruhe gelassen werden. Dann kann man sich auch zunehmend den glücksfördernden Objekten der Sammlung, wie Atmungsachtsamkeit oder Gütestrahlung, zuwenden und sie liebgewinnen.

Bevor wir uns der Betrachtung der geeigneten Sammlungsobjekte ausführlicher widmen, überlegen wir, was eigentlich Gelassenheit ist. Bei der Gestaltung dieses Buchs, liebe Leserin, lieber Leser, benutze ich die Strategie, Sie in Ruhe zu lassen und Ihre Selbstbestimmung immer zu respektieren. Wenn ich etwas in Frage stelle, dann ist es der Anspruch, daß Sie anders werden müssen, als Sie sind. Vielleicht erinnern Sie sich, daß Sie sich dann am besten entfalten konnten, wenn Ihre Eltern, Erzieher und Lehrer Ihnen die Wahl gelassen haben, so zu sein, wie es Ihnen lieb war. Zu jenen Zeiten haben Sie aus sich heraus aufblühen und demzufolge sich öffnen können. Frei von Bedrängnis öffneten Sie sich zur Aufnahme dessen, was Ihnen angeboten wurde. Es ist daher meine Überzeugung, daß auch das Angebot dieses Buchs am besten akzeptiert wird, wenn es Ihnen überlassen bleibt, selber das zu nehmen, was Ihnen guttut, was Sie durch die Zuwendung Ihrer ungezwungenen Aufmerksamkeit liebgewinnen. Darin besteht dann Ihre Gelassenheit diesem Buch gegenüber, und Sie können sich bei der Lektüre wohlig sammeln.

Als ich vor mehr als zehn Jahren meinen Lehrer Nyānaponika Thera fragte, wie man in den fortgeschrittenen Stufen der Sammlung unerwünschte Wahrnehmungen abschaltet, die vom Sammlungsobjekt ablenken, antwortete er:»Man schaltet nichts ab. Der Geist sammelt sich beim Interessanten, wenn er in Ruhe gelassen wird.« Dann ließ er mich nachdenken über das Beispiel eines Kindes, das ins Spiel mit der Eisenbahn so vertieft ist, daß es nicht einmal die Stimme seiner Mutter hört, die es zum Essen ruft. Ich war zu jener Zeit seit Monaten mit der introspektiven Analyse psychologischer Vorgänge beschäftigt, die während des Eintritts in meditative Vertiefung stattfinden, und habe mich ziemlich angestrengt, sie denkerisch zu erfassen. Dies führte dazu, daß ich vorübergehend die Fähigkeit verloren habe, in der Meditation die höheren Stufen der Sammlung zu erlangen. Erst als ich mein meditatives Erleben wieder in Ruhe gelassen und nicht mehr zu einem Forschungsgegenstand gemacht habe, fand ich die Gelassenheit wieder, um die Sammlung genießen zu können. Meine analytische Erforschung der Sammlung habe ich dann nur beim Beobachten des Spiels der Kinder fortgesetzt. – Auf einige diesbezügliche Entdeckungen will ich später zurückkommen. Belassen wir die»Moral dieser Geschichte« vorläufig bei folgender Formulierung: Die für die Sammlung nötige Gelassenheit besteht auch darin, daß man sich selber in Ruhe läßt.

Damit man sich auf das liebgewonnene Objekt der Sammlung einstellen kann, muß man von allen Ablenkungen in Ruhe gelassen werden. Sie haben wohl jetzt während der Lektüre gemerkt, daß immer wieder im Zusammenhang mit der Sammlung das *Lassen* betont wird. Dies geschah mit Absicht, denn ich versuche hier, die Einsicht zugänglich zu machen, daß man *die Sammlung nicht machen kann. Die Sammlung kann man zustande kommen lassen, indem man sein Erleben beim Sammlungsobjekt genußvoll verweilen läßt.* Wie schafft man sich diese Möglichkeit? Sicher nicht, indem man die Ablenkungen bekämpft, denn die bekämpften und unterdrückten Ablenkungen üben als Reaktion einen Gegendruck aus, sobald die Unterdrückung nachläßt – und man kann sich nicht sammeln, solange man mit der Unterdrückung von Ablenkungen ausgelastet ist. Hier hilft nur der geschickte Umgang mit Ablenkungen, der zu einer Abgeschiedenheit *(Viveka)* des Geistes von Störungen führt.

Die Überwindung von Sammlungsstörungen

Es gibt zweierlei Störungen, die uns am Erreichen der Sammlung hindern: erstens solche Störungen, die es schier unmöglich machen, mit der Sammlung überhaupt anzufangen, weil sie direkt entgegenwirken; und zweitens Ablenkungen durch Dinge, die mit dem Sammlungsobjekt eng zusammenhängen und dem gesammelten Erleben unmittelbar benachbart sind. Diese Situation entspricht jener der fernen und nahen Feinde von *Brahma-Vihāra*, mit der wir uns im vorherigen Kapitel auseinandergesetzt haben.

Die fernen Feinde der Sammlung bestehen im gierigen Nachlaufen und Suchen nach der Vielfalt *(Papañca)* der Dinge. Man ergeht sich in der Vielfalt, wird zerstreut, springt vom einen ins andere, das Bewußtsein wird zersplittert. Wenn man aktiv versucht, Beziehungen in der Vielfalt herzustellen, indem man Fäden zwischen den Dingen spinnt und eine Integration der Dinge und die Konzentration des Geistes»macht«, verstrickt man sich nur. Wenn man dabei überhaupt ein Ergebnis erreicht, ist es etwas Gestelltes und bloß äußerlich Zusammengefügtes. Sammlung kann nicht »gemacht« werden.

Den Auseinandersetzungen mit fernen Feinden geht man am besten aus dem Wege. Jeglicher Neigung oder Verlockung zu etwaigen Verwicklungen mit fernen Feinden tritt man entschlossen entgegen, indem man die wuchernden unheilvollen Programme des Denkens stoppt, sobald man sie merkt[1]. Man greift hier auf die Wissensklarheit über Zweck und Eignung zurück und bedenkt die leidvollen Folgen solch unweisen Erwägens und Handlungsplanens. Wenn man in der Achtsamkeitsschulung noch nicht fortgeschritten ist und Unweises erst merkt, wenn man sich schon mitten im Handeln befindet, gibt es immer noch die Möglichkeit, das Handeln zu unterbrechen. Da hilft ein Weises Auffassen *(Yoniso Mansikāra)* und untersuchendes Erwägen *(Vīmamsā)* etwa im folgenden Sinne:

> »Diese Handlung mindert meine Sammlungskraft,
> sie bewirkt unheilvolle Zerstreuung und verwickelt mich.
> Mein Ziel ist...
> Ich wäre ja dumm,
> wenn ich etwas gegen meine Ziele tun würde.
> Diese Handlung eignet sich nicht.
> Also: Stopp!«

---

1 Die Methode hierfür ist im Rahmen der Übung »Das Umformen leidbringender Prozesse« auf S. 313 ff. ausführlich beschrieben.

Solche Verwicklungen, die die Sammlungskraft und Glücksfähigkeit ruinieren, können verschiedene Formen annehmen: Bekanntschaften, die interessant erscheinen, tatsächlich aber enttäuschen, beschränken oder Verwirrung stiften; Tätigkeiten, die zuerst entspannende Zerstreuung versprechen, dann aber den Geist zu fesseln anfangen, indem sie zu süchtigen Hobbies werden; Genüsse des kurzfristig Angenehmen, die uns aber unter unser Niveau herunterziehen – im allgemeinen alles Dinge, die unverhältnismäßig viel von unserer Zeit, Energie und Aufmerksamkeit an sich reißen und für die wir langfristig zunehmend mehr bezahlen müssen. Schreiben Sie doch, liebe Leserin, lieber Leser, eine Liste von Dingen, die möglicherweise in Ihrem Alltag der Sammlungskraft entgegenwirken.

Vielleicht stellen Sie nun fest, daß es einige Dinge gibt, die zwar der Sammlung nicht zuträglich, Ihnen aber trotzdem zu lieb sind, um sie aufzugeben: ein Freitagstreffen am Stammtisch, wo zwar ein wenig zu viel getrunken und sinnlos geredet wird... »aber die Menschen dort sind doch so gute Kameraden«; die Konzerte, die Sie so sehr genießen, daß Sie bereit sind, wer-weiß-wie-weit zu fahren; ein Hobby, in dem man sich so gerne verliert; die Nachmittage am Spielautomaten oder Flipperkasten, die Ihnen ein ungefährliches Abenteuer liefern. Man beabsichtigt ja schließlich nicht, ein Eremit oder Asket zu werden! Wollen Sie, liebe Leserin, lieber Leser, dennoch Ihre Sammlungskraft stärken und sogar auch einmal ekstatisches Erleben kosten?

Man genießt ja manchmal die Zerstreuung, man meint sie zu brauchen. Wieso eigentlich? Wenn man verspannt ist, wenn die Situation verfahren wird, wenn man einfach genug hat, dann sucht man Zerstreuung. Zerstreuung in Form einer Zigarette, in Form der »Lektüre« einer noch so dummen Mode- oder Pornozeitschrift oder gar einer Verwicklung in sinnlose Intrigen. Alles ist gut, wenn es einen nur von dem Unerträglichen wegbringt, von dem man genug hat. Dies gilt jedoch nur für solche Menschen, die nicht stark genug sind, ihre Situation wahrhaftig und gründlich aufzufassen, so wie sie ist. Sie aber, lieber Leser, liebe Leserin, sind durch Ihre körperliche Wirklichkeitsverankerung und auf Grund des Rückhalts von *Sīla* stark genug. Sie verfügen über die Fähigkeit des Weisen Auffassens, *Yoniso Manasikāra*, und Sie werden am Ende dieses Kapitels auch wirksame Methoden der Entspannung erlernt haben, durch die Sie das loswerden, wovon Sie genug haben, damit Sie sich in dem sammeln können, was Ihnen lieb ist – anstatt sich unweise zu sehr zu zerstreuen. Die unschädlichen kleinen Zerstreuungen, die Sie doch nicht aufgeben wollen, schließen die Möglichkeit nicht aus, Zeit, Raum und Gelassenheit fürs Üben der Sammlung zu gewinnen. Es gibt Lösungen, mit deren Hilfe Sie Übersicht gewinnen und Ihre Zeit besser einteilen können:

1. Überprüfen Sie Ihren Umgang mit Gegenständen anhand der Anweisung für *Yoniso Manasikāra* auf Seite 100 f. Welche Dinge behandeln Sie zweckentfremdet? Welche Dinge vernachlässigen Sie? Interessanterweise betrachtet das Meditationslehrbuch *Visuddhi Magga* auch die Ordnung in den alltäglichen Gegenständen und die körperliche Reinlichkeit als Vorbedingung für ein Sammlungstraining.

2. Gestalten Sie einige persönliche Rituale *(Sīlabbata)*, die Ihnen einen schützenden Rahmen für die Befriedigung intimer Bedürfnisse gewähren und eine gesammelte Verinnerlichung ermöglichen. Manchmal gewinnt man durch ein fünfminütiges Abschalten ganze Stunden für die effektivere Aufgabenbewältigung.

3. Entwerfen Sie Ihren Tagesablauf neu. Eine halbe Stunde vor dem Frühstück ist die beste Zeit für Sammlungsübungen, denn zu jener Zeit können die fernen Feinde der Sammlung kaum Einfluß ausüben. Erwägen Sie anhand Ihres Tagesprogramms, ob Sie Tagesaufgaben zeitlich beschränken oder gar vermeiden können, durch die Sie in Verstrickung geraten.

4. Schalten Sie ein Wochenende pro Monat für ein Leben in Abgeschiedenheit ein. Gehen Sie irgendwohin, wo Sie sich intensiv mit Sammlungsübungen beschäftigen können.

Durch eine solche Beherrschung der äußeren Umstände Ihres Alltags schaffen Sie sich Freiräume, in denen Sie in Ruhe gelassen werden. Sie gönnen sich dadurch mehr Möglichkeiten, die glücksfördernden Sammlungsobjekte liebevoll zu erforschen und liebzugewinnen. Zugleich setzen Sie eine Schutzgrenze gegen die fernen Feinde Ihrer Sammlung. Indem Sie Ihre Zeit organisieren und Ihre materielle Umgebung meistern, erweitern Sie die Perioden Ihrer freien Zeit, während der Sie nichts tun müssen. Der Zweck ist also keine Freizeit(ver)planung, sondern der Gewinn größerer Pausen. Man plant, um Störungen auszuschalten, um *während der Sammlung nichts tun* zu müssen. Nur aus dem Nicht-Tun entsteht dann das gesammelte Tun in Gelassenheit.

Wenn man so weit fortgeschritten ist, wird das folgende Erwägen möglich: Die äußeren Umstände sind nun gemeistert und organisiert, und ich verfüge über die Zeit und über den Raum für eine Sammlung in Gelassenheit. Wie gehe ich nun mit den Störungen um, die während der Sammlungsübung selbst auftauchen? Wie werde ich mit ihnen fertig, wenn sie erscheinen? Wie kann ich dem Auftauchen von Ablenkungen vorbeugen?

Diese Fragen zu beantworten und Lösungen zu finden, sind Aufgabe des aktiv forschenden Erwägens *(Vīmamsā)*, das außerhalb der Zeit der eigentlichen Sammlungsübungen in Angriff genommen wird. Hierzu gibt es rechte Mittel *(Upāya-Kosalla)*, die aus kleinen Kunstgriffen bestehen. Einen dieser Kunstgriffe kann man gut beim Lesen von Zeitungen einüben, bevor man ihn für die Zwecke der meditativen Sammlung anwendet.

Der »ungeduldige« Leser wird nun schnell im Buch vorausblättern, um zu sehen, wo denn eine Aufzählung dieser Kunstgriffe erscheint. An dieser Stelle, in diesem besonderen Zusammenhang, ist ein solch »ungesammeltes« Vorgehen vorteilhaft: Sie finden auf Seite 237 das *Diagramm 11,* das einen Kunstgriff veranschaulicht, der das effektive Zeitunglesen mit der Meditation von Freude verbindet. Doch gibt es auch große Unterschiede zwischen beidem, wie wir später sehen werden.

Eine Zeitung liest man anders als ein Buch, und deswegen ist auch die graphische Darstellung einer Zeitungsseite anders. Die Überschriften der Nachrichten wollen den Blick fangen und sind daher in reißerischen Worten verfaßt, um die Aufmerksamkeit auf sich zu ziehen. Die Artikel selber haben meistens wenig zu bieten, und man rechnet nicht einmal damit, daß sie jemand mit gesammelter Aufmerksamkeit liest. Meistens wird der Leser schon nach wenigen Sätzen durch irgendeine sensationelle Überschrift einer anderen Nachricht abgelenkt. Und so springt der Geist von Nachricht zu Nachricht, zersplittert sich und dringt nirgendwo richtig ein. Der Leser bekommt den Eindruck, einen Überblick gewonnen zu haben, einen sehr oberflächlichen allerdings – und legt die Zeitung ab. Und das ist auch beabsichtigt, denn eine Zeitung verfolgt keinen anderen Zweck.

Wenn ich aber eine der vielen Nachrichten auf dem Zeitungsblatt auswähle, weil ich sie sehr interessant und einer gründlichen Untersuchung wert finde, und daher den ganzen Artikel mit voller Sammlung des Geistes lesen will, dann benütze ich hierfür einige meditative Kunstgriffe. Ich wende die rechten Mittel der Sammlung an, die aus folgenden Schritten bestehen:

1. Ich sorge für Abgeschiedenheit von fernen Störungen, indem ich die Türe meines Zimmers schließe, den Telefonhörer aushänge, damit kein Anruf kommt usw.
2. Ich setze mich bequem, damit ich einer Ablenkung durch körperliches Unbehagen vorbeuge.
3. Klar vergegenwärtige ich mir den Zweck *(Attha)* meines Tuns: »Dieser Artikel behandelt ein mir liebes Thema«, oder: »Intensiv will ich die Einstellung des Verfassers untersuchen, die möglichen Absichten und Auswirkungen dieser Nachrichtenerstattung und ihren Einfluß auf mein Unternehmen«, oder: »Gründlich will ich die Bedeutung der berichteten Tatsachen auffassen und deren Folgen für meine eigene Planung.« – Ich gewinne also die Wissensklarheit über meine Motivation.
4. Nun benütze ich den Kunstgriff der *Verwandlung von Ablenkungen in Helfer der Sammlung,* der im folgenden Unterkapitel erklärt ist.
5. Ich fasse den Entschluß und tue *ganz gelassen* und *vollkommen gesammelt* das Beabsichtigte, nämlich das intensiv auffassende Lesen des gewählten Artikels.

Die Verwandlung von Ablenkungen in Helfer der Sammlung

Während der Lektüre eines wichtigen Zeitungsartikels wie auch während der Meditationsübung kann die Sammlung im Ablenken durch benachbarte Dinge verlorengehen. Wir haben den Umgang mit Ablenkungen schon bei der Übung von Körperachtsamkeit (am Schluß des fünften Kapitels) und bei der Güte-Meditation (im sechsten Kapitel) behandelt; das Vorgehen bestand dort erstens im einfachen Benennen der Störung und in der sofortigen Rückkehr zum Hauptobjekt der Achtsamkeit und zweitens in der Verwendung der Störung als sekundäres Meditationsobjekt, wie zum Beispiel das Auffassen der Elemente. Die Entstellungen von Güte, Mitleid und Mitfreude haben wir zwar nicht ausdrücklich als Ablenkungen behandelt, sie aber als »nahe Feinde« bezeichnet. Schon dabei ist Ihnen, liebe Leserin, lieber Leser, wahrscheinlich aufgefallen, daß die nahen Feinde (zum Beispiel die leichtsinnige Lustigkeit) eigentlich als Vorstufen zu den noch nicht erreichten Reinformen (zum Beispiel der ruhigen Mitfreude) dienen können. Aus einem Feind kann also ein Helfer oder ein Vorbote gemacht werden. Hier wollen wir nun dieses Prinzip etwas vertiefter und technischer erörtern.

Fahren wir zuerst mit dem Beispiel des Zeitungsartikels fort: Ein Zeitungsblatt mit vielen sensationellen Überschriften liegt vor mir, und ich wähle eine davon aus, die den für mich interessantesten Artikel einleitet. Ich habe mich vor groben Störungen abgeschirmt und bereite mich – unter Anwendung eines mir bekannten Kunstgriffs – auf die gesammelte Lektüre vor. Ich bin gelassen und habe Zeit. Ich gönne mir die Zeit und lasse mich nicht hetzen. Nochmals blättere ich die ganze Zeitung durch und stelle fest, daß es dort wirklich nichts Interessanteres gibt. Dann kehre ich zum gewählten Artikel zurück.

Das Zeitungsblatt mit dem von mir ausgewählten Artikel ist vor mir, und ich weiß:»Dies ist das Interessanteste.« Doch blicke ich auf den Artikel nebenan und sage zu mir:»Dies ist interessant«, schweife aber mit meinem Blick sofort wieder in Richtung meines ausgewählten Artikels und kommentiere innerlich:»Dies ist aber interessanter!«, und verweile ein paar Sekunden. Nun blicke ich wieder auf einen anderen benachbarten Artikel und räume ein:»Dies ist auch interessant«, schweife aber sofort wieder zu meinem ausgewählten Artikel und sage zu mir leise, aber mit Nachdruck:»Ja! Dies ist interessanter!« Und so fahre ich fort mit dem willentlichen Ablenken meiner Aufmerksamkeit von dem Sammlungsobjekt, gefolgt von dem jeweils sofort anschließenden Zurückschweifen zum Gewählten, *weil es interessanter ist.* Angenommen, da gleitet nun unerwarteterweise mein Blick ganz von der Zeitung weg und landet bei einem angebrochenen Pralinen-Schächtelchen (bei einer Schale mit Früchten, bei einer Zigarettenschachtel) auf dem Tisch, und schon taucht fast die Absicht auf, die Hand nach einer Praline (Apfel, Zigarette) auszustrecken..., ich weiß jedoch:»So viele interessante Artikel sind hier vor mir« und lasse meinen Blick zum Zeitungsblatt zurückschweifen. Und jetzt kommt spontan der Kunstgriff zur Geltung, den ich vorher eingeübt habe: Den Zweck klar wissend, lasse ich meinen Blick zum Zeitungsblatt zurückschweifen. Hier wieder angelangt, gebe ich nun meiner bekräftigten Tendenz nach, mich dem Interessanteren zuzuwenden.

Sie haben wohl, liebe Leserin, lieber Leser, begriffen, daß dies eine Anwendung der im fünften Kapitel geübten Wissensklarheit über das Weg- und Hinblicken ist, die die folgenden drei Prinzipien benützt:

1. Die wiederholte Zuwendung zum Sammlungsobjekt, die eine potentielle Ablenkung als Ausgangspunkt nimmt, verwandelt die Ablenkung in eine Vorstufe der Sammlung.
2. Das Neigen zum Interessanten und von dort zu dem noch interes-

santeren Sammlungsobjekt prägt die Richtung der Einspitzigkeit *(Ekagattā)* des Geistes.

3. Die jeweils kürzesten, direkten Bewegungen der Aufmerksamkeit auf das Sammlungsobjekt hin fokussieren die Spitze und intensivieren dadurch die Sammlung.

Diese drei Prinzipien bestimmen also die Kunstgriffe, durch welche die Ablenkungen zu Helfern der Sammlung gemacht werden. Das gleiche gilt auch im Erlebensbereich der Meditation: Die unmittelbar mit dem Meditationsobjekt zusammenhängenden Dinge werden als Basisfeld für die Einspitzigkeit des Geistes benützt. Dabei ist immer wichtig, daß die Bewegung der auffassenden Aufmerksamkeit *(Manasikāra)* direkt zentripetal von der Vorstufe auf die Spitze hinzielt und möglichst ohne viele Abweichungen auf sie zustrebt. Bei der einsetzenden Ablenkung ist es eine Aufgabe der Achtsamkeit *(Sati)*, möglichst schnell zu merken, daß sich der Blick des Auffassens *(Manasikāra)* von der Spitze der Sammlung entfernt. Wenn ein solches Wegblicken stattfindet, versucht man sofort die zentrifugale Bewegung der Aufmerksamkeit zu krümmen, zu schwächen und bei den Vorstufen aufzufangen, wie dies im *Diagramm 11* auf Seite 237 veranschaulicht ist.

Blicken wir auch zurück auf die hier beteiligten rechten Mittel *(Upāya-Kosalla)*, mit denen wir schon vertraut sind: Je intensiver die Achtsamkeit *(Sati)* ist und je lichter die Wissensklarheit *(Sampajañña)*, um so wirksamer sind die Kunstgriffe der Sammlung. Hierzu trägt auch das gründliche Auffassen *(Yoniso Manasikāra)* des Sammlungsobjekts und der wissensklare Genuß der Sammlungsfreude *(Pīti)* bei. Das gründliche Auffassen ist auch ein Mittel, um das freudige Interesse für das Sammlungsobjekt zu steigern, indem die Erkenntnis von allem, was zum Objekt gehört, vertieft wird. Aus diesem Grunde sind nicht alle Objekte für die emanzipatorische Meditation brauchbar. Bevor wir aber zu jenen Sammlungsobjekten vordringen, die für die Meditation und für Strategien der Ekstase besonders geeignet sind, lade ich Sie, liebe Leserin, lieber Leser, zu einem Test ein.

Lesen Sie bitte dieses Kapitel über »Strategien der Ekstase« nochmals von Anfang an. Blättern Sie also auf die Seite 226 zurück.

Sie haben, lieber Leser, liebe Leserin, dieses Kapitel jetzt wiederholt gelesen und machten dabei unerwartete Entdeckungen, – denn der Text wurde besonders für diesen Zweck gestaltet.

Darüber hinaus haben Sie dabei sicher auch bestimmte Stimmungsverschiebungen, Bewußtseinsveränderungen und Gemütsbewegungen bei sich selber merken können, zum Beispiel Ihre Gefühlsreaktion auf die Einladung, dieses Kapitel nochmals von Anfang an zu lesen. Notieren Sie sich Ihre subjektiven Antworten auf die wiederholte Lektüre, bevor Sie weiterlesen.

Was alles haben Sie, liebe Leserin, lieber Leser, innerlich gemerkt? Benutzten Sie etwa das Paradigma der vier Grundlagen der Achtsamkeit *(Satipatthāna)*, um zwischen Körpererleben, Gefühl, Geisteszustand und Bewußtseinsinhalt zu unterscheiden?

Haben Sie an Ihrem vertieften Verstehen des Themas so viel Freude gehabt, daß Sie ohne Unterbrechung bei diesem Bewußtseinsinhalt voll gesammelt blieben? Oder verspürten Sie vielleicht schon am Anfang eine Abneigung oder gar Ärger, nochmals das ganze Kapitel lesen zu »müssen«? Wenn das der Fall ist, dann mangelt es etwas an Gelassenheit. Oder lehnten Sie die Einladung zur wiederholten Lektüre gar ab? Merkten Sie Veränderungen Ihrer Geisteszustände: neugierige Offenheit, abgestumpfte Ablehnung, Pendeln zwischen verschiedenen Erlebensbereichen...?

Wohin neigt Ihr Geist, wo fließt er vereint?

Meditationsobjekte – die Tore zur Ekstase

Der Anfang des Weges zum ekstatisch gesammelten Erleben wurde anhand des Beispiels der gesammelten Lektüre eines Zeitungsartikels aufgezeigt. Wir kennen die rechten Mittel, die aus der Sammlung eine Ekstase entstehen lassen. Im *Diagramm 11* wurde zusammenfassend veranschaulicht, wie Ablenkungen zu Vorstufen der Sammlung umgestaltet werden, nämlich durch den gleichen Kunstgriff, den wir bei der Zeitungslektüre anwandten. Dieser Kunstgriff schließt die unvermeidliche Schwankung der Aufmerksamkeit zu einem Kreis, so daß gröberes Abschweifen unterbunden wird. Das Erleben wird dadurch von der weiter entfernten Vielfalt der Dinge getrennt. Denn gemäß der anfangs des Kapitels angeführten Definition der ekstatischen Sammlung braucht es Abgeschiedenheit *(Viveka)* von der Vielfalt, damit die Sammlung zu einer Einspitzigkeit des Geistes *(Citta-Ekaggatā)* gesteigert werden kann; weiter soll das Verweilen beim Objekt der Sammlung mit Glücksgefühl *(Sukha)* verbunden sein.

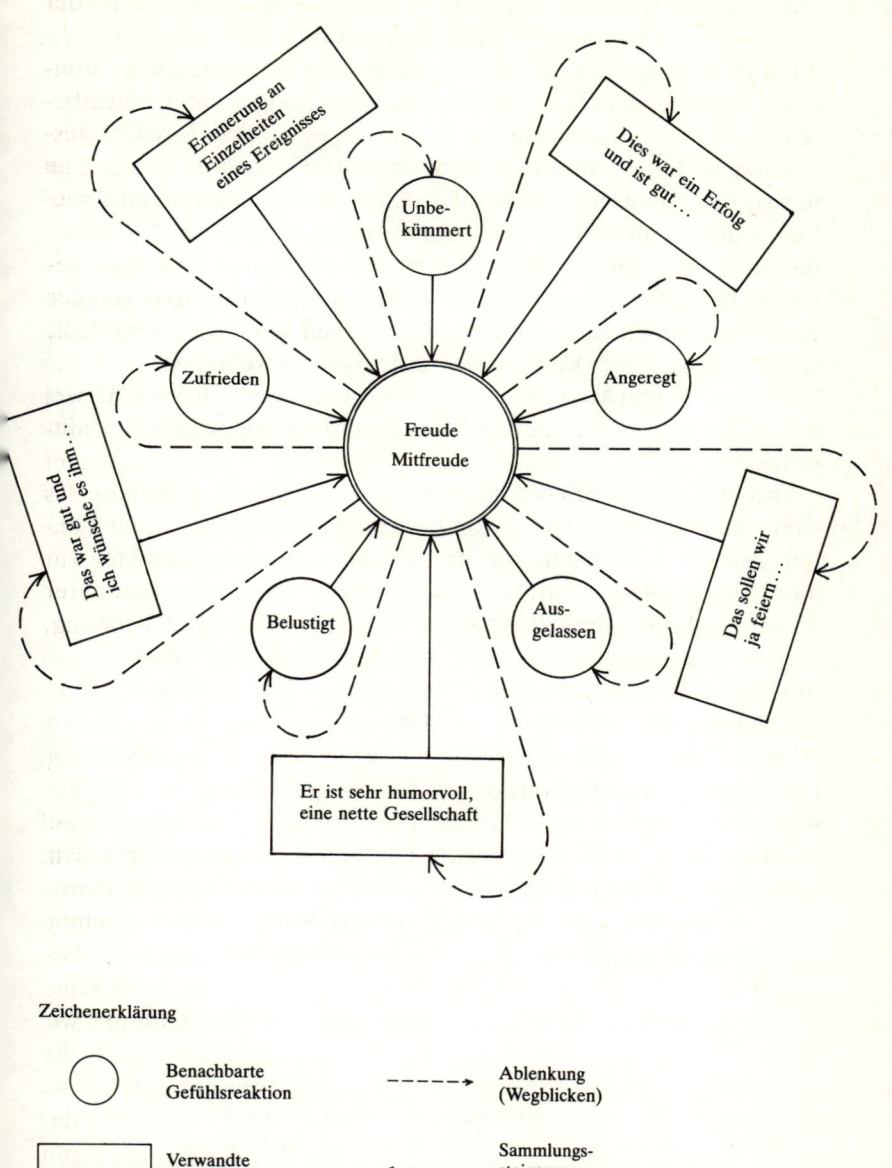

Zeichenerklärung

⭕ Benachbarte Gefühlsreaktion   - - - - → Ablenkung (Wegblicken)

▭ Verwandte Gedanken   ⟵ Sammlungssteigerung (Hinblicken)

Diagramm 11: Ablenkungen in Helfer der Sammlung verwandeln

Eine Konzentration durch die Bekämpfung von Ablenkungen und ohne Glücksgefühl wäre keine zur Ekstase führende Sammlung. Eine solch verkrampfte und lieblose Konzentration würde nicht einmal ein effektiv verstehendes Lesen eines Zeitungsartikels erlauben. Leider ist aber eine solch verkehrte Auffassung von Konzentration nur allzusehr verbreitet. So bekämpfen zum Beispiel Schulpsychologen, Psychiater, Lehrer und Erzieher Konzentrationsstörungen, gewöhnen sie den Kindern durch verschiedenste Mittel ihr spontanes Interesse mühsam ab und wissen nichts vom Liebgewinnen des Sammlungsobjekts, von Abgeschiedenheit und von Gelassenheit; sie wissen nicht, daß die sogenannten Konzentrationsstörungen gesunde Reaktionen des Geistes sind, der sich gegen Vergewaltigung durch Langweiliges, falsch Vermitteltes und Sinnloses wehrt. Nicht nur das Zeitunglesen und Meditieren, sondern auch Lernen, Reisen, Diskutieren, Spielen und Arbeiten kann ekstatisch erlebt und genossen werden.

Das ekstatische Erleben ist durch einen gleichmäßigen Fluß des wohligen Gefühls *(Sukha)* gekennzeichnet. Es gibt zwei Möglichkeiten, daß solch ungehindertes Strömen des Gefühls in perfekter harmonischer Form entsteht: Die eine ist das Erleben eines Erleuchteten oder eines Edlen Menschen *(Ariya-Puggala),* der auf dem Pfade des Sehens *(Dassana Magga)* oder auf dem Pfade der Macht *(Bala Magga)* einherschreitet – dies ist ein Thema des nächsten Kapitels; die andere Möglichkeit ergibt sich während der Versenkung in *Jhāna*[2] . Wir bezeichnen hier als Ekstase ein Erleben, das sich diesem Ideal nähert, und als Strategie der Ekstase jedes Vorgehen, das diesem Ideal zuträglich ist. Es kommt also im ekstatischen Alltag darauf an, daß man sinnvoll und glücklich lebt und durch einen gelassenen, kompetenten Umgang mit der Dingenvielfalt zur einfachen Integrität emporsteigt. Wenn es uns gelingt, die Erlebensvielfalt zu vereinfachen, können wir uns gesammelt in die höheren Welten der Ekstase begeben.

Das gesammelte Verweilen bei dem geeigneten Meditationsobjekt

---

2 In englischsprachiger Literatur wird *Jhāna* manchmal etwas ungenau als *ecstasy* übersetzt; die Ekstase ist eigentlich eine Vorstufe zu *Jhāna*, und *Jhāna* ist das Transzendieren der Ekstase. Nyānatiloka gibt im *Buddhistischen Wörterbuch* (Verlag Christiani, Konstanz 1976) die folgende Definition:
Jhāna, Vertiefung, im weitesten Sinne gesprochen, ist jeder durch intensive Sammlung *(Samādhi)* auf ein einziges geistiges oder körperliches Objekt hervorgerufene Versenkungszustand des Geistes. Im besonderen aber werden damit bezeichnet die durch zeitweiliges Schwinden der Fünfsinnentätigkeit und der geistigen Hemmungen *(Nīvarana)* bedingten Vertiefungen.

bewirkt, daß die zerstückelte und widerspruchsreiche Vielfaltswelt des *Papañca* überwunden wird. Wenn es uns gelingt, von der Vielfalt Abschied zu nehmen, wird es möglich, im Kultivieren der zunehmend friedlichen Ekstase eine höhere Einheit *(Ekaggatā)* zu erleben. Die Sammlung kann sich objektiv auf etwas Beliebiges beziehen. Jedes Ding und jeder Vorgang der Außenwelt wie auch alle Prozesse und Inhalte der Innenwelt können Objekte der Sammlung sein. Die Sammlung während einer Zeitungslektüre öffnet uns Sphären, die offensichtlich mit anderen Begebenheiten gefüllt sind als die Sphären der Ekstase, die wir durch die Meditation der Mitfreude *(Muditā-Bhāvanā)* erreichen. Der Vergleich zwischen den Blickbewegungen auf einem Zeitungsblatt und den Geistesbewegungen im Vorfeld von *Muditā,* die wir im *Diagramm 11* veranschaulicht haben, gilt also nur sehr begrenzt. Nicht nur das gewaltlos geschickte Vorgehen *(Upāya-Kosalla)* zum Erreichen der Sammlung, sondern auch die Wahl des geeigneten Meditationsobjekts ist entscheidend für den Genuß von Freude, Wohl und Frieden der Ekstase.

Die Wahl des Meditationsobjekts wird einerseits durch den zu erreichenden Zweck *(Atthā)* bestimmt und andererseits durch seine Eignung *(Sappāya)* im Hinblick auf die persönliche Situation und den Charakter des Übenden. Für die Übungen in diesem Buch werden nur solche Meditationsobjekte ausgewählt, die bei allen Menschen ohne Schaden angewendet werden können. Hierbei werden jene Merkmale der Meditationsobjekte hervorgehoben, die für die Anwendung in den einzelnen Dhamma-Strategien entscheidend sind. Nach diesen Merkmalen werden die Meditationsobjekte in Kategorien von realen Zuständen, Vorstellungen usw. eingeteilt. Die Abhidhamma-Lehrer kennen vierzig verschiedene Meditationsobjekte, welche sie je nach Eignung für die sechs grundlegenden psychologischen Charaktere einsetzen[3]. Dies ist ein sehr weitreichendes Thema, das in der Praxis dem Kompetenzbereich hochqualifizierter Meditationslehrer vorbehalten bleibt. Die Leiter der in Europa und Amerika durchgeführten Meditationskurse beschränken sich in der Regel auf *Mettā* (Gütestrahlung), *Cankamana* (Schrittmeditation) und *Ānāpāna-Sati* (Atmungsachtsamkeit), in Verbindung mit einigen Nebenobjekten aus dem Bereich der Körperachtsamkeit sowie mit einigen Hingebungsmeditationen über Gottheiten, mit *Mantra* und anderen gebetsähnlichen Verfahren, die allerdings nicht zur vollen Ekstase führen.

---

3 Ausführliche Beschreibung im Kapitel 3 des *Visuddhi Magga* (deutsch: *Der Weg zur Reinheit,* Verlag Christiani, Konstanz, 1975)

An dieser Stelle würde eine eingehende Erörterung der einzelnen Meditationsobjekte keinem praktischen Zweck dienen. Die folgende kurze Aufzählung soll nur eine Übersicht darüber vermitteln, aus welchen Zusammenhängen die in unserem Buch benutzten Meditationsobjekte genommen wurden. In den hier bisher dargestellten Übungen sind Sie, liebe Leserin, lieber Leser, bereits mit Meditationsobjekten vertraut geworden, die verschiedene Merkmale besitzen. Hinzu kommen in diesem Kapitel Übungen mit Objekten, die aus einem äußerst einfachen geistigen Bild bestehen und daher für ein Herbeiführen der vollen Versenkung *(Jhāna)* besonders geeignet sind. Wir können alle Meditationsobjekte nach folgenden Merkmalen einteilen:

1. Betrachtung von realen Zuständen *(Sabhāva-Dhammā)* psychischer Qualitäten und Kompetenzen, wie *Sīla,* die zuverlässige subjektive Ausgangslage oder die Grundnatur des Charakters, und *Dāna,* die Fähigkeit des Loslassens oder Freigebigkeit usw. Die Vorstufe zu diesen Meditationsobjekten besteht in der Vergegenwärtigung eigener Handlungen freudigen Gebens *(Dānavatta)* und edler Sittlichkeit *(Sīlabbata).* Diese Themen wurden in den vorherigen Kapiteln ausführlich behandelt. Man kann sich die realen Zustände auch der sehr verfeinerten Sinnenwelt *(Kāma-Bhava)* personifiziert vorstellen, wie zum Beispiel in der Betrachtung von *Catuddiso Devā* (Götter der Vier Himmelsrichtungen), *Yāma Devā* (Götter der Unterwelt), *Tusita Devā* (Selige Götter) und *Nimmānarati Devā* (Schöpfungsfreudige Götter)[4], bevor man zur erlebnismäßigen Vergegenwärtigung eigener Kompetenzen vorstößt. Diese zuletzt erwähnte Betrachtung der Götter ist eingebettet in einer Psychokosmologie, die sich auf interessante Weise vor allem im tibetischen Lamaismus und euroasiatischen Schamanismus weiterentwickelt.
2. Entfaltung von übersinnlichen Erhabenen Weilungen *(Brahma-Vihāra)* und zwischenpersönlichen Idealen, denen das ganze Kapitel 6 gewidmet wurde.
3. Versenkung in das Einheitsbild der Vorstellung *(Nimitta)* einer Grundfarbe oder einer Scheibe, die eines der· vier Elemente *(Dhātu)* repräsentiert. Diese Meditationsobjekte gründen sich auf die Sehwahrnehmung äußerer Hilfsmittel, die *Kasina* genannt werden.

---

4 Siehe *Anguttara Nikāya* III. 70, VI. 10 usw.; deutsch: *Die Lehrreden des Buddha,* Aurum Verlag, 1985.

4. Sammlung auf Objekte der Körperachtsamkeit *(Kāya-Gatā-Sati)* wie Atmung, Schritt, Nahrung usw., die im Kapitel 5 behandelt wurden.

5. Analytisches Durchdringen von realen Zuständen und Prozessen, die als *Akkheyyā-Vatthu-Dhammā* (Inhalte der abhidhammischen Psychoalgebra) aufgefaßt werden. Dies sind Objekte der *Vipassanā*-Meditation, die eine zunehmende Popularität in Europa und Amerika erfährt. Das nächste Kapitel »Strategien der Macht« wird sich mit diesem Thema ausführlicher befassen.

Im Alltagsleben sind uns alle diese Meditationsobjekte als Dinge der Vielfaltswelt *(Papañca)* zugänglich. Sie unterscheiden sich jedoch von den anderen Dingen dadurch, daß ihr meditatives Durchdringen den Weg zu veränderten Bewußtseinszuständen der Ekstase weist. Sie sind Tore zu Sphären höherer Bewußtseinseinheit, in der sich vollkommen neue, mit dem Alltagsleben der Vielfalt nicht vergleichbare Erlebensperspektiven öffnen. Mit einem Gleichnis ausgedrückt: Meditationsobjekt ist das Schlüsselloch; die persönliche Kompetenz, die man durch die bisherige Schulung in Dhamma-Strategien gewonnen hat, ist der Schlüssel. Einsetzen und Drehen des Schlüssels ist die in diesem Kapitel vermittelte Technik der Sammlung. Gründliches Auffassen des Meditationsobjekts ist das Öffnen der Türe, dem ein Einherschreiten der Versenkung ins Einheitsbild des neuen Bewußtseinsraumes folgt. Die Freude heitert die offenen Räume auf und erweitert die Perspektive zu einem Emporsteigen. Hat man alle Einschränkungen und Trennungen der Vielfaltswelt hinter sich gelassen und jede Verschmutzung des Geistes aus dem Erlebensraum entfernt, so ergibt sich daraus unermeßliche Freiheit.

Stufen der Sammlung

Die volle Versenkung des *Jhāna* ist durch eine ungestörte Erlebenseinheit gekennzeichnet. Technisch heißt das, daß im Bewußtsein nur ein einziges Objekt vorhanden ist und alle Geistesformationen, wie Aufmerken, Sammlung, Wille, Freude usw. im Gleichgewicht sind und gleichmäßig fließen. Eine solche Harmonisierung ist das Ergebnis achtsamer Kleinarbeit, bei der durch häufige Wiederholung Fertigkeiten herangebildet werden, um die Übergänge zwischen Bewußtseinszuständen zu vollziehen. Mit dem Fortschritt in der Übung gelingt es dem Meditierenden, technische Kunstgriffe aus dem Prozeß herauszuschälen und sie dann zweckgerichtet einzusetzen.

Ziehen wir zur Veranschaulichung nochmals den Vergleich der meditativen Sammlung mit dem Eisenbahnspiel des Kindes hervor. Das Kind lernt mit Hilfe eines Erwachsenen (hier verglichen mit dem Meditationslehrer) zuerst nur einen Geleisekreis zu legen und die Lokomotive aufzusetzen – also das Meditationsobjekt festzulegen und die Achtsamkeit darauf zu richten. Dies entspricht der Stufe der Vorbereitenden Sammlung *(Parikamma-Samādhi)*. Auf dieser Stufe läuft die Meditation eines Anfängers ab, die zwar während der ganzen Sitzung nur auf das Meditationsobjekt konzentriert bleibt, aber durch viele Ablenkungen und Entdeckungen, die nicht zur Einheitsvorstellung des Hauptobjekts gehören, gekennzeichnet ist. Mit der Zeit lernt das Kind sein Spiel zu vervollständigen und zugleich die Ereignisse der Außenwelt zu neutralisieren, so daß sie keine Unterbrechung verursachen. Die Zeiten des kontinuierlichen Spiels mit der Eisenbahn werden ausgedehnt, indem alles äußere Geschehen – wenn zum Beispiel die Mutter etwas zum Trinken bringt oder wenn einige Möbelstücke umgestellt werden müssen, um eine zusätzliche Geleiseschleife bauen zu können – als zweckdienlich für das Spiel wahrgenommen wird. In Zeiten der Meditation, wenn in ähnlicher Weise das Hauptobjekt an der Spitze der Aufmerksamkeitshierarchie *(Aggatā)* gehalten wird, spricht man dann über eine Angrenzende Sammlung *(Upacāra-Samādhi)*.

Erst wenn im Vorfeld des Meditationsobjekts keine Veränderungen mehr vorkommen und keine dem Meditationsobjekt angrenzenden Dinge die Aufmerksamkeit auf sich ziehen, öffnet sich ein neuer Erlebensraum, der mit einem einzigen Bewußtseinsobjekt vollkommen ausgefüllt ist. Dies ist die Volle Sammlung *(Appanā-Samādhi)*. Im Erlebensbereich der Meditation geht die Volle Sammlung mit der Harmonisierung aller Geistesformationen *(Sankhāra-Upekkhā)* einher. Ohne dabei irgendwelche äußeren oder inneren Störungen bändigen zu müssen, genießt man den gleichmäßigen Fluß des Erlebens. Nur die elementarsten Formen des Denkens werden benötigt, um die wirklichkeitverankernden Empfindungen des Meditationsobjekts aufzufassen *(Vitakka)* und um den inneren Haushalt zu verwalten *(Vicāra)*. Die Freude *(Pīti)* hält das Interesse an der Fortsetzung aufrecht, und das Gefühl der beruhigend angenehmen Entlastung *(Sukha)* bekräftigt die Einspitzigkeit des Geistes *(Citta-Ekaggatā)*, die jegliches Wahrnehmen anderer Erlebensbereiche ausschließt. Dies ist die Volle Sammlung der meditativen Versenkung *(Jhāna)*, die jede Ekstase der Sinnenwelt *(Kāma-Bhava)* übersteigt.

Wir müssen dabei einräumen, daß es ebensowenig möglich ist, durch eine Beschreibung ein solches Erlebnis zu vermitteln, wie wir zum Beispiel Farbenwahrnehmung jemandem vermitteln könnten, der blind zur Welt kam; und wir werden ja in der Regel ohne *Jhāna*-Erfahrung geboren. Daher ist es vielleicht anschaulicher, wenn wir mit Hilfe der Wissensklarheit über den Erlebensbereich *(Gocara)* versuchen, uns die ekstatische Sammlung anhand des Eisenbahnspiels vorzustellen. Das Kind befindet sich im Erlebensbereich des Familienlebens, zu dessen Vielfalt auch das Eisenbahnspiel gehört – ähnlich wie zur Vielfalt der Schulung in Dhamma-Strategien die Meditationsübung gehört. Innerhalb der Vielfalt zieht nun das Kind solche Dinge vor, die zur Vorbereitung des intensiven Spielens dienen. Während des Spielens sammelt es seine Wahrnehmung auf eine Weise, die alles ausschließt, was nicht dem Spiel angrenzt. Die Übergänge zwischen den Erlebensbereichen des Familienlebens und des Eisenbahnspiels bleiben aber immer noch offen; was jedoch mit der Eisenbahn zu tun hat, wird bevorzugt. Sobald aber die Welt der Eisenbahn errichtet ist und das Interesse voll dem Funktionieren des Eisenbahnverkehrs gilt, schwinden alle übrigen Erlebensbereiche. Solange keine Störungen vorkommen, dauert nur noch die ekstatische Fahrt an und, wer weiß, vielleicht der Verkehr mit den neuen Gefährten, die in der Sphäre der Ekstase daheim sind. Ein weiteres Verfolgen dieses Vergleichs ist auch im Bereich des Erforschens der Psychokosmologie von Göttern und Dämonen möglich, die jene durch Meditationsobjekte zugänglichen Welten bewohnen. Für die Entfaltung der Dhamma-Strategien ist jedoch eine solche Geographie weniger wichtig als das Heranbilden von Fertigkeiten, die in allen Erlebensbereichen und vor allem an den Übergängen zwischen ihnen unsere Kompetenz sichern.

Hemmungen und Glieder der Ekstase

Obwohl die Kunstgriffe der Sammlung am besten während der Meditation entwickelt werden, stellen sie Programmelemente dar, aus denen man Strategien der Ekstase in allen Bereichen ausbauen kann. Das Besondere dieser Programme besteht jedoch darin, daß sie als Verbindungsglieder zu höheren – verkehrt eingesetzt aber auch zu tieferen – Sphären der Existenz dienen; sie sind Mittel zum Überschreiten der Grenzen des Alltagsbewußtseins. Ist der Geist nämlich im Meditationsobjekt gesammelt und entspannt, dann ist er der Tretmühle der Alltagsaufgaben entzogen und zur Aufnahme anderweitiger Einflüsse offen. Während der Meditation erlebt man dies als Öffnungen für andere Welten und als Begegnungen mit deren Bewohnern. Diese Welten unterscheiden sich im Ausmaß der Ekstase, soweit sie sich in der Richtung von *Jhāna* befinden, oder im Ausmaß der Agonie, falls sie unter dem Niveau unserer menschlichen Existenz liegen.

Der Zweck der Dhamma-Strategien ist eine Läuterung des Bewußtseins *(Citta-Visuddhi)*, die sich in der Aufhebung des Leidens *(Dukkha)*, in der Intensivierung des Erlebens und in der Steigerung der Lebensqualität äußert. Daher hemmen alle Programme, die dem ekstatischen Verfeinern des Erlebens entgegenwirken, den emanzipatorischen Fortschritt. Die Hemmungen – man könnte sie auch »Strategien der Agonie« nennen – sind programmatische Ausformungen von den drei Wurzeln des Leidens, Gier, Haß und Verblendung, die wir beim Analysieren der sozialen und psychischen Mißstände in den ersten Kapiteln entdeckt haben. Man erkennt, bändigt und stoppt die leidensverursachenden Programme, indem man die damit verbundenen Vorstellungs- und Gedankenketten mit Hilfe des Paradigmas von *Nīvarana* auffaßt. Hier kommt also wieder die abhidhammische Psychoalgebra von *Akkheyya* zur Anwendung: *Nīvarana* ist eine Matrix zur Erfassung und Bewältigung geistiger Verschmutzungen *(Kilesa)*, soweit sie als Nebenprodukte der Sammlung sichtbar werden. *Nīvarana* oder Hemmungen treten in fünf Kategorien auf und werden mit folgenden Merkmalen bezeichnet:

1. Die Sinnengier *(Kāmacchanda)*, die den Geist an die vielen Dinge zerstreut und ihn in der Vielfaltswelt *(Papañca)* gefesselt hält; sie entstellt die Wahrnehmung und macht jeden umgreifenden Überblick einer erhabenen Perspektive unmöglich. Das durch Sinnengier verschmutzte und zerstückelte Erleben ist unfähig zu einer Intensivierung oder Vereinheitlichung des Bewußtseins.
2. Das Übelwollen *(Vyāpāda)*, das Trennungen schafft, verdunkelt und verkrampft den Geist. Das durch haßerfüllte Aufregungen gestaute Erleben kann nicht kontinuierlich fließen, weil es sich immer in Feindschaften verstrickt. Die Feinde geben höchstens zeitweise nach, um sich bis zum erneuten Rückschlag zu erholen.
3. Die Starrheit und die Mattigkeit *(Thīna-Middha)* hängen mit undurchsichtigen Trümmern unverarbeiteter Bewußtseinsinhalte zusammen, die man nicht losgelassen hat. Sie vernebeln das Erleben und finden ihren Niederschlag auch in körperlicher Müdigkeit; gewinnen sie die Oberhand, wird der Geist ungelenk.
4. Die Aufgeregtheit und Gewisssensunruhe *(Uddhacca-Kukkucca)* verzehren den Geist, indem sie ihn unruhig umherschweifen lassen. Die Energien haben kein richtungsgebendes Interesse;

obwohl ein Entschluß vorhanden sein kann, gibt es keinen Orientierungsrahmen, um auch die vergangenen Wirkungen zu integrieren.

5. Der Zweifel *(Vicikicchā)* ist das unschlüssige Schwanken, ein Nichtverstehenwollen oder Nichtverstehenkönnen als Folge von unweisem, ungründlichem Auffassen. Ist der Zweifel einmal vorhanden, stärkt jedes weitere Nachdenken nur noch die Zweifelsucht und steigert die Verunsicherung. Ein so geplagter Geist kann den Weg zur ekstatischen Einheitsvorstellung *(Ekatta-Ārammana)* nicht betreten.

Der einzig wirksame Umgang mit diesen Hemmnissen der Ekstase besteht darin, daß man sie, sobald sie aufgetreten sind, merkt, benennt und stoppt. Man erkennt sie als das, was sie sind: Sinnengier oder Übelwollen, Starrheit und Mattigkeit, Aufgeregtheit und Gewissensunruhe oder Zweifel. Man läßt sich keineswegs auf ihre Inhalte ein und verhindert auf diese Weise eine Auslieferung an die ihnen zugrunde liegenden leidvollen Welten. Indem man das Vorhandensein einer der fünf Hemmnisse achtsam merkt und sie als *Nīvarana* benennt, hat man sie mittels einer Matrix *(Yoni)* des Weisen Auffassens *(Yoniso Manasikāra)* gründlich erfaßt; man hat es hier fertiggebracht, im Erlebnisbereich der Meditation zu bleiben – nämlich in dem Bereich von *Akkheyya* als Meditationsobjekt (vgl. Seite 241).

Es wird später möglich, sich auch mit den inneren Mechanismen dieser Hemmungen auf einer Ebene der Mikroanalyse auseinanderzusetzen, sie also zu zerlegen und die ihnen innewohnenden Energien zu kanalisieren. Dafür sind aber gut ausgebaute Grundlagen der Macht *(Iddhi-Pāda)* erforderlich, die den Erfolg eines solchen Unternehmens sichern. Hierauf werden wir im nächsten Kapitel zu sprechen kommen.

Im Rahmen von Strategien der Ekstase merken wir, wenn die Hemmungen auftauchen, benennen sie und wenden uns von ihnen ab. Wir betrachten sie nicht als angriffswürdige Feinde, sondern bloß als unwillkommene Gäste in unserem Erlebensraum. Wir bleiben zurückhaltend, wenn die *Nīvarana* uns als Dämonen personifiziert begegnen. Wir lassen uns auch mit jenen Wesen nicht ein, die zwar hochtrabend, geschmückt und vielversprechend auftreten, doch erkennen lassen, daß sie durch eine der fünf *Nīvarana* motiviert sind. In der Tradition des Zen-Buddhismus bezeichnet man alle solchen Verführer und Zwielichterscheinungen als *Makyo,* als »Teufelswerk«, das uns vom wahren Zweck der Meditation ablenkt. Wir wählen allen solchen Wesen gegenüber die Einstellungen von Gleichmut *(Upekkhā)* oder Mitleid *(Karunā)*, ohne jedoch irgend etwas weiter zu unternehmen. Wir wenden unsere Energie und Aufmerksamkeit vielmehr glücksfördernden Unternehmungen zu: der Stärkung und dem Aufbau von Gliedern der Ekstase.

Wir sind den Geistesfaktoren, die zu Gliedern der Ekstase entwickelt werden, schon verschiedentlich begegnet. Sie kommen zusammen mit vielen anderen Geistesfaktoren auch im alltäglichen Erleben mehr oder weniger stark ausgeprägt vor. In höheren Stufen der Sammlung und in der friedlichen Ekstase werden sie aber besonders intensiv, verfeinert und – dies ist entscheidend – in einem gleichmäßigen Fluß miteinander harmonisiert. Wir versuchen die Glieder der Ekstase nun besser zu verstehen, indem wir sie einzeln in ihrem prozeßhaften Charakter betrachten. Es sind eigentlich fünf an der Zahl, doch werden sie hier in einer Reihe von acht Schritten der Sammlungsintensivierung beschrieben, damit der ganze Übergang von der Welt der Dingenvielfalt *(Papañca)* in die Welt der ekstatischen Einheit *(Jhāna)* gezeigt werden kann:

1. In einer Vorbereitungsphase wird das Sammlungsobjekt aus der Vielfalt der erlebten Dinge ausgewählt und in bezug auf seine Anwendung für die Meditation gründlich aufgefaßt. Das Erleben wird also selektiv verankert in der Wirklichkeit des Meditationsobjekts. An dieser Vorbereitung sind unter anderem auch der Entschluß und die Vorfreude als Motivationskräfte beteiligt. Dieser Schritt wird in der folgenden Zeichnung, die als Gedächtnisstütze dienen soll, zusammengefaßt.

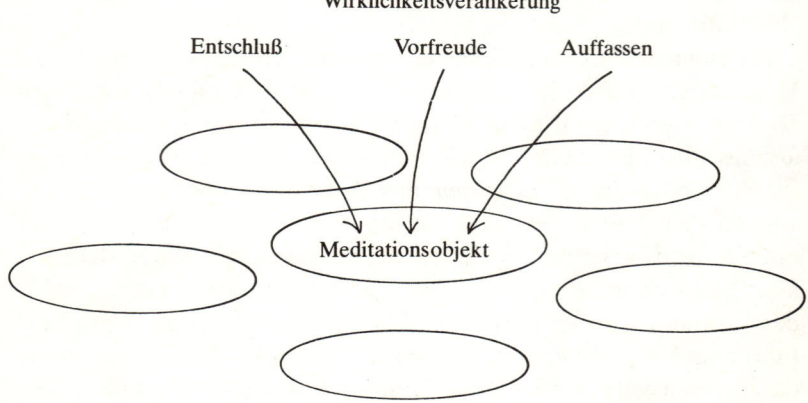

2. Nachdem man Vorkehrungen getroffen hat, um gröbere Störungen der Meditation zu verhindern, stellt man die Abgeschiedenheit *(Viveka)* her. Dazu dient unter anderem das Verwandeln von Ablenkungen in Vorstufen der Sammlung (vgl. *Diagramm 11).*

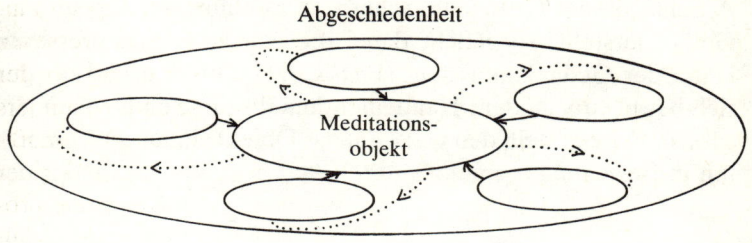

Abgeschiedenheit

Meditations-objekt

3. Nun wird das erste Glied der Ekstase, *Vitakka,* wiederholt auf die Empfindung des Meditationsobjekts geheftet. *Vitakka* ist die Verbindung zwischen der auffassenden Benennung und der Sinnenwahrnehmung, die das Objekt durchdringt und sich in ihm versenkt. *Vitakka* ist die elementarste Form des Gedankenfassens, die durch wiederholtes Aufspüren des Objekts Spuren auf ihm hinterläßt, indem sie »Merkzeichen macht, die das Wiedererkennen ermöglichen: ›Hier ist's!‹, gleichwie es die Blinden tun beim Erkennen von Elefanten usw.« *(Visuddhi Magga,* deutsche Übersetzung S. 531).

Vitakka

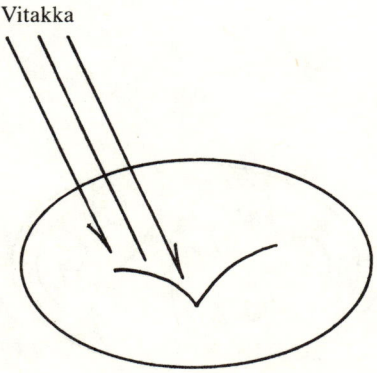

247

4. Wenn der Geist vollkommen im Meditationsobjekt versenkt ist, läßt er auch das diskursive Denken, *Vicāra*, in ihm ruhen. Die Denkfunktion geht also nicht mehr über seine Grenzen hinaus, sie meistert und verwaltet (*Vicārana* heißt Verwaltung) nur das Innere des Meditationsobjekts. Im Kommentar zu *Anguttara Nikāya* wird folgendes Gleichnis benutzt:»Wenn ein Töpfer durch Anschlagen des Griffes die Scheibe in Drehung versetzt und ein Gefäß herstellt, so gleicht dabei die von außen festpressende Hand der Gedankenfassung *(Vitakka)*, die hierhin und dorthin sich bewegende andere Hand aber dem diskursiven Denken *(Vicāra)*«. *Vitakka* stellt den Geist auf das Objekt ein, und *Vicāra* hält ihn in Bewegung.

Vicāra

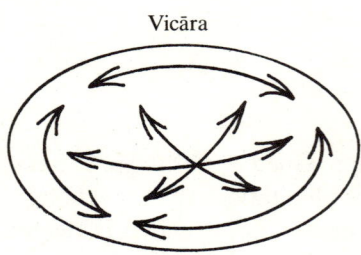

5. Das erfolgreiche Erlangen der Unzerstreutheit geht mit einer Verzückung *(Pīti)* einher, die freudige Erregung und Aufheiterung bewirkt. *Pīti* ist freudige Anteilnahme an dem liebgewonnenen Objekt, die Energie freisetzt und sich in Gehobenheit äußert. Wir haben die zunehmende Verfeinerung der Freude *(Pīti)*, die das Glücksgefühl steigert, auf den Seiten 132 und 133 ausführlich behandelt. Gemäß *Visuddhi Magga* bewirkt die gereifte Verzückung ein zweifaches Gestilltsein *(Passaddhi)*: Befriedigung des Bewußtseins und Ruhe des Gemüts durch die Harmonisierung aller Geistesfaktoren.

Prti

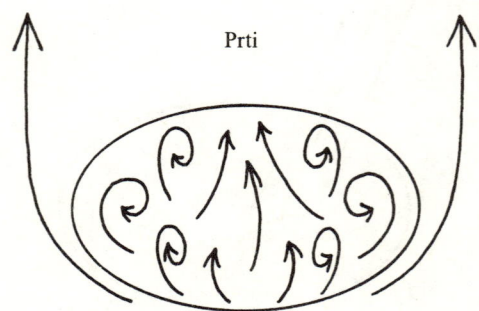

6. »Wo immer Verzückung *(Pīti)* ist, da ist Glücksgefühl *(Sukha)*. Wo aber Glücksgefühl ist, da ist nicht notwendigerweise Verzückung«, sagt *Visuddhi Magga* (S. 172), und erklärt weiter: »Wenn auch beide häufig ungetrennt sind, so gilt doch die Zufriedenheit bei der *Erlangung des erwünschten* Objekts als ›Verzückung‹, und das *Genießen des erlangten* Genußobjekts als ›Glücksgefühl‹«. *Sukha* ist Wohlgefühl, das keinen Mangel und kein Zuwiderlaufen erfährt; es ist ein Beglücktsein, weil jegliches körperliche und geistige Bedrücktsein nachgelassen hat; es läßt das Wohlbefinden anwachsen und gibt ihm Unterstützung. Es führt zu einer fruchtbaren Leere des zunehmend verfeinerten Wohlbefindens, durch Nachlassen auch des Nachlassens.

Sukha

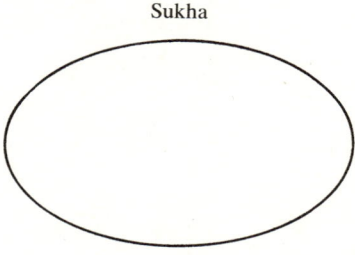

7. Die Einspitzigkeit *(Ekaggatā)* überwindet alle Regungen. Sie findet zeitweise ihre Vollkommenheit im »allerwärts die Mitte einhaltenden« Gleichmut *(Tatra-Majjhatta-Upekkhā)*, der sich unter anderem auf dem Gleichmaß von Geisteskräften *(Bala)* wie Zuversicht, Willenskraft, Achtsamkeit, Sammlung und Wissen gründet. Die Einspitzigkeit homogenisiert das Erleben zu einer höheren Einheit der Ekstase, die eine Allheit öffnet.

Ekaggatā

•

8. Wenn der Übergang von der Vielfalt zur Einheit vollzogen ist, gewinnt das Erleben während der Ekstase eine unbeschreibbare Ganzheit, Wucht und Größe. Man spricht dann über einen Groß-

gewordenen Geist *(Mahāggata-Citta)*, der durch ein ewiges Jetzt-Erleben auch die Zeit transzendiert, indem er sie zur Einheit bindet. Das Erlebnis des Großgewordenen Geistes ist allerdings nur zeitweise erreichbar, solange man nicht den Pfad der Macht *(Bala Magga* – siehe nächstes Kapitel) zur Erfüllung gebracht hat. Garma C. C. Chang gibt in *Mahamudra-Fibel. Eine Einführung in den tibetischen Zen-Buddhismus* (Octopus Verlag, Wien 1979) schöne poetische Beschreibungen von Ergebnissen, zu denen unsere Übungen auf praktische Weise führen.

Oft bringen *ganz kleine Schritte des praktischen Übens* bessere Ergebnisse als ganz große Überlegungen, die diese Ergebnisse vorwegnehmen: Wie viele Minuten muß man die Augen auf dem Punkt hier ruhen lassen, bis der Kreis aus dem Erleben verschwindet?

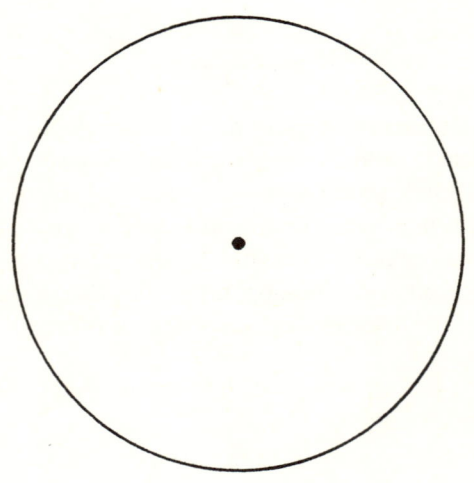

Übungen der Sammlung

Im folgenden werden Anweisungen für drei Übungen gegeben, in denen Sie, liebe Leserin, lieber Leser, Ihre bisher erworbenen Kompetenzen und Fertigkeiten der Körperachtsamkeit zum Zwecke der Sammlung anzuwenden lernen. Hinzu kommt eine vierte Übung, die nur in einer Klausur voll entfaltet werden kann, deren Vorgehen aber auch beim Erreichen nur der ersten Stufen der Sammlung sehr lehrreich ist. Es ist die *Nīla-Kasina*-Übung zur Entfaltung der Geistesruhe, die mit der Einheitsvorstellung von Blau *(Nīla)* arbeitet. Als fünftes wird die Übung der Todesbetrachtung, *Marana-Sati,* vorgestellt, eine Sammlungsübung, die zur Anregung des Geistes und als Schutzmeditation angewendet wird.

Alle fünf Übungen benutzen Meditationsobjekte, die für geistig gesunde Menschen aller Charaktertypen geeignet sind. Solange man sich an die hier gegebenen Anweisungen hält, besteht keine Gefahr unangenehmer Nebenwirkungen. Die Anwendung der hier beschriebenen Übungen für therapeutische Zwecke sollte zuvor mit einem Psychotherapeuten, der selber Meditationserfahrung hat, besprochen werden. Welche positiven Auswirkungen die einzelnen Übungen mit sich bringen, werden Sie schon nach wenigen Tagen methodischer Anwendung selber herausfinden. Vorteilhafterweise probiert man jede der Übungen einige Wochen lang aus, bevor man zur nächsten übergeht. Am Schluß dieses Kapitels wird auch gezeigt, wie man die einzelnen Übungen zu einer umfassenden Meditationspraxis vereinigen kann.

I. Sayāna – Entspannung

Diese Methode ist in Europa und Amerika vor allem in Yoga-Kreisen unter dem Namen *Savāsana* (einer Kurzform von *Sevā-* oder *Sayāna-āsana*) gut bekannt. Genau genommen ist *Sayāna* eine Vorübung zur Sammlung, welche insbesondere in unserer stressgeplagten Zivilisation an Bedeutung gewinnt[5]. Diese Entspannungsmethode unterscheidet sich grundlegend von therapeutischer Entspannung, die zumeist mit Hilfe verbaler Suggestion herbeigeführt wird. Demgegen-

---

5 Der Kommentar zu *Anguttara Nikāya* wie auch *Papañca-Sūdanī* (deutsche Übersetzung von Nyānaponika: *Kommentar zur Lehrrede von den Grundlagen der Achtsamkeit,* Christiani, Konstanz 1972, S. 93 ff.) benutzt *Sayāna* als Vorbereitung für die Analyse der Elemente *(Dhātu).*

über wird der Ablauf von *Sayāna* weder vom Übungsleiter noch vom Übenden selbst durch Suggestion gesteuert. Wir reden uns also nichts ein, vielmehr fassen wir weise auf, was erlebt wird und wenden einige Kunstgriffe *(Upāya-Kosalla)* an.

Zuerst vergegenwärtigen wir uns die Wissensklarheit, daß man Entspannung nicht *machen* kann, daß man sich nicht entspannen *wollen* kann, daß man bloß die Entspannung *geschehen lassen* kann. Was wir wollen und machen können, ist der Entschluß *(Adhimokkha)*, die Entspannung zuzulassen, für sie Zeit einzuräumen, damit sie zustande kommt – erinnern wir uns an den Wert des Rituals (Schluß des fünften Kapitels). Um die Entspannung praktisch herbeizuführen, wird ein Kunstgriff gebraucht:

Man kann sich nämlich willentlich anspannen und danach *auf die Spannung verzichten,* die Spannung sinken lassen, und zwar nicht nur bis zum ursprünglichen Zustand, sondern einige Stufen tiefer. Dies können wir am Beispiel des Armes konkretisieren: Man balle die Hand zu einer Faust und spanne dabei den Unterarm an. Solange man dies macht, ist die Spannung da. Danach verzichtet man darauf, die Spannung weiter zu halten; also ein Entschluß zu verzichten. Man läßt los... noch ein wenig unter den ursprünglichen Tonus. Versuchen Sie es gleich! Ohne den passiven Verlauf der Entspannung durch willentliche Bewegung der Hand zu beeinträchtigen, geben Sie die in der Spannung gebundene Energie frei! Freigebigkeit? Ja, auf einer sehr elementaren Ebene.

Die Entspannung des ganzen Körpers, des Gemüts, des Erlebens, soll sich von einer zentral gelegenen Stelle ausbreiten. Die Gesamtanspannung und -entspannung soll von einer Muskelgruppe ausgehen, die minimale Bewegung erwirkt. Dafür eignet sich am besten die Muskelgruppe des Gesäßes. Die Anspannung (die nur einmal am Anfang des ganzen Vorgehens stattfindet) und die ihr folgende Entspannung werden von einem etwas tieferen Einatmen und Ausatmen begleitet. Weiter wird dem Einatmen keine Aufmerksamkeit mehr gewidmet. Man läßt die Entspannung weiterfahren...

In diesem »Weiter-fahren-lassen« der Körperentspannung und in dem »Mit-Fahren« des Geistes bestehen die zwei wichtigsten Kunstgriffe, die aus dem Weisen Auffassen *(Yoniso Manasikāra)* der Entspannung als Prozeß abgeleitet sind. Jeder Prozeß hat wie ein Fluß die Tendenz sich fortzusetzen, weiter-zu-fahren; was fließt, läßt mitfahren. Probieren Sie es jetzt gleich aus, legen Sie sich nach Möglichkeit dazu flach hin.

Bei der äußeren Gestaltung des vollen Entspannungsrituals soll folgendes beachtet werden:

1. Die Stellung (auf einer harten Unterlage auf dem Rücken liegend) soll möglichst bequem sein, damit man sich im Laufe der Entspannung nicht bewegen muß.
2. Die Kleidung, Schmuck usw. sollen nicht stören.
3. Dann wird der Entschluß gefaßt, daß innerhalb der nächsten 10 Minuten alle Angelegenheiten vollkommen gleichgültig sind, daß man während der Entspannung alles Äußere ignoriert. Zusätzlich zur Festlegung der Dauer soll im Entschluß auch die Art der Rückkehr zur normalen Alltagsspannung enthalten sein, ohne jedoch bei dieser besonderen Übung allzu technisch vorzugehen, etwa nur so:
»Jetzt ist mir 10 Minuten lang alles egal.
Danach bin ich wieder wohl und frisch!«
4. Dann fängt man beim nächsten Einatmen mit einer Anspannung des Gesäßes an.
5. Mit dem Ausatmen läßt man die Entspannung geschehen. Man läßt mit der körperlichen Entspannung die Entspannung des Gemüts und des Geistes mitfahren.

Mit der Anweisung für die Rückkehr nimmt man es hier nicht allzu streng, da es bloß um Entspannung geht. Dennoch kann auch diese Übung im Sinne der Wissensklarheit über das Aufwachen (siehe Seite 180 weiter ausgebaut werden.

An dieser Stelle sind einige Worte darüber angebracht, was die Übenden gewöhnlich über die erreichte Entspannungstiefe berichten. Sie unterscheiden etwa folgende Stufen:

1. Entspannung; so wie man sich normalerweise ohne Training entspannen kann.
2. Relativ tiefe Entspannung; ein Gefühl der Wärme, Schwere, Empfinden des Blutpulsierens. Der Kontakt mit der Umgebung bleibt normal; das innere Empfinden ist leicht erhöht.
3. Tiefe Entspannung; sowohl äußeres als auch inneres Empfinden sind sehr reduziert, »wie von weit her«. Hier und da kommt es zu einem Zucken verschiedener Muskelgruppen – vor allem im Zusammenhang mit dem Auftauchen und Vergehen von Vorstellungen und Gedanken.
4. Sehr tiefe Entspannung; keine Empfindung mehr. »Als ob der Körper abgelegt wäre.« Das Erleben bleibt jedoch wach.

Weil bei einer tiefen Entspannung der Kontakt mit der Außenwelt auf ein Minimum reduziert wird, sollte die Rückkehr nur allmählich geschehen. Man wird sich zuerst der eigenen neu gewählten Gemütsverfassung, des eigenen Körpers und der unmittelbaren Umgebung schrittweise bewußt. So entschließt man sich, achtsam und wissensklar die Extremitäten – zuerst die Finger und Zehen – sachte zu bewegen. Dann kommt eine fröhliche milde Anspannung des ganzen Körpers, vielleicht ein Strecken, wie nach dem Aufwachen, und ein Wiederentspannen in den normalen Tonus. Manche merken erst während der Rückkehr, wie tief tatsächlich die Entspannung war. Die Entspannung besteht weitgehend darin, daß man die natürlichen Körperprozesse zuläßt und weise auffaßt, sowie daß man alle Programme des Denkens und Wünschens auslaufen und anhalten läßt.

Die Zahl der für die Perfektion der Methode notwendigen Wiederholungen ist individuell unterschiedlich. Entscheidend ist, in welchem Maße der Kunstgriff der Ausatmungs-Entspannung zu einem Auslöser fortlaufend tieferen Entspannens wird. Der Fortschritt beim Erlernen wird auch dadurch bekräftigt, daß man die Entspannung immer am gleichen Ort und zur gleichen Tageszeit übt – besonders vorteilhaft während der zweiten Tageshälfte. Wenn man nur dreimal wöchentlich trainiert, kann (nach Mitteilung mehrerer Übender) nach etwa vier Wochen schon mit dem ersten Ausatmen eine relativ tiefe Entspannung erreicht und bald auch sitzend oder stehend ausgeübt werden. Dies ist von Bedeutung für den Gebrauch von Schnellentspannung, zum Beispiel im Rahmen von Strategien der *Brahma-Vihāra* und in sonstigen Alltagssituationen.

Mit dem Erreichen der dritten Stufe der Entspannungstiefe wechselt man zur Übung der Atmungsachtsamkeit – wie sie im fünften Kapitel vorgestellt und in diesem Kapitel ergänzt wird – oder zu einer anderen Übung mit den hier beschriebenen Sammlungsobjekten. Schon aus der Stufe zwei (die keine Vorbedingung darstellt) kann man auf die folgende Übung von *Yoga-Niddā* umschalten, die auch eine tiefere Entspannung als Nebenprodukt mit sich bringt.

II. Yoga-Niddā – Yogischer Schlaf

Ein Kunstgriff der Sammlung besteht in der Bejahung der Ablenkungen, um aus ihnen die Vorstufen oder Helfer auf dem Wege zur Einheit *(Ekaggatā)* zu machen. Aber auch die Helfer sollen, sobald sie ihre Aufgabe erfüllt haben, zur Ruhe kommen, damit sich die Sammlung auf den höheren Stufen ungestört entfalten kann. Bildlich ausgedrückt: Sobald die Helfer vom Meister ihren Lohn erhalten und durch Aufmerksamkeit beschenkt werden, dürfen sie schlafen gehen; der Meister jedoch über-wacht sie. Hierin bestehen die Kunstgriffe von *Yoga-Niddā*, die wir nun praktisch einüben werden. Mein Yogalehrer, Swami Satyananda Saraswati, hat mir diese Übung, die er in Sanskrit *Yoga-Nidra* nannte, in vier Stufen beigebracht:

1. Bejahen und Über-wachen von Körperempfindungen wie auch ihres spontanen Einschlafens während der Entspannung in *Sayāna*.
2. Die rhythmische Zuwendung zu einzelnen Körperteilen (sie also durch Schenken von Aufmerksamkeit befriedigen und einschläfern) bis der ganze Körper durchgefegt und so der Achtsamkeit *(Kāya-Gatā-Sati)* zugänglich wird.
3. Bejahen und Über-wachen von spontanen feinkörperlichen Regungen, die als Vehikel für Reisen außerhalb des Körpers benützt werden.
4. Einschläfern aller körperlichen und geistigen Regungen, um in Innerem Schweigen *(Antar Mouna)* auch den unbewußten Geist *(Ālaya-Viññāna)* zu betrachten, aus dem heraus die Steuerformationen *(Abhisankhāra)* wirken.[6]

Die im folgenden beschriebene Übung bezieht sich nur auf die zweite und dritte Stufe von *Yoga-Niddā*, wobei sie auch Gebrauch vom Setzen der Steuerformationen mittels Entschluß macht. Man übt *Yoga-Niddā* im Liegen. Nur wenn die Sammlung gut ist oder gar das Übergewicht gegenüber Willenskraft und Achtsamkeit gewinnt, übt man sitzend, um nicht auf ganz gewöhnliche Weise einzuschlafen. Die Vorbereitung der eigentlichen Übung verläuft wie bei *Sayāna*, nur der Entschluß wird etwas spezifischer gefaßt. Der Kern der Übung besteht im rhythmischen Merken von Körperteilen, die man hierdurch zu einer Einheit im Bereiche des Körpererlebens verbindet. Die Worte werden nur als *Vitakka* benützt, das heißt, nur um den Geist zu der jeweiligen Empfindung des Körperteils zu lenken. Es geht dabei nicht um ein sensationelles Erlebnis, und es genügt, wenn man die Körperteile nur vage spürt.

---

6 *Ālaya-Viññāna* wird auch als das »kosmische Speicher-Bewußtsein«, in dem alle Beflckungen *(Kilesa)* schlafen und aus dem sich der Kosmos entfaltet, bezeichnet *(Sūtrālankāra* XI., 44). Die Beschreibung der fortgeschrittenen Stufen von *Yoga-Niddā*, die außerhalb des Rahmens der hier erörteten Strategien der Ekstase liegt, ist zu finden in M. Frýba & W. Bliss: *Antar Mouna*, B.S.Y. Press, Monghyr (India) 1968. Zu dieser Methode gehört u. a. das meditative Vorgehen zur Erfassung des Kosmos als Hologramm.

Es ist von Vorteil, wenn man als Vorübung das Experimentieren mit Körperteilen benützt, das auf Seite 128 beschrieben wurde. Während der eigentlichen Übung von *Yoga-Niddā* verweilt man aber bei jeder Empfindung des Körperteils nur sehr kurz, ungefähr eine halbe Sekunde. Wichtig ist dabei, daß man im gleichmäßigen Rhythmus die Verschiebung der Aufmerksamkeit von einem Körperteil zum anderen durchführt, den Körper sozusagen durchfegt. Das rhythmische Durchgehen durch den Körper wiederholt man in vier bis zehn Runden. Es ist wichtig, daß man die gleiche Reihenfolge beibehält. Abschließend wird man sich des ganzen Körpers bewußt und wendet dann die Aufmerksamkeit vom Körper ab, um sich bei dem im Entschluß enthaltenen Zweck der Übung zu sammeln. Im Entschluß *(Adhimokkha)* müssen folgende Elemente vorhanden sein:

A. Dauer der Übung.
B. Das Vorgehen, das (1) im rhythmischen Aufmerken einzelner Körperteile besteht, (2) sie einschläfert und (3) zu einem Einheitserlebnis des ganzen Körpers verbindet, um (4) das Ganze abzulegen. Das Vorgehen kann mit dem an Eishockey erinnernden Ausdruck *Bodycheck* bezeichnet werden.
C. Der Zweck *(Attha)* der Übung, also »Entspannung« oder »Reise aus dem Körper« oder »Setzen einer Steuerformation« usw.
D. Wahl der Gemütsverfassung nach Beenden der Übung.

Das Vorbereiten des Entschlusses verlangt ein gründliches Erwägen *(Vīmamsā)*, wie Sie es ähnlich bei den Strategien der Solidarität eingeübt haben. Das *Diagramm 9* auf den Seiten 204/205 gibt dafür den Leitfaden. Bevor man in den Dhamma-Strategien sehr gut bewandert ist, sollte man *Yoga-Niddā* nur zum Zweck der Entspannung und Aufheiterung des Gemüts üben. Daher empfehle ich, die ersten Monate *Yoga-Niddā* mit dem folgenden Entschluß zu verbinden:

»Vier Runden Bodycheck,
dann fünf Minuten Entspannung,
nachher heiter, gelassen und selbstsicher sein.«

Die Übung wird in folgenden Schritten durchgeführt:

1. Bequeme Stellung, liegend, wie in *Sayāna*.
2. Entschluß fassen.
3. Tief einatmen und beim Ausatmen entspannen, wie in *Sayāna*.
4. Erste Runde des Bodycheck (Linkshänder fangen mit der linken

Hand an); man kommentiert innerlich die Aufmerksamkeitsbewegungen:

»Rechter Daumen, Zeigefinger, Mittelfinger, Ringfinger, kleiner Finger, Handfläche; Handgelenk, Unterarm, Ellbogen, Oberarm, Schulter, Achselhöhle;
Linker Daumen, ... Achselhöhle;
Rechte große Zehe, 2. Zehe, 3. Zehe, 4. Zehe, 5. Zehe, Sohle; Fußgelenk, Unterschenkel, Knie, Oberschenkel, Hüften; Linke große Zehe ... Hüften;
Gesäß, Kreuz, Schulterblätter, Nacken, Hinterkopf;
Scheitel, Stirn, rechte Augenbraue, linke Augenbraue, rechtes Auge, linkes Auge, rechtes Ohr, linkes Ohr, rechte Wange, linke Wange, Nase, Oberlippe, Unterlippe, Kinn, Hals;
Rechte Brust, linke Brust, Sonnengeflecht, Unterbauch – erste Runde.«
(Ohne den Rhythmus zu verlieren, geht man zur zweiten Runde über):
»Rechter Daumen, ... usw.«

5. Nach der beschlossenen Rundenzahl lenkt man die Aufmerksamkeit auf umfassendere Körperbereiche und wiederholt dreimal:
»Rechter Arm, linker Arm, rechtes Bein, linkes Bein, Rumpf, Kopf.«

6. Dann nimmt man den ganzen Körper als Empfindungseinheit wahr:
»Ganzer Körper, ganzer Körper, ganzer Körper, schlafe gut!«

7. Man vergegenwärtigt sich den Zweck:
»Fünf Minuten tiefe Entspannung, nachher wohlige Rückkehr.«

Es ist Aufgabe der Wiederholung in der Praxis, daß wir zunehmendes Vertrauen in die innere Uhr gewinnen. Auch den sachten, achtsamen Übergang in den Erlebensbereich des Alltagsbewußtseins haben wir ja schon geübt: bei der hohen Stufe der Atmungsachtsamkeit (siehe Seite 154ff.) bei *Sayāna* und bei der Wissensklarheit während des Aufwachens. Es liegt auf der Hand, daß man aus dem yogischen Schlaf auch Übergänge in andere Erlebensbereiche vollziehen kann. So eignet sich *Yoga-Niddā* ausgezeichnet als Vorstufe der Sammlung mit Atmung als Meditationsobjekt. Bevor wir jedoch zu dieser Anwendungsmöglichkeit und zur nächsten Übung fortschreiten, erörtern wir an dieser Stelle noch kurz die Grundlagen der schon erwähnten Technik der Reisen außerhalb des Körpers.
Das Aussteigen aus dem eingeschlafenen physischen Körper soll vor der *Yoga-Niddā*-Übung erwogen werden. Die Absicht *(Chanda)*,

es zu vollziehen und nachher wieder mit Wissensklarheit zurückzukehren, soll im Entschluß am Anfang der Übung festgehalten sein. Es gibt verschiedene Kunstgriffe des Aussteigens und Zurücksteigens, die man bis zur Perfektion üben muß, bevor man längere Reisen außerhalb des Körpers wagt. Die Kursteilnehmer berichten mir am häufigsten von spontan gefundenen Kunstgriffen, die in einem Aufsetzen bestehen, während der physische Körper schlafend liegt, im Aufstehen, während der physische Körper sitzt, und im Ausrollen, liegend oder sitzend. Das Ausrollen wird liegend durchgeführt, indem man eine Anstrengung (*Kattu-Kamyatā-Chanda*) unternimmt, eine Hälfte des Körpers zu heben. Sobald man aus dem Körper ausgestiegen ist, kann man experimentierend zum Beispiel die Übung von *Suriya-Namaskar* durchführen und wieder in den Körper einsteigen. Vergnüglich mag auch der Versuch sein, nach Beendigung des rhythmischen Bodychecks, im Sitzen einfach in der Vorstellung einige Runden von *Suriya-Namaskar* durchzuführen. Sollte die Besorgnis auftauchen, ob man es auch tatsächlich schafft, wieder zurück in den Körper zu kommen, dann hilft am besten, sich das Vertrauen *(Saddhā)* in die eigene Kompetenz der Wirklichkeitsverankerung zu vergegenwärtigen. Und die beste Methode der Wirklichkeitsverankerung ist wiederum die Atmungsachtsamkeit.

III. Ānāpāna-Sati als Sammlungsübung

Während der Übung der Atmungsachtsamkeit merkt man auch all die Unterschiede, die zwischen dem Einatmen, Ausatmen, der Atempause usw. bestehen. Wenn man die Übung relativ gut gemeistert hat, steigen mit der Zeit Freude und Zufriedenheit über den Erfolg auf. Dies setzt Energie frei und steigert die Motivation für ein weiteres Üben. Man soll nun das Vorkommen dieser drei Glieder der Ekstase gründlich und mit Wissensklarheit auffassen und benennen:

1. »Das Gedankenfassen *(Vitakka)* bezüglich des Meditationsobjekts ist vorhanden.«
2. »Ein Erwägen *(Vicāra),* das *innerhalb* vom Erlebensbereich des Meditationsobjekts bleibt, ist vorhanden.«
3. Die Freude *(Pīti)* ist vorhanden.«

Zugleich weiß man aber, daß die Ruhe des Glücks noch nicht vollkommen ist, weil die Erlebenseinheit noch nicht kompakt fließt. Die Bewegungen der Aufmerksamkeit bringen in das Erleben immer

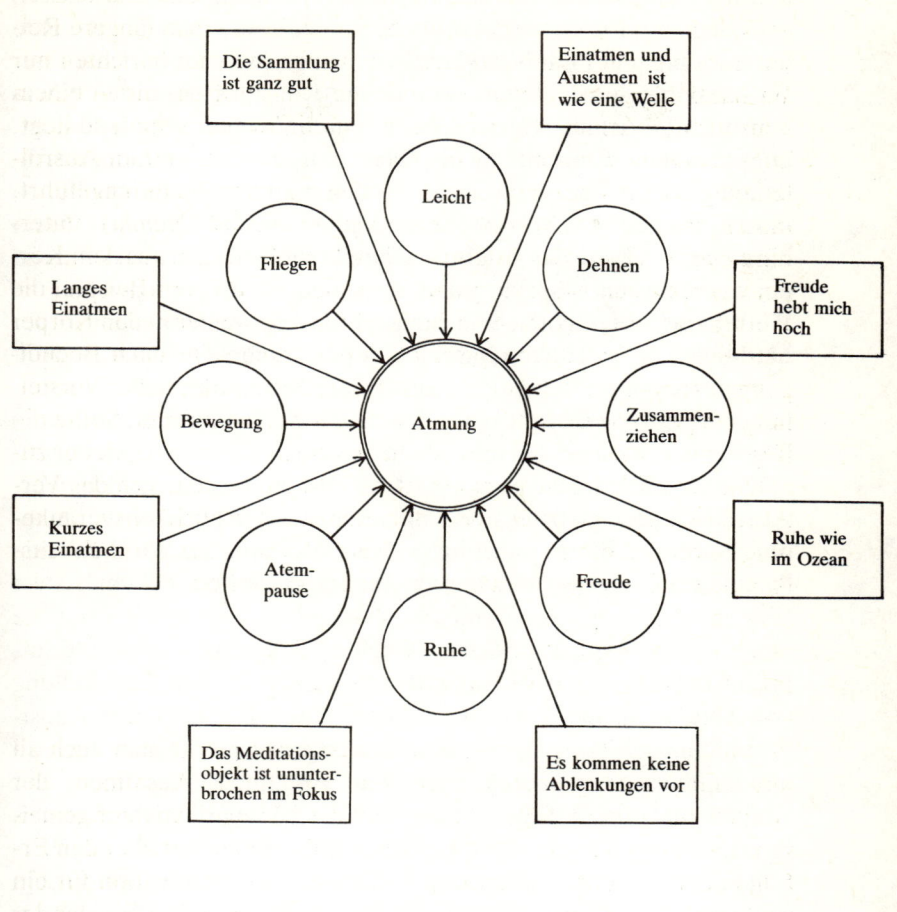

Die Sammlung
ist ganz gut

Einatmen und
Ausatmen ist
wie eine Welle

Leicht

Fliegen

Dehnen

Langes
Einatmen

Freude
hebt mich
hoch

Bewegung

Atmung

Zusammen-
ziehen

Kurzes
Einatmen

Ruhe wie
im Ozean

Atem-
pause

Freude

Ruhe

Das Meditations-
objekt ist ununter-
brochen im Fokus

Es kommen keine
Ablenkungen vor

Gedankenfassen, *Vitakka,* das Auffassen von
Empfindungen, die mit der Atmung verbunden sind

Erwägen, *Vicāra,* auf die Atmung bezogenes Denken

Diagramm 12: Auffassen und Erwägen als Helfer zur Einspitzigkeit
des Geistes

noch zuviel Unruhe, und es ist ein Bewußtsein der Vielfalt vorhanden. Man fängt also an, nach einer Einheit[7] zu suchen, die das Erleben von Atmung bündelt. Ich möchte betonen: Man sucht nicht nach irgendeinem Oberbegriff, der die Benennungen einzelner Aspekte der Atmung unter ein Dach brächte; man sucht vielmehr nach einer Einheitsvorstellung *(Ekatta-Ārammana),* die das hervorhebt, was den mit der Atmung verbundenen Empfindungen gemeinsam ist. Dies kann eine Empfindung der Weichheit, des Gleitens, der Leichtigkeit oder Lichtheit sein, die sich zur Einheit einer Lichtquelle, eines Dübels, eines Pegels oder einer kleinen Wolke verdichtet. Mein burmesischer Meditationslehrer Mahasi Sayadaw hat mich während eines gemeinsamen Spaziergangs einen vom Baum wegschwebenden Wattebausch betrachten und betasten lassen, was mir dann in der Meditation sehr geholfen hat, die mit der Atmung verbundene Einheitsvorstellung aufblühen zu lassen. Sie kennen ja, liebe Leserin, lieber Leser, die Gestalt eines abgeblühten Löwenzahns – hat vielleicht das *Diagramm 12* eine ähnliche Form?

Dennoch sind solche komplizierten Erscheinungen keine Einheitsvorstellung, auch wenn es vereinheitlichende Diagramme und Symbole oder die schönsten Gebilde von Blumen und *Mandalas* sind; sie lenken bloß von der Atmung ab. Während der Versenkung ist die Einheitsvorstellung ganz einfach. Was macht man aber, wenn die Sammlung ganz gut ist und dennoch eine gegliederte Vorstellung auftaucht und anhält? Wir kennen ja den Kunstgrifff der Verwandlung von Ablenkungen in Vorstufen der Sammlung. Dieser gleiche Kunstgriff kann auch in einem solchen Falle angewendet werden. Ebenso können auch die gröberen Formen der Freude, des Erwägens und Gedankenfassens auf diese Weise zu Helfern der Einspitzigkeit des Geistes *(Ekaggatā)* gemacht werden. Und wenn sie ihre Aufgabe erfüllt haben, können wir sie entlassen durch den Kunstgriff von *Viveka* oder, sozusagen, sie einschlafen lassen – unter Anwendung des vorher erlernten Kunstgriffs von *Yoga-Niddā* selbstverständlich. Und wenn auch dies gelingt, dann erlebt die über-wachende Spitze des Geistes eine ruhige Zufriedenheit des Glücks *(Sukha)* in einem einheitlichen Bewußtseinsfluß.

Die Atmung ist ein konkret erlebbarer Prozeß, der »Atem« ist ein Wort, das mit vielen abstrakten Gedanken verbunden wird. Bei der Atmungsmeditation geht es um konkretes Erleben. Dieses konkrete Erleben besteht im Merken der Einatmungen, der Ausatmungen,

---

7 Es geht hier weder um irgendeine *Unio Mystica* noch um eine sonstige numinose oder ontologische Entität.

der Pausen, der Tastempfindungen beim Heben und Senken der Bauchdecke, der Tastempfindungen beim Ausstoßen der Luft am Rande der Nasenlöcher. Dies soll man alles erlebnismäßig erforschen und unterscheiden lernen. Aus solchem Erforschen *(Vīmamsā)* stammendes Wissen ist eine wichtige Vorbedingung für die Sammlung. In der fortgeschrittenen Sammlung ist jedoch die Spitze des Geistes nur auf ein einziges Bewußtseinsobjekt gerichtet. Veranschaulichen wir es mit einem Gleichnis von der Säge im Einsatz: Die Bewegungen der Säge entsprechen der Atmung, das Sägeband mit seinen Zähnen steht für den Atem mit seinen Luftmolekülen, und die Rille in dem gesägten Holz ist die Nasenöffnung. Der Meditierende benimmt sich wie ein qualifizierter Zimmermann. Er hat gelernt, den Holzbalken (den Körper) unbewegt zu setzen, er kennt die Holzstruktur, er weiß, wie die Zähne der Säge zu prüfen sind, und vor allem hat er die Bewegungen des Sägens eingeübt, so daß sie regelmäßig und ohne Kraftanwendung geschehen. Dies sind alles Vorbedingungen. Während des Sägens untersucht er jedoch weder das Holz noch das Sägeband, obwohl er den Kontakt zwischen den beiden wahrnimmt. Die Spitze seiner Aufmerksamkeit liegt am Berührungspunkt zwischen der Säge und dem Holz und bleibt dort auch bei der fortschreitenden Vertiefung.

Sie sehen, daß die Vertiefung der Sammlung mit Worten, Diagrammen und Gleichnissen nicht ohne weiteres ganz zu vermitteln ist. Die Wirklichkeit des Erlebens kann sicher nicht durch beschreibende Worte ersetzt werden. Man kann lediglich Hinweise und Anleitungen geben, wie bei der Übung vorzugehen ist. Üben und Erleben kann jeder nur selber. Wir laufen nun fast Gefahr, daß Sie, liebe Leserin, lieber Leser, »überinstruiert« werden. Sie kennen nun zweierlei Instruktionen: erstens die Atmungsachtsamkeit als eine Übung der Wirklichkeitsverankerung, die im fünften Kapitel beschrieben wurde, und zweitens die Erläuterungen der Atmungsachtsamkeit als Meditationsmethode der Sammlung. Erst im Vergleich Ihres persönlichen Erlebens gewinnen all die vorstehenden Erläuterungen ihren praktischen Wert.

IV. Nîla-Kasina – Die Welt in Blau

Die Denkfähigkeit wird in der Regel so stark gefördert, daß sie unproportional zu unseren anderen Anlagen wuchert. Fast alle, die psychedelische Drogen ausprobiert habe, berichten, daß sie nie zuvor die Musik so intensiv hörten und die Farben so klar sahen. Ähnliches geben viele auch hinsichtlich des Fühlens an. Man braucht aber nicht das Denken durch Drogen zu lähmen, um Sinnenwahrnehmung und Gefühl ins Bewußtsein zu bringen. Sie haben schon erfahren, liebe Leserin, lieber Leser, daß es möglich ist, dem unter Umständen so großartigen Helfer »Denken« Ruhe zu gewähren, um das Fühlen und Wahr-nehmen zu trainieren. Nun werden wir praktisch entdecken, wie man dafür förderliche Bedingungen schaffen kann, so daß sich ein angenehm intensives Sehen ohne Denken entfalten kann.

Traditionellerweise wird ein *Bhikkhu* oder *Samanera*[8] erst in die *Kasina*-Meditation eingeführt, wenn sich sein Rückhalt in *Sīla* makellos über längere Zeit bewährt und seine Beziehung zum Lehrer gefestigt hat. Dann bekommt er die vollständige Instruktion, zieht sich danach in Klausur zurück und hält während der ganzen Zeit des Wachlebens das ihm gegebene Meditationsobjekt an der Spitze der Hierarchie seiner Bewußtseinsobjekte; dabei hält er sich achtsam und wissensklar an die strenggeregelte Tagesroutine. Alle Erscheinungen aus den Welten, die sich während dieser strengen Meditation öffnen, betrachtet er bloß als Hemmungen *(Nīvarana)* und schenkt ihnen keine weitere Aufmerksamkeit, bis er zur vollen *Jhāna* vorgedrungen ist. Danach bespricht er ausführlich die ganze Erfahrung mit seinem Meditationsmeister.

Solch strenge Vorkehrungen und Sicherheitsmaßnahmen sind allerdings nicht nötig, wenn wir die *Kasina*-Meditation nur als Sammlungsübung mit dem besonderen Zweck der Intensivierung der Sinnenempfindung und des wortlosen Fühlens anwenden. Wichtig ist jedoch auch hier die Wissensklarheit über den Erlebensbereich und das *achtsame Vollziehen der Übergänge aus dem Alltag in die Meditationssphäre und wieder zurück,* wie wir es schon bei der Atmungsachtsamkeit geübt haben (siehe Seite 154). Praktisch sieht das folgendermaßen aus:

Sobald man die nötigen Vorbereitungen getroffen hat und sich zur Meditation setzt, sagt man leise zu sich den Entschluß:

»Jetzt setze ich mich,
um während der nächsten 15 Minuten
die Wahrnehmung von Blau zu pflegen.«

---

8 *Samanera* (wörtlich: der kleine Schamane) ist die Bezeichnung für einen Novizen, der in die Hauslosigkeit gezogen ist, aber noch nicht die volle Mönchsweihe eines *Bhikkhu* bekommen hat. Ausführliches darüber in: *Die Fragen des Königs Milinda,* Ansata Verlag, Interlaken, 1985.

Nach Ablauf der beschlossenen Zeitdauer streckt man mit einem tiefen Ein- und Ausatmen die Hände hoch und kommentiert innerlich:

»Nun habe ich das Meditationsobjekt ›Blau‹ abgelegt.
Jetzt will ich frisch und fröhlich
wieder in den Alltag einsteigen.«

Bevor wir uns dem eigentlichen Meditationsvorgehen zuwenden, brauchen wir einige Erklärungen über das Herstellen der *Nīla-Kasina-Mandala,* wörtlich der »Blau-Ganzheit-Scheibe«, die man während der Übung betrachtet. Diese Blauscheibe sollte die Größe eines Tellers (20 bis 25 cm ∅) haben. Für geistig unruhige Menschen eignet sich eine kleinere, für die eher trägen und zähflüssigen Naturen eine größere Scheibe. Für ärgerliche Charaktere ist eine besonders strahlende Blaufarbe geeignet, wie der *Visuddhi Magga* sagt (Kapitel III: Entgegennahme des geistigen Übungsobjektes). Man nimmt ein nicht-glänzendes blaues Papier oder Tuch und bindet es über dem Rand eines Tellers oder einer Schale in der Art eines Paukenfells fest. Hiermit ist eine tragbare *Mandala* hergestellt. Man kann auch eine runde Scheibe aus anderem blauen Material, durchsichtig oder undurchsichtig, ausschneiden und diese an der Wand oder am Fenster befestigen. Falls man sie am Fenster befestigt, dann soll dahinter entweder nur Himmel oder eine neutrale Landschaft sichtbar sein.

Während der Übung sitzt man aufrecht, entspannt und bequem so, daß sich die Blauscheibe etwa 1 bis 1 ½ Meter entfernt, nicht zu tief und nicht höher als der Kopf, befindet. Die Wahrnehmung der Blauscheibe, auf die man bequem sitzend, ruhig und ohne Anstrengung die Aufmerksamkeit richtet, heißt *Parikamma-Nimitta,* das »Vorbereitungsbild«. Das Vorgehen in diesem Stadium der Übung ist ähnlich, wie es im *Diagramm 11* (S. 237) veranschaulicht wurde; man kommentiert dabei, leise zu sich sprechend, die inneren Vorkommnisse und weiß klar, daß die Wahrnehmung der Blauscheibe das Interessanteste und Lohnendste ist. Sollten die Augen dabei ermüden, so ist es ein Zeichen, daß man nicht ganz gelassen geschaut hat. In einem solchen Falle schließt man die Augen für eine Weile und erholt sich, zum Beispiel bei der Atmungsachtsamkeit. Wenn man sich schläfrig und träge fühlt, dann ist es angebracht, die sitzende Stellung zu überprüfen, sich aufzurichten und eventuell auch die Arme einige Male mit einem etwas tieferen Einatmen hochzustrecken. Danach kehrt man zu dem Meditationsobjekt zurück. Falls das Vorbereitungsbild zu schillern beginnt oder sonstige Veränderungen zeigt, bedeutet dies nur, daß der Geist etwas aufgeregt ist. Man beruhigt sich wiederum durch ein paar Minuten Atmungsachtsamkeit oder, womöglich sitzend, durch *Sayāna*. Beim Vorbereitungsbild *(Parikamma-Nimitta)* sollen sich keine Veränderungen einstellen, es darf höchstens mit der Zeit etwas klarer und intensiver erlebt werden.

Nachdem man auf diese Weise »hundert oder tausend Mal oder noch öfter« – sagt der *Visuddhi Magga* – geübt hat, gelingt es einmal, daß man genau das gleiche Bild wie *Parikamma-Nimitta* auch mit den geschlossenen Augen sieht. Dieses mit geschlossenen Augen gesehene Bild heißt *Uggaha-Nimitta* oder das »Aufgefaßte Bild«; es soll genauso deutlich wie das Vorbereitungsbild sein. In diesem Stadium kommt ein entscheidender Übergang, den man auch durch eine räumliche Bewegung markiert. Der *Visuddhi Magga* beschreibt ihn mit den folgenden Worten: »Vom Augenblicke seines Aufsteigens an aber sollte man nicht länger an jenem Orte sitzen bleiben, sondern sich in seine eigene Wohnstätte begeben und dort niedersitzend die Übung weiter entfalten.« Man trägt das Bild also mit sich nach Hause, man hat es nun. Doch das Auffassen und Herübertragen von *Uggaha-Nimitta* kann wiederholt mißlingen, das Vorstellungsbild kann zerfallen, bevor man sich wieder hingesetzt hat.

Wenn es endlich gelingt, daß man sich in noch besserer Abgeschiedenheit (*Viveka* – vgl. die acht Stufen zum Aufrichten der Ekstaseglieder auf Seite 246 ff.) zum Entfalten der Einheitsvorstellung von Blau niedersetzen oder eventuell hinlegen kann, so hat man durch den Vorgang der räumlichen Bewegung, der eine Erweiterung um das Element des Psychodramas darstellt, auch die Hemmungen (*Nīvarana*) und alle übrigen geistigen Unreinheiten am alten Ort und hinter sich gelassen. Man sitzt nun an einem bereits zuvor vorbereiteten, von äußerem Licht und Schall besser isolierten Ort und bearbeitet das geistige »Entsprechungsbild« *(Patibhāga-Nimitta)* durch Gedankenfassen *(Vitakka)* und Erwägen *(Vicāra),* wie dies im *Diagramm 12* veranschaulicht ist. In diesem Stadium sind alle Einzelheiten sowohl des Hintergrunds wie auch des Vorbereitungsbilds geschwunden, das heißt, man nimmt nicht mehr die Unregelmäßigkeiten der Blauscheibe, das Gewebe des Tuchs usw. wahr. Man erlebt nur noch die Einheit von Blau, die sich zu einer kristall-leuchtenden Intensität geklärt hat. Somit hat man die angrenzende Sammlung *(Upacāra-Samādhi)* erreicht. Man kultiviert nunmehr die fünf Glieder der Ekstase und harmonisiert sie bis zum Erreichen der vollen Sammlung des *Jhāna.* Später kann man auch noch mit dem Erweitern und Verkleinern der Einheitsvorstellung und mit dem Eintauchen und Auftauchen in die »Welt von Blau« experimentieren.

Auch wenn es Ihnen, liebe Leserin, lieber Leser, nicht glücken sollte, das geistig aufgefaßte Vorstellungsbild *(Uggaha-Nimitta)* heimzubringen, haben Sie wohl in dieser Übung bestimmte Fertigkeiten auf eine Weise erworben, die Ihnen mit anderen Sammlungsobjekten nicht so leicht gelingen würde. Auf Grund dieser Fertigkeiten können sowohl die Strategien der Wirklichkeitsverankerung wie auch die Strategien der Ekstase im Alltag effektiver gestaltet werden. Wenn es Ihnen dennoch gelingt, die volle Sammlung der *Jhāna* zu erreichen, dann sind Sie zeitweise der Todeswelt der Vielfalt entronnen. Eine dauernde Befreiung aus der Todeswelt bringt jedoch erst die Vervollkommnung von *Satipatthāna-Vipassanā,* auf die die Dhamma-Strategien der Macht hinzielen.

V. Marana-Sati – Die Betrachtung des Todes

Das Thema Tod gehörte bis vor kurzem zu den Tabus unserer Zivilisation. Inzwischen ist es aber vor allem der Psychotherapieforschung gelungen, die Vorteile der bewußten Auseinandersetzung mit dem Tod aufzuzeigen. Entscheidend dazu beigetragen haben auch die Berichte über»Nachtoderlebnisse« von Menschen, deren klinischer Tod diagnostiziert wurde und die später wieder zum Leben gebracht wurden. Die wichtige Konsequenz daraus war eine Rehumanisierung des in unserer Zivilisation üblichen unmenschlichen Umgangs mit Todkranken und Sterbenden. Man erkannte auch, daß Menschen, die unvorbereitet, verstört oder eines gewaltsamen Todes sterben, Angst, Schrecken und Verwirrung erleben und deshalb auf eine dementsprechend leidvolle Daseinsfährte nach dem Tode geraten.

Wer aber die Betrachtung des Todes meditativ betreibt, ist nicht nur gegen die genannten Gefahren gefeit, er profitiert davon auch schon für das gegenwärtige Leben. Gekoppelt an das Wissen über die Bedingte Entstehung (vgl. drittes Kapitel) bewirkt die Todesmeditation eine Abscheu vor Gier, Haß und Verblendung, den drei Wurzeln des Leidens *(Dukkha).* Wenn man um den Tod weiß, begehrt man nicht immer mehr Gebrauchsgegenstände, und anstatt an den Dingen dieser Welt zu haften, kann man sie zweckmäßig nutzen und genießen. Man meidet das Böse, um die Erlebenskontinuität, die über den Tod hinausgeht, wegen vergänglicher Dinge nicht zu verschmutzen. Am wichtigsten ist aber, daß Menschen, die das Wissen um den Tod nicht verdrängen, leichter ihre Motivation und ihre Kräfte für das Emanzipationsstreben aktivieren. Somit ist diese Übung ein Grundelement der Strategie der Ekstase und der Macht, weil sie die Tatkraft und den Willen *(Viriya)* stärkt.

In der Tradition des Abhidhamma wurden zahlreiche Methoden der Betrachtung über den Tod (*Marana-Sati*) ausgearbeitet. Einige werden in direkter Konfrontation mit den Toten angewendet, andere gründen in einer Vorstellung des Todes; weitere, sehr anspruchsvolle, bestehen im direkten Erleben der Vergänglichkeit *(Anicca)* der Dinge, der Geburt und des Todes der Geisteszustände. Im folgenden wird eine Methode der Todesbetrachtung vorgestellt, die sich sowohl in Meditationskursen wie auch im Alltag nach Aussage Betroffener gut bewährt. Diese Methode wird entweder im vollen Umfang als eigentliche Meditation geübt oder in ihrer Kurzform als sogenannte Schutzmeditation[9] mit Vorteil zu Beginn jeder Übungssitzung eingesetzt. Man leitet die Todesmeditation mit der Wissensklarheit ein, daß es dabei um ein Nichtverdrängen dieser zum Leben gehörenden Tatsache und um das Aktivieren der Kräfte für emanzipatorisches Streben geht. Im vollen Umfang gliedert sich die Todesbetrachtung in vier Stufen:

1. Man stellt sich einen Mörder vor, der vor einem steht und ein Messer an der Kehle ansetzt. Die Visualisierung des sich nähernden Todesgesichts wird von Erwägungen begleitet wie etwa:
»So wie sich dieser Mörder nähert,
so kommt mir mein Tod entgegen.
Mein Tod ist unausweichlich.
Daß ich sterben werde,
ist das einzig Todsichere in meinem Leben.
Wie lange ich noch leben werde, ist unsicher.
Daß ich sterben werde ist sicher.
Es ist gewiß, daß ich jeden Tag meinem Tode näher bin.«

2. In der Vorstellung oder in der Erinnerung einer Leiche, die man gesehen hat, vergegenwärtigt man sich die notwendig kommende Zersetzung und Verfaulung und macht sich ein »lebhaftes« Bild davon. Man visualisiert die Würmer, Insekten und Bakterien, die den Kadaver zerfressen.
Man vergegenwärtigt sich die Tatsache, daß der »eigene« Körper auch schon zur Zeit des Lebens mit vielen Wesen geteilt wird: die Bakterien, die in all den Körperöffnungen ständig geboren werden und sterben, sich am Körper ernähren; wie der Körper ihnen

---

9 Die traditionelle Form der vierfachen Schutzmeditation ist beschrieben in einem kleinen Büchlein von Mahasi Sayadaw: *Klarblick-Meditation,* das erhältlich ist von *Haus der Besinnung,* CH-9115 Dicken, Schweiz.

als Brutstätte, Kotstätte und Leichenfeld dient. Man stellt sich im gleichen Zusammenhang die Würmer und andere Parasiten vor, durch die jeder befallen werden kann, die unzähligen hierdurch bewirkten Krankheiten, die zum Tode führen.

3. Gebunden an die Vorstellung der Leiche eines Verstorbenen, den man gekannt hat, wird Folgendes in einem inneren Gespräch erwogen:
»Diese(r) Verstorbene besaß so viele Dinge (man zähle sie auf), hatte Ansehen und Status.
Wozu ist es ihm nun gut?
Was hat er mitnehmen können?
Das einzige, was sich in der Kontinuität seines nachtodlichen Bewußtseins fortsetzen kann, sind die karmischen Spuren seiner guten und bösen Taten, deren Früchte er auf den künftigen Daseinsfährten ernten wird.«
Die gleichen Erwägungen wendet man auf das eigene Dasein an.
Man visualisiert zuerst ein Symbol des Todes (in jeder Übungssitzung fortlaufend das gleiche) und vergegenwärtigt sich: »Dies ist eine Pforte in das Ungewisse nach dem Tode.« Für eine zuvor beschlossene Zeit verweilt man ruhig in der Betrachtung dieses Symbols, an das all die vorherigen Erwägungen gebunden sind.

4. Abschließend versucht man, die einzelnen gegenwärtigen Bewußtseinsaugenblicke in ihrer Vergänglichkeit wahrzunehmen. Man merkt die Körperempfindungen, Gefühle und Gemütsbewegungen und versucht, vor allem die Phase ihres Aufhörens und Absterbens weise aufzufassen (nach *Visuddhi Magga*, Kapitel VIII):
»Das Wesen des vergangenen Bewußtseins *(Citta-Khana)* hat gelebt, lebt jetzt nicht mehr, wird auch später nicht mehr leben. Das Wesen des zukünftigen Bewußtseinsmomentes hat noch nicht gelebt, lebt auch jetzt noch nicht, wird erst später leben. Das Wesen des gegenwärtigen Bewußtseinsmomentes hat früher noch nicht gelebt, lebt nur jetzt, wird aber später nicht mehr leben.«
So wirklichkeitsbezogen geht man also zum Erwägen der Konsequenzen für die eigene Lebensgestaltung über. Jetzt ist der Moment, etwas zu ändern, Entschlüsse zu fassen und zu festigen (vgl. *Abhisankāra,* Steuerformationen, Seite 88 und 320f.), die dank erhöhter Geistessammlung eine große Wirksamkeit im Alltag haben werden. Interessant ist hierzu die folgende Überlegung von Schopenhauer *(Die Welt als Wille und Vorstellung)*:

»Die Form der Erscheinung des Willens, also die Form des Lebens und der Realität, ist eigentlich nur die Gegenwart, nicht Zukunft, nicht Vergangenheit: diese sind nur im Zusammenhang der Erkenntnis da. In der Vergangenheit hat kein Mensch gelebt, und in der Zukunft wird nie einer leben; sondern die Gegenwart allein ist die Form alles Lebens, ist aber auch sein sicherer Besitz, der ihm nie entrissen werden kann.«

Sie werden es nützlich finden, liebe Leserin, lieber Leser, einige Male die Meditation über den Tod in dem oben beschriebenen Umfang durchzuführen, bevor Sie sie in ihrer Kurzform als Schutzmeditation anwenden. Wenn man *Marana-Sati* gemäß der Instruktion durchführt, kann kein Schaden entstehen. Nicht angezeigt ist diese Meditation bei geistiger Verwirrung, erhöhter Sentimentalität und Anhänglichkeit an einen Verstorbenen, die bei akut depressiven, aber auch bei sonst gesunden Menschen kurz nach dem Verlust einer geliebten Person zu Schwierigkeiten führen können. Solche Menschen rutschen dann eventuell in eine vertiefte Morbidität ab, indem sie die Wissensklarheit über die zwei Pole der Betrachtung *über* den Tod verlieren: Der eine Pol ist nämlich das Leiden des Todes *(Marana),* dessen Wahrheit in der Meditation anerkannt wird. Der andere Pol ist aber das unvoreingenommene Betrachten mittels befreiender Achtsamkeit *(Sati),* die *über* dem Tod steht und zu einer befreiten Erhabenheit führt.

Die Kurzform von *Marana-Sati* wird zusammen mit der Betrachtung des Erleuchteten und mit Güte-Entfaltung als Schutzmeditation benützt. Diese Schutzmeditation hat den Zweck, vor allem während einer intensiven Meditationsklausur die psychische Ausgeglichenheit des Übenden zu sichern und einen Rahmen zu geben, in dem auch besonders problematische Bewußtseinsinhalte abgegrenzt werden können. Obwohl es einladend ist, diesbezüglich interessante psychologische Begründungen anzubringen – man kann sie während der Anwendung leicht entdecken – und so den Nutzen der Schutzmeditation hervorzuheben, beschränken wir uns hier nur auf einige Hinweise zur Wissensklarheit.

Erstens handelt es sich um die Wissensklarheit über den Erlebensbereich *(Gocara-Sampajañña)* bei den Übergängen vom Alltag in den Bereich der Meditation überhaupt, dann von der Schutzmeditation zum Hauptmeditationsobjekt sowie vom Hauptobjekt zu den Störungsbereichen von *Nivarana,* die auch Schreckliches enthalten können.

Zweitens ist es die Wissensklarheit über das Ziel: Emanzipation,

Sammlung, Leidbefreiung und Erleuchtung; dieses Ziel wurde von den erleuchteten Arahats und Buddhas voll erreicht und liegt also im Bereiche des Möglichen.

Drittens geht es um die vorwegnehmende Abschwächung der Wirksamkeit aller Schrecken, die uns in der inneren Landschaft begegnen können, wobei wir aber aus eigenem Entschluß den Schrekken des Todes mit Gleichmut betrachten.

Viertens ist es die Stabilisierung des Bewußtseins durch die beruhigenden und angenehm harmonisierenden Auswirkungen der Güte-Strahlung *(Mettā-Bhāvanā)*.

Man braucht jedem dieser vier Teile der Schutzmeditation nicht mehr als eine Minute einzuräumen, da es sich um eine Vergegenwärtigung dessen handelt, was man schon in entsprechenden methodisch entfalteten Meditationen erreicht hat. Wir gehen wie folgt vor:

1. Nachdem wir uns zur Meditationsübung gesetzt haben, aber noch bevor wir das eigentliche Meditationsobjekt aufnehmen, fassen wir den Entschluß, zuerst die Schutzmeditation durchzuführen.
2. Wir werden uns als erstes des höchsten Zieles wissensklar bewußt: »Befreiung vom Leiden, Emanzipation, Glücklichsein.« Es ist vorteilhaft, dieses Ziel in der Personifizierung des Vollkommen Erleuchteten, der es verwirklicht hat, zu visualisieren.
3. Nun folgt die kurze Vergegenwärtigung der vier Stufen der Todesbetrachtung:
   a) Man visualisiert den sich unausweichlich nähernden Tod.
   b) Man stellt sich den Körper vor, der mit vielen Wesen geteilt wird.
   c) Man erinnert sich an die Leiche und all die weltlichen Dinge, die ein Verstorbener nicht mitnehmen kann.
   d) Man faßt die Ungewißheit und Vergänglichkeit des gegenwärtigen Lebens und all seiner Erscheinungen auf.
4. Die Kurzform von *Mettā* besteht darin, daß man sich mit den Worten »Möge ich glücklich sein!« das Wohlgefühl vergegenwärtigt und danach das Wohlwollen in alle sechs Richtungen strahlt. Abschließend, mit den Worten »Mögen alle Wesen glücklich sein!«, visualisiert man sich selbst als eine strahlende Lichtkugel, die von allen Richtungen Energie empfängt und nach allen Richtungen Liebe verbreitet.

Abschied von der Todeswelt

Die volle Versenkung des *Jhāna* ist eine zeitweilige Befreiung aus der Vielfaltswelt des *Papañca*, in der der Tod herrscht. Doch ist auch das »Ewigkeitserlebnis« des *Jhāna* vergänglich, und man kehrt wieder in die Alltagsvielfalt zurück. Mehr noch: Wer ein Anhaften an ekstatische Erlebnisse entwickelt, leidet dann folglich beim Aufhören der Ekstase. Wenn er sich noch weiter gehen läßt und die Kluft zwischen der offenen Vision der Ekstase einerseits und dem notwendigen Alltagsgeschehen andererseits nicht weise auffaßt, verliert er immer mehr den Zugang zur erholsamen Ruhe und zur erfrischenden Schönheit, die man in den friedlichen Freiräumen des gesammelten Erlebens genießt. Wie wir anhand der einzelnen Sammlungsübungen erkannt haben, erfordert sogar die Praxis der Ekstase Disziplin und routinemäßige Ordnung für die Wartung der Pforten und Brücken zum Jenseits der Todeswelt.

Der Aufbruch in die visionäre Freiheit ist also nur ein Schritt auf dem Wege zur Emanzipation, der auf die vorherigen Schritte[10] der Wirklichkeitsverankerung und des Ausbaues der zuverlässigen subjektiven Ausgangslage *(Sīla)* folgt. Die weiteren Schritte bestehen darin, daß man das visionär Erschaute in den Alltag herüberbringt und zuletzt das Todlose durch die Integration der beiden Bereiche verwirklicht. Hierauf zielen die Strategien der Macht, denen wir uns im nächsten Kapitel widmen werden. Verweilen wir aber noch bei der Betrachtung des in diesem Kapitel Erreichten, denn eine disziplinierte Reflexionsmethode (*Paccavekkhanā* – das Anschauen, *Ikkhana,* mit Hilfe der Matrizen von *Akkheyya,* klingt in diesem Wort mit) ist ein Mittel zur Festigung und Entfaltung der Ekstasefähigkeit. Jedes Verbessern der Zukunft ist nur dann realistisch, wenn es in einer reflektierenden Auswertung der Vergangenheit gründet.

Die Ergebnisse eines schrittweisen Rückblicks – dies ist die Bedeutung von *Paccavekkhanā* – auf diesen Seiten niederzuschreiben, wäre eine Bevormundung der Leser, die ihre Kreativität lähmen würde. Notieren Sie also selber, liebe Leserin, lieber Leser, was Sie bei der Vorbereitung und Durchführung der einzelnen Übungen weise aufgefaßt haben. Entfalten Sie aus dieser erlebnismäßig gesicherten Weltsicht ein eigenes Weltbild, das für Sie persönlich besser stimmt, als alle Weltbilder auch der besten Wissenschaftler, Religionsstifter, Politiker und Schriftsteller. Berücksichtigen Sie dabei alles, auch die beschränkten Möglichkeiten jedes Buchs, auch die allgemein ver-

---

10 Vergleiche das Pendeln in Schritten des *Yoniso Manasikāra* auf Seite 218 ff.

breiteten Vorurteile und Mißdeutungen unseres Themas. Lassen Sie sich nicht mitreißen, festigen Sie Ihren eigenen Standpunkt, formulieren Sie eine eigene Stellungnahme.

Trotz aller umgangssprachlichen Mißdeutungen bin ich überzeugt, daß »Ekstase« ganz gut das bezeichnet, worauf die in diesem Kapitel beschriebenen Strategien zielen. Im *Duden* heißt »Ekstase« »Aussichherausgetretensein«. »Ex-stase« ist die Überwindung einer Stokkung, Stauung oder Erstarrung und vermittelt daher besser den angestrebten Sachverhalt als »Versenkung«, »Erreichungszustand«, »Trance« oder »Meditation«. Vor allem ist »Meditation« ein viel mißbrauchtes Wort, das mehrdeutig bleibt, auch wenn es richtig benützt wird. Meditation bezeichnet erstens ganz allgemein die Methode des Vorgehens zur Verinnerlichung, zweitens die Technik der spezifischen Geistesentfaltung, drittens den aktuellen Erlebensablauf einer Sitzung, viertens den erreichten Zustand des veränderten Bewußtseins und fünftens dessen Wirkung auf Erkenntnis und Persönlichkeitsstruktur. Es wurde bereits erörtert, wie Meditation dies bewirkt und daß nicht jede Meditation zum *Jhāna* führt. Wir sprechen nur von voller Ekstase, wenn ein hochintensives Einheitserleben im harmonischen Gleichmaß von Auffassen und Meistern des Bewußtseinsobjekts, von Freude, Glück und Sammlung fließt.

Im Abhidhamma bezeichnet der technische Terminus *Jhāna* nur die meditativen Erreichungszustände und die ihnen entsprechenden Sphären. Die verwandten Ausdrücke, wie *Dhyāna* auf Sanskrit, *Tsch'han* auf Chinesisch und *Zen* auf Japanisch werden jedoch im weiteren Sinne für Meditation gebraucht. Wir sprechen über ekstatisches Erleben auch dann, wenn die fünf Glieder der Ekstase noch nicht harmonisiert sind, wenn aber ihre Intensivierung schon die fünf Hemmungen *(Nîvarana)* überwunden hat. Entscheidend sind hierbei die energetisierende Freude *(Pīti)* und die glückerfüllte Sammlung *(Samādhi)*, die sowohl in der Meditation wie auch während eines Alltagserlebnisses vorkommen können. Strategien der Ekstase sind daher jene achtsamen, freudigen Unternehmungen, die über die Grenzen des Alltäglichen hinausführen, ohne daß die Übersicht der Situation und die Meisterung des Geschehens preisgegeben wird.

Die in diesem Kapitel enthaltenen Übungen der Sammlung stellen Bausteine her, aus denen Programme zusammengesetzt werden können, die man dann in Strategien koordiniert. Wir wurden mit den Hauptprinzipien der Dhamma-Strategien gleich am Anfang dieses Buchs (Seite 33) vertraut und sind dann immer wieder mit tieferem Verstehen in sie eingedrungen, bis wir im vorherigen Kapitel die

Struktur von Handlungsstrategien (Seiten 201 ff.) ganzheitlich anhand von Strategien der Solidarität überblicken konnten. Es würde Sie, lieber Leser, liebe Leserin, langweilen, jetzt noch Ausführungen über das Entfalten von Strategien der Ekstase im Alltag passiv zu konsumieren. Weil Sie auf Grund Ihrer durch die Lektüre gewonnenen Kompetenz und Ihren in den Übungen erworbenen Fertigkeiten nicht überfordert werden, bedeutet die Aufgabe, eigene Strategien für den Alltag zu entwerfen, für Sie eine angenehme Herausforderung und vielleicht auch ein wenig ein Abenteuer. Die nun folgenden Überlegungen sollen nur noch als Anregungen dafür dienen.

Die Strategien der Ekstase bezwecken einerseits eine *reinigende Wirkung auf den Geist* – wir sprachen schon über *Citta-Visuddhi* und Katharsis – und eine *Erhöhung des Bewußtseins,* indem sie uns Freiräume gewähren, aus denen heraus wir mit größerem Abstand unsere Alltagssituation besser überschauen und die unvorteilhaften Konditionierungen und Fremdprogrammierungen ausscheiden. Andererseits ermöglichen sie uns die Grenzüberschreitung des Alltäglichen und dadurch eine *Vision von bisher ungeahnten Möglichkeiten,* in der wir neue Ziele setzen und ein Vorgehen zu ihrer Verwirklichung entwerfen können. Solche visionäre Ziele gehen über eine therapeutische Selbst-Verwirklichung frustrierter Möglichkeiten hinaus. Sie sind gleichzeitig frei vom Verzicht auf das wahrhaft Eigene zugunsten einer Hingabe an eine Fremd-Bestimmung durch »höhere Intelligenzen« irdischer oder außerirdischer Herkunft. Im emanzipatorischen Streben der Dhamma-Strategien geht es um eine *Eigen-Verwirklichung der meditativ erschauten und souverän gesetzten Ziele,* die man in achtsamer und wissensklarer Anwendung seiner Kompetenzen, Fertigkeiten und Kunstgriffe zur Geltung kommen läßt und sie dadurch wiederum zur Quelle der Freude macht.

Die ekstatische Eigen-Verwirklichung im Alltag verlangt, daß wir uns aus jeder Abhängigkeit von Nekrophilie (Todesliebe) befreien. Die nekrophilen Tendenzen nehmen bei einer unheilvollen Lebensgestaltung zwei extreme Formen an, deren gemeinsames Merkmal es ist, daß sie den Lebensfluß verneinen und sabotieren. Das eine Extrem besteht im Erstarren, im identifizierenden Gleichschalten und Unterbinden jeder Entwicklung – wir haben einige Aspekte dieser Form in einem anderen Kontext (Seite 136) schon erwähnt. Das andere Extrem besteht in Zerfahrenheit, im chaotischen Wuchern und in Überschwenglichkeit. Beide Extreme binden auf eine pathologische Art unsere Energien, und indem sie uns von der Ausgeglichenheit des mittleren Pfades abbringen, machen sie jedes ekstatische Erleben unmöglich. Daß Zerfahrenheit und Überschwenglichkeit im

Alltag vor allem auf mangelnde Sammlung *(Samādhi)* und fehlende Eigenregelung *(Sīla)* zurückgeführt werden können, ist ohne weiteres erkennbar, ebenso, daß sie als Folge ein widerstandsloses Erliegen jeder Fremdbestimmung haben.

Eine ausgedehntere Betrachtung verdient hingegen das andere Extrem: Je mehr man sich mit den erstarrten Persönlichkeitsstrukturen identifiziert und sich scheut, sie unvoreingenommen wahrzunehmen, um so stärker wird die Angst vor ihrer Auflösung, vor ihrem Absterben. Bedingt durch Unwissenheit *(Avijjā)* und Todesangst versucht man, sich dem Tode anzubiedern und tötet folglich alle gesunden Ansätze zur Wandlung ab. In diesem verkehrten Bewußtsein versucht man, das Morbide zu verniedlichen und die durch Gier, Haß und Verblendung bedingten geistigen Befleckungen *(Kilesa)* als willkommen oder gar schön aufzufassen. Auch von offensichtlichen Perversionen[11] will man nichts wissen, man schließt die Augen davor oder gleitet im oberflächlichen und entstellenden Auffassen darüber hinweg. Im oberflächlichen Denken gehen die verkehrten Rationalisierungen so weit, daß man das Krankhafte unterhaltsam und interessant findet. Man ist sogar bekümmert, ob überhaupt noch etwas Beachtenswertes am Menschen übrigbleibt, wenn das Morbide wegfällt. Ängstlich denkt man:»Bin ich denn noch für irgend jemanden interessant, wenn ich frei von Befleckungen bin?«

Tatsächlich ist in unserer Zivilisation die irrtümliche Anschauung, daß Pathologisches interessant sei, daß Tod reizvoll sei, daß Intrigen spannend seien, sehr tief verwurzelt. Solche Perversionen bilden die Antriebskraft für einen großen Teil des gesellschaftlichen Lebens. Die minderwertige Kunst vermarktet diese Pathologien und bietet Gefühlsduselei an, ohne Auswege zu zeigen. Aber auch die hochstehenden Vertreter der Kultur sind oft Opfer der Illusion, daß Künstler pathologisch sein müssen, damit sie genug Antrieb für ihre Arbeit haben. Gründlich aufgefaßt sieht man jedoch:

Kreativität entspringt nicht dem Morbiden, Kreativität ist Ausdruck der Überlegenheit bei der Lösung von Problemen und vor allem beim innovativen Schaffen des Guten, Wahren und Schönen.

Die Werke ekstasefähiger Dichter oder Maler sind vor allem dank ihrer Sammlung und Ausdrucksdisziplin entzückender und vorzüglicher als die Produkte morbider Menschen. Stellen wir uns nur vor, über welche Sammlung und visionäre Kraft ein Michelangelo verfü-

---

11 Die vier prinzipiellen Perversionen sind im Rahmen der Algebra von *Yoniso Manasikāra* auf Seite 99f. aufgeführt. Für eine ausführliche Erklärung siehe *Anguttara Nikāya*, deutsche Übersetzung: *Die Lehrreden des Buddha aus der angereihten Sammlung*, Bd. II., S. 55f. und 208 (Aurum Verlag, Freiburg 1984).

gen mußte, um aus einem Felsblock zum Beispiel den David heraus-zuarbeiten, und welche Fertigkeiten, Kunstgriffe und Disziplin für seine Tausende von Hammerschlägen nötig waren, um das vornehme Werk fertigzustellen! Oder die heitere Schönheit der Werke eines Mozarts – wäre sie möglich ohne vorherige Kultivierung der fünf Glieder der Ekstase? Oder hätte eine Joan Baez die (nicht immer nur angenehme) Wahrheit mit Schönheit vermitteln können, wenn ihre Klarsicht durch irgendwelche persönlichen Probleme verdunkelt ge-wesen wäre? Bei jeder Künstlerpersönlichkeit kann ohne weiteres auch das Problematische in den Vordergrund gerückt werden. Man kann auch die Frage stellen, wieso Mozarts Musik ihn selber nicht zu beruhigen vermochte, obwohl sie den meisten von uns Frieden schenkt.

Die großen Künstler unserer Zivilisation sind wohl nicht bis zum *Jhāna* vorgedrungen, und von Erleuchtung ist gar nicht zu sprechen. Einige Ekstatiker haben ihre Anbiederung an den Tod nie aufgeben können. Ohne Wissensklarheit und ohne Rückhalt des *Sīla* haben sie weder die Vielfaltswelt noch die Ekstase ertragen. Doch auch ein Jimmy Hendrix, der während seiner ekstatischen Improvisationen die Saiten seiner Gitarre schleckte und die Vielfaltswelt der Musik zu transzendieren versuchte, indem er seinen Rhythmus im Zerbrechen des Instruments kulminieren ließ – auch er hatte sich mittels freudi-gen Interesses und diszipliniert aufgefaßter und erwogener Übung hierzu emporgearbeitet. Auch ein solches, der Glücksfähigkeit wenig zuträgliches, relativ unruhiges und wenig integratives ekstatisches Erleben hätte Hendrix kaum beim trunkenen Herumspazieren mit den Hörern eines Walkmans auf den Ohren erreichen können.

Menschen, die sich als minderwertig wahrnehmen, neigen dazu, auf eine minderwertige Art das zu konsumieren, was mit ihrer eige-nen Wirklichkeit wenig zu tun hat. Sie sind oft nicht einmal fähig, ihre eigene Erlebenswirklichkeit zumindest mit dem fremdbestimmt Schönen in Entsprechung zu bringen. Sie aber, liebe Leserin, lieber Leser, kennen die Wege der Eigen-Verwirklichung des Ekstatischen, und Sie verfügen auch über Kunstgriffe und Kompetenzen hierfür. Fassen Sie deshalb die obigen Überlegungen bloß als Ansporn für Ihr eigenes Erwägen auf. Die schöpferische Versenkung oder kreative Ekstase bleibt nicht den professionellen Künstlern vorbehalten. Die Qualität des ekstatischen Erlebens eines nach Emanzipation streben-den edlen Menschen ist auch nicht durch das Mitschwingen des Publi-kums bedingt.

Es ist angenehm, am ekstatisch anmutenden Erleben anderer teil-zunehmen, vor allem, wenn eine solche Produktion einen künstlerischen oder sonstigen Wert hat. Doch bleibt auch die schönste Ekstase des anderen dort draußen nur eines der Dinge der Vielfaltswelt, die unserem eigenen Erleben in keiner Weise eine integrative Einheit und Erfüllung verleihen kann. Kein anderer kann für uns meditieren, und kein anderer kann für uns im Alltag die Strategien der Ekstase entfalten. Das Erleben von pathologischen Befleckungen zu befreien und die so gewonnene Übersicht und Kreativität im Alltag zu verwerten, das kann nur jeder selber tun. Auch die Dhamma-Strategien sind nur Mittel, die erst in ihrer Anwendung das Ausbrechen der neuen Visionen aus dem Gefängnis der alten Selbstdefinitionen ermöglichen und einen Reichtum des Innenlebens aufquellen lassen. Im Entfalten eigener Strategien werden die sterbenden Kräfte wieder belebt und sowohl für die innere Erfüllung wie auch für die emanzipatorische Alltagsgestaltung eingesetzt. Nur die Emanzipation des Erlebens, nur die Befreiung aus den Fesseln der Vielfalt verwandelt die geisttötende Alltagsroutine in Kunstgriffe, verwertet sie zu einer gesammelten Einheit und vervollständigt mit ihrer Hilfe das Leben zu einem ekstatischen Fest.

Achtes Kapitel

Strategien der Macht

Der Wille ist die wichtigste Grundlage der Macht, und es steht allein in unserer Macht, ob wir den Willen, den freien Willen, wollen oder ob wir uns entschließen, ihn an irgendeine Form des Determinismus, der Abhängigkeit, preiszugeben. Wenn man sich der vermeintlichen Einfachheit halber gar für die Ohnmacht entscheidet, wird das Leben auch ohne eigenes Zutun immer komplizierter und leidhafter. Es ist einfach, glücklich zu leben, wenn man es will und wenn man genug Macht hat, die ständig neuen Wandlungen des Lebens zu meistern. Wir haben die verschiedenen Voraussetzungen dieser Macht zur Lebensmeisterung in den vorherigen Kapiteln behandelt. Nur die Willenskraft *(Viriya)* haben wir uns bis zum Schluß aufgespart, und das mit gutem Grund, wie wir insbesondere bei den technischen Erörterungen der Willensschulung sehen werden.

Über Fragen der Macht besteht in unserer Zivilisation die größte Verwirrung, und es ist daher angebracht, in die Wirrnis mit Hilfe des gründlichen Weisen Auffassens etwas Licht zu bringen. Mit dieser Absicht werden wir also zuerst die Krankheiten des Willens, die Ohnmacht und die Willkür, betrachten. Mit dem so gewonnenen Wissen gewappnet und der Gefahren des Machtmißbrauchs bewußt, werden wir eigene Komponenten des Willens erforschen und ihren Stellenwert bei der Harmonisierung psychischer Kräfte betrachten. Wir werden dabei auch sehen, auf welchen Bahnen die Willensschulung weit über das sogenannte Normale bis ins Magische führt. Doch werden wir dabei nicht aus den Augen verlieren, daß wir vor allem auf ein glückliches Leben zielen, welches durch Transzendieren von Abhängigkeiten und durch eine integrative Vereinheitlichung des Alltags erreichbar ist.

Mit dem Thema Macht sind die Fragen von Kampf und Gewalt eng verbunden. Ihre Anwesenheit in unserem Leben ist nicht zu leugnen. Die Dhamma-Strategien bezwecken in keiner Weise, aus dem Übenden ein lahmes Opfer jener zerstörerischen Kräfte zu machen oder seine kämpferischen Fähigkeiten zu beeinträchtigen. Daß es möglich ist, ohne Gewaltanwendung aus einem Kampf unversehrt herauszukommen, belegen ja die Kampfkünste des Zen-Buddhismus. Sie sind auf der Körperebene das Beispiel für die Anwendung von gründlichem Auffassen, von Achtsamkeit und Sammlung (die frei von Haß, Gier und Verblendung sein müssen) wie auch für Willenskraft und Weisheit der Kunstgriffbeherrschung, die auf Selbstvertrauen *(Saddhā)* gründet. Hingegen zeugen rohe Gewalt und grausame Einfältigkeit bloß von der inneren Ohnmacht des Täters und von seinem ›Nichtbewandert-Sein in den Rechten Mitteln‹.

Strategien der Macht kultivieren den kämpferischen Geist, indem sie ihn emanzipatorisch lenken und mit den Kunstgriffen der Rechten Mittel *(Upāya-Kosalla)* ausrüsten. Das Kampffeld der Dhamma-Strategien liegt in unserer eigenen Innenwelt. Die Kriterien für das Lenken des Kampfangriffs sind identisch mit den Kriterien für ethische Wertungen im Rahmen des Weisen Auffassens. Die Heere unzähliger Formationen von Gier, Haß und Verblendung sind also der Feind, gegen den die Strategien der Macht gierlos, haßlos und wissensklar eingesetzt werden. Dem emanzipatorischen Kampf *(Padhāna)* liegt nicht das Prinzip des Bekämpfens und Unterdrückens zugrunde, vielmehr geht es dabei um die Überwindung mittels Entfaltung des Guten und des Besseren. Man kämpft nicht gegen das Böse, sondern für die Emanzipation. Den diesbezüglichen Metaprogrammen des Abhidhamma liegt die folgende Matrix des Weisen Auffassens zugrunde, deren deutsche Übersetzung hier nach dem schon mehrmals zitierten *Anguttara Nikāya*[1] wiedergegeben wird:

Vier rechte Kämpfe gibt es, ihr Bhikkhus.
Welche vier?
Da erzeugt der Bhikkhu in sich den Willen, nicht aufgestiegene, üble, unheilsame Dinge nicht aufsteigen zu lassen; er strebt danach, setzt seine Willenskraft ein, spornt seinen Geist an und kämpft darum.
Er erzeugt in sich den Willen, aufgestiegene üble, unheilsame Dinge zu überwinden...
Er erzeugt in sich den Willen, nicht aufgestiegene heilsame Dinge aufsteigen zu lassen...
Er erzeugt in sich den Willen, aufgestiegene heilsame Dinge zu festigen, nicht schwinden zu lassen, sondern sie zu Wachstum und voller Entfaltung zu bringen; er strebt danach, setzt seine Willenskraft ein, spornt seinen Geist an und kämpft darum.

---

1 Dieses Zitat stammt aus *Die Lehrreden des Buddha,* Band II. S. 21, Aurum Verlag, Freiburg, 1985. Die abhidhammischen Metaprogramme des Kampfes sind ausführlich ausgearbeitet in *Vibhanga* 390–430, englisch: *The Book of Analysis,* Luzac & Co., London, 1969. Vgl. hierzu die Erklärung über das »Bewandertsein in den rechten Mitteln« *(Upāya-Kosalla)* auf Seite 102.

Es ist alles so einfach, es klingt so selbstverständlich. Wieso aber handeln wir dann so oft wider diese klare Selbstverständlichkeit?

Krankheiten des Willens: Ohnmacht und Willkür

Menschen, die eine unvoreingenommene Einstellung zur Macht haben, sind sehr schwer zu finden. Die meisten gieren nach Macht, manche ganz offensichtlich, andere verstecken ihre Machtgier hinter augenscheinlicher Machtbekämpfung und Kritik, einige tabuisieren jedes Gespräch und jede Überlegung über das Thema Macht. Es gibt auch solche, die in ihrem ehrlichen Abscheu vor dem Machtmißbrauch so weit gehen, daß sie – anstatt ihren Geist von der Gier zu läutern – die unverarbeitete Machtgier in deren Gegensatz umkippen lassen und freiwillig die Ohnmacht wählen. Aber auch die Ohnmacht wird dann meist als Waffe eingesetzt, um selbstische Ziele zu erreichen oder, noch schlimmer, um den Mitmenschen das Leben unangenehm zu machen, um sie zu bestrafen und zu terrorisieren. Sie kennen wohl, liebe Leserin, lieber Leser, konkrete Beispiele aus Ihrer Umwelt, die all die obigen Einstellungen zur Macht belegen können.

Betrachten wir etwas ausführlicher, was die Macht so attraktiv erscheinen läßt. Bei einer diesbezüglichen Befragung reagierten bezeichnenderweise die meisten Menschen, indem sie schilderten, warum sie kein ohnmächtiges Leben führen wollen. Sowohl Erwachsene als auch Jugendliche, Frauen wie Männer, alle können gut beschreiben, was in konkreten Situationen passiert, wenn es einem an Macht mangelt. Hingegen sind die Antworten weniger konkret und manchmal eher einfältig, wenn man die Menschen schildern läßt, was sie tun, wenn sie genug Macht haben. Man wende die Macht an, um »Wünsche zu erfüllen«, die eigenen Wünsche und jene der Freunde und Verwandten, um »überlegen zu sein, besser organisieren zu können und den anderen zu helfen«, nicht selten auch um »es den Mächtigen zu zeigen« und um »den Machtmißbrauch zu bestrafen«.

Es wäre verfrüht, in diesen Motiven nach Gesundem oder Krankhaftem zu suchen. Auch wenn die Befragten ohne innezuhalten meistens emotionell zu unrealistischen Lösungswünschen abgleiten, berichten sie doch über ihre eigenen Erfahrungen und Gefühle, über Ereignisse, die ihnen tatsächlich zugestoßen sind. Wir kennen ja die Matrix der Bedingten Entstehung *(Paticca-Samuppāda),* mit der wir uns im dritten Kapitel so ausführlich auseinandergesetzt haben, und wissen, daß unsere Erlebnisse *(Vedanā)* weitgehend durch unser vorheriges Tun, durch Karmaformationen und durch die Art unseres Bewußtseins bedingt sind. Wir wissen auch, daß es nicht nötig ist, vom Erleben gleich in ein von Gier, Haß und Verblendung bewegtes Begehren *(Tanhā)* abzugleiten. Versuchen wir daher, solche Berichte über Situationen, aus denen das Verlangen nach Macht entsteht, zuerst nur als Erlebtes, als Gefühl *(Vedanā)* gründlich aufzufassen. Es ist von Vorteil, liebe Leserin, lieber Leser, wenn wir dabei mit dem arbeiten, was wir selber erlebt haben.

Mit Hilfe von Weisem Auffassen, Strategien der Solidarität und mancher Kunstgriffe, die Sie auf Grund der bisherigen Lektüre erworben haben, ist es einfach, mit den Machtfragen schon bei ihrem Auftreten im Alltag fertig zu werden. Wir verfügen auch über die Strategien der Ekstase, die es uns möglich machen, aus dem Alltag mit all seinen Machtproblemen beizeiten auszusteigen und uns über die Vielfaltswelt des *Papañca* in Meditation zu erheben. Wie hilfreich, entlastend und erfrischend auch immer ein solches Vorgehen ist, eine endgültige Veränderung und eine dauernde Erhabenheit bietet es nicht. Um eine tiefgreifende Veränderung unserer Situation in der Welt und unserer Einstellung gegenüber der Welt zu erreichen, sind die Strategien der Macht erforderlich, die die Willenskraft emanzipatorisch einsetzen.

Jeder Mensch kann seinen Willen wachrufen. Den meisten mangelt es aber an der *Fähigkeit, den Willen zu lenken.* Der Wille als Vehikel der Macht entgleist und zerbricht, wenn keine Machtfährten ausgebaut und erhalten werden. Das Zerbrechen des Willens heißt Ohnmacht, sein Entgleisen Willkür. Wir werden uns dem Ausbau von Machtfährten später widmen. Jetzt erforschen wir zuerst die Willkür und die Ohnmacht, denn durch sie bedingt entsteht der Machtmißbrauch. Auch wenn man selbst verläßliche Machtfährten hat, bleibt das Wissen über die Ohnmacht und Willkür wichtig, um die Auffassungs- und Reaktionsweisen der anderen zu verstehen und sie in der eigenen Wissensklarheit *(Sampajañña)* zu berücksichtigen.

Betrachten wir nochmals die Befragungsergebnisse unter dem Aspekt, warum Macht attraktiv ist, wozu die Befragten ihre Macht einsetzen wollen. Wir lassen zuerst unsere Einsichten beiseite, daß sich einige der Probleme von Ohnmacht und Machtmißbrauch gar nicht einstellen würden, wenn die Betroffenen fähig wären, die Vorkommnisse gründlich weise aufzufassen *(Yoniso Manasikāra)* und demzufolge an der eigenen Gier, dem eigenen Haß und der eigenen Verblendung zu arbeiten. Dies würde sicher zu einer größeren Übersicht verhelfen und dem Ausgeliefertsein vorbeugen. Doch man kann nicht alle realen Schwierigkeiten und Feindseligkeiten beseitigen, indem man sie »wegmeditiert« oder – wie es die meisten Psychotherapien versuchen – »weganalysiert«. Solches unweise *(Ayoniso)* Vorgehen würde nur eine Seite der Interaktion zwischen dem Menschen und seiner Welt berücksichtigen und ihn folglich wiederum in Ohnmacht an seine Welt ausliefern. Dies ist tatsächlich das, was die Anpassungsideologien anstreben. Wie wäre es aber, wenn man es umgekehrt machen würde: zuerst eine ideale Umwelt und eine gerechte Gesellschaft schaffen, die dann den Menschen jene Macht gewähren würde, die sie anstreben?

Stellen wir uns vor, daß einem Menschen alle Macht zufällt, die er angesichts der Befragungsergebnisse (wie auch angesichts aller möglichen weiteren Bedürfnisse) benötigt. Es kommt ja in unserer Industriegesellschaft tatsächlich vor, daß breite Schichten der Bevölkerung die Macht und Mittel dafür haben, sich praktisch alles anzuschaffen und sich alle Bedürfnisse zu erfüllen. Viele sind unabhängig von pflegebedürftigen Kindern, von Eltern, Hausbesitzern, Vorgesetzten... Viele sind nicht aus den interessanten Erlebensräumen und modischen Gedankenwelten ausgestoßen, sie sind integriert in Gruppen von ähnlich Gesinnten und bei dem Neuesten immer ganz dabei... Viele unterwerfen sich gar nicht und brauchen nicht einmal die Mitmenschen zu berücksichtigen. Sind nun diese Menschen glücklich? Was machen sie mit ihrer Macht?

Um die hier aufgeworfenen Fragen anhand konkreter Ereignisse gründlich durchdringen zu können, vergegenwärtigen wir uns, was die Menschen mit ihrer Macht tun, die wir persönlich kennen: ein machtbewußter Familienvorstand, der es nicht nötig hat, die durch seine Vorgesetzten verursachten Frustrationen an den Familienmitgliedern abzureagieren; eine gegen Unterwerfung kämpfende Feministin, die die volle Zustimmung ihres weichen Partners genießt; ein unabhängig Schaffender, der genug verdient... Sind diese Leute glücklich? Was machen sie mit ihrer Macht?

In der Umgangssprache rechtfertigt man oft die Handlungen eines Mächtigen, indem man anerkennend sagt: »Der macht ja, was nötig ist.« Aber wie gründlich durchdacht ist seine Ausgangslage, wie wissensklar sein Handeln, wie bewußt seine Ziele? Davon wird selten gesprochen – und von persönlicher Verantwortung oder gar vom Willen des Mächtigen schon überhaupt nicht. Gut ist, was nötig ist, also sollen Not und Genötigtsein die Macht entschuldigen. Wenn man hingegen sagt: »Der macht ja, was er will«, dann klingt es ganz unerhört. Offensichtlich will das allgemeine Denken nicht aus dem herkömmlichen Kreis von Macht mit aktiver Unterwerfung und Macht im Unterworfensein herauskommen – auch nicht unter dem Gesichtswinkel der Mächtigen und derer, die sich mit ihnen identifizieren. In der Perspektive der Ohnmächtigen wie auch jener, die sich mit ihnen aus irgendeiner unreflektierten Frustration identifizieren, wird die Macht begehrt, »um es dann besser machen zu können«. Wir haben aus der Analyse der gesellschaftlichen Scheinlösungen (siehe Seiten 52 f.) gesehen, wie die frustrierte Machtgier in Ideologien verwandelt wird. Die Schlagworte »Diktatur des Proletariats« und »lieber tot als rot« erinnern uns auch daran, daß solch frustrierte Gier in Haß umschlägt, ganz gleich, ob die Ideologien von seiten der Mächtigen oder der Ohnmächtigen formuliert werden.

Es kommt auch vor, daß Menschen, die die Macht so sehr nötig hatten, sie dann auch tatsächlich bekommen haben (zum Beispiel innerhalb von streng hierarchisch strukturierten Institutionen des Militärs, der Industrieunternehmen usw.). Charakteristisch für Leute, die die Leiter einer Machthierarchie zu erklimmen versuchen, ist, daß sie alle anderen entweder in Mächtigere oder in Ohnmächtigere einteilen. Das gibt ihnen das Gefühl des Radrennfahrers: nach oben bücken, nach unten treten. Der schon mehrmals zitierte Psychologe Carl Rogers setzt sich unter dem Titel *»Die Macht der Machtlosen«*[2] mit diesem Thema auseinander und gibt auch sehr eindrückliche Schilderungen davon, wie zum Beispiel ein Leiter eines Ferienlagers mit seiner neu gewonnenen, äußerlich gesicherten Macht umgeht: Unfähig, die Wirklichkeit weise aufzufassen, setzt er seinen gekränkten »Willen« in Akten der Willkür durch. Aus der Schilderung geht hervor, daß er wahrscheinlich keinen eigenen Willen kennt und ängstlich bloß jene zu unterwerfen trachtet, die mit Freude tun, was sie wollen. Wer eben den eigenen Willen nicht beachtet, weil er ihn gar nicht spürt, ist auch nicht fähig, den Willen anderer zu achten. Ein Mensch, der sich in seiner Machtstellung gleichzeitig als ohnmächtig (wie der Radrennfahrer) erlebt, versucht durch Mißachtung und Schikanieren der Untergeordneten seine Machtstellung zu bestätigen, der er sich eigentlich nicht gewachsen fühlt.

Die Schulung des Willens im Rahmen von Strategien der Macht gibt keine Rezepte für das »Durchsetzen des Willens« (durch das Treten) oder für das »Erreichen einer Machtstellung« (durch das Bücken); sie zeigt vielmehr den Weg, wie wir *zu dem eigenen Willen als Vehikel der Macht zurückfinden,* wenn eine unheilvolle Lebensweise ihn zu verzetteln droht, und wie wir die inneren Willensregungen kultivieren können, damit wir unserer tatsächlichen Macht gewachsen sind. Erst dann können wir auch die persönliche Macht auf eine emanzipatorische, glückbringende Weise entfalten und einsetzen.

2 In C. R. Rogers: *Die Kraft des Guten,* Kindler Verlag, München 1978.

Der Pfad des Sehens und der Pfad der Macht

Wissen ist Macht, – das hört man bereits als Schulkind. Später entdeckt man aber auch, daß nicht alles Wissen nützlich ist und daß einige offiziell geförderte Glaubenssysteme aus politischen und wirtschaftlichen Gründen unwahres Wissen verbreiten. Im zweiten Kapitel haben wir uns diesen Fragen aus gesellschaftlicher Sicht genähert. Man kann sehen, daß die nach außen Mächtigen, die ethisch blind sind, Halbwahrheiten oder Lügen in Form von wirtschaftlicher Werbung, einer angeblich wertfreien Wissenschaft, politischer und religiöser Propaganda[3] verbreiten, um ihre äußeren Machtstellungen zu sichern. Die stete Zunahme des Leidens können auch fanatische Optimisten nicht leugnen. Jedermann kann sehen, daß hinter den Aggressionen, die unserer Welt so viel Leiden bringen, meistens ganz rücksichtslose Habgier der wenigen nach außen Mächtigen steht, die sie treibt, süchtig nach noch mehr Macht zu verlangen und haßerfüllt verblendet alles zu vernichten, was ihnen im Wege zu stehen scheint. Und die machtgierigen Ohnmächtigen äffen sie nach. So vernebelt man das eigene Sehen und vernichtet die mahnende Wahrheit. Dies tut nämlich jeder vor allem sich selber an, denn es ist unsere eigene – mehr oder weniger bewußte – Wahl, entweder zu glauben, was uns gesagt wird, oder dem zu vertrauen, was wir *sehen*. Mit dieser Wahl kann der Pfad des Sehens beginnen, der aus dem Kreise der gegenseitig sich bedingenden Ohnmacht und Willkür herausführt.

Der Pfad des Sehens führt zur Weisheit in abhidhammischem Sinne von *Paññā*. Wir haben *Paññā* unterschieden von den anderen Wissensarten, die in bloß technischem Know-how und in der Anhäufung von Informationen bestehen, und gezeigt, wie *Paññā* entfaltet wird. Die in unserem Buch beschriebenen Übungen zu den Dhamma-Strategien ermöglichen uns, *Paññā* wie auch die Fähigkeiten der Achtsamkeit *(Sati)*, der Zuversicht *(Saddhā)*, der Sammlung *(Samādhi)* und des Willens *(Viriya)* zu entdecken, sie also zu *sehen*. Es wurde gezeigt, wie *Paññā* eine ganzheitliche Sicht darstellt, die aus dem Weisen Auffassen unter der Berücksichtigung von Emanzipationsmöglichkeiten entsprießt. In einer ausführlichen Analyse wurde klar, daß ein zum glücklichen Leben führendes Wissen durch ethische Wertung und ethischen Rückhalt von *Sīla* bedingt ist.

Die obige Bilanz ist für Sie, lieber Leser, liebe Leserin, keine Theorie, sie ist vielmehr eine konkrete Reflexion über die durch

---

3 Eine eindrückliche Analyse dieser Themen gibt Aldous Huxley in: *Brave New World Revisited*, Panther Books, London 1983, S. 170f.

Übung gewonnenen Bausteine Ihrer persönlichen Macht. Diese Bilanz geschieht am einfachsten und am genauesten in der Terminologie von *Akkheyya*, die wir als eine emanzipatorische Psycho-Algebra begriffen haben. Diese abhidhammische Terminologie bezeichnet genau das, was durch Ihre Übung als Prozeß definiert und erlebnismäßig durchdrungen wurde. Dem stehen die unklaren Schlagworte der Propaganda, der Werbung und der übrigen Manipulationsmittel gegenüber, die Ignoranz als Wissen, Leichtgläubigkeit als Glauben, Rausch als Ekstase und Willkür als Macht ausgeben. Auf dem Pfade des Sehens überprüfen wir achtsam und gesammelt den Wirklichkeitsbezug des Gehörten, bevor wir zu dem vermittelten Wissen Vertrauen fassen. Ein solches durch Sehen geläutertes Wissen *(Ñāna-Dassana-Visuddhi)* wird allerdings erst bei der Verwirklichung des Pfads des Sehens *(Dassana Magga)* unerschütterlich; man bezeichnet es dann als Stromeintritt *(Sotāpatti)*[4]. Erst danach kann man den Pfad der Macht *(Bala Magga)* im eigentlichen Sinne begehen.

Unser Ziel, lieber Leser, liebe Leserin, ist es, die Wirklichkeit so zu sehen, wie sie ist, und unsere Kompetenzen zu erkennen, die wir mittels *Akkheyya* als die fünf Fähigkeiten oder Kräfte auffassen, nämlich Achtsamkeit, Wissen, Zuversicht, Sammlung und Wille. Wie schon erwähnt, werden diese fünf Fähigkeiten erst durch den Pfad der Macht voll zu unerschütterlichen psychischen Kräften *(Bala)* entfaltet. Doch auch auf dem Pfade des Sehens geht es in der Tradition von Abhidhamma nicht bloß um ein wissendes Sehen unter Ausschluß der übrigen psychischen Kräfte. Nicht das Gewinnen von Ansichten und Weltbildern zählt beim so verstandenen Sehen – aber auch nicht eine Beseitigung des Denkens und der Analyse, wie irrtümlicherweise einige Meditationsschulen lehren. In unseren Dhamma-Strategien geht es um das Sehende Wissen im Kontext der fünf psychischen Kräfte. Hierzu ist die Geschichte von den Blinden aus dem Theravada-Kanon sehr aufschlußreich, aus der ich hier einige Ausschnitte übersetze:

So hatte ein König die von Geburt an Blinden einen Elefanten erfassen lassen...

Der Elefant ist wie ein Gefäß, behaupteten jene, die den Kopf an-

---

4 In dem schon oft zitierten *Anguttara-Nikāya* (deutsch: *Die Lehrreden des Buddha*, IV. 4, Band 2, S. 48 ff.) wird die Form von *Paññā*, die als Sehendes Wissen *(Ñāna-Dassana)* charakterisiert ist, zusammen mit gegenwärtigem Glück *(Sukha-Vihāra)*, Achtsamkeit, Wissensklarheit *(Sati-Sampajañña)* und Versiegen der Triebe *(Āsava-Khaya)* als Ergebnis spezifischer Meditationsübungen erklärt, die weit über den Rahmen des vorliegenden Buchs hinausreichen.

faßten; der Elefant ist wie ein Fächer, behaupteten jene, die das Ohr anfaßten; der Elefant ist wie ein Pflug, behaupteten jene, die den Stoßzahn anfaßten; der Elefant ist wie eine Säule, behaupteten jene, die das Bein anfaßten... und bei den jeweiligen Ansichten verharrend, sie durch scharfsinnige Worte verteidigend, haben sie gestritten.

Einige Asketen (nur Praktiker) und Priester (nur Theoretiker) hegen Ansichten über die Ewigkeit und Endlichkeit der Welt (wie auch über andere Weltbilder)...; über den Körper als identisch mit... unterschiedlich von... weder identisch noch unterschiedlich von der Seele, von der Lebensenergie...; über das Fortbestehen des Erleuchteten nach dem Tod...

Diese Anhänger der verschiedenen Ideologien sind blind, sie sehen nicht, was der Emanzipation zuträglich und was abträglich ist, sie sehen nicht, was der Weg *(Dhamma)* und was der Irrweg ist. In ihrer Ignoranz über diese Dinge geraten sie in Streit und Kampf und verharren bei den Worten...

...Gleich solchen von Geburt an Blinden sind diese Asketen und Priester, sie sehen *Dhamma* nicht.

(Aus dem *Jaccandha-Vagga, Udāna* VI.4.)[5]

Wie zeitgemäß klingt noch heute diese über zweieinhalbtausend Jahre alte Geschichte, und wie vielschichtig ist sie in ihrer Aussage! Es würde weit über unser Thema hinausführen, sich zum Beispiel auf kommentierende Interpretationen einzulassen oder sich Gedanken darüber zu machen, was sie offensichtlich dem New Age zu sagen hätte. Doch soll hier noch einiges aus dem Blinden-Kapitel des *Udāna* wiedergegeben werden, weil es den Kontext der zitierten Geschichte ergänzt und darüber hinaus für die Praxis der Dhamma-Strategien von Bedeutung ist. Das Blinden-Kapitel zeigt nicht nur, daß die ganze Wahrheit des Weges nicht durch ein sozusagen »interdisziplinäres« Zusammentragen der Ansichten und Wissenschaften zu erreichen wäre, es warnt auch vor Exzessen, die entstehen, bedingt durch

– einen Verlaß auf übernatürliche Fähigkeiten (S. 62),
– fehlende Analyse (S. 64),
– ungeprüfte Übernahme von Aussagen anderer (S. 66),
– mangelnde Gründlichkeit (S. 70),
– Identitätsglauben (S. 70),

5 *Udāna, Khuddaka-Nikāya,* P.T.S., Luzac & Co., London 1948, S. 67–69.

- Ignoranz bezüglich suchterzeugender Mechanismen der Sinnengier (S. 71) und
- mangelnde Ausdauer in der Praxis (S. 72 der P.T.S.-Ausgabe).

Sie erinnern sich, daß wir uns mit all diesen Gefahren schon auseinandergesetzt haben und daß die Übungen darauf abgestimmt sind. Bei Ihrer Übung und Anwendung der Dhamma-Strategien werden Sie wohl eigene Vorgehensweisen zur Überwindung solcher Gefahren entdeckt haben. Anstatt Gefahren zu bekämpfen, haben Sie Achtsamkeit, Sammlung, Zuversicht und Wissen geübt. Bevor wir uns dem Kernanliegen dieses Kapitels, dem Entdecken, Sehen und Kultivieren der Macht und des Willens zum glücklichen Leben widmen, ist es erforderlich, das entsprechende Instrumentarium bereitzustellen. Sie ahnen wohl, lieber Leser, liebe Leserin, woraus auch hier dieses Instrumentarium besteht: Es sind die *Akkheyya* als Erfassungsmatrizen, als Meditationsobjekte und als Algebra des Erwägens von Dhamma-Strategien.

Wenn wir dann den Willen in der Mikroanalyse als Zusammenspiel von Absicht *(Chanda)*, Entschluß *(Adhimokkha)*, Anstrengung *(Padhāna)* und Tatkraft *(Viriya)* trainieren, dürfen wir nicht vergessen, daß jede Terminologie, auch die der *Akkheyya*, eine konstruierte Auffassung der geistigen Prozesse ist. Eine Auffassung, die den Erlebensfluß in Einheiten unterteilt, die die Emanzipation und Steigerung der Glücksfähigkeit ermöglichen, soll aber dem emanzipierten Erleben selber kein Schema aufzwingen. In der methodischen Übung der Macht werden wir wohl zielbewußt nach jenen Erlebensaspekten Ausschau halten, die zu den einzuübenden *Akkheyya* gehören. Dies wird im Alltag eine ähnliche Auswirkung haben wie bei einem Komponisten, der nicht nur aus dem Vogelsang, sondern auch aus den Maschinengeräuschen, aus dem Verkehrslärm und aus ähnlichem Melodien, Rhythmen, Kontrapunkte und Akkorde heraushören kann. Eine solche Einstellung wurde ja schon im Zusammenhang mit der Übung der Wissensklarheit im Alltag angesprochen.

In der Psycho-Algebra von *Akkheyya* werden die Verbindungen zwischen den einzelnen Gliedern, wie zum Beispiel bei Absicht-Entschluß-Anstrengung, *nicht denkerisch hergestellt; sie entstehen auf der Erlebensebene, bedingt durch Aufmerksamkeitsverschiebung, Gemütsbewegung usw.* Da wir über die verschiedenen Erlebensebenen unterrichtet sind, wissen wir klar zwischen dem terminologischen (begrifflichen) Denken und dem Erleben zu unterscheiden. Begriffliche Ordnung ist zeitlos und erlebnismäßige Durchdringung ist zeitlich – auch wenn es sich um ein Nacherleben oder um eine meditative Vorwegnahme der noch nicht entstandenen künftigen Kompetenzen handelt[6]. Unsere persönliche Macht ist nur durch unsere Kompetenz gesichert. Obwohl die Schulung des Willens nur im gegenwärtigen Erleben stattfinden kann, arbeitet sie mit der durch die Vergangenheit erlebnismäßig erfüllten Terminologie der *Akkheyya,* die sie im Schaffen der Bedingungen für das Entstehen einer leidensfreien Zukunft einsetzt. In *Khuddaka-Nikāya,* der gleichen kanonischen Sammlung, in der auch die Geschichte von den Blinden enthalten ist, gibt es den folgenden Schlüsseltext über den Umgang mit *Akkheyya* (Terminologie) unter Berücksichtigung der Zeitlichkeit (*Addhā* – hier absichtlich mehrdeutig als »Terminbereiche« übersetzt):

Dreierlei Terminbereiche gibt es,
...vergangene, künftige und gegenwärtige
(und in allen dreien gilt):

Die Wesen, die nur terminologisch wahrnehmen,
die ihren Standort nur in der Terminologie haben
und erlebnismäßig die Terminologie nicht durchdringen,
gehen unter dem Joch des Todes.

Erlebnismäßig die Terminologie durchdringend,
erdenkt man keinen Benennenden (kein Subjekt) mehr,
so ist innerlich die Befreiung erreicht,
und man verweilt im höchsten Frieden.

Mit der Terminologie zwar ausgestattet,
doch gestillt die Zeitlosigkeit genießend,
auf dem Wahrheitspfade bedient er sich der Benennung,
doch geht er nicht mehr in Benennbarkeit ein –
– der Wissensmeister.

(Itivuttaka III, 2, 4)[7]

---

6 Diese Prinzipien des Abhidhamma, die insbesondere im Paradigma der *Pariññā* – erlebnismäßiger Durchdringung – (*Patisambhidā-Magga* I. 87) deutlich sind, wurden bisher in den nur philologischen Übersetzungen nie berücksichtigt. Das Bewandertsein in der Terminologie von *Akkheyya* ermöglicht nur die erste der drei *Pariññā* und genügt daher nicht für die Überwindung des Leidens – vgl. die praxisbezogene Erörterung auf Seite 322.

7 *Itivuttaka, Khuddaka-Nikāya,* P.T.S., Luzac & Co., London 1948.

Der Wille: Absicht, Entschluß, Anstrengung

Am Beispiel des Wohlwollens *(Mettā)* übten wir im Rahmen von Strategien der Solidarität, die primären Willensregungen zu entdek-ken und zu entfalten. Wir haben dabei den wortlosen Willen als die Absicht-zu-tun *(Kattu-Kamyatā-Chanda)* aufgefaßt, die noch nicht entschlossen (das heißt auf kein bestimmtes Objekt oder Ziel gerich-tet) ist, der aber doch eine Qualität und ein Energiepotential inne-wohnt. Lassen wir zuerst den energetischen Aspekt des Willens bei-seite und betrachten wir etwas ausführlicher den strukturellen. Auf der elementarsten Ebene ist der Wille als eine Intentionalität *(Ce-tanā)* auch schon in jedem Bewußtseinsmoment vorhanden. Dieser Wille bestimmt, in welchem Kontext das Erlebnis gesehen wird[8] und wie es durch Benennung aufgefaßt wird. Erst aber in einem Ent-schluß *(Adhimokkha)* wird der Wille auf ein bestimmtes Ziel gerich-tet und kann folglich in einer Anstrengung *(Padhāna)* vollzogen wer-den. Man erkennt hierin wieder eine Bedingte Entstehung, welche in der Urmatrix des *Paticca-Samuppāda* folgende Entsprechung hat:

	Erlebnis	→ Begehren	→ Anhaften	→ Werden
A.	*Vedanā*	→ *Tanhā*	→ *Upādāna*	→ *Bhava*
B.	*Cetanā*	→ *Chanda*	→ *Adhimokkha*	→ *Padhāna*
	Erlebnis	→ Absicht	→ Entschluß	→ Anstrengung

Der Unterschied besteht darin, daß die A-Reihe vor allem die Be-dingte Entstehung des Leidens auffaßt, während sich die B-Reihe für die Auffassung des emanzipatorischen Strebens eignet. Zum Ver-ständnis der Erlebensbewegungen, die durch die beiden Reihen der *Akkheyya* bezeichnet werden, verhelfen all die Beispiele von konkre-ten äußeren Situationen, die im dritten Kapitel zur Illustration der Bedingten Entstehung angeführt wurden. Die hier angeführten vier Glieder wiederholen sich in blitzschneller Folge, indem die Anstren-gung jeweils wiederum ein ähnliches Erlebnis bedingt. Wie eine Än-derung des Entschlusses geschieht, wie man auf der Machtfährte die Weichen stellt, werden wir später erörtern. Zuerst wollen wir versu-chen, noch besser den inneren Mechanismus des Willens zu verstehen.

Beim Üben der Schrittmeditation haben wir den Vorgang des Schreiten-Wollens betrachtet, nachdem wir ihn durch das Denken

---

8 Die Auffassung von der Intentionalität bei den Phänomenologen Franz Brentano und Edmund Husserl entspricht weitgehend dem Abhidhamma. In *Vibhanga* wird auch gezeigt, wie durch Intentionalität bedingt die Zuversicht *(Saddhā* oder *Pa-sāda)* entsteht.

eingeleitet hatten. Im Denken haben wir zuerst die verschiedenen mit dem Stehen und dem Schreiten verbundenen Vorstellungen zu Formationen *(Sankhāra)* zusammengefügt. Dann haben wir ein Programm des Schreitens erwogen und die Steuerformationen *(Abhisankhāra)* über die Vorstellungen gestellt. Innerhalb dieser Anordnung von Vorstellungen und Denkformationen haben wir uns zu einer Richtung entschlossen *(Adhimokkha)* und uns für die Gemütsbewegung vom Stehen zum Gehen angestrengt *(Padhāna)*, um das Geherlebnis im Vorstellungsraum wachzurufen. Es geschieht wiederholt das gleiche, bis der Willensaspekt *(Cetanā)* der Formation in der Wiederholung so gestärkt wird, daß er als Willensregung auf einer höheren Ebene die Absicht *(Chanda)* bedingt (siehe den unteren Teil im Diagramm 13, Seite 295). Damit ist die Bedingte Entstehung des Willens erreicht, wie sie oben in der B-Reihe aufgefaßt ist. Es ist herausfordernd und amüsant, diesen Prozeß in der *Cankamana*-Meditation mit fortwährend gesteigerter Achtsamkeit zu verfolgen und gelegentlich darauf zu achten, ob auch die anderen vier psychischen Kräfte ausgeglichen vorhanden sind. Schon nach wenigen Wochen regelmäßiger Übung wird man feststellen, daß es möglich ist, das Verständnis dieser Vorgänge auch in der alltäglichen Willensanwendung zu verwerten. Die Handlungen gewinnen so an Wirksamkeit.

Der Wille muß methodisch im Zusammenwirken mit den anderen psychischen Kräften entfaltet und angeregt werden *(Vidhinā Īrayitabbam,* wörtlich: methodisch geschüttelt, sagt der Abhidhamma-Kommentar), um den Status der psychischen Kraft *Viriya* zu erreichen. Dies bringt auch wieder den Aspekt des Willens hervor, den wir als Kraftschwingungen oder Energieimpulse wahrnehmen. Wir haben dies energetisierende Erzittern im Zusammenhang von Freude und Ergriffenheit (Seiten 130ff.) ausführlich behandelt und später in Verbindung mit *Cankamana* (Seite 162) die Beobachtung von den Trägerwellen erwähnt. Bei der methodischen Schulung des Willens sind allerdings diese interessanten Erlebnisse der Energiebeobachtung nur so weit wichtig, als sie uns auf das Anspornen des Willens durch Freude und Ergriffenheit aufmerksam machen und so die persönliche Autonomie des Willens durch seine körperliche Verankerung unterstreichen. Für die praktischen Zwecke der Willensschulung ist jedoch das oben beschriebene strukturelle Verstehen wichtiger, weil es uns befähigt, die Willensenergie zu bündeln und zu richten. Die so gebündelte und aufgerichtete Willenskraft *(Viriya)* wird in einer populären Einführung in Abhidhamma mit dem stützenden Balken verglichen, der das Haus vor dem Einsturz bewahrt. Dazu wird noch das folgende Gleichnis angeführt:

Wenn, o König, ein großes Heer ein kleineres gesprengt hat, der König des kleinen Heeres aber darauf andere Truppen hinzuzieht und zur Verstärkung nachschickt, so mag wohl, mit jenen vereint, das kleine Heer das große besiegen. In gleicher Weise, o König, besitzt die Willenskraft die Eigenschaft, daß sie als Stütze dient, denn solange die guten Eigenschaften alle durch Willenskraft gestützt sind, können sie nicht schwinden.[9]

So äußert sich auch die Energie des Willens, die einem Menschen zur Verfügung steht, im größeren Wirkungsvermögen und Einfluß dieser Person. Es gewinnen nicht nur ihre Handlungen an Nachdruck und Geltung, schon ihre bloße Anwesenheit in einer Situation bedeutet eine nicht zu übersehende Kraft.

Die Willenskraft würde ohne das rechte sehende Verstehen von *Paññā* leicht zu einem Machtmißbrauch im eigenen inneren Haushalt führen, indem man zum Beispiel einfältig gegen die feindlichen Heere der Formationen von Gier, Haß und Verblendung vorginge, statt die Kunstgriffe der Rechten Mittel anzuwenden. Ohne *Saddhā* würde ein Übermaß der Willenskraft Zweifel *(Vicikicchā)* an der Methode und an dem Ziel bewirken und die im Vertrauen begründete Zuversicht und den Verlaß auf die eigene Autonomie schwächen. Willenskraft und Sammlung sind einander direkt entgegengesetzt, und ohne Ausgleich durch die Sammlung führt die Willenskraft zu Aufgeregtheit, Unruhe und impulsiven Ausschweifungen.

Ohne rechte Achtsamkeit würde ein Übermaß an Willenskraft dazu führen, daß man die unheilvollen Erscheinungen verdrängen oder unbemerkt lassen würde. Dies führt zwar vorübergehend zu einer vermeintlichen Machtsteigerung, die sich allerdings bald als eine Unterhöhlung der persönlichen Integrität entpuppen wird, da die unbeachteten und verdrängten »Dämonen« gerade dann einen bösen Streich spielen, wenn man es am wenigsten verträgt. Die Achtsamkeit *(Sati)* ist die wichtigste Kraft, weil nur sie eine Harmonie der übrigen psychischen Kräfte bewirken kann. Darüber hinaus ist die rechte Achtsamkeit[10] bei der Gestaltung vom Kontext der höchsten Willensanwendung auf den vier magischen Machtfährten genauso unentbehrlich wie bei der Harmonisierung aller Aspekte des emanzipierten Lebens.

---

9 *Milinda Pañha*, S. 61 der deutschen Übersetzung von Nyānatiloka: *Die Fragen des Königs Milinda*, Ansata Verlag, Interlaken 1985.
10 Die umfassendste Formulierung vom Pfade der Leidensbefreiung, den wir auf Seite 74 im Zusammenhang mit den Vier Edlen Wahrheiten vorgestellt haben, besteht aus acht Gliedern. Jedes Glied repräsentiert die höchsten Anweisungen für

Die vier magischen Machtfährten

Die Kunstgriffe für die Anwendung der Willenskraft zu emanzipatorischen Zwecken heißen *Iddhi-Pāda*. Diese Bezeichnung wird in den deutschen Übersetzungen der technischen Abhidhamma-Texte als »magische Machtfährten« wiedergegeben. *Iddhi* oder *Siddhi* ist ein schwer zu übersetzendes Wort, das umgangssprachlich in der erzählenden Literatur alle außerordentlichen, insbesondere jedoch die übernatürlichen magischen Begabungen bezeichnet. Abhidhamma verneint die Existenz solcher Begabungen nicht und benützt das Wort *Iddhi* im Kontext technischer Terminologie. Im Rahmen der Dhamma-Strategien verstehen wir *Iddhi* als eine Möglichkeit oder Fähigkeit, die makellos ausgereift ist und dadurch über das normal Alltägliche hinausreicht. Wir behalten also den Ausdruck »magische Machtfährten« bei, auch um der allgemein verbreiteten Neigung entgegenzukommen, Vorgehen und Mächte, die nicht nachvollziehbar und dem Durchschnittsmenschen unverständlich sind, als »magisch« zu bezeichnen[11]. Im Kommentar zur Methode, wie man »auf die mannigfachen Arten von magischen Kräften hin seinen Geist richtet und lenkt«, gibt Nyanatiloka den Terminus *Iddhi* als »Sicherfüllen, Gelingen, Erfolg, Gedeihen, Vermögen, Macht, magische Kraft, magische Wirkung, Zustandekommen, Erlangen« und als »die Verwirklichung eines Planes *(Upāya)*« wieder (*Visuddhi Magga*, S. 433).

Der burmesische Großmeister des Abhidhamma Ledi Sayadaw[12] klassifiziert *Iddhi* im Zusammenhang mit den Stufen der geistigen Läuterung (*Visuddhi*, vgl. viertes Kapitel) und hält dabei die folgenden fünf für wesentlich:

1. *Abhiññāsiddhi* – vollständiges analytisches Auffassen aller Phänomene mittels der *Akkheyya*, wie sie im Kompendium des Abhidhamma *Abhidhammattha Sangaha*[13] enthalten sind.

die glücksfördernde, rechte (nicht verkehrte) Gestaltung eines Lebensaspekts. Die Einteilung ist erschöpfend; daher stellen diese acht Glieder die notwendigen und genügenden Bedingungen für die Emanzipation dar: 1. Rechtes Wissen; 2. Rechte Gesinnung; 3. Rechte Rede; 4. Rechte Tat; 5. Rechter Lebensunterhalt; 6. Rechte Anstrengung; 7. Rechte Achtsamkeit; 8. Rechte Sammlung.
Eine systematische Erörterung gibt Nyanatiloka: *Der Weg zur Erlösung*, Verlag Christiani, Konstanz 1981.

11 Im zweiten Kapitel wurden hierzu einige Überlegungen angestellt. Wertvolle Beiträge zur Überwindung der ethnozentrischen Vorurteile unserer Zivilisation gegenüber diesem Thema sind zu finden in H. G. Kippenberg & B. Luchesi (Hrsg.): *Magie: Die sozialwissenschaftliche Kontroverse über das Verstehen fremden Denkens*, Suhrkamp Verlag, Frankfurt/M. 1978.

2. *Pariññāsiddhi* – vollkommenes meditatives Durchdringen der Vergänglichkeit, Leidhaftigkeit wie auch der übrigen Aspekte der Vielfaltswelt.[14]

3. *Pahānasiddhi* – endgültige Überwindung aller geistigen Beflekkungen und Pathologien *(Kilesa),* die eine vollkommene Geschmeidigkeit des Geistes auf den Machtfährten mit sich bringt.

4. *Sacchikiriyāsiddhi* – die Macht der Verwirklichung, die zum Durchdringen der Vier Edlen Wahrheiten führt (und damit zur Erleuchtung), die aber auch für weltliche Zwecke angewendet werden kann.

5. *Bhāvanāsiddhi* – eine vollkommene Meisterschaft in Meditation und im Entfalten aller Strategien des Dhamma.

Die vier magischen Machtfährten *(Iddhi-Pāda)* führen also zur Verwirklichung der fünf Gruppen von *Iddhi.* Sie werden hier bloß angeführt, um die eigentlichen Ziele der *Iddhi-Pāda* deutlich zu machen. Es wäre hier praktisch gegenstandslos, sich in eine ausführlichere Erörterung dieser hohen Ziele einzulassen oder gar über jene *Iddhi* zu theoretisieren, die mit Fähigkeiten der Telepathie, des astralen Reisens usw. zusammenhängen. Die in unserem Buch beschriebenen Dhamma-Strategien haben eine Erhöhung der Lebensqualität im Alltag zum Ziel. Daher werden wir uns mit den vier magischen Machtfährten nur so weit befassen, als sie für die praktische Übung und Lebensgestaltung behilflich sein können.

Die wichtigsten Voraussetzungen für den Ausbau der magischen Machtfährten sind Ihnen, lieber Leser, liebe Leserin, schon vertraut. Es ist die psychische Kraft der Zuversicht *(Saddhā)* und die zuverlässige subjektive Ausgangslage von *Sīla.* Die Perfektion der autochthon persönlichen Ethik von *Sīla* als Sittlichkeit wird mit Nachdruck und wiederholt als die unentbehrliche Grundlage der magischen Macht betont. In *Die Fragen des Königs Milinda* werden die folgenden Gleichnisse gebraucht, um dies zu versinnbildlichen:

---

12 Ledi Sayadaw: *The Requisites of Enlightenment,* Kaba-Aye, Rangoon Burma 1965; editierte Neuausgabe: Buddhist Publication Society, Kandy, Sri Lanka 1984.

13 Übersetzt von Narada: *The Manual of Abhidhamma,* Buddhist Publication Society, Kandy, Sri Lanka 1980. Auf deutsch ist dieses Kompendium des Abhidhamma zugänglich in Lama Govinda: *Die psychologische Einstellung der frühbuddhistischen Philosophie,* Rascher, Zürich 1962. Tschogyam Trungpa erwähnt in seinen *Gesprächen über den Abhidharma* (Octopus Verlag, Wien 1978), daß ein Auswendiglernen des *Abhidhammattha Sangaha* eine Grundlage der Ausbildung tibetischer Lamas darstellt.

14 Für eine Erläuterung des Paradigma von *Pariññā* siehe Unterkapitel: »Die Abwendung vom Leidhaften« (Seite 321 ff.).

»...denn die Sittlichkeit *(Sīla)* bildet die Grundlage zu sämtlichen guten Geisteszuständen: den fünf psychischen Kräften, den Grundlagen der Achtsamkeit, den magischen Machtfährten usw. Solange einer die Sittlichkeit zur Grundlage hat, geht er all dieser guten Zustände nicht verlustig.«

»Gib mir eine nähere Erklärung!«

»Gleichwie, o König, sämtliche Arten von Keim- und Pflanzenleben, bei denen sich ein Gedeihen, Wachsen und Entfalten zeigt, eben alle in Abhängigkeit von der Erde, eben dadurch, daß sie die Erde zur Grundlage haben, gedeihen, wachsen und sich entfalten: genauso, o König, bringt der in Sammlung sich Übende – eben indem er sich auf Sittlichkeit stützt, die Sittlichkeit zur Grundlage nimmt – die fünf geistigen Fähigkeiten zur Entfaltung, nämlich Zuversicht, Willenskraft, Achtsamkeit, Sammlung und Weisheit.«

»Gib mir noch ein anderes Gleichnis.«

»Gleichwie ein Stadtbaumeister, o König, wenn er eine Stadt bauen will, zuerst einen Platz für die Stadt lichten läßt, sodann denselben von Baumstümpfen und Dornen befreit, ebnet und nach einiger Zeit darangeht, denselben in Straßen, Plätze, Kreuzungspunkte usw. einzuteilen, und auf diese Weise die Stadt baut: genauso, o König, bringt der in Sammlung sich Übende – eben, indem er sich auf Sittlichkeit stützt, die Sittlichkeit zur Grundlage nimmt – die fünf geistigen Fähigkeiten zur Entfaltung.« (S. 58 ff.)

Gleich anschließend wird in Gleichnissen veranschaulicht, welche Rolle die Zuversicht *(Saddhā)* spielt: Wenn ein König aus einem Gewässer trinken will, das zuvor durch seine Heere aufgewühlt worden ist, dann benützt er einen wasserreinigenden Zauberstein (heutzutage inzwischen in allen Apotheken erhältlich), damit der Schlamm sich setzt. »Unter dem Wasser nun hat man den Geist zu verstehen, unter dem Schlamme die geistigen Trübungen und Hemmungen *(Kilesa, Nīvarana)* und unter dem Zauberstein die Zuversicht. Sobald die Zuversicht aufsteigt, o König, bringt sie die geistigen Hemmungen zum Schwinden. Der ungehemmte Geist aber ist klar, lauter, ungetrübt« (S. 60). Interessanterweise hat die Zuversicht auch das charakteristische Merkmal des Vorwärtsstrebens: wie ein Mann, »der sich seiner eigenen Kraft und Stärke bewußt ist, in einem mächtigen Sprunge zum anderen Ufer eines überschwemmten Bachs sich übersetzt« (S. 61) und dadurch den anderen Menschen (also den anderen Geistesformationen) wegweisend ist, so gibt die Zuversicht die Richtung an. Diese Gleichnisse veranschaulichen zur Genüge die Voraussetzungen der magischen Machtfährten, die wir nun in Hinsicht auf ihre Anwendung im methodischen Üben analysieren werden.

Auf der Machtfährte werden Sammlung und Wille, die einander entgegenwirken, in einer dynamischen Gestalt im Gleichgewicht gehalten. Wir haben ja in den Meditationsübungen erfahren, daß Sammlung die Dinge zusammenbringt, gleichstellt und vereinheitlicht, indem sie alle Unter-scheidungen auflöst. Hingegen treibt der Wille die Dinge empor und auseinander, indem er sie verändert und bewegt. Die elementaren Anlagen von Sammlung und Willen sind in jedem Geisteszustand vorhanden. Das Energiepotential steht dem Willen nur zur Verfügung, wenn es achtsam erfaßt wird; sonst fällt es den Trieben *(Āsava)* anheim. Ob ein Geisteszustand zum Leiden treibt oder heilvoll ist, hängt davon ab, ob er frei von den Leidensursachen Gier, Haß und Verblendung ist. Demnach können auch die von den Leidensursachen getriebenen Geisteszustände eine heilvolle Entwicklung veranlassen, indem sie als solche (das heißt als von Gier oder Haß oder Verblendung befleckt) weise aufgefaßt werden. Das Weise Auffassen *(Yoniso Manasikāra)* ist schon dadurch eine Überwindung des Bösen, daß es selber frei von Gier, Haß und Verblendung ist. Wenn man das getriebene Unheilvolle als bedingt entstanden weise auffaßt, dann kann man den Kreislauf unterbrechen und dem fortgesetzten Entstehen des Leidens seine Grundlage entziehen. Auf diesem Prinzip der emanzipatorischen Anstrengung (*Padhāna* – siehe die Matrix der Metaprogramme am Anfang dieses Kapitels) bauen auch die Machtfährten. Ein mit Weisheit verbundener Geisteszustand ist immer frei von Gier und Haß. Das Vorhandensein der Weisheit bedeutet auch, daß Willenskraft und Ansätze zum Weisen Erforschen vorhanden sind. Aus jedem solchen guten, heilvollen Geisteszustand kann eine der vier Machtfährten ausgebaut werden:

    I. Die Machtfährte der Absicht *(Chanda)*
   II. Die Machtfährte der Willenskraft *(Viriya)*
 III. Die Machtfährte des Bewußtseins *(Citta)*
 IV. Die Machtfährte des Erforschens *(Vīmamsā)*

Für jede Machtfährte gibt es eine psycho-algebraische Formel, in der drei Elemente verbunden sind: das vorherrschende Prinzip, die Sammlung und die Formationen der Anstrengung. Die Formationen der Anstrengung *(Padhāna-Sankhāra)* haben bei allen vier Machtfährten die gleiche Struktur, nämlich die Matrix der vier rechten Kämpfe, die eingangs dieses Kapitels angeführt wurde.

Die Machtfährte der Absicht

Die Formel für die Machtfährte der Absicht enthält die Termini:

Chanda	–	Samādhi	–	Padhāna	–	Sankhāra	–	Samannā	–	Gata
Absichts-	–	Sammlung		Anstrengungs-	–	Formationen		miteinander	–	gehend

(An der ersten Stelle der Formel steht bei allen Machtfährten jeweils die Benennung nach dem vorherrschenden Prinzip.)

Vor dem Entfalten der Machtfährte der Absicht müssen die Willensaspekte *(Cetanā)* der vorhandenen heilvollen Bewußtseinsmomente, also ihre Intentionalität, mit Verständnis erfaßt und wiederholt werden, bis sie den Status einer Absicht-zu-tun *(Kattu-Kamyatā-Chanda)* erreichen. Obwohl dabei auch Erforschen stattfindet, Willenskraft vorhanden ist, wie auch das Bewußtsein spezifische Eigenschaften aufweist, hebt man in der Wahrnehmung nur die Absicht hervor. Mit anderen Worten: Die Machtfährten des Erforschens, der Willenskraft, des Bewußtseins und der Absicht werden alle aus dem gleichen »Rohmaterial« gestaltet. Man kann jeweils nur einen dieser vier Aspekte der Macht kultivieren. Hier ist es die Absicht *(Chanda)*.

Die Absicht ist wohl auf irgendein Objekt der Innen- oder Außenwelt gerichtet. Man nimmt jedoch nicht das Objekt der Absicht als Fokus wahr, sondern sammelt das Erleben um das Gerichtetsein der Absicht. Die Gemütsbewegung selber *(Chanda)* ist das Objekt der Sammlung. Dies ist das praktische Vorgehen zur Verwirklichung von *Chanda-Samādhi,* des vorherrschenden Prinzips auf der Machtfährte der Absicht.

Die Absicht kann auf äußere Erkenntnis, auf Handlung oder auf emanzipatorische Erlebensveränderung gerichtet sein (vgl. die Unterscheidung von dreierlei Wissen im dritten Kapitel). Mit dem Anwachsen der Macht tauchen auch Gefahren von Machtmißbrauch auf, die in jedem dieser drei Bereiche verschieden sind und daher nach unterschiedlichen Kunstgriffen verlangen:

- Bei äußerer Erkenntnis schützt man die Lauterkeit der subjektiven Ausgangslage *(Sīla)* durch das Hüten der Sinnenpforten (siehe Seite 309), damit die Offenheit gegenüber der Wirklichkeit nicht durch Sinnengier und andere Entstellungen getrübt wird.
- Bei den Handlungen benützt man die fünf Kriterien von *Sīla* wie beim Trainingsentschluß (siehe Seite 191).
- Bei den Veränderungen des Erlebens beugt man dem inneren Machtmißbrauch vor durch Diagnose der Trübungen des Hellblicks *(Vipassanā-Upak-Kilesa),* die in Form von übernatürlichen

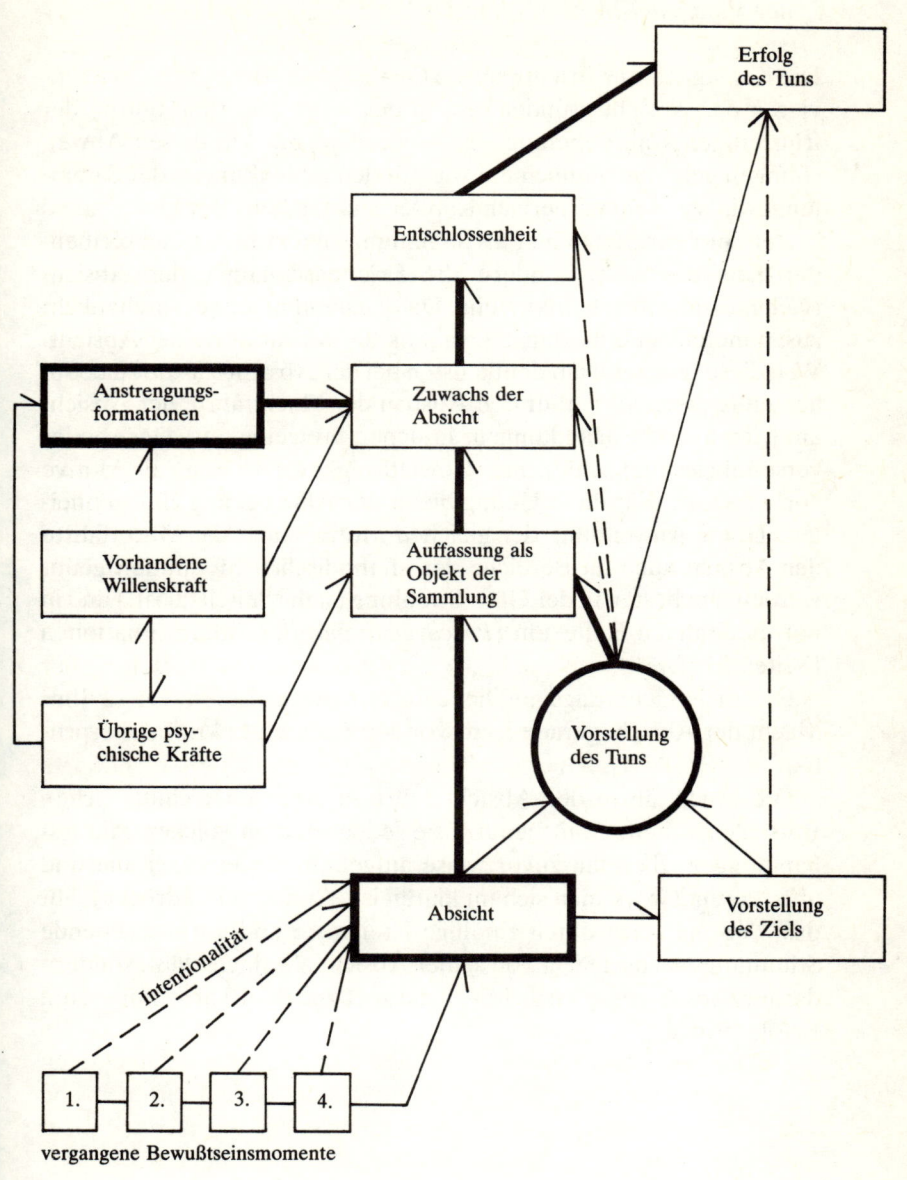

Diagramm 13: Die Dynamik der Machtfährte der Absicht

Erscheinungen während sehr intensiver und stark fortgeschrittener *Vipassanā*-Meditation auftauchen[15].

Die Kunstgriffe zur Erhaltung von Qualität und Richtung beim Kultivieren der Absicht gründen also in der Wissensklarheit und in der frühzeitigen Wahrnehmung von Abweichungen. Mit diesen Abweichungen geht man ähnlich um wie mit den Ablenkungen der Sammlung, wie wir es im vorherigen Kapitel geübt haben. Der Unterschied besteht nur darin, daß hier als Sammlungsobjekt kein gleichbleibender Erlebensinhalt, sondern die Erlebensdynamik der Absicht *(Chanda)* im Mittelpunkt steht. Das *Diagramm 13* veranschaulicht zusammenfassend die ganze Dynamik der Machtfährte der Absicht. Weil diese Dynamik am deutlichsten bei der Absicht-zu-tun zu beobachten ist, eignen sich für den Ausbau der Machtfährte der Absicht am besten solche Handlungen, in denen Freigebigkeit *(Dāna)* oder versöhnliche und schützende Gewaltlosigkeit *(Ahimsa)* als Motive vorherrschen. Für diese Übung bietet der Alltag genug Gelegenheiten. Unter Anwendung der gleichen Motive kann die Machtfährte der Absicht auch im Bereiche der methodischen Meditation geübt werden, am besten in der Güte-Strahlung (siehe Seiten 206ff.) und in der meditativen Reflexion *(Paccavekkhanā)* der Alltagssituationen (Seiten 216f.).

Es spricht nichts dagegen, liebe Leserin, lieber Leser, daß Sie Ihre Macht der Absicht gerade jetzt, vor der weiteren Lektüre, überprüfen.

Die Machtfährte der Absicht führt zu einer unerschütterlichen Entschlossenheit. Man benützt sie jedoch nur in solchen Alltagshandlungen, die man zuvor weise aufgefaßt und erwogen hat und über deren Zweck man sich im klaren ist. Anders ausgedrückt heißt das, daß man sich durch zufällige Ereignisse und vorübergehende Stimmungswechsel nicht von seiner Absicht abbringen läßt, sondern darüber hinaus seine ganze Macht einsetzt und das Beabsichtigte zum Erfolg bringt.

---

15 Die Trübungen des Hellblicks werden ausführlich behandelt in *Visuddhi Magga*, deutsch Nyānatiloka: *Der Weg zur Reinheit*, S. 758–763. Vgl. unsere Erörterung von *Suññatā* auf Seite 324ff.

Die Machtfährte der Willenskraft

In jedem Bewußtseinsmoment ist ein Energiepotential vorhanden, das dessen Lebensfähigkeit *(Jīvita)* bestimmt. In Geisteszuständen, die durch die Energie von Freude oder Ergriffenheit erfüllt sind, wird auch das Potential des Willens aktiviert. Wie der Wille gesammelt und zu einer psychischen Kraft kultiviert wird, haben wir im Unterkapitel »Der Wille: Absicht, Entschluß, Anstrengung« sowohl aus energetischer Sicht wie auch in der Struktur seiner bedingten Entstehung betrachtet. Die danach erklärte Machtfährte der Absicht konzentriert sich auf die strukturelle Dynamik des Willens. Die hier erläuterte Machtfährte der Willenskraft nimmt als Objekt der Sammlung das Wachsen der Energie *(Viriya)*. Der Erfolg im Entfalten der Machtfährte der Willenskraft besteht nicht in einer Entwicklung der Dynamik, sondern vielmehr in einer Intensivierung ihrer ursprünglichen Gestalt. Dennoch sind *Chanda* und *Viriya* zwei Aspekte des gleichen Phänomens »Wille«, die nur für die Übungszwecke mittels *Akkheyya* auseinandergehalten werden. Auf Grund dieser Erörterung kann die Machtfährte der Willenskraft in einem ähnlichen Diagramm ausgedrückt werden wie die Machtfährte der Absicht.

Die meditative Schulung der Willenskraft betont die Regelmäßigkeit und die Ausdauer beim richtigen Durchführen der Übungen.[16] Die Anhäufung der Willensenergie kann durch jede Übung der Dhamma-Strategien erreicht werden, ohne daß die Gefahr besteht, auf Irrwege zu geraten, denn sie sind alle nach den emanzipatorischen Kriterien entworfen. Das Programm für eine eigene Übungspraxis gestaltet man ja aus vertrauten Elementen. Man sucht dann nicht nach Zusätzlichem, sondern verbessert und vertieft das schon Vorhandene und steigert darin seine Kompetenz und Macht.

Im Alltag äußert sich diese Macht in einer Unermüdlichkeit bei der Verwirklichung eines gut erwogenen Ziels. Sie bedeutet auch Ausdauer beim Erwerben von Fertigkeiten und wird am besten für Unternehmungen der Selbsterkenntnis und der Verfeinerung des Erlebens genutzt, denn sie bringt vor allem eine Intensivierung und emanzipatorische Verwandlung der vorhandenen Eigenart durch die zur Verfügung stehenden Energien. Wenn wir wissen, worin eine glückliche Lebensweise besteht, und wenn wir auch entschlossen sind, sie nach Möglichkeit zu verwirklichen, dann verleiht uns die Machtfährte der Willenskraft die Macht dazu.

---

16 Vgl. die Ausführungen und Beispiele zum Umgang mit den Ablenkungen auf Seite 149f.

Die Machtfährte des Bewußtseins

Abhidhamma untersucht alle Bewußtseinszustände *(Citta)* sowohl nach ihrer inneren Struktur als auch nach ihren äußeren Beziehungen und nach ihren Potentialitäten[17]. Die transpersonale Psychologie öffnet sich neuerdings einem Verständnis der äußeren Beziehungen, Möglichkeiten und Kräfte des Bewußtseins, indem sie die Begriffe des veränderten (altered) und sich wandelnden (alternate) Bewußtseinszustandes wie auch von zustandsspezifischen Fertigkeiten eingeführt hat. Auf diesbezügliche theoretische Erörterungen verzichten wir hier aus praktischen Gründen. Für die Zwecke unserer Übung der Dhamma-Strategien unterscheiden wir jedoch nur die folgenden Gruppen von Bewußtsein *(Citta):*

	Leidbringend – *Akusala*	Schön – *Sobhana*
Mit Formation der rechten Anstrengung		Freudige oder indifferente, mit Wissen verbundene Erlebnisse von Freigebigkeit und Versöhnlichkeit. Weises Auffassen aller Zustände. Überwinden von Pathologien und Eintritt in *Jhāna*.
Spontan	Traurige, in *Haß* wurzelnde. Indifferente und freudige, in *Gier* wurzelnde. Indifferente mit Zweifel verbundene, in *Verblendung* wurzelnde. Indifferente, in *Verblendung* wurzelnde Erlebnisse mit Aufgeregtheit.	Freudige oder indifferente, von Gier, Haß und Verblendung freie Erlebnisse mit oder ohne Wissen. Angenehme Früchte des heilsamen Wirkens, Lächeln des Erleuchteten u. ä.
Mit Formation der Pathologie	Traurige, mit Groll, *Haß* und Vorurteil verbundene. Indifferente und freudige in *Gier* wurzelnde Erlebnisse mit oder ohne Vorurteil.	

Die Methoden des Abhidhamma ermöglichen, die Bewußtseinszustände sowohl mikroanalytisch zu erfassen, das heißt, die Unterschiede der inneren Struktur zu erleben, als auch makroanalytisch 89

17 Ausführlich behandelt in Nyānaponika: *Abhidhamma Studies,* Buddhist Publication Society, Kandy, Sri Lanka 1976 (S. 101 ff.).

Bewußtseinszustände nach ihren äußeren Beziehungen und Potentialitäten zu unterscheiden[18].

Während der Übung genügt es, wenn man anfänglich bei jedem Bewußtseinszustand nur die folgenden Qualitäten merkt:

auseinanderstrebend	– zusammenziehend
gesammelt	– zerstreut
befreit	– befleckt von Gier, Haß, Verblendung
unentwickelt	– großgeworden (*Mahaggata*)

Die Achtsamkeit und Wissensklarheit *(Sati-Sampajañña)* über die Qualität des Bewußtseins ermöglicht uns die Entfaltung der Machtfährte des Bewußtseins, die wiederum den gleichen Prinzipien folgt, die im *Diagramm 13* veranschaulicht wurden. Als Gegenstand und Ziel des Bewußtseins eignen sich am besten die emanzipatorischen Themen und Sammlungsobjekte, mit denen wir in der früheren Übung von Dhamma-Strategien vertraut wurden. So kann man auch im Alltagsgeschehen die Bedingtheit und Vergänglichkeit, die Ansätze zur Vereinfachung, das Vorkommen von Güte und Mitleid, die Atemrhythmen anderer Wesen usw. intensiver erleben. In der fortgeschrittenen Übung benützt man eventuell für das Auffassen der Bewußtseinsqualität als zusätzliche Kriterien die Glieder der Ekstase und das Paradigma der Bedingten Entstehung der Freiheit, das wir noch am Schluß dieses Kapitels erklären werden.

Die Machtfährte des Bewußtseins ist dadurch gekennzeichnet, daß der Übende versucht, während der ganzen ihm frei verfügbaren Zeit (das heißt Zeit, die nicht durch alltägliche Verrichtungen und Pflichten beansprucht wird) sein Erleben auf höheren Bewußtseinsebenen in Verbindung mit dem gewählten Meditationsobjekt zu halten. Künstler, Schriftsteller, Komponisten und Erfinder würden in solchem Zusammenhang über die »Zeiten der Inspiration« sprechen. Das Schöpferische und Schöne ist im Sinne einer Machtfährte des Bewußtseins allen Unternehmungen förderlich, die man aus eigenem Willen und mit freudigem Interesse durchführt –, sei es nun ein erzieherisch-pädagogisches Projekt, eine Prüfungsvorbereitung, eine Reiseplanung oder ähnliches. Die Machtfährte des Bewußtseins kann je-

---

18 Tabellarische Übersichten findet man im Anhang zu Nyānatiloka: *Der Weg zur Reinheit,* deutsche Übersetzung von *Visuddhi Magga,* Verlag Christiani, Konstanz 1975. Aus den 89 Bewußtseinszuständen kommen gemäß der Klassifizierung in *Abhidhammattha Sangaha* nur 54 im Alltagserleben vor, davon sind 12 leidbringend, 18 neutral und 24 gelten als schön *(Sobhana-Citta).*

den Lebensbereich in ein Feld der Bewußtseinskultur verwandeln. Selbst die allumfassende Gestaltung des Alltags kann dem erhöhten Bewußtsein Inhalt geben, wenn sie als ein kreatives Projekt aufgefaßt wird.

Die Machtfährte des Erforschens

Die Machtfährte des Erforschens kann kurz als die hohe Kunst des Fragenstellens und des Problemlösens charakterisiert werden. Das Erforschen *(Vīmamsā)* hebt den unterscheidenden Aspekt des Bewußtseins hervor, der auch schon in weniger entfalteten Geisteszuständen als das Aufmerken von Unähnlichkeit und Gegensatz angelegt ist. Das Erforschen gründet aber nicht auf den Ansichten, die inhaltlich durch Begriffe und Bilder vermittelt werden, es bezieht sich vielmehr auf das Weise Auffassen *(Yoniso Manasikāra)* des unmittelbar Erlebten und schließt dadurch jegliche Entstellungen und Perversionen aus (vgl. Seite 100). Das Weise Erforschen benützt also die verschiedenen, in unserem Buch erläuterten Paradigmen des Abhidhamma als Matrizen *(Yoni),* die das Erlebte ganzheitlich und in emanzipatorischer Sicht auffassen. *Vīmamsā* ist also mehr als ein nur nachdenkendes Erwägen. Der weise Erforschende kennt das Leiden (die erste Edle Wahrheit), das er erlebnismäßig durchdringt und weise auffaßt; damit kennt er auch die Ursache des Leidens (die zweite Edle Wahrheit) und seine Bedingte Entstehung *(Paticca-Samuppāda)*; er zielt auf die Emanzipation hin und ist über die emanzipatorischen Dhamma-Strategien unterrichtet. Die Machtfährte des Erforschens lenkt also das Erleben weg von den häßlichen haß-, gier- und verblendungsbehafteten Bereichen; sie befreit aus den Verwicklungen der Vielfalt und führt zu der einfachen Schönheit der Emanzipation.

Durch die Übungen des Weisen Auffassens haben Sie, liebe Leserin, lieber Leser, die grundlegenden Fertigkeiten für das Weise Erforschen *(Vīmamsā)* erworben und sind schon vertraut mit einigen Paradigmen des Abhidhamma, die Sie als Matrizen auf eigene Erlebnisse anzuwenden versuchten. Sie haben das forschende Erwägen bereits benützt, um Ihre Fertigkeiten und Erfahrungen beim Entwerfen Ihrer persönlichen Strategien zu koordinieren. Die im *Diagramm 9* auf den Seiten 204/205 veranschaulichte Struktur von Handlungsstrategien ist das Feld, auf dem die Machtfährte des Erforschens ausgebaut wird – mit der kleinen Veränderung, daß Handlungsstrategien zu Strategien der Erkenntnis und Läuterung werden. Im eigentlichen

Sinne des Abhidhamma gliedert und ordnet die Machtfährte des Erforschens *(Vīmamsā-Iddhipāda)* das psychische Feld so, daß ein gründliches Auffassen mittels *Akkheyya* möglich wird. Damit ist sie die Fährte der magischen Macht, die als *Abhiññāsiddhi* eingangs dieses Unterkapitels erwähnt wurde. *Abhiññāsiddhi* ist die Macht einer hohen Erkenntnis *(Abhi* = hoch; *ñāna* = Erkenntnis), die sich auf folgende sechs Bereiche bezieht (zitiert nach *Visuddhi Magga):*

1. Fortbewegung durch verschiedene Sphären. »Einer seiend wird er vielfach, und vielfach geworden wird er wieder einer. Er macht sich sichtbar und unsichtbar. Ungehindert schwebt er durch Wände, Mauern und Berge hindurch, gleichsam wie in der Luft. Auf dem Wasser schreitet er dahin, ohne unterzusinken, gleichsam wie auf der Erde. In der Erde taucht er auf und unter, gleichsam wie im Wasser. Mit gekreuzten Beinen schwebt er durch die Luft...«
2. Telepathische Wahrnehmung. »Mit dem himmlischen Ohre, dem geklärten, übermenschlichen, vernimmt er beide Töne, himmlische wie menschliche, ferne wie nahe.«
3. Gedankenlesen. »Der anderen Wesen, der anderen Personen Geist mit seinem Geiste durchschauend, erkennt er. Den gierbehafteten Geist erkennt er als gierhaft und den gierlosen als gierlos... usw. ... haßbehaftet und haßlos, verblendet und unverblendet, verkrampft und zerstreut, gesammelt und ungesammelt, entfaltet und unentfaltet.«
4. Vorgeburtliche Erinnerung. »An mannigfache frühere Daseinsformen erinnert er sich, an eine Geburt, an zwei, drei, vier und fünf Geburten..., an mancherlei Weltentstehungen und Weltuntergänge: ›Dort war ich, solchen Namen hatte ich, solchem Geschlechte gehörte ich an, solches Aussehen hatte ich, solche Freuden und Leiden waren mir beschieden...‹«
5. Einsicht in die Bedingungen von Wiedergeburten. »Mit dem himmlischen Auge, dem geklärten, übermenschlichen, sieht er die Wesen abscheiden und wiedererscheinen, gemeine und edle, schöne und häßliche, glückliche und unglückliche, sieht er die Wesen ihren Taten entsprechend wiedererscheinen.«
6. Emanzipation aus der Gewalt aller üblen Einflüsse, die als Triebe *(Āsava)* die Willensfreiheit und Glücksfähigkeit beeinträchtigen. »Nach Versiegung der Triebe gelangt er noch bei Lebzeiten in den Besitz der von Trieben freien Gemütserlösung und Wissenserlösung, indem er sie selber erkennt und verwirklicht.«

Wie wir aus der psycho-algebraischen Formel der Machtfährte des Erforschens sehen, wird der Wille und die Sammlung im Dienste von *Paññā* koordiniert. Der emanzipatorischen Weisheit von *Paññā* wohnt auch die Kompetenz für das Voranschreiten auf dem Wege zur Freiheit inne. Die Machtfährte des Erforschens lenkt also das Erleben nicht nur zum Wahren und Schönen, sie befreit auch von Leidensursachen, Entstellungen und Unterdrückungen. Hierfür wird sie – wie es bei den *Vipassanā*-Übungen noch besser erkennbar wird – mit den übrigen Machtfährten kombiniert. Die Machtfährte des Erforschens bahnt den Weg zur Transzendenz, indem sie den psychischen Haushalt ordnet, reinigt und harmonisiert. Sie verleiht die Macht, mit allen Gebilden der Innenwelt richtig umzugehen, und das wirkt sich selbstverständlich auch auf die Qualität unseres Umgangs mit den Tatsachen der Außenwelt aus. Dank der auf *Vīmamsā* basierenden Dhamma-Strategien können wir sowohl in der Meditation wie auch im alltäglichen Handeln

- Stockungen des Erlebensflusses auflösen und beseitigen,
- kompakt erscheinende Blöcke von Hindernissen zerlegen und eventuell als Bausteine der Fährte benützen,
- bremsende Verwicklungen und Komplikationen durchschauen, vereinfachen, ordnen,
- mit Feinden geschickt umgehen, sie entweder in Helfer verwandeln oder auf Distanz halten,
- Dämonen der Triebe und der verdrängten Komplexe aufspüren und bezähmen,
- bedrohlichen Energieballungen ihre Explosivität und lähmende Gewalt nehmen, ihren Druck ausgleichen, ihre vorhandene Energie glücksfördernd anwenden, jeder Neuentstehung jedoch vorbeugen,
- organische und ökologisch nicht störende Energiequellen und -ströme schützen und pflegen,
- die Neigung zum Wahren und Schönen zielbewußt kultivieren und spontan einsetzen.

Wir haben die Voraussetzungen aller vier Machtfährten untersucht und gesehen, wie sie im breiteren Kontext die psychischen Kräfte des Willens und der Sammlung harmonisieren. Wir haben ein technisches Verständnis darüber gewonnen, wie sie zu Kräften werden, deren Anwendung magisch anmutet. In der Tradition von Abhidhamma wird mit Nachdruck vor jedem Unfug mit solchen Kräften gewarnt, insbesondere wenn sie für selbstische Zwecke, zu Angeberei und Hochmut mißbraucht werden. Man kann zwar die damit verbundenen Kunstgriffe pragmatisch anwenden, soll aber das eigene Glück nicht von ihrer Wirksamkeit abhängig machen. Es ist wichtig zu verstehen, wie ihre Macht funktioniert und welche Auswirkungen sie hat, doch soll man die Wissensklarheit darüber pflegen, ob und wann man sie einsetzen will. Dies ist eine Art edler Demut bei der Wahrnehmung der eigenen Macht und bei der Entscheidung, ob man sie mit zusätzlicher Energie speisen will.

Die einzige Garantie, von Machtfährten nicht auf Irrwege zu gelangen, ist die rechte Gesinnung, die frei von Gier, Haß und Verblendung ist. Diese makellose Gesinnung ist ein Bestandteil des achtfachen emanzipatorischen Pfades[19]. Auf der alltäglichen Ebene dienen dem Kultivieren der rechten Gesinnung die fünf Kriterien von *Sīla,* die wir im Kontext von Strategien der Solidarität ausführlich behandelt haben. Es wurde in verschiedenen Zusammenhängen deutlich, wie wichtig die zuverlässige subjektive Ausgangslage von *Sīla* für jedes Experimentieren und Erschließen neuer Erlebensbereiche ist. Dies gilt um so mehr im Bereiche der Strategien der Macht, weil hier der Schutz und Rückhalt von *Sīla* sowohl bei der Zielsetzung wie auch bei der Entscheidung über die Mittel unentbehrlich ist.

19 Siehe Fußnote 10 auf Seite 289.

Übungen der Satipatthāna-Vipassanā

Der hohe Erfolg *(Iddhi)* der Dhamma-Strategien kann zumindest ansatzweise von jedem Menschen erreicht werden, der ein grundsätzliches erlebnismäßiges Verstehen des Dhamma durch die bisher in unserem Buch beschriebenen Übungen erworben hat. Sie verfügen also bereits, lieber Leser, liebe Leserin, sowohl über die Bausteine wie auch über die Metaprogramme für das methodische Üben von *Satipatthāna-Vipassanā.* Die im Folgenden beschriebenen Übungen stellen eine Auswahl von Vorgehen dar, die sich bei einer großen Zahl von Teilnehmern intensiver Meditationskurse besonders bewährt haben. Ein qualifizierter Meditationslehrer wählt während eines Kurses für jeden einzelnen Übenden ein Vorgehen, das dessen persönlicher Veranlagung entspricht[20]. Der größte Teil des gegenwärtigen Angebots an Meditationskursen – soweit sie überhaupt emanzipatorische Ziele anstreben – besteht leider aus sozusagen »spiritueller Konfektion«, die sich jeder selber anpassen muß. So könnten manche Meditationslehrer, die zwar durch ihr Charisma inspirieren, für die persönlichsten Anliegen der Übenden aber kein Gehör haben, mit Vorteil durch ein gutes Übungshandbuch ergänzt oder gar ersetzt werden. Dieses Buch über Dhamma-Strategien und insbesondere sein Übungsteil wurde angesichts der auf dem Meditationsmarkt herrschenden Situation so ausführlich gestaltet, daß jeder Übende befähigt wird, selber zu wählen. Die hier beschriebenen Strategien und Übungen vermitteln die Kriterien dafür. Ihre persönliche Macht, liebe Leserin, lieber Leser, besteht zu einem großen Teil darin, daß Sie auch Lehrerbeziehungen und Methoden, denen Sie vertrauen, erlebnismäßig immer wieder überprüfen.

Die folgenden Übungen beziehen sich auf fünf Gebiete der *Satipatthāna-Vipassanā,* die in einem vollständigen Meditationskurs berücksichtigt werden sollen:

Grundübung: Das Betrachten der Vergänglichkeit. Sie bezweckt das wissensklare Erleben der wahren Natur aller wirklichen Dinge und klares Unterscheiden zwischen der Wirklichkeit und dem Auffassen der Wirklichkeit. Dies ist eine Achtsamkeitsübung im eigentlichsten Sinne, die mit minimaler Anstrengung durchgeführt wird. Aus der Sicht der vier rechten Kämpfe (*Padhāna* – siehe Seite 277) ist

---

20 Die emanzipationsfördernde Beziehung zwischen dem Lehrer und dem Schüler hat die Qualitäten einer Edlen Freundschaft – siehe Seite 189. Über die in unseren Ländern geläufigen Entstellungen der Lehrbeziehung, die bis zum Sektierertum reichen, siehe Frýba: *Wege und Irrwege bei der Verbreitung des Dhamma im Westen. Bodhi Baum – Zeitschrift für Buddhismus* 7 Jhg., Nr. 4, 1982.

sie die gewaltloseste Methode, aufgestiegene üble, unheilsame Dinge zu überwinden. Sie ist die Grundübung von *Satipatthāna-Vipassanā* – nicht eine Vorübung –, weil sie den Grund für alle anderen Übungen darstellt, in allen enthalten ist und auch den letzten Schritt zur Erleuchtung und Emanzipation trägt.

Das Hüten der Sinnenpforten ist eine Übung, die das Gute schützt und aufrechterhält.

Das Umformen leidbringender Prozesse ist eine Methode für das Abbrechen des Unheilsamen und für das Gestalten von erst entstehenden heilsamen Alternativen.

Die Abwendung vom Leidhaften ist der Weg des Aussteigens aus den Kreisen Bedingter Entstehung und damit eine Öffnung für das Leidlose, also für den Frieden der vollständigen Emanzipation. Es ist der rechte Kampf, die noch nicht aufgestiegenen heilsamen Dinge aufsteigen zu lassen.

Das Gewähren der Leere ist die höchste Methode für das Transzendieren sowohl unheilsamer als auch heilsamer Dinge.

Im folgenden werden nun Anleitungen für Übungen gegeben, die zur Verwirklichung dieser fünf Stufen von *Satipatthāna-Vipassanā* führen. Um mit der jeweils höheren Stufe der Übung beginnen zu können, muß die vorherige so weit beherrscht werden, daß man bei eventuellem Mißerfolg ohne weiteres auf sie zurückgreifen kann. Unentbehrlich für alle fortgeschrittenen Übungen von *Satipatthāna-Vipassanā* ist die Fähigkeit, zwischen den direkt erlebten körperlichen Geschehnissen *(Rūpa)* und deren geistiger Auffassung *(Nāma)* durch Gefühl, Wahrnehmung, Benennung usw. zu unterscheiden. Andernfalls läuft der Übende Gefahr, Gedanken- und Vorstellungsexperimente durchzuführen, die keine direkt erlebbare körperliche Wirklichkeitsverankerung haben. Dies kommt insbesondere bei Meditierenden vor, die wenig Übung in der Schrittmeditation *(Cankamana)* und im Merken von Körperstellungen *(Iriyā-Patha)* haben. Sie schwärmen oft von ihren spektakulären Meditationserlebnissen, von »body vibrations and sensations« (Körpervibrationen und Empfindungen), sie preisen »choice-less awareness« (wahllose Bewußtheit) oder »altered consciousness« (verändertes Bewußtsein) und werfen auch mit noch anderen Schlagworten um sich; tatsächlich merkt man ihnen aber sehr schnell an, daß sie körperlich unachtsam und zwischenmenschlich verstört sind, obwohl sie vielleicht mehrere Meditationskurse durchgesessen haben. Um solchen Gefahren standzuhalten, haben wir in diesem Buch den Strategien der Wirklichkeitsverankerung so viel Platz eingeräumt.

Zu Beginn jeder Übung der *Satipatthāna-Vipassanā* sind wir uns wissensklar des hohen Ziels bewußt, das als die Macht der erlebnishaften Erkenntnis *(Abhiññāsiddhi)* und des emanzipatorischen Durchdringens *(Pariññāsiddhi)* beschrieben wurde. Doch gilt während der Übung unsere volle Achtsamkeit dem unmittelbaren Erleben der Wirklichkeit, so wie sie ist. Um uns vor einem Ausschweifen in Vorstellungs- und Gedankenwelten zu schützen, kehren wir auch bei der fortgeschrittensten Übung immer wieder zur körperlichen Wirklichkeitsverankerung zurück, das heißt also zur Körperstellung oder zu den Atmungsempfindungen. Für die methodische Übung von *Satipatthāna-Vipassanā* eignen sich am besten die schon erörterten Techniken der Körperachtsamkeit. Der Übende benimmt sich wie eine Katze, die Ratten jagt, sagt das Gleichnis in *›Die Fragen des Königs Milinda‹* (S. 357 f.):

Gleichwie die Katze, o König, wenn sie sich in einer Höhle befindet, beständig nach Ratten sucht: so auch soll der Yogi ... allzeit, immerdar unermüdlich bloß nach der in der Körperbetrachtung *(Kāya-Gatā-Sati)* bestehenden Nahrung suchen.
Wie ferner, o König, die Katze bloß in der Nähe auf Beute ausgeht: Schaut nicht in weite Ferne hin!
Wozu nützt höchstes Dasein euch?
Im gegenwärtigen Getriebe,
Im eigenen Körper findet ihr's.

I. Die Grundübung: Das Betrachten der Vergänglichkeit

Als Ausgangsbasis für das Betrachten der Vergänglichkeit *(Anicca)* aller Gebilde dient die hohe Stufe der Atmungsachtsamkeit, wie sie auf den Seiten 154–157 beschrieben wurde. Falls man die Technik von *Ānāpāna-Sati* als Sammlungsübung gut beherrscht (vgl. Seite 258) kann auch diese als Ausgangsbasis dienen; man muß aber besonders darauf achten, daß nicht die mit der Atmung verbundene Einheitsvorstellung, sondern *die Tastempfindungen das primäre Meditationsobjekt darstellen*. Das Merken und Benennen der Prozesse, die man beobachtet, wie auch die prozeßhafte Auffassung der Atmung und die auf sie gerichteten fünf Glieder des *Jhāna* gehören alle zum Auffassen der geistigen Wirklichkeit *(Nāma)*. In *Satipatthāna-Vipassanā* nimmt man jedoch die körperliche Wirklichkeit *(Rūpa)* des Hebens und Senkens der Bauchdecke oder des Anstoßens der Luft am Rand der Nasenlöcher als primäres Meditationsobjekt. Es gibt fürwahr kein Erlebnis von *Rūpa* ohne *Nāma*, gewiß gibt es aber auch keinen Fortschritt in *Vipassanā* ohne die erlebnismäßig durchdringende Erkenntnis deren Unterschiede *(Nāma-Rūpa-Pariccheda-Ñāna)*.

Am besten lernt man den Unterschied zwischen *Nāma* und *Rūpa* durch die Fehler kennen, die notwendigerweise bei jedem Übenden vorkommen: Man beobachtet die Atmung und benennt das Erlebte, bis man auf einmal feststellt, daß die Benennung »Einatmen, einatmen... Ausatmen, ausatmen...« oder »Heben, heben... Senken, senken...« gegenüber den tatsächlichen körperlichen Prozessen zeitlich verschoben ist. Es wäre höchst unklug, sich beschämt über die Fehler schnell hinwegzusetzen oder gar zu versuchen, sie zu retuschieren. In *Satipatthāna-Vipassanā* geht es um das Merken der Dinge, wie sie wirklich sind, wie fehlerhaft, leidhaft und ungünstig sie auch immer erscheinen.

Allen Dingen ist gemeinsam, daß sie vergänglich sind. Dies gilt sowohl für Erlebnisse und alle Dinge der Innenwelt, als auch für alle Dinge der Außenwelt – von den größten Betonblöcken bis zu den Atomen und ihren Partikel-Wellen. Dies intellektuell zu begreifen und zu akzeptieren, dürfte einem durchschnittlich intelligenten Menschen keine Schwierigkeiten machen – auch wenn seinen Emotionen und Handlungen diese Wahrheit fremd ist. In *Satipatthāna-Vipassanā* geht es darum, diese Entfremdung von der Wahrheit, diese »normale« Verrücktheit zu überwinden.

Das praktische Vorgehen ist Ihnen, lieber Leser, liebe Leserin, schon weitgehend vertraut. Man regelt seine Beziehung zur Welt und verschafft sich hiermit auch die zuverlässige subjektive Ausgangslage *Sīla*. Dann übt man, wie die Katze des Gleichnisses, die Wirklichkeitsverankerung im eigenen Körpererleben und gewinnt die Wissensklarheit über den Stand der eigenen psychischen Kräfte von Willen, Zuversicht, Sammlung, Weisheit und Achtsamkeit. Mit diesen Voraussetzungen ausgerüstet, genießt man Freude und Frieden im Verweilen bei seinem Meditationsobjekt und lernt, mit Störungen und Ablenkungen weise umzugehen, sie gar in Helfer der Sammlung zu verwandeln. Wenn der Übende so weit fortgeschritten ist, benimmt er sich wie der Leopard eines anderen Gleichnisses[21], der »im Verstecke lauernd, das Wild ergreift – so auch in der Einsamkeit weilend, erlangt der Yogi... die Meisterschaft in den sechs Höheren Geisteskräften *(Abhiññā)*«. Und das fundamentale Paradigma für die Entfaltung von *Abhiññā* bieten die vier Grundlagen der Achtsamkeit *(Satipatthāna)*:

---

21 *Die Fragen des Königs Milinda*, S. 334f. Im *Visuddhi Magga* (Übers. S. 331) steht dieses Gleichnis vor der ausführlichen Instruktion für Atmungsachtsamkeit.

1. Betrachtung des Körperlichen *(Kāyānupassanā)*
2. Betrachtung der Gefühle *(Vedanānupassanā)*
3. Betrachtung des Bewußtseins *(Cittānupassanā)*
4. Betrachtung der Geistinhalte *(Dhammānupassanā)*

Was die Vorbereitung der Meditationssitzung und das Aufnehmen des primären Meditationsobjekts betrifft, so gleicht das Vorgehen der *Satipatthāna*-Meditation dem der Atmungsachtsamkeit, das wir bereits geübt haben. Der entscheidende Unterschied liegt in der Einstellung gegenüber den Ablenkungen, die als sekundäre Meditationsobjekte aufgefaßt werden. Ihr Auftauchen ist kein Problem mehr, mit dessen Bewältigung Schwierigkeiten verbunden wären. Wie ein Leopard in seinem Versteck auf die Beute lauert, weilt der Meditierende beim primären Meditationsobjekt und wartet das Auftauchen der sekundären Objekte ab, die er mit einem der vier *Satipatthāna-Akkheyya* (Körper, Gefühl, Geist, Inhalt) ergreift, indem er sie merkt und benennt. Dieser Griff muß präzise sein, ohne Schwanken und mit Leichtigkeit ausgeführt. Darin besteht die Macht. Nur der Griff ist wichtig, nicht die Eigenschaften und Einzelheiten des Objekts.

Wenn sich eine spezifischere Benennung aufdrängt, ordnet man sie sofort einer der vier Grundlagen der Achtsamkeit zu. Auf Grund der bisherigen Übung wird man wahrscheinlich die Dinge erst in einem zweiten Schritt den vier Grundlagen von *Satipatthāna* zuordnen und sie zuerst spontan auffassen als

Licht, Farbe, Ton, Geräusch, Wärme, Bewegung, Zittern, Kitzeln, Stechen, Druck, Leichtigkeit usw.	*Kāya* Körper
Angenehm, wohlig, erfreut, belustigt, langweilig, Trauer, Schmerz, Gleichmut usw.	*Vedanā* Gefühl
Gesammelt, zerstreut, verkrampft, gierig, haßvoll, befreit usw.	*Citta* Geisteszustand
Denken, wünschen, planen, beabsichtigen, Vertrauen, Zweifel, Wissen usw.	*Dhammā* Inhalt

Sobald man das sekundäre Objekt durch eines der vier *Akkheyya* aufgefaßt hat, behält man es fest im Griff und beobachtet seine Veränderung (nicht was und wie es sich verändert, sondern *die* Veränderung), sein Schwinden, seinen Zerfall, seine Verwandlung – irgendeinmal hört seine Existenz auf. Dies direkt zu erleben, ist die Betrachtung der Vergänglichkeit *(Anicca),* der wichtigste Bestandteil der *Vipassanā*-Meditation.

II. Das Hüten der Sinnenpforten

Diese Übung setzt eine verfeinerte Analyse der Körperlichkeit fort; sie befähigt uns dadurch, den Entstellungen des Wahrnehmens und den durch Begehren und Anhaften verursachten Stockungen des Gefühlstroms vorzubeugen. Außerdem stellt sie zugleich die erlebnismäßige Bestätigung eines ganzen Segments des Kreises Bedingter Entstehung dar[22]:

Viññāna	→ *Nāma-Rūpa*	→ *Āyatana*	→ *Phassa*	→ *Vedanā*	→ *Tanhā*
Bewußtsein	→ Geist- Körper	→ Sinnen- grundlagen	→ Kontakt	→ Gefühl	→ Begehren

Wir wissen, auch wenn unsere noch unvollkommene Achtsamkeit es nicht sieht, daß unser unterscheidendes Bewußtsein *(Viññāna)* durch körperliche und geistige Formationen *(Sankhāra)* bedingt ist. Wenn wir in der Grundübung von *Satipatthāna-Vipassanā* die schnell auftauchenden Bewußtseinselemente beobachten, werden wir mit der Zeit fähig, direkt zu sehen, wie das Erleben von Geist und Körper *(Nāma-Rūpa)* durch Bewußtsein bedingt ist – dies wurde zuvor als Schlüsselerlebnis der Grundübung erörtert. In der Betrachtung der Vergänglichkeit kümmern wir uns jedoch nicht weiter um die Zugehörigkeit der einzelnen *Nāma-Rūpa*-Momente zu den äußeren und inneren Bereichen der Sinne *(Āyatana),* weil es uns dort vor allem um das Training des Prozeßerlebens geht.

Mit dem Hüten der Sinnenpforten, *Indriyesu-Gutta-Dvāratā,* bezwecken wir ein Training der Sinnenwahrnehmung. Wir lernen zu unterscheiden, von welcher der sechs Sinnengrundlagen das jeweilige Erlebnis getragen wird, welches der sechs *Āyatana,* durch die zuerst unbestimmte Regung von *Nāma-Rūpa* bedingt, aktiviert wird. Die moderne experimentelle Psychologie untersucht diesen Prozeß äußerlich als einen »einstellenden Orientierungsreflex«, der der Objektwahrnehmung durch ein spezifisches Sinnenorgan vorausgeht. Wir trainieren hingegen die innere Meisterung der subjektiven Auffassung der Dingvielfalt in den sechs Kanälen der Datenverarbeitung (in der Computersprache: *information processing*), die den Kontakt *(Phassa)* zwischen den äußeren und inneren Grundlagen des Erlebens bedingen. Die Qualität des Kontakts – das heißt Diskrepanz, Störungsfreiheit, Einklang – wird als unangenehmes, neutrales oder angenehmes Gefühl erlebt, das ein Begehren *(Tanhā)* der Triebe oder eine Absicht *(Chanda)* des emanzipatorischen Willens auslöst.

---

22 *Siehe Diagramm 5* Seite 85.

Die Strukturen, die diesen kybernetisch-epistemologischen Prozessen zugrunde liegen, sind in den *Diagrammen 1* und *2* (Seiten 30 und 31) veranschaulicht und dann in ihrer emanzipatorischen Transformation auf Seite 287 ff. weiter erläutert. Es wird für Sie, liebe Leserin, lieber Leser, ein amüsantes Experiment sein, wenn Sie sich gerade jetzt – bevor Sie zu der eigentlichen Übungsinstruktion vorstoßen – die Seiten über unseren Biocomputer nochmals anschauen. Versuchen Sie sich den Unterschied zwischen »dem Menschen, der es damals gelesen hat«, und sich selbst hier und jetzt vorzustellen! Blättern Sie also auf die Seite 28 zurück.

Wir hüten die Sinnenpforten zu dem Zweck, die Prozesse (also nicht die Inhalte) der Wahrnehmung unter bewußte Kontrolle zu bringen und somit ihre Zuverlässigkeit zu erhalten. Was auch immer wir wahrnehmen – ob angenehm, neutral oder schmerzhaft, häßlich oder schön – müssen wir wahrhaft und gründlich *(Yoniso)* auffassen, damit wir wirklichkeitsgemäß damit umgehen können. Deswegen sollen wir in der Lage sein, Entstellungen zu merken, die durch Gier oder Haß (auch in ihren ganz subtilen Formen von Anziehung und Abstoßung) in der Sinnenwahrnehmung entstehen und so Vorschub für eine verblendungsbehaftete Datenverarbeitung *(Ayoniso Manasikāra)* leisten würden. Um verblendete Denkprozesse zu stoppen, wenn sie schon im Gange sind, braucht man allerdings weitere Fertigkeiten, die durch die später erklärte Übung des Umformens leidbringender Prozesse (siehe Seite 313) erworben werden. Wie bereits erläutert, wird nach Abhidhamma auch das geistige Auffassen als Eingang in die Sinnenpforte des Geistes betrachtet. Um es zu wiederholen: Wir lernen bei der Übung stufenweise zuerst zu unterscheiden, welche der sechs inneren Grundlagen *(Āyatana)* im Sinnenkontakt *(Phassa)* aktiviert ist und später auch, welche Gefühlsqualität *(Vedanā)* das Erleben hat. Diese Übung setzt, wie die vorherige, wiederum mit Vorteil bei der Atmungsachtsamkeit an:

1. Man verweilt zuerst einige Minuten bei der Atmung und hält dann nach dem Auftauchen anderer Erlebensinhalte Ausschau.
2. Jedes auftauchende Erlebnis wird kurz benannt und sein Schwinden gemerkt.
3. Erlebnisse, die länger andauern oder sich wiederholen, werden einer der folgenden Grundlagen zugeordnet (man spricht innerlich also den Namen der Grundlage):

äußere Vielfalt:	Āyatana:
Druck, Wärme, usw.	Körper

Bilder, Farben, Licht	Auge
Töne, Geräusche	Ohr
Gerüche	Nase
Geschmack	Zunge
Denken, Planen,	
Vorstellungen, Wünsche usw.	Geist

4. Mit dem Übungsfortschritt versucht man, immer schneller die Zuordnung zu den inneren Grundlagen zu vollziehen.

Sobald wir fähig sind, alle Erlebnisse mühelos den inneren sechs Grundlagen zuzuordnen, können wir versuchen, auch ohne vorherige Verankerung bei der Atmung zu merken, welche der sechs *Āyatana* jeweils aktiviert ist. Auch bei verlangsamten Alltagsverrichtungen und später sogar auch bei gesellschaftlichen Anlässen kann man hiermit experimentieren. In komplizierten Situationen, die eine Koordinierung mehrerer Sinne verlangen, entsteht manchmal der Eindruck, als ob zwei oder mehrere *Āyatana* zugleich aktiviert wären; dann wählt man einfach die am stärksten im Vordergrund stehende. Wichtig ist, daß man bei den jeweiligen Wahrnehmungsprozessen (zum Beispiel beim Sehen) verweilt: Man haftet weder an einer Einzelheit des Sehobjekts (zum Beispiel Hand, Fuß, Lächeln, Sprechen, Wegblicken der gesehenen Person) noch an der Gesamterscheinung *(Nimitta)* und deren Bewertung als schön, häßlich, vergänglich usw., sagt der *Visuddhi Magga* (S. 25 f.). Man hält ein, sobald man etwas gesehen hat. Dann führt man die oben beschriebenen Übungsschritte durch. Die Erfahrung zeigt, daß es ganz leicht ist, auch die angenehme, neutrale oder unangenehme Gefühlstönung zu merken, wenn einmal die Unterscheidung zwischen den sechs Sinnenpforten gut eingeübt worden ist.

Wir lernten also als erstes, die Dinge der Sinnenwelt *(Kāma)* danach zu ordnen, welche Sinnengrundlage sie aktivieren; dann lernten wir zu merken, welche der sechs inneren *Āyatana* jeweils aktiviert ist, wobei die Aufmerksamkeit dem Kontakt *(Phassa)*, also dem Verkehr an der Sinnenpforte gilt; schließlich merken wir die Gefühlsqualität *(Vedanā)* des Kontakts (also keine Bewertung der Objekte, ihrer Einzelheiten oder Abbildungen). Hiermit sind wir für das eigentliche Hüten der Sinnenpforten vorbereitet. Wir wissen auch, daß *Satipatthāna-Vipassanā* als Meditationsobjekt nicht Vorstellungen *(Nimitta)* nimmt, sondern die Wirklichkeit des Körperlichen *(Rūpa)* und die Prozesse seines Auffassens *(Nāma)* in ihrem Entstehen und Vergehen. Die Achtsamkeit als Hüterin der Sinnenpforten merkt und identifiziert mit Hilfe der Weisheit die Ankömmlinge, über die bekannt ist, daß sie einen haßerfüllten Aufruhr in der Stadt des Geistes provozieren können, wenn ihre Ankunft unangenehm ist, und daß sie Wellen von Gier auslösen können, wenn ihre Ankunft angenehm ist. So weit gelten für die Achtsamkeit alle Objekte, die in die Sinnenpforte eintreten, nur als verdächtig. Hingegen gibt es – um das Gleichnis fortzusetzen – in der Stadt des Geistes selbst Elemente, die ausgewiesenermaßen böse sind und nur Schaden anrichten: Gier und Haß. Deshalb blickt die Achtsamkeit als Hüterin der Sinnenpforten auch nach innen, um zu sehen, ob solch böse Elemente versuchen, sich mit den Ankömmlingen zu verbinden. Dies ist der Kern der Übung, des Hütens der Sinnenpforten.

Weil die rechte Achtsamkeit in der geistigen Hierarchie einen so hohen Status hat, genügt schon ihre bloße Anwesenheit an den Toren der fünf Körpersinne, um der Verbindung des Angenehmen mit der Gier und des Unangenehmen mit dem Haß vorzubeugen. An der Geistpforte können jedoch vor allem die gefühlsmäßig neutral ankommenden Objekte mit Vorstellungen *(Nimitta)* in Verbindung treten, die eine endlose Folge leidbringender Prozesse nach sich ziehen. Dann muß die Achtsamkeit die Formationen der rechten Anstrengung auf dem Weg über die vier Machtfährten zur Hilfe rufen. Wie dies geschieht, lernen Sie in den nächsten Übungen. Schon beim Hüten der Sinnenpforten gewinnt man an Macht, weil die systematisch wiederholte Anwendung der Methode zur Entwicklung von Ausdauer und Willenskraft *(Viriya)* führt, wie wir bei der Erklärung der Machtfährte der Willenskraft erkannt haben.

Das Hüten der Sinnenpforten übt man sowohl als methodische Meditation wie auch als Beschützen des eigenen psychischen Haushalts in Alltagssituationen, indem man die Achtsamkeit mit der unterscheidenden Wissensklarheit und mit der rechten Willensanwendung kombiniert. Diese Strategie besteht aus den folgenden Kunstgriffen:

1. Beim Wahrnehmungsprozeß innehalten.
2. Unter Anwendung der *Akkheyya* von Sinnengrundlagen *(Āyatana)* das Erleben auffassen.
3. Prüfen, ob die Tendenz besteht, daß sich Angenehmes mit Gier und Unangenehmes mit Haß verbindet.
4. Das Auffassen mittels *Akkheyya* mit Nachdruck durchsetzen und hiermit die Machtstellung der Achtsamkeit als Hüterin der Sinnenpforten behaupten.

III. Das Umformen leidbringender Prozesse

Diese Methode ist als *Vitakka-Santhāna* in Sutta 20 des *Majjhima Nikāya* (Theravada-Kanon) ausführlich erklärt. *Santhāna*, das Umformen, bedeutet ein sowohl harmonisierendes Zusammenfügen wie auch ein beruhigendes Niedersetzen, das sich auf das Gedankenfassen *(Vitakka)* bezieht. Die Methode besteht aus einer paradigmatischen Einheit folgender fünf Kunstgriffe, die ein ungestörtes Fließen des Erlebens bezwecken:

1. Ersetzen der leidverursachenden Vorstellungen *(Nimitta)* durch solche, die frei von Gier, Haß und Verblendung und daher wirklichkeitsgemäß sind.
2. Unterbrechen der unheilvollen Abläufe mittels Analyse ihrer gefahrvollen Folgen *(Ādīnava)*.
3. Entzug der Aufmerksamkeit *(Amanasikāra)* aus Bereichen leidbringender Gedanken und Auflösen ihrer Gedächtnisspuren.
4. Zerlegen unheilvoller Formationen *(Vitakka-Sankhāra)* und Stilllegen ihrer Energie.
5. Wissensklares Bändigen durch ein höheres Bewußtsein *(Cetasa)* und tatkräftiges Quetschen der leidbringenden Geistesverhärtungen bis zu ihrem Ausschmelzen *(Abhisantāpeti)*[23].

Sie sind, liebe Leserin, lieber Leser, mit den verschiedenen *Akkheyya* vertraut, die uns ermöglichen zu sehen, wie das Auffassen der Wirklichkeit mittels Vorstellung *(Nimitta),* Gedankenfassen *(Vitakka)* und Bewußtsein *(Citta)* geschieht. Im Rahmen von Strategien der Ekstase haben wir ein Gedankenfassen entwickelt, das frei von Gier, Haß und Verblendung war und mit den anderen Ekstasegliedern (Freude, usw.) einherging. Wir kultivierten die Sammlung anhand von Einheitsvorstellungen *(Ekattārammana-Nimitta, Uggaha-Nimitta,* usw.), die als Tore zur Versenkung dienten. Später haben wir im Zusammenhang mit der Machtfährte des Bewußtseins zwischen schönen und leidbringenden *Citta* zu unterscheiden gelernt. Mit Hilfe der gleichen Kriterien (siehe Tabelle Seite 298) kann man auch zwischen einem Gedankenfassen unterscheiden, das zum schönen Bewußtsein führt, und einem leidbringenden Gedankenfassen.

---

23 *Abhi* = von oben, *San* = zusammen, *Tāpeti* = erhitzen. Philologisch ist *Tāpeti* verwandt mit dem Sanskritwort *Tapas,* das die hinduistische Selbstmarter und Kasteiung bezeichnet. In der Tradition des Abhidhamma wird jede Marter und Kasteiung als nutzlos und schädlich verworfen.

Wir charakterisierten *Vitakka* als die Annäherung des Geistes an die Wirklichkeit, die er auffaßt und benennt. Diese gedankenfassende Verbindung zwischen Wort und Wirklichkeit kann aber auch – von der anderen Seite her gesehen – als ein »Sprachlichwerden der Wirklichkeit« oder als eine »Symbol- bzw. Vorstellungsbildung« erscheinen, wie wir in der Analyse der Erlebensebenen (Seite 116 ff.) deutlich gesehen haben. Wenn die Sinnenpforten nicht gehütet werden, können auch Vorstellungen *(Nimitta)* entstehen, die durch Gier, Haß oder ungründliches Auffassen *(Ayoniso Manasikāra)* entstellt sind. Diese Möglichkeit wird bei der Methode von *Vitakka-Santhāna* zuerst in Erwägung gezogen, und der *erste* der fünf Kunstgriffe bietet hierzu die Lösung: Erzeugen einer Vorstellung, die das Erleben nicht entstellt. Der kanonische Text[24] bringt ein Gleichnis zu diesem Ersetzen der leidverursachenden Vorstellung durch eine, die das Erleben nicht entstellt:

> »Wie ein geschickter Zimmermann einen groben Bolzen durch einen feinen Bolzen ersetzt, ebenso soll auch der Bhikkhu, wenn ihm auf Grund einer Vorstellung unheilsame Gedanken aufsteigen, die mit Gier, Haß und Verblendung verbunden sind, eine andere Vorstellung auffassen, die mit dem Heilsamen verbunden ist. ... dann schwinden die unheilsamen Gedanken und lösen sich auf. Mit ihrem Schwinden festigt sich sein Bewußtsein, setzt sich, wird vereint und gesammelt.
> Wenn der Bhikkhu eine andere Vorstellung auffaßt, die mit dem Heilsamen verbunden ist, und ihm immer noch jene unheilsamen Gedanken aufsteigen, die mit Gier, Haß und Verblendung verbunden sind, dann soll er die gefahrvollen Folgen dieser Gedanken untersuchen...«

Und hiermit sind geht der Text zur Anwendung des *zweiten* der fünf Kunstgriffe, der also erst dann eingesetzt wird, wenn es klar ist, daß das einfache Ersetzen nicht funktioniert. Man faßt dann die vorhandenen unheilvollen Vorgänge weise auf *(Yoniso Manasikāra)*, benennt sie und erwägt ganz konkret ihre leidvollen Folgen. Angesichts der Vorstellung dieser gefährlichen leidhaften Folgen *(Ādīnava)*, weckt man in sich Abscheu vor dem sie verursachenden Gedankenfassen und schüttelt es ab,

---

24 Siehe *Majjhima Nikāya* 20, Vol. I., P.T.S., London 1979, S. 119 ff.

»wie ein hübscher, auf seine gute Kleidung bedachter junger Mensch mit Schrecken und Ekel eine verwesende Schlangen- oder Hundeleiche loswürde, wenn man sie ihm um den Hals hängen würde...«

Die Anwendung des *dritten* der fünf Kunstgriffe ist wiederum erst dann angebracht, wenn deutlich wird, daß das unheilvolle Denken auch nicht durch weises Denken des zweiten Kunstgriffs zu stoppen ist. Wir sind ja einem ähnlichen Sachverhalt begegnet, als wir uns mit der Zweifelsucht im siebten Kapitel auseinandergesetzt haben. Wie dort besteht auch hier der Ausweg im Verlassen der Denksphäre, indem man nur noch die Tatsache merkt und kommentiert, daß »Gedankenprozesse laufen«, sich aber auf die Gedankeninhalte nicht einläßt. Man widmet dem Denken ostentativ keine Aufmerksamkeit mehr und lenkt die Achtsamkeit auf das Erleben von körperlichen Vorgängen, Bewegungen oder Alltagsverrichtungen. Man benützt dafür die im fünften Kapitel beschriebenen Strategien der Wirklichkeitsverankerung und läßt dem allzu angeregten Denken Zeit genug, um sich zu erschöpfen. Mit anderen Worten: Man löscht die Gedächtnisspuren des sinnlos immer wiederkehrenden Denkens, indem man es ignoriert. Dieser Kunstgriff ist weder durch logische noch durch psychologisch-theoretische Überlegungen zu begründen; seine Wirksamkeit wurde dennoch in jahrelangen Erfahrungen unzähliger Meditierender bestätigt. Der kanonische Text veranschaulicht diesen Kunstgriff durch das folgende Gleichnis:

»Wie ein sehr scharf sehender Mann, der nun nicht mehr die in seinem Gesichtskreis vorkommenden Bilder sehen will, entweder die Augen schließt oder wegblickt, ebenso soll auch der Bhikkhu, wenn er die gefahrvollen Folgen unheilsamer Gedanken untersucht und ihm trotzdem jene unheilsamen Gedanken aufsteigen, diesen Gedanken die Aufmerksamkeit entzieht... dann schwinden die unheilsamen Gedanken und lösen sich auf. Mit ihrem Schwinden festigt sich sein Bewußtsein in sich, setzt sich, wird vereint und gesammelt.

Wenn er den unheilsamen Gedanken die Aufmerksamkeit entzieht und ihm immer noch diese Gedanken aufsteigen, dann soll er die Formation dieser Gedanken zerlegen...«

Das Zerlegen und Setzen von Formationen des Gedankenfassens *(Vitakka-Sankhāra-Santhāna)* ist der *vierte* der fünf Kunstgriffe, der nun – im Unterschied zu den drei vorher besprochenen – aus Kleinarbeit auf der Ebene der Mikroanalyse besteht. Man befaßt sich nunmehr weder mit Objekten des Gedankenfassens noch mit seinen Folgen. Auch gestaltet man gegenüber der Ganzheit ihres Ablaufs keine Stellungnahme (*Amanasikāra* = Aufmerksamkeitsentzug), wie man es im dritten Kunstgriff getan hat. Beim Zerlegen der Formationen von *Vitakka* untersucht man die innere Struktur des zur Zeit des unheilsamen Gedankenfassens vorhandenen Bewußtseins, so wie es beim Ausbauen der Machtfährte des Bewußtseins getan wird[25]. Für die Zwecke unserer Dhamma-Strategien genügt es, die *Akkheyya* anzuwenden, mit denen Sie, liebe Leserin, lieber Leser, bereits vertraut sind. Man prüft vor allem, *welche vorhandenen Formationen* heilsam, neutral oder unheilsam sind, *was für einen Status* (zum Beispiel in Verbindung mit Absicht und Entschluß oder als Steuerformationen) sie in der aktuellen Bewußtseinsstruktur haben, und *wieviel Energie* (zum Beispiel Freude, Interesse, Ergriffenheit, Aufgeregtheit, usw.) sie an sich binden. Kurz gesagt: Dieser vierte Kunstgriff löst die scheinbar kompakte Ganzheit des störenden Gedankenfassens auf und bringt sein Auftreten zum Stillstand. Der kanonische Text veranschaulicht das Vorgehen mit folgendem Gleichnis:

»Gleichwie etwa, wenn da ein Mann eilig dahinschritte, und es käme ihm der Gedanke, ›Was schreite ich denn so eilig dahin? Ich will etwas langsamer gehn‹, und er ginge langsamer. Und es käme ihm der Gedanke ›Doch warum gehe ich überhaupt? Ich will nun stehn bleiben‹, und er bliebe stehn. Und es käme ihm der Gedanke ›Aber weshalb steh' ich? Ich werde mich setzen‹, und er setzte sich nieder. Und es käme ihm der Gedanke ›Warum sollt' ich nur sitzen? Ich will mich da hinlegen‹, und er legte sich hin; und so hätte dieser Mann die gröberen Bewegungen eingestellt und sich den feineren hingegeben: ebenso nun auch soll ein Bhikkhu, wenn ihm, ob er gleich jene Gedanken (-fassen) nicht denkt, ihnen keine Beachtung schenkt, noch üble, unheilsame Gedanken mit Anreiz, Abstoßung oder Blendung aufsteigen, seine Aufmerksamkeit darauf richten, wie die Gedankenbewegtheit sich zusammensetzt, und

25 In der Tabelle auf Seite 298 benützen wir zwar nur die unheilvollen Formationen von Gier, Haß, Groll, Verblendung, Vorurteil, Zweifel und Aufgeregtheit; zu dieser Gruppe gehören auch Dünkel, Geiz, Neid, ebenso Sinnengier, Starrheit, Mattheit – die letzteren wurden auf Seite 244f. als Hindernisse der Sammlung (*Nīvarana*) erörtert. Gemäß einer Tabelle »Die Formationen in Verbindung mit dem Bewußtsein« im Anhang zur deutschen Übersetzung von *Visuddhi Magga* setzt sich ein unheilsames Bewußtsein aus 13 bis 20 Formationen zusammen; ein heilsames Bewußtsein enthält bis zu 36 Formationen.

sie so zur Ruhe bringen. Während er seine Aufmerksamkeit darauf richtet, wie die Gedankenbewegtheit sich zusammensetzt, und sie so zur Ruhe bringt, schwinden die üblen, unheilsamen Gedanken mit Anreiz, Abstoßung oder Blendung, lösen sich auf. Und wenn sie abgetan sind, wird das Herz (= Bewußtsein) dabei still, läßt sich dabei nieder, wird einig und gesammelt.«[26]

Obwohl die fünf Kunstgriffe von *Vitakka-Santhāna* im kanonischen Text über fortgeschrittene Meditation angeführt sind, kann man sie gewiß auch im Alltag anwenden. Genaugenommen ist ihre Anwendung in mehreren Erlebensbereichen möglich. Im Rahmen der Grundübung von *Satipatthāna-Vipassanā* kann man die gut gemeisterten Kunstgriffe als Mittel zur Beseitigung von Ablenkungen benützen. Im Unterschied zur Beseitigung von Sammlungsstörungen (*Nīvarana*, vgl. Seite 245) werden hiermit die Störungen von *Vipassanā* nicht unterdrückt, sondern stillgelegt und aufgelöst. Man nimmt die Ablenkungen zwar als sekundäre Objekte von *Vipassanā*, gibt ihnen jedoch nicht zu viel Gewicht und beseitigt sie möglichst leicht und schnell durch Anwendung der Kunstgriffe, um ohne Unterbrechung im Meditationsbereich des Hauptobjekts zu bleiben.

Ist die Ablenkung zu groß, dann befindet man sich ohnehin außerhalb des Bereiches des Hauptobjekts, nämlich der vier Grundlagen der Achtsamkeit und ihrer Vergänglichkeit. In einem solchen Falle nimmt man das unheilvolle Gedankenfassen als Hauptobjekt und untersucht seine Struktur in methodischer Anwendung aller fünf Kunstgriffe. Eine solche Struktur-Untersuchung *(Vitakka-Sankhāra-Santhāna)* kommt auch in Frage, wenn ein bestimmtes leidbringendes Gedankenfassen sich hartnäckig im Alltag wiederholt. Dann räumt man für die gründliche Auseinandersetzung mit einem solch hartnäckigen Thema in einer dafür bestimmten Meditationssitzung ausreichend Zeit ein. Sonst versucht man im Alltag, die leidbringenden Prozesse zu ersetzen, zu zerlegen oder ihre Folgen zu bedenken und zu stoppen, je nach praktischer Erfordernis und Möglichkeit.

Aus den bisherigen Erklärungen geht hervor, daß der Kunstgriff des Zerlegens und Stillegens von Formationen besondere Umstände voraussetzt: einen geregelten Kontext methodischer Meditation. Wohl haben Sie, liebe Leserin, lieber Leser, während der vorherigen

---

26 Die deutsche Übersetzung dieses Gleichnisses stammt aus Paul Debes: *Von der Beherrschung des Denkens*, in *Wissen und Wandel*, XXII. Jahrgang, Nr. 1/2, Öhningen/Hamburg 1976. Dieser Aufsatz, obwohl in der Terminologie abweichend, gibt einige interessante Anregungen zum Umgang mit dem Denken im Alltag.

Schilderung erkannt, daß Sie die ersten drei Kunstgriffe von *Vitakka-Santhāna* schon bei den Strategien der Solidarität sowohl in der Meditation wie auch beim Innehalten zwischen Alltagshandlungen benützt haben. Danach haben Sie dann gewählt, wie Sie anhand des jeweiligen Auffassens und Erwägens handeln wollten. In den Anwendungssituationen dieses vierten Kunstgriffs heißt es in bezug auf äußeres Tun:»Nicht handeln!« und»Keine Konsequenzen aus dem vorhandenen Auffassen und Erwägen für die Alltagsgestaltung ziehen!« Man meidet Handlungsentschlüsse in der Wissensklarheit über den Bereich des Erlebens *(Gocara-Sampajaññā)*, das im Moment nicht auf die äußere Wirklichkeit bezogen ist. Hiermit beugt man unangemessenen Handlungen vor und verweilt in einem sehenden Nichttun.

Die kanonische Beschreibung der Kunstgriffe von *Vitakka-Santhāna* erläutert vor allem den energetischen Aspekt von *Vipassanā*. Mit dem epistemologischen Aspekt von *Vipassanā* haben wir uns bereits ausführlich auseinandergesetzt. Deswegen vergegenwärtigen wir uns an dieser Stelle nur, daß *Vipassanā* eine Analyse, ein Zerlegen und ein erlebnismäßiges Durchdringen der Vergänglichkeit aller Phänomene bedeutet. *Vipassanā* heißt wörtlich»Zer-sehen« (*Vi* = zer, auseinander, ent-zwei, aber auch: Intensivierung und Klarheit; *passati* = sehen). Die Übung von *Vipassanā* befähigt uns also zu einer Scharfsicht, als ob unser inneres Auge mit einem Vergrößerungsglas und einer Zeitlupe ausgestattet wäre. Mit einem Gleichnis veranschaulicht: Das Licht der Achtsamkeit, das den Sonnenstrahlen gleicht, kann durch die Lupe der Sammlung gebündelt und gerichtet werden, damit das Auge der Weisheit (die Sonne) auch in die Schatten des Unheilvollen sieht. Und darüber hinaus – dies gehört zum energetischen Aspekt von *Vipassanā* – werden durch das intensivierte Licht die blockierenden Verhärtungen schmelzen und die häßlichen Wucherungen in ihren Keimen ausgeglüht. Das Unheilsame wächst aus den Keimen von Gier oder Haß und wuchert in Formationen des leidbringenden Gedankenfassens *(Akusala-Vitakka-Sankhāra)*.

Wir haben uns an verschiedenen Stellen damit auseinandergesetzt, wie aus dem Bewußtsein das Handeln abgeleitet wird. Als die feinste Form des minimalen Handelns haben wir das Lächeln *(Hasita)* des Erleuchteten beschrieben, das ein körperlicher Ausdruck *(Kāya-Viññatti)* des freudigen Bewußtseins von Leidensüberwindung ist. Wir haben auch gesehen, wie Gedankenfassen *(Vitakka)* als das »Sprachlichwerden« einen Schritt zur verbalen Äußerung *(Vacī-Viññatti)* darstellt. Wir haben untersucht, wie die Wahrhaftigkeit und

Echtheit eine Übereinstimmung zwischen Wort und Wirklichkeit, zwischen Bewußtsein und Handlung bedeutet. In den Erörterungen zum Ausbauen von *Sīla* haben wir jedoch eingesehen, daß Echtheit und Wahrhaftigkeit keinen Zwang darstellen, das Erleben in solchen Worten und Taten zu äußern, die leidbringend wären. So haben wir eingesehen, daß wir nicht problematisch handeln oder sprechen müssen – oder gar nicht zu handeln brauchen –, wenn unsere innere Situation problematisch ist. Und die Auseinandersetzung mit der eigenen Gier oder dem eigenen Haß ist eine höchst problematische und schwierige innere Situation! Nicht handeln, nicht sprechen: Dies mag ihnen, liebe Leserin, lieber Leser, als ein billiger Rat vorkommen. Wie bringt man das fertig – vor allem, wenn man sich in einem inneren Aufruhr befindet?

In Alltagssituationen benützt man vielleicht die Taktik des Rückzugs, die als Teil der *Brahma-Vihāra*-Strategien (Seite 218 f.) erklärt wurde, oder ein anderes Hilfsmittel, um sich zu beherrschen und zusammenzunehmen. Wenn man nicht sprechen will, drückt man vielleicht die Handfläche auf den Mund oder beißt die Zähne ganz fest aufeinander, um dem Entschluß Nachdruck zu verleihen. Solche äußeren Hilfsmittel rufen nämlich innerlich entsprechende Gemütsbewegungen hervor. Hierin findet nämlich eine Umkehrung des Prinzips der Gleichnisse statt, die die innerlichen Gemütsbewegungen durch äußerliche Geschehnisse ausdrücken. Bevor wir zur Erläuterung des fünften Kunstgriffs von *Vitakka-Santhāna* fortschreiten, versuchen Sie aus Ihrem eigenen Erfahrungsschatz einige Beispiele hervorzuholen, wie Sie manchmal ihre Stimmungen und Gemütsbewegungen durch Gleichnisse ausdrücken. (Zum Beispiel:»Die Stimmung ist zum Davonlaufen!«, oder »Es ist mir zum...!«) Erinnern Sie sich auch an einige Beispiele, wie Sie durch äußerliches Tun Ihre Stimmungslage veränderten. (Zum Beispiel: indem Sie sich durch ein körperliches Aufrichten die eigene Aufrichtigkeit vergegenwärtigen oder durch das Festhalten eines Gegenstandes innerlich den Anhaltspunkt finden.

Der *fünfte* Kunstgriff von *Vitakka-Santhāna* bändigt die leidbringenden Prozesse durch das Erhöhen und Durchsetzen eines zielgerichteten Bewußtseins *(Cetasa)*:

Mein Entschluß ist: Frei vom Leiden und frei von Leidensursachen zu sein! Möge ich glücklich sein, mögen alle Wesen glücklich sein! – Dieses hohe, in *Mettā-Bhāvanā* eingeübte Bewußtsein ist das, was ich will!

Mit voller Wucht bändige ich nun die Energie der als unheilvoll erkannten Regungen und dränge sie zurück! Ich lenke die Energien nur in das glückbringende, schöne und friedlich fließende Erleben der Freiheit!

Aus ihrem Kontext ausgerissen, blieben die obigen Sätze ein nichtssagendes Selbstgespräch. Der achtsame Leser erkennt aber sofort, daß sie eine sprachliche Fassung von Steuerformationen *(Abhi-San-khāra)* sind, durch die einige der in diesem Buch erläuterten und eingeübten Fertigkeiten zu einer Dhamma-Strategie koordiniert wurden.

Die vollständige Übung von *Vitakka-Santhāna* führt gemäß dem kanonischen Text in vielerlei Hinsicht zur Emanzipation: als Befreiung aus dem Getriebensein durch Begehren *(Tanhā)* und zur Unabhängigkeit von irgendwelchen Gedanken (»Er ist nun ein Meister der Gedankengänge; welchen Gedanken er will, den wird er denken, welchen Gedanken er nicht will, den wird er nicht denken«). Mit Wissensklarheit über diesen Zweck *(Attha)* und mit Wissensklarheit über die Eignung *(Sappāya)* des fünften Kunstgriffs von *Vitakka-Santhāna* wird diese Methode nur dann angewendet, wenn das leidbringende Gedankenfassen der Bearbeitung durch die ersten vier Kunstgriffe widersteht. In diesem Zusammenhang veranschaulicht der kanonische Text den fünften Kunstgriff auf folgende Weise:

»Wenn der Bhikkhu das mit Gier, Haß und Verblendung verbundene Gedankenfassen in der Zerlegung seiner Formationen auffaßt und ihm immer noch dieses unheilvolle Gedankenfassen aufsteigt, dann soll er mit aufeinandergepreßten Zähnen und mit an den Gaumen gehefteter Zunge durch den Willen des höheren Bewußtseins *(Cetasā)* das Aufsteigen jenes unheilvollen Bewußtseins bändigen, niederdrücken und ausmerzen[27]. Dann schwindet das unheilvolle Gedankenfassen und löst sich auf. Mit seinem Schwinden festigt sich sein Bewußtsein in sich, setzt sich, wird vereint und gesammelt.«

---

27 Vollkommen aus dem Kontext gerissen wird dieses Gleichnis von den amerikanischen Psychologen D. H. Shapiro *(Meditation – A Scientific/Personal Exploration,* 1980) und P. Carrington *(Freedom in Meditation,* 1978, deutsch: *Das große Buch der Meditation)* als eine »buddhistische Meditationsanleitung« empfohlen: »Mit aufeinandergebissenen Zähnen und mit der Zunge an den Gaumen gedrückt, soll man mit bloßer Geistesanstrengung die Gedanken zurückhalten, unterdrücken und ausbrennen.« (Shapiro, S. 14).

Es bleibt keineswegs »nichts« übrig, wenn Sie, liebe Leserin, lieber Leser, in Ihrem Erleben alle Formen von Gier, Haß und Verblendung vernichten. Etwas vernichten, ausmerzen, verbrennen? Schrecken Sie etwa davor zurück? Was machen Sie denn mit Ihrem Kehricht? Es ist für manche ein Tabu, über Vernichtung nachzudenken – obwohl sie tatsächlich durch ihre unbesonnene Lebensweise beim Quälen und Vernichten vieler Lebewesen mitwirken. Beim Ausmerzen von Leidensursachen aus unserem Geiste vernichten wir genaugenommen überhaupt nichts. Die Energie des Unheilvollen können wir nur bändigen, niederdrücken und aus den leidbringenden Formationen heraustreiben, um sie zur heilvollen Anwendung freizusetzen. Auch einen Gedanken kann man nicht vernichten: Das unheilsame Gedankenfassen war ja da, und man kann es nicht ungeschehen machen. Was war, ist nicht mehr, wenn etwas anderes ist. Was bei der Anwendung des fünften Kunstgriffs von *Vitakka-Santhāna* im Bewußtsein vorhanden ist, ist ein Weises Auffassen und ein emanzipatorischer Willensentschluß für die Mißbilligung des unheilsamen Vergangenen und für das Entfalten eines glücksfördernden Künftigen. Mit anderen Worten: Wir lassen die unheilvollen Gedanken verbrennen und spalten das Leidbringende, das sonst in unserem Geiste zu einem Kern verhärten würde. Und noch etwas: Bei der Kernspaltung und Verbrennung unheilvoller Gedanken gibt es keinen Abfall, und die sich ergebende Strahlung ist nur wohltuend!

Die erste Hälfte des Umformens leidbringender Prozesse durch *Vitakka-Santhāna,* das Zerlegen und Bändigen des Unheilvollen, wurde hier ausführlich dargestellt. Die Fertigkeiten zum Hervorbringen des Heilvollen wurden schon früher in diesem Buch vermittelt. Die zweite Hälfte des Umformens, das Entfalten des Glückbringenden, überlasse ich also, lieber Leser, liebe Leserin, mit Zuversicht Ihrem persönlichen Ideenreichtum, Ihrem freien Ermessen und Ihrer Kreativität.

IV. Die Abwendung vom Leidhaften

Durch die Macht von *Satipatthāna-Vipassanā* wird keine Wirklichkeit verdrängt und keine Energie vernichtet. Alle Dinge werden weise aufgefaßt und alle Energie emanzipatorisch angewendet. So werden auch die mit Leidhaftem verbundenen Energien wie auch alle unschönen Dinge für die emanzipatorischen Zwecke verwertet – und zwar ganz gezielt im Prozeß der Abwendung *(Nibbidā),* der schließlich bis zu einer vollkommenen Überwindung *(Pahāna)* aller Leidensursachen führt. Die Abwendung vom Leidhaften ist keine Zuwendung zu irgend etwas, sie ist vielmehr eine Öffnung für die Verwirklichung des Glücks. Dieses Prinzip gilt auch für das Erreichen des höchsten Glücks der Erleuchtung: Abwendung von leidhaften Wirklichkeitsentstellungen und Öffnung für das Glück der höchsten Wirklichkeit.

In der praktischen Übung der Abwendung benützen wir Kunstgriffe des rechten Umgangs mit Emotionen und Gemütsbewegungen wie Furcht, Schrecken, Ekel, Langeweile, Sehnen, Schmachten und Verlangen, die meist allzu *wirk*-lich sind, um ohne weiteres zum Schwinden gebracht zu werden. Die abstoßende Erlebensqualität und Energie solcher Emotionen und Gemütsbewegungen kann jedoch sachgemäß gegen das Leidbringende gerichtet werden. Hingegen kann die Anziehungsenergie als emporstrebende Kraft der Emanzipation und Öffnung dienen, wenn sie aus der Bindung an leidhafte Objekte und Vorstellungen gelöst wird. Die praktische Ausübung von Kunstgriffen der Abwendung ist eine Kombination uns bekannter Methoden, des Hütens der Sinnenpforten, des gründlichen Erforschens *(Vīmamsā)* von Objekten und Vorstellungen und des Entfaltens von Emanzipationsverlangen auf der Machtfährte der Absicht. Die Kunstgriffe der Abwendung können allerdings nur dann erfolgreich sein, wenn sie im Rahmen des folgenden Paradigmas der drei erlebnismäßigen Durchdringungen oder *Pariññā* durchgeführt werden:

1. Die Durchdringung des Erkannten *(Ñāta-Pariññā)*
2. Die Durchdringung des Gemeinsamen *(Tīrana-Pariññā)*
3. Die überwindende Durchdringung *(Pahāna-Pariññā)*

Die erste Durchdringung ist ein gründliches Weises Auffassen aller Phänomene mittels der Terminologie von *Akkheyya* als das, was sie wirklich sind: Körperempfindungen, Gefühle, Bewußtseinszustände (Gemütsbewegungen) und Bewußtseinsobjekte. Es ist von Vorteil, dieses Erkennen nicht allzu ausführlich werden zu lassen. Man hält die Einteilung des Erkannten möglichst einfach, um ohne Zerstreuung zur Durchdringung des Gemeinsamen übergehen zu können. Zu der Durchdringung des Erkannten gehört auch das gründliche Auffassen *(Yoniso Manasikāra)* der Zusammenhänge zwischen den Phänomenen und das forschende Erwägen *(Vīmamsā)* ihrer Funktionsweise. Die vollkommene Durchdringung des Erkannten ist zugleich eine Transzendenz des Bereichs der Phänomene und der Terminologie von *Akkheyya,* die kurz und bündig in dem kanonischen Vers auf S. 286 dargestellt ist.

Die Durchdringung des Gemeinsamen *(Tīrana-Pariññā)*, die zweite der drei Durchdringungen, bezieht sich nicht mehr auf die Erlebensvielfalt von *Papañca*. Alle *Akkheyya*, die für das Ordnen der Vielfalt benützt wurden, haben hiermit ihre Funktion erfüllt, und man läßt sie nun los. *Das Erleben ist während der Durchdringung des Gemeinsamen nur noch auf ein Merkmal konzentriert, das allen Phänomenen gemeinsam ist.* Dieses Merkmal stellt zum Beispiel die Vergänglichkeit *(Anicca)* dar, wie wir es in der Grundübung von *Satipatthāna-Vipassanā* erlebt haben[28]. Der Übergang zur Durchdringung des Gemeinsamen stellt *einen erlebnismäßigen Wechsel der epistemo*logischen Ebene dar, der auf Seite 112ff. in einem anderen Zusammenhang erläutert wurde. Die reifende Durchdringung des Gemeinsamen geht fließend in die überwindende Durchdringung *(Pahāna-Pariññā)* über. Diese Übergänge machen die Abwendung vom Leidhaften aus. Durch die Abwendung versiegen die üblen Einflüsse *(Āsava)*, welche die Fortsetzung des Leidhaften vorantrieben. Die Abwendung ist zugleich eine Öffnung, die sich mit der Zuversicht füllt, daß sich die Befreiung von allem Leiden nähert.

Der ganze Prozeß der Abwendung *(Nibbidā)* kann weder denkerisch durchgeführt noch willentlich gesteuert werden. Um die Abwendung zu erreichen, ist manchmal eine wochenlange ununterbrochene Übung von *Satipatthāna-Vipassanā* nötig. Die Entfaltung der drei erlebnismäßigen Durchdringungen wächst dann wie ein Nebenprodukt des Übungsfortschritts in methodischer *Satipatthāna-Vipassanā*-Meditation. Denkerisch führen wir nur die Aneignung des Wissens über die drei Durchdringungen aus. Dies ist der Zweck der hier erläuterten Übung zur Abwendung vom Leidhaften. Die vollendete Abwendung führt zur Entsüchtung *(Virāga)*, welche dann den emanzipatorischen Sprung *(Abhisamaya)* ermöglicht. Dies geschieht in dem Moment *(Samaya)*, wenn die Vielfaltswelt *(Papañca)* als Ganzes durch die drei *Pariññā* erkenntnismäßig geordnet und erlebnismäßig durchdrungen wird.

Wenn sich in intensiver methodischer Übung von *Satipatthāna-Vipassanā* der Fortschritt in emanzipatorischer Einsicht entwickelt, stellen sich auch Erlebnisse des Schreckens, der Langeweile und des Verlangens ein. Solche Erlebnisse sind jedoch nicht auf einzelne Dinge der Alltagsvielfalt bezogen. Sie sind vielmehr ein Ausdruck des fortschreitenden Sich-Abwendens von der leidbehafteten Viel-

---

28 Als andere Gemeinsamkeiten dienen die Leidhaftigkeit, *(Dukkha)* und Unpersönlichkeit *(Anattā)*, die im Zusammenhang mit der Überwindung der Perversionen auf Seite 100 erörtert wurden.

falt *(Papañca)* als Ganzes. So erschrickt man zum Beispiel beim Wieder-holen des Leidhaften im eigenen Leben, wird ergriffen *(Samvega)*, durchdringt die eigene Unwissenheit und läßt das Begehren los, das die Wiederholungen an uns fesselt. Wenn man die ständige Wiederholung der Kreise von Bedingter Entstehung *(Paticca-Samuppāda)* umfassend erkennt und anhand eigenen Erlebens durchdringt, dann bleibt nichts anderes übrig, als sie langweilig zu finden – angeekelt wendet man sich ab: Der Sinn *(Attha)* ist klar: Man will nicht mehr leiden, man will auch keinen billigen Trost, keine vorübergehende Befriedigung mehr – man sehnt sich nach Emanzipation *(Vimutti)*. Solche Erlebnisse des Schreckens, Ekels und Verlangens sind Ansporn im Streben nach der Bedingten Entstehung der Freiheit, die im letzten Unterkapitel dieses Buchs behandelt wird.

V. Das Gewähren der Leere

Die erfolgreich vollzogene Abwendung vom Leidhaften führt zum friedvollen Erleben einer Leere, die als *Suññatā* bezeichnet wird. Das Erreichen von *Suññatā* ist die feinste Frucht des emanzipatorischen Fortschritts in *Vipassanā,* die auch als eine vervollkommnete Wissensklarheit der Unverblendung beschrieben werden kann; wir haben sie auf Seite 176 in Gleichnissen auch als eine Entleerung charakterisiert, die den Bau von Luftschlössern stoppt. Das Erlebnis von *Suññatā* gilt als ein Tor zur höchsten Emanzipation, zum Eintritt in den Strom der Erleuchtung *(Sotāpatti).* Wem einmal der Eingang in die Leere gelungen ist, der kann das Erlebnis später als Objekt seiner Meditation immer wieder verwirklichen. Aber auch dann ist der Weg in den Freiraum von *Suññatā* bedingt durch das reguläre Vorgehen der *Satipatthāna-Vipassanā,* deren Schritte wir aus vorherigen Übungen kennen. Nun versuchen wir, zumindest in groben Zügen klarzustellen, was *Suññatā* ist, und vor allem auch, welche Leerheitserlebnisse mit *Suññatā* nichts zu tun haben[29]. Sehen wir uns also zuerst einige ziemlich verbreitete Fehldeutungen von Leere an, die durch fehlendes Sachverständnis entstehen.

Ein erster Typus des falschen Verstehens von *Suññatā* gründet auf Erlebnissen von Wahrnehmungs- oder Gedächtnislücken. Dies sind Erlebnisse eines leeren Bewußtseins, oder eher Nicht-bewußt-seins,

---

29 Eine ausführliche Erklärung der *Suññatā*-Meditation siehe M. Frýba: *Suññatā – Experience of Void in Buddhist Mind Training,* in *Sri Lanka Journal of Buddhist Studies,* Vol. II., 1986.

in denen jedes Gewahrwerden irgendeines Phänomens fehlt. Solche Erlebnislücken kommen oft in der Meditation eines Anfängers vor, sind aber auch vielen bekannt, die nie meditiert haben. Wenn sie in fortgeschrittener Meditation auftreten, geschieht es meist, wenn es einem »gelingt«, den Geist bei Ermüdung der Aufmerksamkeit durch ein Nachlassen der Achtsamkeit zu beruhigen.

Eine andere falsche Vorstellung von *Suññatā* entsteht, wenn an der wahrgenommenen Leerheit eines Objekts festgehalten wird. Es kann die Leerheit eines Behälters, ein leeres Fenster oder ein leeres Blatt Papier sein. Wenn ein Mensch eine solche Erfahrung der Leerheit im Glauben an ihre ontologische Realität zu einer Entität versteinern läßt und über sie nachdenkt, dann glaubt er vielleicht, daß er über *Suññatā* meditiert.

Ein weiterer Typus des falschen Verstehens ist es, den bloßen Gedanken der Leerheit ohne jeden Wirklichkeitsbezug und ohne jegliches ontologisches Attribut nur als Wort zu denken. Die Leere kann auch ein Resultat philosophischen Nachdenkens sein, ein begriffliches Abstraktum. Einem solchen Abstraktum können nachträglich auch Zeichen oder Symbole zugeteilt werden, die man meditativ visualisieren kann. In diesem Visualisieren wird das Abstraktum zu einer Vorstellung *(Nimitta)*, die dann als eigenständiges Bewußtseinsobjekt existiert.

Fälschlicherweise werden manchmal auch sehr fortgeschrittene Meditationserfahrungen, die sehr intensiv und ungewöhnlich sind, für *Suññatā* gehalten. Dies können ekstatische Erfahrungen von Seligkeit, von einer scheinbaren ontologischen Einheit aller Dinge, tiefen Friedens oder klaren Lichts sein. Auch ein in Meditation erfahrener Mensch kann zu solchen spektakulären und intensiven Erlebnissen eine von Begehren erfüllte Anhaftung entwickeln, die zum Ausschluß des Wirklichkeitsbezugs führt und dadurch den wahren Fortschritt zur Emanzipation hemmt.

Eine Kombination der zwei letzten falschen Auffassungen von Leere kommt sogar in den jüngeren Schulen des Buddhismus vor, die vorwiegend mystisch oder philosophisch orientiert sind. *Suññatā* wird dann manchmal in einer Gedankenakrobatik als identisch mit *Nirwāna* und *Samsāra* dargestellt. Die auf emanzipatorische Lebenspraxis bezogene ursprüngliche Tradition des Abhidhamma erkennt jedoch solche spektakulären Erlebnisse und Überlegensergebnisse, die das Anhaften bewirken, als Trübung des Klarblicks *(Vipassanā-Upak-Kilesa)*. Abhidhamma lehrt als Grundeinstellung Offenheit gegenüber allen Erlebnissen, eine Offenheit, die frei von jedem Anhaften und von jedem Identitätsglauben ist.

Suññatā ist die Leere des Geistes, die ohne jede Zwischenschaltung von Vorstellungen *(Nimitta)* oder Begriffen *(Akkheyya)* und frei von Entstellungen durch Gier, Haß oder Dünkel, ein direktes Erleben der Wirklichkeit ermöglicht. Wenn das Erleben leer von allen Trübungen *(Kilesa)* ist, dann wird die Wirklichkeit voll erlebt.

Die Bedingte Entstehung der Freiheit

Es ist einfach, glücklich zu leben, wenn wir die Dhamma-Strategien kennen und sie auch im Alltag benützen. Die Dhamma-Strategien ermöglichen mehr als nur einen geschickten Umgang mit den Tatsachen des Lebens; sie sind Methoden zur Emanzipation unserer Erlebensweise, zur Steigerung unserer Glücksfähigkeit. Das bedeutet in der Alltagspraxis, daß wir einerseits die Ereignisse weise auffassen und harmonisch in unser psychisches Ökosystem einordnen und daß wir sie andererseits als Übungsfeld benützen, um unsere psychischen Kräfte zu entfalten und uns aus jeder Abhängigkeit von äußeren wie auch inneren üblen Einflüssen zu befreien. Beides führt zur Steigerung unserer Überlegenheit und Wahlfreiheit im Handeln wie auch unserer Glücksfähigkeit im Erleben. In der Meditation üben wir die Fertigkeiten ein, welche die Bedingungen für eine kompetente Alltagspraxis sind. Alle Übungsanweisungen und Erläuterungen unseres Buchs über Dhamma-Strategien dienen diesen Zwecken; sie vereinen die beiden Ziele, *Wahlfreiheit* und *Glücksfähigkeit,* in einem zweckmäßigen Vorgehen, das Sie, lieber Leser, liebe Leserin, mit der Macht ausstattet, das zu tun, was Sie aus sich heraus wirklich wollen, und mit allen glücklich leben zu können, was auch immer von außen an Sie herankommt.

Wenn wir nun auf alle unsere Übungen und Erkenntnisse zurückblicken, dann ergibt sich leicht die Frage, was denn am wichtigsten ist. Diese Frage kann nur jeder für sich selbst beantworten, und auch dann wird die Antwort unterschiedlich ausfallen, je nachdem, wo ich gerade in meinem Leben stehe und wie ich die Wirklichkeit sehe. Wenn wir gezwungen wären, denkerisch alles in Begriffen zu ordnen, würden wir nun versuchen, ein theoretisches System über die Dhamma-Strategien aufzustellen. Aber zu welchem Zweck denn? Als ob Theorien und Weltbilder beglückend oder weise wären! Wir haben ein ganzes Kapitel dafür aufgewandt, den Stellenwert des Wissens für ein glückliches Leben zu finden, und wollen uns jetzt nicht wiederholen. Kehren wir aber zu der Frage nach dem Wichtigsten der Dhamma-Strategien zurück, indem wir versuchen, die wesentlichen Prinzipien für die Praxis hervorzuheben. Wenn wir auf diese Weise über die Dhamma-Strategien nachdenken, stoßen wir praktisch auf zwei Stränge, die sich durch das ganze Buch hindurchziehen: *der weise Wirklichkeitsbezug und die aufgeschlossene Freude.*

Ich will Sie, liebe Leserin, lieber Leser, zu einem weiteren Experiment einladen, bei dem Sie das Vorhandensein der Wirklichkeitsverankerung und Freude im Erleben zweier Menschen vergleichen. Vergegenwärtigen Sie sich zwei ungefähr gleich problematische Situationen, die tatsächlich geschehen sind, wobei die eine von einer Versuchsperson ohne jegliche Kenntnis der Dhamma-Strategien erlebt wurde und die andere von einem Menschen, der sich in Dhamma-Strategien geübt hat. Um den äußeren methodischen Kriterien eines wissenschaftlichen Experiments standzuhalten, nehmen Sie am besten als den in Dhamma-Strategien bewanderten Menschen sich selber, so wie Sie jetzt sind. Als die zu vergleichende Versuchsperson nehmen Sie den Menschen, der Sie waren, bevor Sie die Dhamma-Strategien kennenlernten[30]. Als Kriterien zur Bewertung der Wirklichkeitsverankerung soll Ihnen dienen, wie ganzheitlich, wie gründlich und wie frei von Vermutungen die Situation durch die beiden Versuchspersonen erlebt worden ist, mit anderen Worten, inwieweit ein Weises Auffassen *(Yoniso Manasikāra)* vorhanden war. Die Bewertung der aufgeschlossenen Freude hat als Kriterien, inwieweit das freudige Interesse *(Pīti)* für innovative Lösungen und für das Verbessern eigener Fertigkeiten vorhanden ist und wieviel Energie die Freude mobilisiert, um das Haften an den »gut vertrauten und altbewährten« Wiederholungen zu lockern. Schenken Sie sich also Zeit,

---

30 Obwohl diese Versuchsanordnung als Scherz Vergnügen hervorrufen mag, ist sie tatsächlich in mancher Hinsicht wissenschaftlicher als die Mehrzahl der Experimente, aus denen die wissenschaftlichen Theorien abgeleitet werden. Auch auf dem Gebiet der sogenannt exakten Naturwissenschaften arbeiten die Forscher mit eigenen (und oft unkritisch übernommenen fremden) Introspektionen, die in ihrem Bewußtsein durch die äußerlich beobachteten Ereignisse hervorgerufen werden. Der Forscher formuliert seine Erlebnisse in sogenannten »Basis-« oder »Protokollsätzen« und wenn er sich weiter nicht mit seinen Erkenntnisprozessen auseinandersetzen will, stellt er sie einfach als »Daten« hin. Die Daten und Protokollsätze werden dann durch komplizierte statistische Verfahren bearbeitet, damit die Aufmerksamkeit von ihrem Ursprung abgelenkt wird. Tatsächlich benehmen sich manche Wissenschaftler wie die Schullehrer, welche die Schulleistungen ohne viel Überlegung durch Noten bewerten und nachträglich mit Hilfe eines Computers die Notendurchschnitte auf zwei bis drei Dezimalstellen genau berechnen. Wie auch immer, man muß einräumen, daß die Ergebnisse wissenschaftlicher Massenberechnungen viel eindrucksvoller sind als jene der individuellen Kreativität. Gönnen Sie sich ein paar Minuten, um über zwei Beispiele nachzusinnen: Über den Bumerang und die Atombombe.

liebe Leserin, lieber Leser, um dieses Experiment, das für Sie persönlich relevanter als alle wissenschaftlichen Experimente ist, jetzt in Ruhe durchzuführen.

Für die Auswertung und Reflexion unseres Experiments können wir, je nach Belieben, die technischen Begriffe und Methoden des Abhidhamma benützen, die wir uns soweit eingeprägt haben. Die folgenden Ausführungen wollen Ihnen als Stütze dabei dienen, Ihre Kompetenzen anregen und Ihren mit den eingeübten Paradigmen verbundenen Erfahrungsschatz wachrufen. Sichten wir also zuerst kurz das Wichtigste, was uns in problematischen Situationen das Weise Auffassen bedeutet und wie wir die Freude an Lösungen und am Gestalten des Glückbringenden erleben. Auf das Weise Auffassen unproblematischer Situationen werden wir unseren Blick dann am Schluß richten.

Das Weise Auffassen ist gründlich und ganzheitlich. Die Gründlichkeit kennen wir aus der Praxis der körperlichen Wirklichkeitsverankerung und aus dem zerlegenden Durchdringen von scheinbar kompakten Gemüts- und Gefühlskomplexen sowie dem Erkennen ihrer Motive und Wurzeln. Die Gründlichkeit übten wir im Zerlegen der Dinge und Ereignisse in ihre Bestandteile, im Erleben ihrer Vergänglichkeit und im Unterscheiden zwischen Wort und Wirklichkeit. Daher lassen wir uns weder beeindrucken, wenn sich etwas groß, dauerhaft, überwältigend oder vielversprechend präsentiert, noch lassen wir uns durch parteiische, abstrakte, globale oder rein logische Allgemeinaussagen irreführen. Wir übten, die Wirklichkeit in all ihren konkreten Bestandteilen aufzufassen, allen Teilen Achtsamkeit zu schenken und die wirklichen – nicht also jene durch Begriffsverwandtschaften gesetzten – Zusammenhänge und Bedingtheiten zu beobachten. Darin besteht die Ganzheitlichkeit des Weisen Auffassens. Das Weise Auffassen benützt als Erkenntnismatrizen *(Yoni)* nur umfassende Paradigmen, die nicht Teile der Wirklichkeit ausschließen und welche die Dinge jeweils in ihrem Zusammenhang sehen. Solche Ganzheitlichkeit berücksichtigt auch den ethischen Aspekt jedes Ereignisses, das heißt seine Bedeutung für das Glück und für die Emanzipation des Erlebens.

Am ausführlichsten erläutert und eingeübt wurde das zirkuläre Paradigma der Bedingten Entstehung *(Paticca-Samuppāda),* das alle Ansprüche der Gründlichkeit und Ganzheitlichkeit erfüllt. Das gründliche und ganzheitliche Auffassen geschieht mit dem Zweck, die aufgefaßten Leidenswiederholungen zu überwinden und einen Weg in das Leidlose zu öffnen. Es gibt mehrere Auswege aus dem

Kreise der Bedingten Entstehung von Leiden. In unserem Buch sind wir gezielt nur auf jene eingegangen, die für die alltägliche Anwendung von Dhamma-Strategien brauchbar sind. Der eine Ausweg, der im *Diagramm 5* (S. 85) veranschaulicht ist, besteht darin, daß wir, wo immer möglich, anstreben, das wirklichkeitsbezogene fließende Erleben *(Vedanā)* von seinen Verschmutzungen und Stockungen durch Gier und Haß freizuhalten. Die verschiedenen Formationen von Gier und Haß, welche den triebhaften Ausdruck von Begehren *(Tanhā)* darstellen, übten wir durch das Hüten der Sinnenpforten und durch das Umformen leidbringender Prozesse zu bändigen. Wir lernten die vier magischen Machtfährten kennen und haben so in der emanzipatorischen Absicht, im Willen zur Freiheit, eine Alternative zum Getriebensein durch *Tanhā* entdeckt. Wir verfügen damit über Mittel, um die leidbringenden Formationen zu schwächen und so unsere Macht zu freien Entscheidungen zu steigern.

Die Strategien der Macht stellen weder ein Vorgehen gegen andere Menschen noch Techniken für die Beherrschung und Veränderung der Umwelt dar; sie zielen vielmehr auf die Erhöhung der Macht über sich selbst und auf Unabhängigkeit von Fremdbestimmung. Dieses Ziel wird verwirklicht, indem man das Vertrauen *(Saddhā)* zu eigenen Kompetenzen kultiviert, die üblen Einflüsse *(Āsava)* stoppt und die emanzipierte Wahlfreiheit erweitert. Hierzu benützt man die Übungen der *Satipatthāna-Vipassanā*. Sie sind Methoden für das analytische Durchdringen von Bedingungen des Leidens und für das Transzendieren der Leidensbereiche. Technisch gesehen ist es eine Läuterung des Geistes, ein Durchschauen der leidbringenden Programme, ein Auflösen der gier- und haßbehafteten Programmelemente, bis zu einem »Zer-sehen« des Bewußtseins und der geist-kör-perlichen Verbindung *(Nāma-Rūpa)*. Dies führt zu vollkommener Überwindung aller Leidensursachen, zur Erleuchtung. Solche Überwindung des Leidens durch meditatives Auflösen seiner Bedingungen ist allerdings erst Ergebnis einer sehr fortgeschrittenen Praxis, die eine Meisterung des Weisen Auffassens *(Yoniso Manasikāra)* und des erlebnishaften Erforschens *(Vīmamsā)* sowohl im Alltag wie auch in der methodischen Meditation zur Voraussetzung hat. Diese Überwindung reift dann langsam in der *Vipassanā*-Meditation als eine Frucht der wiederholten Einsicht in die Bedingtheit.

Man erkennt in erlebnishafter Deutlichkeit, daß nur das leidet, krankheits- und störungsanfällig ist, zerfällt und stirbt, was als ein Individuum entstanden oder geboren ist. Man erkennt, daß die Bedingung für das Leiden und Sterben jedes Wesens, jedes Gebildes, jeden Bewußtseins in seiner Geburt vorhanden ist. Auf solche Weise gewinnt man stufenweise die Einsicht in alle Bedingungsglieder des *Paticca-Samuppāda* (siehe *Diagramm 14*.) Meditativ erforscht man die Bedingte Entstehung des Leidens in der rückläufigen Ordnung, bis man auch das erlebnishafte Wissen über die gegenseitige Bedingtheit von individuellem Bewußtsein *(Viññāna)* und von geistig-körperlicher Verbindung *(Nāma-Rūpa)* gewinnt. Man faßt diese gegenseitige Bedingtheit weise auf und kann sie demzufolge transzendieren. Eine solche Transzendenz entthront in unserem Erleben ein für allemal das Unwissen *(Avijjā)* und die durch dieses bedingten Formationen. Hiermit ist der Kreis der Bedingten Entstehung durchbrochen und der Sieg über das Sterben erreicht. Bis wir die Gewißheit darüber in einer Eigen-Verwirklichung erleben, bleibt dieser meditative Ausweg für uns eine Hypothese – eine Hypothese allerdings, zu der wir Vertrauen *(Saddhā)* haben können, weil uns die Schritte zu ihrer Bestätigung bekannt sind[31]. Dieser Ausweg besteht prinzipiell im Weisen Auffassen des Leidens *(Dukkha)* und im Kultivieren des Vertrauens in die bewährten emanzipatorischen Schritte.

Das Weise Auffassen des Leidens und das Anwachsen des Vertrauens in eigene Kompetenzen bis zu einer Zuversicht, die dann eine emanzipatorische Entfaltung der Freude ermöglicht – dies sind grundlegende Bedingungen für jede wahre Emanzipation. Alle in unserem Buch erörterten Dhamma-Strategien wurden mit der Absicht ausgewählt, Sie, liebe Leserin, lieber Leser, mit konkreten Vorgehensweisen auszurüsten, die Ihnen einen im Alltag durchführbaren Weg zum glücklichen Leben öffnen. Fassen wir zunächst den Weg zu mehr Glück als einen Ausweg aus den leidanfälligen Bereichen auf. Diesen Ausweg erläutern wir nun anhand eines Paradigmas, welches sich übrigens auch im Rahmen von psychoanalytischen und klientenzentrierten Psychotherapien bewährt hat. In der Psychotherapie bleibt das konkrete Vorgehen jedoch auf begrenzte Leidensthemen beschränkt, die vom Klienten selber bestimmt werden. Dasselbe Vorgehen kann aber erweitert von besonders begabten Menschen auch selbständig, als emanzipatorische Strategie, angewendet werden. Man muß hierfür fähig sein, ein umfassendes Verstehen der ganzen Matrix von *Paticca-Samuppāda* im Auffassen alltäglicher Ereignisse zu erreichen und in Meditationsübungen die Freude *(Pīti)* methodisch zu entfalten.

Beim selbständigen Gestalten dieser Dhamma-Strategie ist es am

---

31 Diese Schritte des Weisen Auffassens, Erforschens und erlebnishaften Durchdringens sind ausführlich beschrieben in *Nidāna Samyutta,* insbesondere Sutta 65 des *Samyutta Nikāya,* deutsche Übersetzung von W. Geiger: *Samyutta Nikāya,* II. Band, Oskar Schloss Verlag, München 1925.

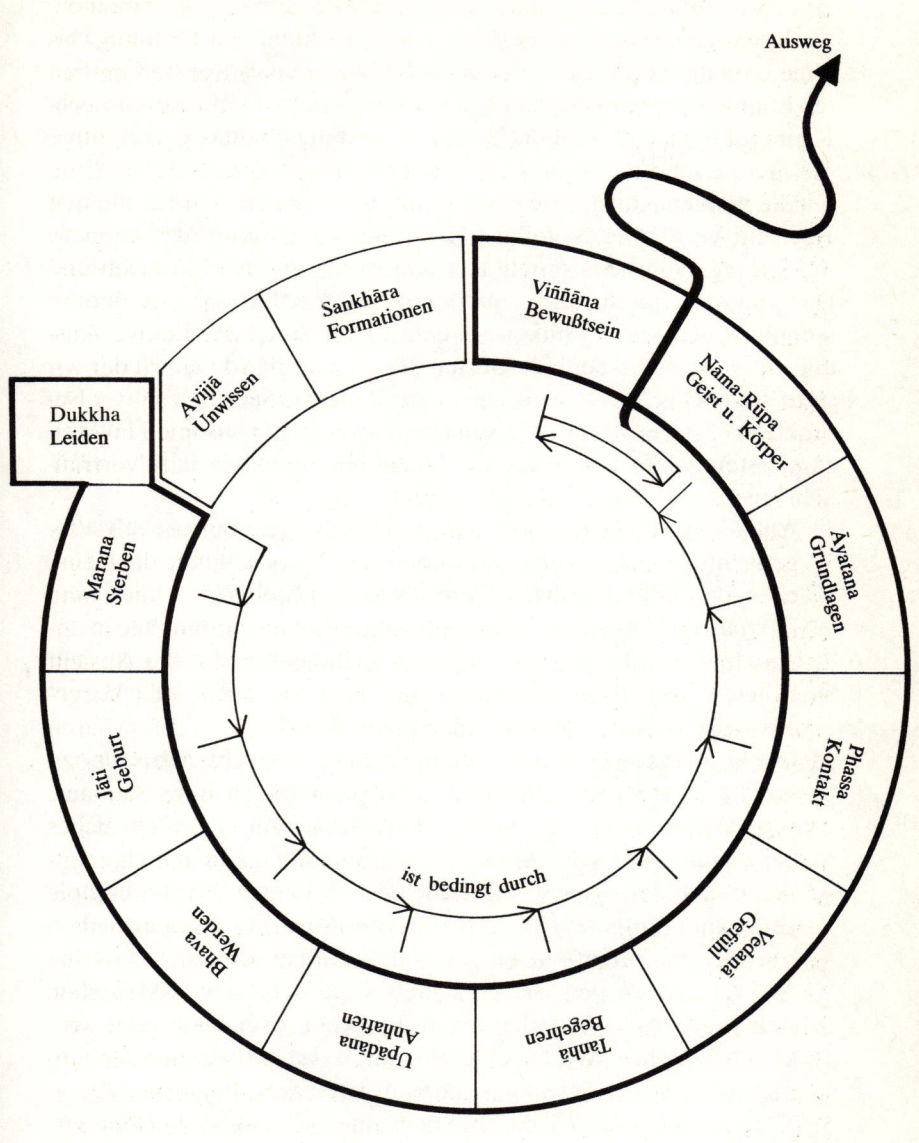

Diagramm 14: Meditatives Durchdringen der Bedingten Entstehung

331

*wichtigsten, daß ein Gleichmaß vom Weisen Auffassen des Leidens und vom meditativen Entfalten der Freude fortwährend aufrechterhal-*ten bleibt, denn ohne die Führung eines Abhidhamma-Kenners und ohne die edle Freundschaft *(Kalyāna-Mittatā)* eines weisen Gefährten könnte man trotz bestem *Wissen* leicht in eines der Extreme von Kleinmut oder Übermut entgleiten, je nachdem ob das Leiden oder die Freude im *Erleben* langfristig vorwiegen.

Alle nötigen Kunstgriffe und Erkenntnisse stehen Ihnen in diesem Buch zur Verfügung, Sie brauchen nur noch das Metaprogramm, um die Strategie für die Bedingte Entstehung der Freiheit zu entwerfen. Das Metaprogramm ist im *Diagramm 15* (Seiten 334/335) so veranschaulicht, daß auf der linken Seite das Weise Auffassen des Leidens und auf der rechten Seite die Stufen der Entfaltung von Glück dargestellt sind. Das Weise Auffassen *(Yoniso Manasikāra)*, das wir als praktische Anwendung der emanzipatorischen Weisheit *(Paññā)* zum erstenmal im dritten Kapitel übten, geschieht hier in folgenden Schritten:

1. Anhand von Ereignissen, welche als unangenehm, unbefriedigend und leidhaft *(Dukkha)* erlebt werden, begreift man die Ursachen des Leidens, die im wirklichkeitsentstellenden Unwissen *(Avijjā)* und im frustrierten Begehren *(Tanhā)* bestehen.
2. Anschließend vergegenwärtigt man sich das Paradigma der Vier Edlen Wahrheiten (vgl. Seite 74) und damit auch die eigenen emanzipatorischen Kompetenzen.
3. Im Nachdenken über das leidhafte Ereignis versucht man, es möglichst umfassend zu sehen und dabei vor allem auch den eigenen subjektiven Anteil aus der Ganzheit nicht herauszureißen. Hierbei benützt man das Paradigma der Bedingten Entstehung.
4. Wenn man das Ereignis mit Hilfe des Paradigmas der Bedingten Entstehung aufgefaßt hat, sieht man die Auswirkungen der vorherigen Karmaformationen und des sie bedingenden Unwissens auf das Zusammenspiel der einzelnen Teile des Ereignisses. Man sieht auch die Wiederholungen ähnlicher Ereignisse, man erkennt, wie ihre (Wieder-)Geburt durch das Anhaften und Werden schon in den jeweils vorherigen Ereignissen bedingt ist.
5. Nachdem man die Wiederholungen auf solche Weise ganzheitlich erforscht hat, arbeitet man gezielt die Tatsache heraus, daß die Geburt (das Entstehen) notwendigerweise für Funktionsstörungen anfällig ist und im Zerfall und Sterben endet. Was entstanden und gestorben ist und nicht weise aufgefaßt wurde, das setzt nur ein gleiches Unwissen fort und hinterläßt Formationen, die wiederum ein ähnlich Leidhaftes bedingen.

In diesen fünf Schritten wird also das Leidhafte weise aufgefaßt. Sobald dies gelingt, ist schon das Schlüsselerlebnis für die Bedingte Entstehung der Freiheit vorbereitet. Dieser Schlüssel zum Ausweg aus dem Kreise der Bedingten Entstehung des Leidens besteht darin, daß *man nicht noch ein weiteres ähnlich leidhaftes Ereignis einfach sterben läßt, ohne die Geburt als Bedingung für das erlebnishafte Durchdringen und Überwinden des Leidens genützt zu haben.* So kann eben die Geburt jedes Ereignisses, jedes Wesens, also auch unsere eigene Geburt als Mensch, die Voraussetzung zur Emanzipation bieten.

Nicht mehr in das Unwissen hinein sterben, nicht mehr in ähnlich leidbehaftetem Bewußtsein wiedergeboren werden! Statt dessen: *Dukkha* weise auffassen und den Ausweg ansteuern, *Saddhā,* die Zuversicht, in der emanzipatorischen Guten Lehre finden! Dies ist ein Schlüsselerlebnis, das bloß gedanklich nicht zu erreichen ist. Es kann nicht begrifflich konstruiert werden, es muß sich aus dem Weisen Auffassen ergeben, es muß heranreifen. Betrachten Sie, liebe Leserin, lieber Leser, nochmals das *Diagramm 15.*

Im *Diagramm 15* ist auf der linken Seite der Leidenskreis, der – in seiner Ganzheit als *Dukkha* aufgefaßt – uns auf eine höhere Erlebensebene bringt, auf der sich die Bedingte Entstehung der Freiheit entwickelt. Auf der rechten Seite wird im *Diagramm 15* die eigentliche Bedingte Entstehung der Emanzipation dargestellt. Betrachten wir nun die einzelnen Bedingtheitsbeziehungen. Zuerst merken wir uns, daß die angestrebte Emanzipation an sich an der vorletzten Stelle steht und sich noch höher über ihr die Erkenntnis der Unabhängigkeit befindet. Denn die Emanzipation ist eine Freiheit, deren man sich bewußt ist: Man weiß, daß man unabhängig ist, daß alle Triebe erloschen sind, alle Einflüsse versiegt. Dann ist der Wille frei. Wenn die Emanzipation verwirklicht ist, erkennt man auch seine Freiheit (*Āsava-Khaya,* wörtlich: Versiegen der Einflüsse). Diese Erkenntnis der Unabhängigkeit (*Āsavakkhaya-Ñāna*) ist allerdings erst bei einem vollkommen erleuchteten Buddha oder Arahat allumfassend, weil man erst durch die vollkommene Erleuchtung von allen Trieben frei wird. Ein Freiheitskämpfer, der auf dem Pfade des Sehens oder auf dem Pfade der Macht einherschreitet, erkennt stufenweise, von welchen üblen Einflüssen er jeweils frei wird und welchen er zeitweise immer noch unterliegt. Das Ausmaß der Erkenntnis der Unabhängigkeit ist also durch den Umfang der Emanzipation bedingt.

Die Emanzipation (*Vimutti*) ist durch eine Entsüchtung (*Virāga*) bedingt. Die Entsüchtung ist das Nachlassen des Verlangens, das Aufhören des Getriebenseins. Bei der vollkommenen Erleuchtung hört auch das Verlangen nach Emanzipation auf. Die Erleuchtung ist

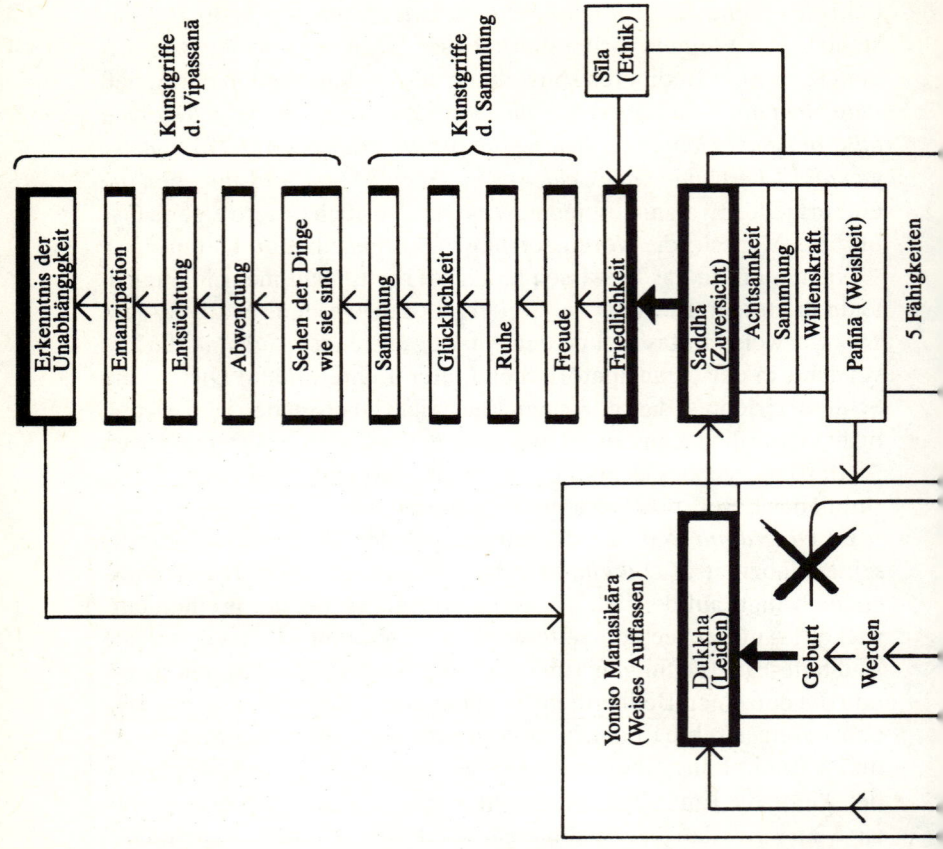

also nicht nur ein Nachlassen des Verlangens, sondern schließlich auch ein Nachlassen des Nàchlassens.

Die Entsüchtung setzt die Abwendung *(Nibbidā)* voraus. Die Abwendung vom Leidhaften wurde als eine Übung von *Satipatthāna-Vipassanā* auf Seite 321 ff. ausführlich behandelt.

Die Abwendung ist bedingt durch das Sehen-der-Dinge-wie-sie-sind *(Yathā-Bhūta-Ñāna-Dassana)*. Wenn man in einer direkten erlebnismäßigen Klarheit weiß, welche Dinge leidbehaftet sind, dann läßt man sie los, wendet sich ab und öffnet sich für das Leidlose. Ein solches emanzipationsorientiertes »sehendes Wissen« ist die wichtigste Aufgabe aller Übungen der *Vipassanā*-Meditation.

Das Sehen-der-Dinge-wie-sie-sind ist bedingt durch die Sammlung *(Samādhi)*, denn nur ein gesammeltes Erleben ist frei von Ablenkungen und kann daher das jeweils direkt aufgefaßte Phänomen gründlich erforschen. Dieses erforschende direkte Sehen nimmt – im

Diagramm 15: Bedingte Entstehung der Freiheit

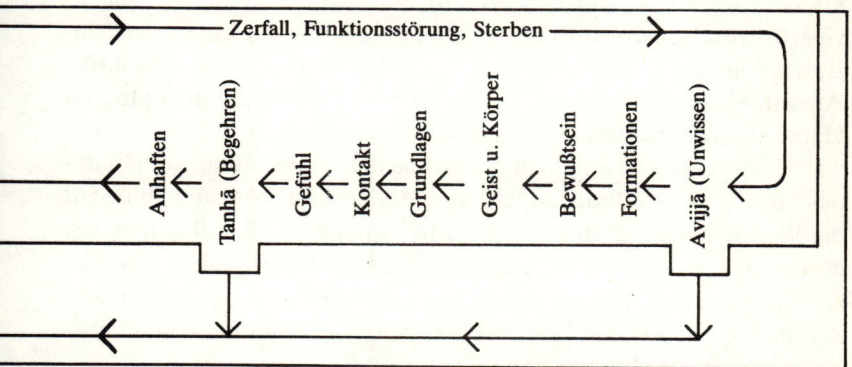

Unterschied zu einigen Sammlungsübungen – keine Vorstellungen *(Nimitta)* als Objekt; es ist ein Sehen der Wirklichkeit von geistigen und körperlichen *(Nāma-Rūpa)* Prozessen. Hier findet der Übergang von der Praxis der Sammlungsübungen zu der methodischen Übung von *Satipatthāna-Vipassanā* statt.

Die Sammlung ist bedingt durch Glücklichsein *(Sukha)*. Glücklichsein bedeutet hier das angenehme Gefühl des Behagens und das Glück der Zufriedenheit über den Erfolg in der Meditationsübung. Es ist das Glück jener Befriedigung, durch die sich allfällige Tendenzen, neuer Inhalte bewußt zu werden oder etwas zu erreichen, gesetzt haben. Das gleichmäßig fließende Erleben wird nur noch intensiviert im Vorhandenen, der Geist wird also im Glücklichsein gesammelt.

Glücklichsein ist bedingt durch die Ruhe *(Passaddhi)*. Dies ist die zweifache Ruhe nach dem Höhenflug der ekstatischen Verzückung: die Ruhe des Körpers *(Kāya-Passaddhi)*, welche frei von allen Verkrampfungen oder Spannungen eine Energiefülle aufrechterhält, und die Ruhe des Bewußtseins *(Citta-Passaddhi)*, welche durch Wachheit, Beweglichkeit und Nachgiebigkeit des Geistes gekennzeichnet ist. Solche Ruhe kann nicht gemacht werden, sie ergibt sich sozusagen als Nebenprodukt der erfolgreichen Sammlungsübung.

Die Ruhe ist bedingt durch Freude *(Pīti)*. Damit wird nochmals klar, daß für die Bedingte Entstehung der Emanzipation ein hohes Energiepotential vorhanden sein muß. Solche mit Energie geladene Ruhe entsteht aus der Harmonisierung der freudigen Regungen, die zuerst ekstatisch gesteigert und dann verfeinert und harmonisiert werden – dies wurde im vierten und sechsten Kapitel ausführlich erläutert. Diese zweifache emanzipatorische Ruhe ist bedingt durch die Verfeinerung der ekstatischen Freude; sie ist die Transzendenz der Ekstase.

Die Freude ist bedingt durch Friedlichkeit *(Pāmojja)*. Diese innere Friedlichkeit ist gekennzeichnet durch die Abwesenheit aller Selbstvorwürfe und Gewissensbisse, weil man weiß, daß die ethischen Prinzipien von *Sīla* erfüllt sind. Man hat sich eine makellose subjektive Ausgangslage geschaffen, die eine Souveränität im eigenen inneren Haushalt wie auch eine Harmonie im psychischen Ökosystem gewährleistet. Dies ist einerseits Ergebnis der Anwendung von Dhamma-Strategien im Alltag, andererseits der bewußten Bezugnahme auf die Weisheit *(Paññā)* der Guten Lehre, wie sie im Abhidhamma vermittelt ist. *Pāmojja* ist die gelassen freudige Zufriedenheit des Alltagsbewußtseins, das von Gier, Haß, Trägheit, Aufgeregtheit und Zweifel befreit ist und daher problemlos die Entfaltung von intensiveren Stufen der Freude ermöglicht.

Die Friedlichkeit ist bedingt durch die Zuversicht *(Saddhā)*. Über die Fähigkeit des Vertrauens und wie sie durch Überprüfung der Vertrauenswürdigkeit zu einer psychischen Kraft entfaltet wird, welche dann als Zuversicht den Geist stabilisiert und klärt, haben wir in verschiedenen Zusammenhängen nachgedacht. In den Gleichnissen vom wasserklärenden Zauberstein usw. haben wir die Auswirkungen der Zuversicht veranschaulicht. An dieser Stelle rufen wir uns nochmals in Erinnerung, daß das Vertrauen in die emanzipatorische Lehre bis zur Zuversicht nur im Gleichgewicht mit den anderen psychischen Kräften kultiviert werden kann.

Die Zuversicht ist bedingt durch das Weise Auffassen des Leidhaften als *Dukkha*. Das Weise Auffassen *(Yoniso Manasikāra)* ist ein Kunstgriff der psychischen Kraft *Paññā*, an dem auch die Kräfte des Willens, der Sammlung, der Zuversicht und der alles harmonisierenden Achtsamkeit beteiligt sind. Diese Zusammenhänge sind im *Dia-*

gramm 15 rechts unten festgehalten; sie repräsentieren den inneren Kontext des Schlüsselerlebnisses von der Bedingten Entstehung der Freiheit[32].

Glücklichsein kann gelebt werden; es kann nicht theoretisch erdacht und auch nicht technisch gemacht werden. Die Kunst, glücklich zu leben, besteht darin, daß wir frei sind, das Glück bei uns selbst und bei den anderen zuzulassen. Je besser es den Menschen um mich herum geht, um so besser sind die äußeren Bedingungen dafür, daß es auch mir gutgehen wird. Mein Glücklichsein ist aber nicht nur durch die äußeren Voraussetzungen bedingt, die kurze Glückserlebnisse bewirken. Die Qualität meines Lebens wird vielmehr durch meine Glücksfähigkeit bestimmt. Die Glücksfähigkeit ist Ergebnis der menschlichen Reife, die als persönliche Macht erlebt wird. Diese Macht gibt uns die Freiheit von Fremdbestimmung und die Freiheit zu emanzipatorischer Gestaltung innerer und äußerer Voraussetzungen, die wir zu Bedingungen für das Glücklichsein machen können. Das Glücklichsein selbst können wir aber nicht machen, wir können es nur als Frucht des heilsamen Tuns entstehen lassen. Die Bedingungen für eine glückerfüllte emanzipatorische Lebensweise schaffen wir durch die Anwendung der Dhamma-Strategien im Alltag und in der methodischen Meditation. Das zuletzt erläuterte Paradigma der Bedingten Entstehung der Freiheit macht es uns möglich, alle in diesem Buch vorgestellten Dhamma-Strategien zu einer selbstbestimmten Lebenspraxis zu vereinen. Diese emanzipatorische Lebenspraxis gibt uns auch Macht für ein wirksames politisches Engagement, für kulturell bedeutsames Schaffen und für andere gesellschaftlich anerkannte Beiträge. Doch die größte Macht besteht darin, daß wir die Übersicht über das eigene Erleben behalten und uns nicht in der Vielfalt verlieren. Auch die vielfältigen Dhamma-Strategien haben das eine einfache Ziel, daß wir die Zuversicht in uns selbst finden, denn glücklich zu leben ist einfach. Die Dhamma-Strategien öffnen dazu die Freiheit.

---

32 Eine ausführliche Behandlung aller Glieder der Formel der Bedingten Entstehung der Freiheit gibt Bhikkhu Bodhi in *Transcendental Dependental Origination*, Buddhist Publication Society, Kandy (Sri Lanka) 1980.

Glossar

Die praktische Anwendung des Abhidhamma im Alltag erfordert eine Vertrautheit mit diesen sechs grundlegenden Begriffen:

A. *Sīla* ist die zuverlässige subjektive *Ausgangslage* aller Strategien, die uns den *Rückhalt* und *Schutz* beim Vordringen ins Unbekannte und beim Experimentieren mit Neuem gibt. *Sīla* wird praktisch geübt als *Selbstregelung* nach Prinzipien einer emanzipatorischen *Ethik*.

B. *Weises Auffassen (Yoniso Manasikāra)* wird als ganzheitliche Erkenntnistechnik und als methodisches Training geistiger Fertigkeiten geübt. Das Weise Auffassen benützt Matrizen *(Yoni)*, welche nach ethischen Kriterien (leidbringend versus glückfördernd) den ganzheitlichen Bezugsrahmen der Ereignisse und die Wirklichkeitsverankerung des Erlebens *(Yathā-Bhūta)* prüft.

C. *Die Wissensklarheit (Sampajañña)* über den jeweiligen Erlebensbereich *(Gocara)*, wie auch die Wissensklarheit über die Eignung und den Zweck *(Attha)* von Auffassungs- und Handlungsweisen, dient methodischer Geistesschulung und sinnvoller Lebensgestaltung.

D. *Die vier Grundlagen der Achtsamkeit (Satipatthāna)* machen es uns möglich, die unüberschaubare Vielfalt der Welt in vier Wirklichkeiten erlebnismäßig einzuteilen, sie als solche zu meistern und zu transzendieren: 1. Körpererleben, 2. Fühlen, 3. Bewußtseinszustände, 4. Inhalte des Erlebens.

E. *Die fünf psychischen Kräfte (Bala)* sind die in jedem Menschen angelegten Fähigkeiten des Wissens, Vertrauens, Wollens, der Geistessammlung und der Geistesgegenwart, die zu geistigen Mächten der Weisheit *(Paññā)*, Zuversicht *(Saddhā)*, Willenskraft *(Viriya)*, Sammlung *(Samādhi)* und Achtsamkeit *(Sati)* meditativ kultiviert werden. Die Entfaltung dieser Kräfte ist eine wichtige Bedingung des von allen äußeren wie auch inneren Formen der Unterdrückung und Entstellung emanzipierten Lebens.

F. *Die Bedingte Entstehung (Paticca-Samuppāda)* ist das grundlegende Paradigma des Abhidhamma. Das erlebnismäßige Erkennen der Bedingten Entstehung des Leidens ermöglicht es uns, die Kreise der leidbringenden Wiederholungen zu sprengen und zu transzendieren. Das Erkennen von Bedingungen des Glücklichseins gibt dem Leben Orientierung und Sinn.

Register

der technischen Terminologie

Verlag Hermann Bauer · Freiburg im Breisgau

Holger Schleip (Hrsg.)

Zurück zur Natur-Religion?

Wege zur Ehrfurcht vor allem Leben

300 Seiten; kartoniert

Noch vor wenigen Jahren wurde die Fällung der Donar-Eiche durch Bonifatius als Triumph christlicher Mission über heidnische Natur-Verehrung betrachtet. Heute verursacht der Gedanke an diese »Pioniertat abendländischer Naturbeherrschung« eher Betroffenheit, und Theologen bemühen sich, ein ehrfurchtsvolles Verhalten auch gegenüber der Natur aus dem christlichen Glauben abzuleiten. Kehren wir zurück zu einer religiösen Verehrung der Natur, zu einer Art »Natur-Religion«?

Wie läßt sich ein verantwortungsvoller Umgang auch mit dem nicht-menschlichen Leben heute religiös begründen? Zwanzig Autoren, darunter christliche Theologen, Vertreter des Islam, des Buddhismus und Hinduismus sowie moderner europäischer pan- und atheistischer Religiosität nehmen hierzu Stellung. Der Herausgeber, selbst keiner Religionsgruppe zugehörig, aber in der Ökologie- und Tierschutzbewegung engagiert, liefert mit seinen »Fragen eines Ungläubigen« den für einen spannenden Disput notwendigen Zündstoff.

Zurück zur Natur-Religion ist ein Buch für alle, die sich für die geistigen Grundlagen der Ökologie- und Tierschutzbewegung interessieren und auch religiösen Fragestellungen gegenüber aufgeschlossen sind.

Beate Seitz-Weinzierl, die Leiterin des Arbeitskreises »Umweltethik und Frieden« im Bund für Umwelt- und Naturschutz in Deutschland, schreibt: »Als Akt der Ehrfurcht gegenüber anderen Religionen erscheint mir ... der in diesem Buch gemachte Versuch, naturfreundliche Lehren und Lebensregeln herauszustellen und damit sensibel für das unsagbare Leiden der außermenschlichen Schöpfung zu machen, denn eine Solidarität des Wahren und Heiligen aller Religionen ist nötig, um uns vor der drohenden weltweiten Apokalypse zu bewahren.«

Verlag Hermann Bauer · Freiburg im Breisgau

Verlag Hermann Bauer · Freiburg im Breisgau

Vijaya Rao

Abbild des Göttlichen

Bharata Natyam, der klassische indische Tanz

247 Seiten mit 8 Farbtafeln, 109 s/w-Abbildungen und 15 Zeichnungen; gebunden

Bharata Natyam, ein Tanz aus dem Süden Indiens, gilt als die Kunstform, von der alle anderen klassischen Tänze Indiens abgeleitet werden können. Der Name Bharata Natyam bedeutet soviel wie »Gefühl« Bha(va), »melodischer Modus« Ra(ga) und »metrischer Rhythmus« Ta(la). Im Wort Natyam sind sowohl der Tanz als auch das Schauspiel enthalten.

Man kann den klassischen indischen Tanz nicht losgelöst von seinem religiösen Hintergrund sehen. Der Tanz ist kein Phantasiegebilde, sondern steht in direktem Zusammenhang mit dem Leben. Nach dem Glauben der Inder ist Gott in dem Menschen, der tanzt. Der Tanz wird zur Identifizierung mit dem kosmischen Rhythmus, mit der Kraft, die alles bewegt, verwandelt, belebt und transfiguriert. Mit dieser Art Tanz, zu der eine ausgefeilte Technik mit unzähligen und sehr anspuchsvollen Ausdrucksformen gehört, wird eine vollkommene Harmonie zwischen Körper und Geist angestrebt, wodurch er stark persönlichkeitsbildend wirkt.

Vijaya Rao versichert, daß jeder diese ausdrucksvolle Tanzform erlernen kann. Allerdings bedarf es eiserner Selbstdisziplin, viel Geduld, Ausdauer und guter Konzentrationsfähigkeit, denn »lernen kann man ein ganzes Leben lang«. Die Klarheit im Innern ist ebenso erforderlich wie die perfekte Beherrschung der Bewegungen, der Körperhaltungen, der zahlreichen Handgesten und der Mimik, damit der Tänzer schließlich zum Übermittler von Farben, Harmonie und tiefsten Gefühlen wird. Vijaya Rao geht in ihrem Buch ebenso auf das Wesen des indischen Tanzes wie auf dessen Geschichte ein. Sie erläutert die technischen Grundlagen der Tanzkunst, die Bedeutung der Hand- und Körperhaltungen, die Voraussetzungen für das Erlernen des Tanzes und widmet ein Kapitel der Musik im Bharata Natyam.

Verlag Hermann Bauer · Freiburg im Breisgau